सांस्कृतिक ऐतिहासिक
गीत रत्नाकर

भारतीय संस्कृति और इतिहास परक
रत्नाकर रचित ८ तालों सहित ७० राग-छंदों के
गिनेचुने लगभग ७०० नए मनोरम राग-छंद-गीत

Sangitacharya
Prof. Ratnakar Narale

Pustak Bharati
Toronto, Canada

Author :
Dr. Ratnakar Narale
B.Sc(Nagpur), M.Sc(Pune), Ph.D(IIT), Ph.D(Kalidas Sanskrit Univ.);
Prof. Hindi, Ryerson University, Toronto, Canada
web : www.pustak-bharati-canada.com * email : Books.india.books@gmail.com

Book Title :
सांस्कृतिक ऐतिहासिक **गीत रत्नाकर**
उज्ज्वल भारतीय संस्कृति और इतिहास परक रत्नाकर रचित 12 तालों सहित 70 राग-छंदों के गिनेचुने नए मनोरम गीत

Published by :
PUSTAK BHARATI (Books India)
   Division of PC PLUS Ltd.
   180 Torresdale Ave.,
   Toronto, Ontario, Canada, M2R 3E4
   email : rnarale@yahoo.ca

For :
Sanskrit Hindi Research Institute
Toronto, Canada

Copyright ©2020
ISBN 978-1-989416-03-7

© All rights reservedNo part of this book may be copied, reproduced or utilised in any manner or by any means, computerised, e-mail, scanning, photocopying or by recording in any information storage and retrieval system, without the permission in writing from the author.

गीत रत्नाकर
विषय सूची

1. ज्ञानदा श्री गणेश	3	25. वीर जटायु	127
2. स्वरदा देवी सरस्वती	9	26. वीर संपाती	125
3. भगवा ध्वज वंदना	18	27. गुह निषाद	126
4. भारत राष्ट्र गौरव	22	28. नीतिवीर विभीषण	128
5. जय जवान	28	29. सुबंधु लक्ष्मण	129
6. महाराष्ट्र गौरव	29	30. सुबंधु भरत	134
7. माता-पिता गौरव गीत	30	31. महावीर हनुमान	136
8. मैं रत्नाकर	34	32. सेतु बंधन	147
9. राष्ट्रभाषा हिंदी	39	33. लंका दहन	151
10. देववाणी संस्कृत	41	34. छातीफाड़ हनुमान	152
11. महाराष्ट्र भाषा मराठी	42	35. पुष्पक विमान	154
12. लक्ष्मी-नारायण	43	36. रामराज्य	156
13. गजेंद्र मोक्ष	49	37. दीपावली	158
14. सूर्य नारायण	50	38. रामायण	160
15. सत्यनारायण भगवान	55	39. लव-कुश	165
16. शिव-पार्वती-गणेश	58	40. कृष्ण कुमार	166
17. ब्रह्मा विष्णु महेश	71	41. देवकी नंदन	173
18. श्रवण कुमार	73	42. कृष्ण कन्हैया	177
19. राजा दशरथ	74	43. गोविंद	184
20. रामचंद्र प्रभु	75	44. कान्हा माखनचोर	189
21. राजा जनक	94	45. हरि घनश्याम	196
22. सीताराम	95	46. नंद गोपाल	199
23. सीता देवी	97	47. रासलीला	203
24. वनवास गमन	102	48. राधेश्याम	204

पूतना वध २२२

49. मोहन 206
50. नंद किशोर 210
51. राधाकृष्ण 212
52. नटखट श्याम 218
53. मुरली वाला 220
54. पूतना वध 222
55. वत्सासुर वध 224
56. तृणावर्त वध 225
57. बकासुर वध 227
58. अघासुर वध 229
59. गोवर्धनधारी 230
60. कालिया मर्दन 237
61. केशिनीषूदन 241
62. कंस निकंदन 242
63. योगेश्वर श्रीकृष्ण 243
64. अध्यात्म ज्ञान 245
65. ब्रह्मज्ञान 249
66. माया 253
67. आत्मशाँति-विश्वशाँति 255
68. वसुधैव कुटुम्बकम् 262
69. भूत दया 264
70. वेद वाणी 265
71. अहिंसा 266
72. सांख्य योग 267
73. कर्मयोग 269
74. धर्म 280
75. ज्ञान-अज्ञान 283
76. धर्म युद्ध 287
77. अवतार 288
78. बुद्धि योग 291
79. भक्तियोग 296
80. भक्ति-भाव 310
81. भवचक्र 321
82. श्रद्धा 323
83. योग सिद्धि 326
84. प्रणव 328
85. विभूति योग 333
86. ज्ञान योग 336
87. पुरुष-प्रकृति 338
88. विश्वरूप दर्शन 341
89. संसार वृक्ष 345
90. गुणमाया 348
91. गीता सार 353
92. शबरी भीलनी 354
93. पुंजिकस्थला देवी 358
94. अहल्या देवी 359
95. अनसूया देवी 360
96. देवी मंदोदरी 361
97. महाराणी पद्मावती 363
98. भक्त मीरा बाई 364
99. राजमाता जिजाबाई 365
100. महारानी सईबाई 367
101. झाँसी की रानी 368
102. साँई 368
103. श्री दत्तात्रय 370
104. गुरु कृपा 371

105. नारद मुनि	372
106. वाल्मीक मुनि	374
107. व्यास मुनि	377
108. भरद्वाज मुनि	379
109. शरभंग मुनि	380
110. सुतीक्ष्ण मुनि	381
111. महर्षि पतंजलि	382
112. गुरु नानक	383
113. गुरु रामदास	384
114. वीर राजपूत लोग	384
115. महाराजा बाप्पा रावल	385
116. महाराजा चाच	387
117. महाराजा दाहीर	388
118. महाराणा संग	389
119. महाराणा प्रताप सिंह	390
120. वीर मराठा लोग	391
121. छत्रपति शिवाजी	394
122. अफजलखान वध	413
123. शाहिस्तेखान पराभव	416
124. आग्र्याहून सुटका	419
125. शिवाजी राज्याभिषेक	422
126. वीर मुरारबाजी	431
127. वीर तानाजी	432
128. बाजी प्रभू देशपांडे	433
129. वीर फिरंगोजी	435
130. सह्याद्री पर्वत	437
131. विंध्य पर्वत	437
132. सातपुड़ा पर्वत	438
133. सिंधु नदी	439
134. गंगा मैया	440
135. यमुना रानी	441
136. नर्मदा देवी	442
137. तापी देवी	444
138. गोदावरी देवी	446
139. कावेरी देवी	446
140. रामभूमि अयोध्या	447
141. तीर्थक्षेत्र चित्रकूट	449
142. पावन धाम पंचवटी	450
143. व्रजभूमि	453
144. मधुबन	454
145. मथुरा नगरी	456
146. वृंदावन	464
147. होली	468
148. कृष्ण की द्वारका	475
149. समृद्ध विजयनगर	477
150. तीर्थक्षेत्र तिकोटा	478
151. सावन ऋतु	479
संगीतकार परिचय	487

ॐ नमः शिवाय

भजन : राग भैरवी, कहरवा ताल 8 मात्रा

स्थायी

जैजै जैजै भक्तों बोलो, ओम् नमः शिवाय ।
ओम् नमः शिवाय, ओम् नमः शिवाय ।
ओम् नमः शिवाय, ओम् नमः शिवाय ।।

♫ सासा रेरे गग पप, प- मग- रेसा-सा-,
ग- गग गग-ग-, रे- रेनि निसा-सा- ।
म- मम मम-म-, ग- गरे निसा-सा- ।।

अंतरा–1

शिव ललाट पे चंदा साजे, जटा काली में गंग विराजे ।
डम डम डम डम डमरू बाजे, गूँजे नारा, नमः शिवाय ।
ओम् नमः शिवाय, ओम् नमः शिवाय, ओम् नमः शिवाय ।।

♫ पसां सांसांरेंसां नि- निसांरेंसां रें-रें-, सांगंरें सां-निध ध- नि-नि रेंसां-सां- ।
पसां सांसां सांरें सांनि निसांरें सां-रें - -, रेंगंरेंसां ध-ध-, धनि- रेंसां-सां- ।
सां- - - निसां- निसां- - - सां- - -, रें- - - सांरें- सांरें- - - रें- - -,
गं- - सांध - - निरें- - - सां- - - ।।

अंतरा–2

नटवर तांडव थैया नाचे, डम डम डम डम डंका बाजे ।
त्रिशूल दाएँ हाथ विराजे, गूँजे नारा, नमः शिवाय ।
ओम् नमः शिवाय, ओम् नमः शिवाय, ओम् नमः शिवाय ।।

INTRODUCTION

नादेनोच्चयते वर्णः पदं वर्णात्पदाद्वचः ।
वचसो व्यवहारोऽयं नादाधीनमिमं जगत् ।।

(The sound makes letters, from letters the words, from words the sentences, from sentences the speech, from speech the dealings, the world moves with the sounds)

Playing and Singing Indian Music on Harmonium (बाजा) means playing your Harmonium Notes (स्वर) and your voice (गला) in synchronization with the 'beats' (मात्रा, ठेका) of the *Tabla* Drum (तबला). Harmonium being a Reed Instrument, its 'tones' (स्वर) are quite close to the tones of our vocal cord. Just as we do not always speak or sing every word in plain regular voice, the harmonium tones also have to be varied into 'soft' (कोमल, अनुदात्त), middle (शुद्ध, स्वरित) or hard (तीव्र, उदात्त) tones to suite the words and the mood (भाव) of the lyric. And, the 'pitch' (सुर) of these three tones have also be changed to 'low' (मन्द्र), 'medium' (मध्य) or 'high' (तार), to match with the voice of the singer.

The most common contemporary Indian music uses ten main classes called *Thaats* (ठाठ) of the music, depending on which time (समय) of the day it should be played. In each class, at least five of the seven keys and their variations are employed to play a song. Within each class (ठाठ), there are various subclasses (*Raaga* राग) following specific rules of using or not using particular keys. The *Tabla* beats fix the 'rhythm' (ताल) of the song. The *Kaharva* (कहरवा ताल) of 8 'beats' (मात्रा) is the most common rhythm.

In order to understand Hanmonium music, the first step is to master the 'octave' (सप्तक) of seven primary notes, in forward (आरेह) and backward (अवरोह) directions. Then secondly, to master the basic notation sequences (अलंकार). Then you practice to play a simple composition in the first basic *Raga* called Bilawal (बिलाव राग), in sync with the simple *Kaharva taal* of *Tabla* timing, in the medium 'speed' (मध्य लय), on the middle octave. The other two speeds for the future practice being the 'slow' (विलंबित लय) and the fast' (द्रुत लय). At this stage, know various *Thats* and *Raagas*, so that you may progress intelligently.

An interesting thing is that, the first Key Note *Sa* (सा) of the octave can be fixed at any key of the Harmonium, and then the remaining six notations are fixed automatically on the corresponding keys. This much is the minimum knowledge you need to get started on understanding the Indian Music. After this, the interesting thing to know is, that the finest micro tone of sound (नाद) is called *Shruti* (श्रुति), from the *Shrutis* arises Swara (note स्वर), from *Swaras* arises *Thaat* (ठाठ), from a *Thaat* arise *Raagas* (राग), and from a *Raaga* arises a *Geet* (song गीत).

The Parental Science of Music that originated in *Sama Veda* (साम वेद), travelled from India to Persia to Arabia to Europe, which then became known as 'Western Music,' and the original became known as 'Indian Music.' The Classical Indian rhythmic Music based on *Raagas*, initaited by Narada (नारद) then from the times of Ramayana and Mahabharata was mainly played on Veena (वीणा) with seven notes, accompanied by drum (मृदंग) later known as *Tabala*. The apogee of sweet rhythmic music centered around Krishna and Radha's (राधा)

themes on the banks of the sacred Jamuna (यमुना) river at Vrindavana, which then resulted in the development of Devotional (भक्ति) movement.

In the later period, the first monumental work of teaching music was 'Sangeet-Ratnakar' (संगीत रत्नाकर) written by Sharngadeva (शार्ङ्गदेव) about 1200 A.D. It says (1.31) :

चैतन्यं सर्वभूतामां विवृतं जगदात्मना ।
नादब्रह्म तदानंदमद्वितीयमुपास्महे ।।

(The thing that exists in every being and is associated with its life, is the sound, hence it is called the Brahma-naada)

After this, in the 16th century, arose great musicians such as Tansen, Baiju Bavara, Tulsidasa, Surdasa, Meera etc. After 16th century new music styles came such as *Dhrupad, Dhamar, Khayal, Thumri, Tarana*, etc. based on various *Taals* such as *Dadra (6 beats), Roopak (7 beats), Tivra Taal (7 beats), Kaharva Taal (8 beats), Jhap Taal (10 beats), Ek Taal (12 beats), Chau Taal (12 beats), Deepchandi Taal (14 beats), Teen Taal (16 beats),* etc.

Remember, playing or enjoying Music is one thing, but playing Indian Music having understood the *Raagas, chhandas* and *Tabla* rhythm, is quite a different thing.

वचसा वर्धते ज्ञानं सर्वं शब्देन शोभते ।।

(With speech develops knowledge and with sounds everything appears beautiful)

While I would like to dedicate this work to my grandchildren, I would like to thank my wife Sunita for her untiring support. I would also like to thank Guruji Dev Bansraj for helpimg me setup tunes of nearly fifty songs of this collection. This collection has nearly 700 melodies set in 60 Ragas and 12 Chhandas, with their Harmonium notations for the music and poetry lovers.

... *Ratnakar*

Sri Radha Krishna Temple

(The Canadian Hindu Mission Centre Scarborough)

1960 Ellesmere Road Unit 9 Scarborough ON M1H 2V9 Tel:416-431-3311

संगीताचार्य सम्मान

श्री राधाकृष्ण मंदिर, स्कारबरो, कनाडा द्वारा

प्रो. रत्नाकर नराले

को गीत-संगीत में उच्च कोटि की उपलब्धि के लिए
संगीताचार्य सम्मान प्रदान किया जाता है.

(Amar Batish)	(Manohar Sharma)	(Inder Kapila)
President	Secretary	Treasurer

राग आरोह अवरोह

	राग	आरोह	अवरोह
1.	आसावरी	सा रे म प, ध सां	सां नि ध प म ग, रे सा
2.	अड़ाना	सा रे म प, ध नि सां	सां ध नि प, म प ग म रे सा
3.	अल्हैया बिलावल	सा, रे, ग रे ग प नि ध नि सां	सां नि ध प, ध नि ध प, मगमरे, सा
4.	बंजारा	मिश्र राग	
5.	बागेश्री	नि़ सा ग म, ध नि सां	सां नि ध, म प ध ग, म ग रे सा
6.	भैरव	सा रे ग म प ध नि सां	सां नि ध प म ग रे सा
7.	भैरवी	सा रे ग म प ध नि सां	सां नि ध प म ग रे सा
8.	बहार	सा म, म प ग म, ध नि सां	सां, नि प म प, ग म, रे सा
9.	भीमपलासी	नि़ सा ग म, प नि सां	सां नि ध प, म ग रे सा
10.	बरहंस	मिश्र राग	
11.	भूपाली	सा रे ग, प, ध सां	सां ध प, ग रे सा
12.	देशकार	सा रे ग प ध, सां	ध ध प, ग प ध प, ग रे सा
13.	देस	नि़ सा रे, म प, नि सां	सां नि ध प, ध म ग, रे ग, नि़ सा
14.	दरबारी कान्हड़ा	नि़ सा रे ^{म}ग – म रे सा, म प, ध, नि सां	सां, ध – नि प, म प ग म रे सा
15.	दुर्गा	सा रे म प ध सां	सां ध प म रे सा
16.	धुनी	मिश्र राग	
17.	गौड़ मल्हार	सा, रेगरेम गरेसा, रेप, मप, धनिसां	सां, ध नि प म, ग रे ग (रे) सा
18.	होरी खमाज	मिश्र राग	
19.	हमीर	सा रे सा, ग म ध, नि ध, सां	सां नि ध प, म॑ प ध प, ग म रे सा
20.	भिन्न षड्ज	सा ग म ध नि सां	सां नि ध म ग सा
21.	बिहाग	नि़ सा ग, म प, नि सां	सां नि, ध प, म॑ प ग म ग, रे सा
22.	बिलावल	सा रे ग म प ध नि सां	सां नि ध प म ग रे सा
23.	हिंडोल	सा ग, म॑ ध नि सां	सां नि ध, म ग साा
24.	मिश्र	मिश्र राग	
25.	तिलंग	सा ग म प नि सां	सां नि प म ग सा
26.	तिलक कामोद	सा रे ग सा, रे म प ध, म प, सां	सां प, ध म ग, सा रे ग, सा नि़

१. ज्ञानदा श्री गणेश

27.	जंगला	मिश्र राग	
28.	जोगीया	सा रे॒ म प ध॒ सां	सां नि॒ ध प म रे॒ सा
29.	जौनपुरी	सा रे म प, ध॒, नि॒ सां	सां नि॒ ध॒ प, म ग॒, रे सा
30.	जयजयवंती	सा, रे॒ग॒रेसा, नि॒ध॒प, रे, गमप, निसां	सां नि॒ ध प, ग म, रे ग॒ रे, सा
31.	केदार	सा म, म प, ध प, नि ध सां	सां नि ध, प, म॑ प ध प, म, रे सा
32.	काफी	सा म, म प ग॒ म, ध नि॒ सां	सां, नि॒ प म प, ग॒ म, रे सा
33.	कलावती	सा ग म प ध नि॒ सां	सां नि॒ ध प म ग रे सा
34.	मालकंस	सा ग॒ म, ध॒ नि॒ सां	सां नि॒ ध॒ म, ग॒ म ग॒ सा
35.	मारवा	नि॒ रे॒ सा, ग, म॑, ध नि रे॒ं सां	रे॒ं, नि ध, म॑ ध, ग म॑ ग, नि॒ रे॒ सा
36.	मुल्तानी	नि॒ सा, ग॒, म॑ प नि सां	सां नि ध प म॑ ग॒ रे॒ सा
37.	शंकरा	सा ग, प, नि ध, सां	सां नि प, नि ध, सांनिप, गप, गरेसा
38.	शुद्ध सारंग	सा रे म रे, सा रे म प, प, नि सां	सां नि, ध प, ध म॑ प, रे म रे, नि॒सा
39.	पीलू	नि॒ सा ग म प नि सां	सांनिधप निधपध॑ पमगसा नि॒सा
40.	प्रमाती	मिश्र राग	
41.	पूर्वी	नि॒ रे॒ ग म॑ प, म॑ ध॒ प, नि सां	रे॒ं नि ध॒ प, म॑ ग, म॑ रे॒ ग, रे॒ सा
42.	पूरिया	नि॒ रे॒ सा, ग, म॑, ध नि रे॒ं सां	रे॒ं, नि ध, म॑ ध, ग म॑ ग, नि॒ रे॒ सा
43.	पूरिया धनाश्री	नि॒ रे॒ ग म॑ प, म॑ ध॒ प, नि सां	रे॒ं नि ध॒ प, म॑ ग, म॑ रे॒ ग, रे॒ सा
44.	रामकली	सा ग, म प ध॒, नि सां	सांनि॒ध॑प, म॑प, ध॒निध, मग, मरे॒ सा
45.	रासडा	मिश्र राग	
46.	रत्नाकर	सा रे ग॒ म प ध नि॒ सा	सां नि॒ ध प म ग॒ रे सा
47.	खमाज	सा, रे ग रे म ग रे सा, रे प, म प, धनिसां	सां, ध नि॒ म म, ग रे ग (रे) सा
48.	तोड़ी	सा रे॒ ग॒, म॑ ध॒, प, म॑ ध॒ नि सां	सां नि॒ ध॒ प, म॑ ग॒, रे॒ ग॒ रे॒ सा
49.	वृंदावनी सारंग	नि॒ सा रे म प नि सां	सां नि॒ प म रे सा
50.	यमन कल्याण	सा रे ग म॑ प ध नि सां	सां नि ध प म॑ ग रे सा
51.	कलावती	सा ग, प, ध नि॒ सां	सां नि॒ ध प, ग, सा

छंद : अभंग छंद, बालानंद छंद, भुजंगप्रयात छंद, चौपाई छंद, दोहा छंद, शिखरिणी छंद, लावणी छंद, शार्दूलविक्रीडित छंद, श्लोक छंद, पृथ्वी छंद, वसंततिलका छंद

१. ज्ञानदा श्री गणेश

भारतीय सांस्कृतिक गीतमाला, मोती 1

मंगल वंदन

खयाल : राग यमन, तीन ताल 16 मात्रा

स्थायी

मंगल वन्दन सुमिरण प्यारे, सुखकर गान गणेश तुम्हारे ।

♫ नि–पप रे–सासा गरेमंधप रे–सा–, ऩिऩिरेरे ग–मं मंनिधप परे–सा– ।[1]

अंतरा–1

गणपति बाप्पा परम पियारे, गण नायक विघ्नेश दुलारे ।

♫ पगपप सां–सां– निरेंगं रेंनिरेंसां–, सांगं रेंसांसांनि धपगमंध परे–सा– ।

अंतरा–2

निहार सुंदर काम सुखारे, भगतन आते चरण तिहारे ।

भारतीय सांस्कृतिक गीतमाला, मोती 2

शतवारमहं वन्दे

(संस्कृत)

श्लोक छंद

शतवारमहं वन्दे लम्बतुण्डिं गणेश्वरम् ।

एकदन्तं च हेरम्बं चारुकर्णं गजाननम् ।। 1

---

[1] **स्थायी तान :** 1मंगल वन्दन गरे सानि़ धनि़ रेग । मंध पमं गरे सा– 2मंगल वन्दन ऩिरे गमं गरे गमं । पध पमं गरे सा– 3मंगल वन्दन ऩिरे गमं पध निरें । सांनि धप मंग रेसा । **अंतरा तान :** 1.गणपति बाप्पा : निसां धनि पध मंप । गमं रेग सारे ऩिसा । 2गणपति बाप्पा परम पियारेऽ गरे गरे सानि़ सा– । निध निध पमं प– । गंरें गंरें सांनि धप । निनि धप मंग रेसा ।

१. ज्ञानदा श्री गणेश

♫ रेरेरे-रेरेग- प-म- प-पप-ध- पम-गरे- ।
रे-गम-प- म ग-रे-सा- ऩिसारे-म- पम-गरे- ।।

गं गं गं गं गणेशं श्रीं चतुर्बाहुं महोदरम् ।
विश्वमूर्तिं महाबुद्धिं वरेण्यं गिरिजासुतम् ।। 2

गणपतिं परब्रह्म शूर्पकर्णं करीमुखम् ।
पशुपतिमुमापुत्रं लम्बोदरं गणाधिपम् ।। 3

हस्तिमुखं महाकायं ढुण्ढिं सिद्धिविनायकम् ।
वक्रतुण्डं चिदानन्दम्-आम्बिकेयं द्विमातृजम् ।। 4

महाहनुं विरूपाक्षं ह्रस्वनेत्रं शशिप्रभम् ।
पीताम्बरं शिवानन्दं देवदेवं शुभाननम् ।। 5

सर्वमङ्गलमाङ्गल्यं प्रभुं मूषकवाहनम् ।
ऋद्धिसिद्धिप्रदातारं विघ्नहरं विनायकम् ।। 6

जगदीशं शिवापुत्रम्-आदिनाथं क्षमाकरम् ।
अनन्तं निर्गुणं वन्द्यं यशस्करं परात्परम् ।। 7

गौरीपुत्रं गणाधीशं गजवक्त्रं कृपाकरम् ।
भालचन्द्रं शिवाऽऽनन्दं पार्वतीनन्दनं भजे ।। 8

आदिपूज्यं शुभारम्भं ज्ञानेशं मोदकप्रियम् ।
प्रातः सायमहं वन्दे गणेशं च सरस्वतीम् ।। 9

प्राप्तुं ज्ञानं युवाभ्याञ्च विद्यां भाग्यं शुभान्वरान् ।
नमस्कृत्य कृताञ्जलिः-रत्नाकरो भजाम्यहम् ।। 10

भारतीय सांस्कृतिक गीतमाला, मोती 3

कीर्तन : राग खमाज, कहरवा ताल 8 मात्रा

गणपति देवा

श्लोक

गजाननः कलादेवो नृत्यसंगीतशिल्पकः ।

ददाति स कलाधीशः ज्ञानं बुद्धिं च कौशलम् ।।

♫ मग-मप- धप-म-ग-, ग-मनि-सां-सांनि-धप- ।

गप-म प- धसांनि-ध-, म-म प-प ध प-मग- ।।

स्थायी

गणपति गणपति गणपति देवा! कोई लाए मोदक कोई लाए मेवा ।।

♫ मपपम पधधप पधनिनिनि निधध-, मप पम पसांधप पध पम म-म- ।

अंतरा-1

गणपति गणपति गणपति देवा! कोई करे भगति तो कोई करे सेवा ।

♫ धधनिसां सांसांसांसां सांरेंमंगं रेंसांसां-! मप पम पसांध प पध पम म-म- ।

अंतरा-2

भजनन किरतन बहुविध देवा! लंबोदर लंबोदर लंबोदर देवा! ।

अंतरा-3

मुनि जन करियत जप-तप सेवा, गजमुख गजमुख गजमुख देवा! ।

अंतरा-4

अर्पण सब तव चरणन देवा! गौरीसुत गौरीसुत गौरीसुत देवा! ।

भारतीय सांस्कृतिक गीतमाला, मोती 4

भजन : राग रत्नाकर, कहरवा ताल 8 मात्रा

पार्वती नंदन

स्थायी

पार्वती नंदन, हे जग वन्दन, दया निधान ।

आरती चंदन, तुम्हें प्रणाम ।।

♫ ग-रेग म-मम, प- मग रे-गग, गम- पम-म ।

प-मग म-गरे, मग- रेसा-सा ।।

अंतरा-1

ज्ञान देवता, ध्यान विधाता, हे भव नाथा, मंगल दाता ।

मोदक मेवा पुष्प गुलाब, हे मन रंजन, तुम्हें प्रणाम ।।

♫ सा-रे ग-रेग-, रे-ग मग-म-, प- मग रे-ग-, म-गरे सा-सा ।

प-मग रे-ग- ग-म पम-म, प- मग म-गरे, मग- रेसा-सा ।।

अंतरा–2

नारद तुंबर, गात हैं शंकर, डोलत गूँजत, धरती अंबर ।
बाँसुरी सुंदर कृष्ण कुमार, पुण्य गजानन! तुम्हें प्रणाम ।।

अंतरा–3

कटि पीतांबर, पाँव में पैंजन, मुकुट शीश पर, कानन कुँडल ।
गल में सुंदर मोतियन हार, हे दुख भंजन, तुम्हें प्रणाम ।।

भारतीय सांस्कृतिक गीतमाला, मोती 5

भजन : राग रत्नाकर, कहरवा ताल 8 मात्रा

आदिनाथ

स्थायी

आदि नाथ, आदि नाथ, आदि नाथ मेरा ।
सुख कारी, दुख हारी, शुभ बहुतेरा ।।

♫ प–प प–प, प–प प–प, प–म प–म ग–म– ।
पप– मग–, मम– गसा–, सासा– गग म–ग– ।।

अंतरा–1

साधु संत, ज्ञानवंत, करे तेरी पूजा,
तेरे जैसा दाता कोई और नहीं दूजा ।
करें ध्यान, करें मान, करें गान तेरा,
आदि नाथ, आदि नाथ, आदि नाथ मेरा ।।

♫ सा–सा रे–रे, ग–गम–म, पप– मग– रे–ग–,
मम– पप– मम– गग– म–ग रेग– म–प– ।
पप– प–प, पप– प–प, पम– प–म ग–म– ।
प–प म–ग, म–म गसा–, सा–सा ग–ग म–ग– ।।

अंतरा–2

वक्र तुंड, एक दंत, छवि तेरी प्यारी,
देवे ऋद्धि, देवे सिद्धि, देवे बुद्धि न्यारी ।
तुही राम, तूही श्याम, तूही प्राण मेरा,
आदि नाथ, आदि नाथ, आदि नाथ मेरा ।।

१. ज्ञानदा श्री गणेश

अंतरा-3
तू अनंत, तू दिगंत, मूर्तिमंत धाता,
तू ही बंधु, तू ही ताता, तू ही मेरी माता ।
तूही रम्य, तूही गम्य, तू अनन्य देवा!
आदि नाथ, आदि नाथ, आदि नाथ मेरा ।।

भारतीय सांस्कृतिक गीतमाला, मोती 6
राग मालकंस, कहरवा ताल 8 मात्रा

ज्ञान दाता

स्थायी
स्वरदा ने मंजुल गाया है, नारद ने साज बजाया है ।
रतनाकर गीत सजाया है ।।

♪ ममगम गसा निसाधनि सा-म- म-, म-गम गसा निसाध नि-सा-म- म-।
निनिनि-निनि नि-नि निधनिसांनि धम ।।

अंतरा-1
तू ही बुद्धि का बल दाता, तू ही ज्ञान का सोता है ।
तू ही ऋद्धि सिद्धि धाता, तूने भाग्य जगाया है ।।

♪ ग- म- ध-नि- सां- सांसां गंनिसां-, नि- नि नि-नि नि धनिसांनि धम- ।
ग- म- ध-नि- सां-सां गंनिसां-, नि-नि- नि-नि नि-नि धधनिसांनि धमगसा ।।

अंतरा-2
तू ही हमरा गुरु अरु माता, तू ही विश्व विधाता है ।
विघ्न विनाशक मंगलकारी, तू गणनायक भाया है ।।

अंतरा-3
तू माथे की रेखा लिखता, तू भगतन को दिखता है ।
आदि देव तू! चिदानंद तू! जग तेरी किरती गाया है ।।

भारतीय सांस्कृतिक गीतमाला, मोती 7
कहरव ताल 8 मात्रा

लंबोदराय

स्थायी

देवाय, लंबोदराय, शिवनंदनाय, शिव ओम् ।
नाथाय, मुखमंगलाय, जगवन्दनाय, शिव ओम् ।।

♫ मम–म – –, रेमप–धपमम, रेमप–धपमम, रेम प– – – – – – –प ।
धध–ध – –, साधप–धपमम, रेमप–धपमम, रेध प– – – – – – –म ।।

अंतरा–1

रुद्राय, शिवशंकराय, दुखभंजनाय, हर ओम् ।
भद्राय, गंगाधराय, प्रभु त्र्यंबकाय, हर ओम् ।।

♫ सांसां–सां – –, सांसांरें–रेंरें–रें, रेंरेंरें–रेंरें–सां, धरें रेंसां– – – – –सां ।
धध–ध – –, ध–प–धपमम, रेमप–धपमम, रेध पम– – – – –म ।।

अंतरा–2

रामाय, रघुनंदनाय, मधुचंदनाय, हरि ओम् ।
वीराय, सीतावराय, पुरुषोत्तमाय, हरि ओम् ।।

अंतरा–3

श्यामाय, बंसीधराय, पीतांबराय, जय ओम् ।
कृष्णाय, राधावराय, दामोदराय, जय ओम् ।।

भारतीय सांस्कृतिक गीतमाला, मोती 8

कीर्तन : राग खमाज, कहरवा ताल 8 मात्रा

गणपति माझा

(मराठी)

स्थायी

गणपति माझा शुभवर दाता, परम कृपाळु सदय विधाता ।

♫ मपपम पधधप पधधप ध–ध–, मपप मपसांधप पधप मम–म– ।

अंतरा–1

शिवसुत एकदंत, लंबोदर माझा,
पार्वती–गिरिजा–उमा त्याची माता ।

♫ धधनिसां सांसांसांसां सांरेंमंगं रेंसांसां-,
मपपम-पसांधप-पध पम म-म- ।

अंतरा-2

विद्या दे तू! कला दे तू! दे तू! सुख सारे,
देवा! यश दे रे! मला, झडकरी आता ।

अंतरा-3

तन मन माझे, प्रभो! अर्पण तुजला,
होतो मोद मला तुझे, स्तुतिगीत गाता ।

२. स्वरदा देवी सरस्वती

भारतीय सांस्कृतिक गीतमाला, मोती 9

राग देस, कहरवा ताल 8 मात्रा

वीणा की झनकार

स्थायी

झनन झन वीणा की झनकार, हटाए भगतन का मनभार ।
♫ ममगरे गसा रे-म- प- धनिध-प-, पगरेगसा रेरेमम प- धनिध-प- ।

अंतरा-1

मंगल सुंदर गान तिहारे, आकर दो दीदार ।
नयनन प्यासे प्यास बुझावे, पावन रूप तिहार ।।
♫ म-मप नि-निनि सां-सां सांरेंनिसां-, नि-निनि धम धपप - - प ।
पपरेंरें रें-रेंसां रेंगंरें गंनि-सां-, नि-निनि सांनिसां रेंनिधप ।।

अंतरा-2

ज्ञान की देवी दान कला का, परम तेरा उपकार ।
रूप सलोना हाथ में वीणा, शारद नाम तिहार ।।

अंतरा-3

जीवन ये संगीत सुहाना, गीत करो साकार ।
माँ! ममता का दीप जगाके, दूर करो अंधकार ।।

भारतीय सांस्कृतिक गीतमाला, मोती 10

ज्ञानदा सरस्वती (हिंदी)

आलाप

♫ सां - रें सां - निध पम प - म ग -

गप निप रे - रे रे - ग प प - म म -

स्थायी

♫ प-निधनि पग-गसा म-प म-, ससा म- पधध रेंसां धनिप ध- ।

पपनिधनि पगग गसाम-प म-, सा- म-पध- रेंसांधनिप ध- ।। सा-०

देवी सरस्वती ज्ञान दो, हमको परम स्वर गान दो ।

हमरा अमर अभिधान हो, माँ शारदा वरदान दो ।। दे०

आलाप

♫ मग साग म म म म - धप मप नि नि नि नि -

रें.गं सांनि ध - नि गं रें सां

अंतरा-1

♫ सांसांसां- सांसां- रेंरें गं-रेंगं-, गंमंरें- गं सांनि धनि गंरेंगंरेंसां-,

सांसांरेंनि नि धप पप निधनिपम- ।

पप निध निप ग- गसाम-प म-, सा- म-पध- निसांरें-नि पग ।। सा-

तुमरी करें हम आरती, तुमरे ही सुत हम भारती,

तुमरे ही सुत हम भारती ।

सब विश्व का कल्याण हो, माँ शारदे वरदान दो ।। दे०

अंतरा-2

तुम ही हो बुद्धि दायिनी, तुम ही महा सुख कारिणी ।

तुम ही गुणों की खान हो, माँ शारदे वरदान दो ।। दे०

अंतरा-3

तुमरी कृपा से काम हो, जग में न हम नाकाम हों ।

हमको न कभी अभिमान हो, माँ शारदे वरदान दो ।। दे०

अंतरा-4

तुम हो कला की देवता, देवी हमें दो योग्यता ।
हमको हुनर परिधान हो, माँ शारदे वरदान दो ।।
माँ शारदे वरदान दो, माँ शारदे वरदान दो, माँ शारदे वरदान दो ।। दे॰

भारतीय सांस्कृतिक गीतमाला, मोती 11

ज्ञानदा सरस्वती (मराठी)

आलाप

♫ सां- रें सां- निध पम ग- रे ग-, धप मग रे- रे रे, ग रे सा- रे सा,

स्थायी

♫ सा-ध- पम-गरे गरेगरे सा-, सा-म- पधध गसां ध-प ध- ।
सा-ध- पमम रेरे गरेग-रे सा-, सा- म-पग-! गसांधप ध-।। सा-॰

देवी सरस्वती ज्ञान दे, आम्हां परम स्वर गान दे ।
आम्हां अमर अभिधान दे, हे शारदे! वरदान दे ।। दे॰

आलाप

♫ मग रेग म म म म-, धप मप नि नि नि नि-,
गरें सांनि ध- नि- गं रें सां

अंतरा-1

♫ सां-सां-! सांनिसां धनि- सांरेंगंरेंग-, गं-रें- रेंरें- रेंरें गं-रेंसां-,
गं-रें- रेंरें- रेंरें गं-रेंसां- ।
सासाध- पम- रेरे गरेगरे सा-, गं-रें- रेंरें- रेंरें गं-रेंसां- ।। सा-

देवी! तुला ही आरती, आम्हीं तुझे सुत भारती,
आम्हीं तुझे सुत भारती ।
सगळ्या जनां सुख दान दे, हे शारदे! वरदान दे ।। दे॰

अंतरा-2

संगीत विद्या दायिनी! देवी महासुख कारिणी! ।
तू सद् गुणांचे वाण दे, ।। दे॰

अंतरा-3

आम्हां कृपेचे छत्र दे, आम्हांस जगती यश मिळो ।
सौभाग्य, माते! छान दे, हे शारदे! वरदान दे ।। दे॰

अंतरा–4

स्वरदा कलेची देवता, आम्हांस देते योग्यता ।

आम्हांस चित्तीं ध्यान दे, हे शारदे! वरदान दे ।।

हे शारदे! वरदान दे, हे शारदे! वरदान दे, हे शारदे! वरदान दे ।। दे०

भारतीय सांस्कृतिक गीतमाला, मोती 12

आरती : राग खमाज, कहरवा ताल 8 मात्रा

जै जै स्वरदा माता (हिंदी)

स्थायी

जै जै स्वरदा माता । देवी स्मरण तेरा भाता ।

दरशन तुमरे सुंदर । सुमिरन तुमरे मंगल ।

चाहे सब ध्याता । ॐ जै सरस्वती माता ।।

♫ म–म– ममम– गमप– । पध नीसांसां सांरेंसां नीधरे– ।

पधपध नीनीनीध पधमम । पधपध नीनीनीध पधमम ।

प–प– धप मगरे– । प– प– पपधप मगम– ।।

अंतरा–1

जो आवे गुण पाने । ध्यान लगाने का ।

देवी ज्ञान बढ़ाने का ।

तेरे दर पर पावे । झोली भर कर जावे ।

ध्येय सफल उसका । ॐ जै सरस्वती माता ।।

♫ पम मगपम मग पमम– । सांरेंसां नीध–पम प– ।

सांसां सांरेंसां नीध–पम प– ।

पधपध नीनी नीध पधम– । पधपध नीनी नीध पधम– ।

प–प पधप मगरे– । रे– प– पपधप मगम– ।।

अंतरा–2

जो आवे सुर पाने । गान बजाने का ।

देवी तान सजाने का ।

संगित नृत्य सिखाने । नाटय कला को दिखाने ।

मार्ग सरल उसका । ॐ जै सरस्वती माता ।।

२. स्वरदा देवी सरस्वती

अंतरा-3

जो प्यासा है कला का । चित्राकारी का ।
देवी शिल्पाकारी का ।
चौंसठ सारी कलाएँ । विद्या अष्ट लीलाएँ ।
साध्य सकल उसका । ॐ जै सरस्वती माता ।।

अंतरा-4

जो कवि गायक लेखक । वाङ्मय विरचेता ।
देवी सरगम रचयेता ।
साहित्य साधन पावे । बुद्धि का धन आवे ।
हेतु सबल उसका । ॐ जै सरस्वती माता ।।

अंतरा-5

शुभ्र वसन नथ माला । काजल का तिल काला ।
देवी हाथ कमल नीला ।
केयुर कंठी छल्ला । गजरा कुंदन ड़ाला ।
मुकुट है नग वाला । ॐ जै सरस्वती माता ।।

अंतरा-6

नारद किन्नर शंकर । तुमरे गुण गाते ।
देवी तुमरे ऋण ध्याते ।
भगत जो शरण में आता । भजन ये तुमरे गाता ।
मोक्ष अटल उसका । जै जै सरस्वती माता ।।

भारतीय सांस्कृतिक गीतमाला, मोती 13
आरती : राग खमाज, कहरवा ताल 8 मात्रा

जै जै स्वरदा माता (मराठी)

स्थायी

जै जै स्वरदा माता । देवी नमन तुला आता ।
दर्शन प्रांजळ सुंदर । आशिष पावन मंगल । मागू तुज गाता ।
जैऽ सरऽस्वती माताऽ ।।

♪ म- म- ममम- गमप- । पध निसांसां सांरेंसां निधरे- ।

पधपध नि–निध पधपध । पधपध नि–निध पधमम । पपप– धप मगरे– ।
प– प– पपपधप मगम– ।।

अंतरा–1

जो मागे गुण तुजला । बुद्धि ज्ञानाचा । देवी ऋद्धि मानाचा ।
श्रद्धा हृदयी जयाला । वाञ्छित मिळुनी तयाला ।
ध्येय सफळ त्याला । जै० ।।

♫ पम मगपम मग पमम–। सांरेंसांनि ध–पमप–। सांसां सांरेंसांनि ध–पमप–।
पधपध नीनीनी धपधम– । पधपध निनिनि धपधम– ।
प–प पधप मगरे– । प– प– पपपधप मगम– ।।

अंतरा–2

जो मागे सुर तुजला । सुंदर गानाचा । देवी मंजुळ तानेचा ।
संगित नृत्य शिकाया । अभिनय नाटय शिकायाऽ ।
मार्ग सरळ त्याचा । जै० ।।

अंतरा–3

जो नर आर्त कलेचा । चित्राकारीचा । देवी वास्तुशिल्पाचा ।
चौसष्ट सगळी विद्या । अष्ट सिद्धीची लीला ।
प्राप्त सकळ त्याला । जै० ।।

अंतरा–4

जो कवि गायक लेखक । वाङ्मय विरचेता । देवी सरगम रचयेता ।
साहित्य साधन त्याला । बुद्धि चे धन त्याला ।
हेऽतु सबळ त्याचा । जै० ।।

अंतरा–5

जो शिक्षक नर ज्ञानी, बाण्याचा मानी । देवी विद्येचा वाणी ।
सेवा हृदयी ज्याच्या, ठेवा सात्त्विक ज्याचा,
हात सढळ त्याचा । जै० ।।

अंतरा–6

शुभ्र वसन नथ माळा । काजळ तिळ काळा । देवी मुकुट मणी नीळा ।
केयुर कंठी चाळा । कुंदन गजरा पिवळा ।
रंग तुझा ढवळा । जै० ।।

अंतरा–7

नारद किन्नर शंकर । तुमचे गुण गाती । देवी तुमचे ऋण ध्याती ।

२. स्वरदा देवी सरस्वती

शरण जो चरणी आला । भजन हे स्मरणी ज्याला ।
मोक्ष अटळ त्याला । जै० ।।

भारतीय सांस्कृतिक गीतमाला, मोती 14
राग : रत्नाकर, तीन ताल 16 मात्रा

संगीत दायिनी

स्थायी

हम ध्यान धरें माँ का, स्वर गान करें माँ का ।
अज्ञान परे करने, वर दान हमें दो माँ ।
स्वर ज्ञान हमें दो माँ, हम ध्यान धरें माँ का ।।

♪ सारे गपप धसांध पग रे-ग - - -, रेरे ग-प पधसां धप गरे- - - - ।
प-प-प पध- पमगरे- - - -, गप ध-सां धप- ग- रे- - - - - ।
सारे गपप धसांध पग रे- - - - -, रेरे ग-प पधसां धप गरे- - - ।।

अंतरा-1

संगीत की देवी तू, काव्य कला रस सेवी ।
हर कारीगर की माता, पावन सरगम सरिता ।
सुर सुंदर की मूर्ति, कवि की तन्मय स्फूर्ति ।
तुझसे चिन्मय धरती, कल्याण करो माता ।
निस्तार करो माता, हम ध्यान धरें माँ का ।।

♪ प-प-प प धपमग मप- - - -, प-प पप- धप मपध- - - - ।
पध ध-प-धध प- प-म- - -, पधपप पपगरे गरेसा- - - - ।
सारे ग-पप धसां धपग- - - -, सारे गप प-पध सांधपग- - - ।
सारेगप- प-पध सांधपग- - -, ध-रें-रें सांध- पधपगरे- - - ।
सारेग-प धसांध पगरेग - - -, रेरे ग-प पधसां धप गरे- - - ।।

अंतरा-2

वचनों की रानी तू, निर्मल अमृत वाणी ।
ज्ञान की अक्षय दानी, कोई नहीं तव सानी ।
देव देवता सारे, ऋषि-मुनि कवि जन भारे ।
कहते बाँह पसारे, आधार करो माता ।

उद्धार करो माता, हम ध्यान धरें माँ का ।।

भारतीय सांस्कृतिक गीतमाला, मोती 15

भजन : राग यमन कल्याण, कहरवा ताल 8 मात्रा

शारदा वन्दना

स्थायी

तन-मन धन सब अर्पण तुमको, कला काव्य का दर्पण तुम हो ।
जगत शारदा कहता है तुमको, दान ज्ञान का करती तुम हो ।।

♫ सांनि धध मंप गप मंधमंध मंधप-, गपग मं-ध प- नि-धप मंध प- ।
रेरेरे रे-गरे- गगमं- ग मंधप-, ग-प मं-प ध- निनिधप रेरे सा- ।।

अंतरा-1

हाथ में वीणा वाद्य विराजे, साम वेद की पुस्तक साजे ।
श्वेत वसन करे धारण तुमने, नील कमल पर आसन तुमरे ।।

♫ प-सां सां सां-सां- निरेंगं रेंनिरेंसां-, गं-रें सां-नि ध- गपगप मंधप- ।
रे-रे गगग गग मं-धप मंधप-, ग-मं पधध धध निधपप रेरेसा- ।।

अंतरा-2

कुंडल पायल मोती माला, हार मुकुट नथ काजल काला ।
कंचन वाले कंगन झुमके, हंस मयूर गौ आंगन तुमरे ।।

अंतरा-3

नारद किन्नर आन दुआरे, भगत करत स्तुति गान तुहारे ।
मोर मुकुट को शीश पे धारे, माधव हरि जगदीश पधारे ।।

भारतीय सांस्कृतिक गीतमाला, मोती 16

खयाल : राग पूरिया धनाश्री, तीन ताल 16 मात्रा

वीणा वादिनी वन्दना

स्थायी

झनक झनक वीणा झनकारी, मंजुल मंगल बंसी प्यारी ।

♫ पपमं गमंध निरेंनिध पपमंधपमंग, प-मंग मंरेगग मंधमंग रे-सा- ।

अंतरा–1

छम् छम–छम छम घुँघरू बोले, पायल रुन झुन पैंजन बाजे ।

साथ मजीरा धुन मन हारी ।।

♫ -मं गग मंमं धध धनिसांसां- निरेंसां-, -निरेंगंगं रेंगं रेंसांसां निरेंसांनिध निधप- ।

-प-मं गमंरेग- मंध निरें धनिधप- ।।

अंतरा–2

सर् सर सर सर घुँघटा सरके, कुंडल चम–चम बिंदिया चमके ।

नाचत चंचल राधा गोरी ।।

भारतीय सांस्कृतिक गीतमाला, मोती 17

दादरा ताल

सरस्वती कृपा

स्थायी

ये मंगल औ सुंदर, है किरपा तिहारी । देवी! शारदे ।।

♫ म म–म- ग म–रे–, म म–म- गम–रे- । म–प म–गम- ।।

अंतरा–1

मेरी माँ! मेरी माँ! द्वार पे तेरे, आके खड़ा हूँ, देवी! ज्ञान दे ।

♫ मप ध–! निध- प–! पध- नि ध–प–, प–ध निध- प–! म–प म–ग म- ।

अंतरा–2

गरीमा गरीमा, अपारा तिहारी, भव में पड़ा हूँ, देवी! तार दे ।

अंतरा–3

तेरे बिना मैं, बीच भँवर में, कबसे खड़ा हूँ, देवी! ध्यान दे ।

अंतरा–4

सुनने को मंजुल, ये वीणा तिहारी, आतुर बड़ा हूँ, देवी! वागीशे ।

भारतीय सांस्कृतिक गीतमाला, मोती 18

खयाल राग : शंकरा, झप ताल 10 मात्रा

स्वरदा वंदना

स्थायी

करूँ वन्दना स्वरदे, सुन ले वरदे, ज्ञान भर दे, सफल कर दे ।

करूँ वन्दन, दुआ दे ।।

♫ पनिसां नि-पग पसांनि-, पग ग- प रेगप, सा-सा पनि़ सा-, सागग पप प ।

पनिसां निपपग, परेग- सा ।।

अंतरा-1

माँ शारदे, ज्ञान तरु को अमर कर दे ।

शारदे तार दे, माँ झोली भर दे ।।

♫ पगप सां-सांसां-, सां-सां सांगं गं- पंगंरें सांरें सां ।

निधनिसांरेंनिसां निधनि प-, सांनिध पगपग रेग- सा ।।

३. भगवा ध्वज वंदना

भारतीय सांस्कृतिक गीतमाला, मोती 19

भगवा ध्वज वंदना

(मराठी)

स्थायी

भगवा झेंडा, शिवरायाचा, स्वतंत्र्याचा सेतु ।

अंतरा-1

भगव्या झेंड्या प्रणाम तुजला, आम्हाला यश दे तू ।

अंतरा-2

तूच कपिध्वज, गरुडध्वज तू, विजयश्रीचा केतु ।

अंतरा-3

सूर्य उगवता, रंग गेरवा, अथक स्फूर्तिचा हेतु ।

भारतीय सांस्कृतिक गीतमाला, मोती 20

३. भगवा ध्वज वंदना

भगवा ध्वज वंदना

स्थायी

भगवा! तुझे प्रणा – – – – – – म, नमस्ते! तुझे सला – – – – – – म ।
तन मन से स – – – – – – म्मान, तू ही हमरी शा – – – – – – न ।
तू सबसे है महान, तू भगवान ।।

♬ मम धम मध– गम – – – – – – म–, मनि–धनि निध– सांनि – – – – धम ।
मम निनि धनि– धसांनि – – – – नि–, सां– सांरे सांनिधपम पग – – – – ग– ।
नि– निधधप प गम–म, म– मपमग ।।

अंतरा–1

तू – – ही हमरे प्रा – – – – – – ण, तुझ पर हम कुरबा – – – – – – न ।
भगवा रंग निशा – – – – – – न, तुझको लाख प्रणा – – – – – – म ।
भगवा! तुझे प्रणा– – – – – – म ।।

♬ सां – – रे सांनिधनि सां – – – – – – सां–, सांसां सांरें सांनि धपनि – – – – – – नि– ।
धधधप पमप मग – – – – – – ग–, निनि निध ध–प पम – – – – – – म– ।
ममधम मध– गम – – – – – – म– ।।

अंतरा–2

दे दे शुभ वरदान, सिध हों हमरे काम,
करके सुस्वर गान, तुझको लाख प्रणाम ।।

अंतरा–3

तेरा उज्ज्वल नाम, हमरी है पहिचान ।
हे मेरे भगवान! तुझको लाख प्रणाम ।।

भारतीय सांस्कृतिक गीतमाला, मोती 21

भगवा ध्वज वंदना

(मराठी)

स्थायी

भगवा झेंडा शिवरायाचा, स्वातंत्र्याचा केतु ।

अंतरा–1

भगव्या झेंड्या! वंदन तुजला, आर्यांना यश दे तू ।

अंतरा–2

सूर्य उगवता रंग तुझा तो, अथक स्फूर्ति चा सेतु ।

अंतरा–3

वीर मावळे तुझ्या कृपेने, रणांगणीं रणजेतु ।

अंतरा–4

देशभक्ति चा केंद्र बिंदु तू, प्रणाम अमुचा घे तू ।।

भारतीय सांस्कृतिक गीतमाला, मोती 22

राग : पीलू

भगवा ध्वज

(मराठी)

स्थायी

♫ गगग म–म– गमधपगरेनिसा – –, गरेसा निसा–रेप गरेसानि़सा – – – ।

भगवा झेंडा फडफडला – – –, आज गडावर फरफरला – – – ।

अंतरा–1

♫ सासागमप–प– गमनिप गरे सा–, गरेसा निसा–रेप गरेसानि़सा – – – ।

शिवरायाचा मंगल ध्वज हा, रंग गेरवा झळझळला ।

अंतरा–2

देवाधिकांच्या आरूढ राथावरी, स्रोत कीति चा खळखळला ।

अंतरा–3

स्वातंत्र्याचा मोद आगळा, निर्मळ लोकी दरवळला ।

अंतरा–4

भगवा ध्वज हा उज्ज्वल बघुनी, ओंगळ शत्रु डळमळला ।

भारतीय सांस्कृतिक गीतमाला, मोती 23

राग : रत्नाकर, कहरवा ताल

भगवा झेंडा

स्थायी

रण वीर शिवाजी राजा ने, भगवा झंडा फहराया है ।
यह लख कर भारत माता का, मन गौरव से भर आया है ।।
♫ सानि़ सा-ग रेसा-नि़- सा-रेम ग-, गममग पमग- रेसासा-रेम ग- ।
सानि़ सासा गरे सा-निनि़ सा-रेम ग-, गग रेसासासा रे- गम गरेसानि़ सा- ।।

अंतरा-1

कितनी सदियों से भारत माँ, अवमानित होकर बैठी थी ।
पर, आज उसे इक आशा का, शुभ किरण नजर में आया है ।।
♫ पपमरे ममप- पम पनिधप प-, पपमगगसा सागमप गरेसानि़ सा- ।
सानि़, सा-ग रेसा- नि़नि़ सा-रेम ग-, गग रेसासा सारेरे गम गरेसानि़ सा- ।।

अंतरा-2

वह नेता वीर मराठों का, जो सबको प्राण से प्यारा है ।
जिन जन के खातिर लड़ता है, उनके मन का वो राया है ।।

अंतरा-3

भगवा ध्वज को गुरुवर कहके, उसने अभियान चलाया है ।
सब देशभक्त जागृत करके, क्रांति का दीप जलाया है ।।

भारतीय सांस्कृतिक गीतमाला, मोती 24

भगवा ध्वज

(मराठी)

स्थायी

भगवा ध्वज हा भजुनी, गरजा हर हर महादेव! ।
ध्वज हा भवानी ने दिला, रक्षण करण्या शिवाला ।।
♫ मगरे- गम रे- रे-गम-, पमग- पम गरे गम-रे-! ।
मग हा- मम-प- ध- पम-, म-मग पपप- रेप-म- ।।

अंतरा-1

गरुडध्वज हा विष्णु चा, कपिध्वज तो शुभ कीर्ति चा ।

रवि सम उज्ज्वल केशरी, नमूया भगवा ध्वजाला ।।

अंतरा-2

भारत माते! हा तुझा, भगवा पावन केतु, ग! ।
प्रताप लक्ष्मीबाईला, स्त्रोत स्फूर्ति चा जहाला ।।

भारतीय सांस्कृतिक गीतमाला, मोती 25

भगवा ध्वज
(मराठी)

स्थायी

भगव्या झेंड्या! तुला नमन रे! तू निष्ठे चा, दाता, रे!
♪ पधम-ग-रेसा! सासाग गपम म-, गम प-प- धसां, निधपम, मधपमग! ।

अंतरा-1

घोर संकटें आली गेली, तूच संस्कृति-, त्राता, रे!
♪ गमध निसांसांसां- नि-सांरें निसांनिध,
नि-नि निसांसांसां-, पनिसांरें, निसां-नि-धप ।

अंतरा-2

तूच कपिध्वज! गरुडध्वज तू! तुला शरण मी, आता, रे!

अंतरा-3

धन्य जाहली, तुझ्या कांति ने, पावन भारत माता, रे!

४. भारत राष्ट्र गौरव

भारतीय सांस्कृतिक गीतमाला, मोती 26

भारत राष्ट्रगीत (हिंदी)

स्थायी

कर्मभूमि ये भारत हमारा, सारी दुनिया में हमको है प्यारा ।

४. भारत राष्ट्र गौरव

इसका इतिहास सुंदर नियारा, दिव्य भारत हमारा जियारा ।।

♫ म–गम–म– म प–म– गम–प–, मप धधध– नि सां–नि– ध प–म– ।

म–प धधध–ध नि–ध– पम–प–, म–प ध–ध– सांनि–ध– धप–म– ।।

अंतरा–1

इसकी धरती है सोने की माटी, इसके सिर पर हिमालय की चोटी ।

इसकी नदियाँ हैं अमृत की धारा, इसके पग में समुंदर किनारा ।।

♫ सां–सां नि–सां– नि ध–नि– ध प–म–, सां–सां नि– सां– निध–नि– ध प–म–।

म–ग ममम– म ध–प– ग म–प–, ग–म पप प– पध–नि– धप–म–।।

अंतरा–2

इसकी आभा है अंबर की ज्योति, चाँद सूरज हैं कुण्डल के मोती ।

रम्य अनुपम है इसका दीदारा, विश्व का है ये उज्ज्वल सितारा ।।

अंतरा–3

इसकी वायु में सौरभ घनेरा, इसका मंगल है साँझ और सवेरा ।

इसमें आनंद है अद्‌भुत अपारा, ये है कुदरत का मनहर नज़ारा ।।

अंतरा–4

मोर कोयल पपीहे हैं गाते, टेर कुहू हैं मंजुल सुनाते ।

संग सावन का शीतल फुहारा, सारे वतनों में ये है दुलारा ।।

अंतरा–5

पर नारी यहाँ पर है माता, भाईचारे का सबमें है नाता ।

यहाँ इंसानियत का बसेरा, शुभ शाँति अहिंसा का नारा ।।

अंतरा–6

इसकी संतानें हैं वीर ज्ञानी, संत योगी कलाकार दानी ।

स्नेह सेवा शराफत का डेरा, स्वर्ग से प्रिय है देश मेरा ।

स्वर्ग से प्रिय है देश हमारा ।।

(कोरस)

जय हो जय हो, तेरी जय हो जय हो, जय हो जय हो, सदा जय हो जय हो ।

जय हो जय हो, तेरी जय हो जय हो, जय हो जय हो, सदा जय हो जय हो ।।

♫ सां– सां नि– सां–, निध– नि– ध प– ध–, सां– सां नि– सां–, निध– नि– ध प– म–।

म– ग म– म–, मप– म– ग म– प–, ध– ध नि– नि–, निसां– नि– ध प– म–।।

भारतीय सांस्कृतिक गीतमाला, मोती 27

भारत राष्ट्रगीत

(संस्कृत)

स्थायी

भारतं कर्मभूमिरस्माकं, भारतं स्वर्गभूमिरस्माकम् ।

♫ म–गम– म–मप–म–गम–प–, म–पध– ध–निसां–नि–धप–म– ।

अंतरा–1

अस्ति राष्ट्रं समृद्धं सुवर्णं, यस्य तुङ्गो हिमाद्रिः किरीटम् ।
पीयूषं हि नदीषु च नीरं, पावनं पादयोः सिन्धुतोयम् ।।

♫ सां–सां नि–सां– नि–ध–नि– धप–म–, सां–सां नि–सां– निध–नि– धप–म–।
म–गम– म पध–प– ग म–प–, ग–मप– प–पध– नि–धप–म–।।

अंतरा–2

रविरश्मिः प्रभा यस्य उक्ता, कुण्डले तारका यस्य मुक्ता ।
दर्शनम् अस्य देशस्य रम्यं, वर्णनं सुन्दरं ज्ञानगम्यम् ।।

अंतरा–3

यत्र सिंहा हरिणा अटन्ति, शुकाः पिका मयूरा रटन्ति ।
सर्वभूतेषु प्रीतिश्च सख्यं, प्रकृतेः रक्षणं कर्म मुख्यम् ।।

अंतरा–4

परनारी मता यत्र माता, परपुमान् तथा स्वस्य भ्राता ।
यत्र शाँतिरहिंसा नरत्वं, अनुकम्पा सदाचारतत्त्वम् ।।

अंतरा–5

यस्य पुत्राश्च कन्याश्च वीराः, ज्ञानक्षेत्रे रणे ये च धीराः ।
वेदवाक्यं मतं यत्र मन्त्रं, वाङ्मये भारतं पञ्चतन्त्रम् ।।

अनुपदम्

नमो नमो नमो जन्मभूमे । नमो नमो नमो मातृभूमे ।
नमो नमो नमो पुण्यभूमे । नमो नमो नमो पूज्यभूमे ।।

भारतीय सांस्कृतिक गीतमाला, मोती 28

भारत राष्ट्रगीत
(मराठी)

स्थायी

भारतं सुंदरं स्वर्णभूमि, आम्हां सर्वांची ही सर्गभूमि ।
कर्मवीरांची ही कर्मभूमि, हिला शतवार वन्दे नमामि ।।

♫ सा-ऩिसा- सा-सारे- सा-ऩिसारे-, सारे ग-ग-ग म- ग-रेसा-रे- ।
सा-ऩिसा-सा-सा म- ग-रेग-म-, गम पपप-म ग-म- गरे-सा- ।

अंतरा-1

राष्ट्र हे कीर्ति सम्पन्न भारी, टोप ह्याचा महत्तम हिमाद्रि ।
शीत सरितांचे पावन पाणी, पूज्य संतांची ही पुण्यभूमि ।।

♫ सां-सां नि- रें-सां ध-नि-ध प-म-, सां-सां नि-रें- सांध-निनि धप-म- ।
ग-ग ममम-म प-म-ग म-प-, रे-ग म-म-म प- म-गरे-सा- ।।

अंतरा-2

इथे वायूत सौरभ सुगंधी, इथे आकाश-पाताळ संधि ।
चंद्र-सूर्याची कुडलें कानीं, पृथ्वीच्या पाठी ही स्वर्गभूमि ।।

अंतरा-3

मृग शार्दूल गज उंट प्राणी, मोर कोकीळ मिट्ठूची गाणीं ।
हर्ष सौंदर्य श्रावण मासीं, अशी भूमि निसर्गाची राणी ।।

अंतरा-4

पर दारा इथे वन्द्य माता, पर दादा इथे बंधु तात्या ।
सभ्यता नम्रता सर्व अंगी, सौख्य शांति अहिंसा ईमानी ।।

अंतरा-5

नर नारी इथे वीर ज्ञानी, भक्त योगी कलाकार दानी ।
स्नेह सेवा इथे खानदानी, दिव्य तत्त्वांची ही हिंदुभूमि ।।

(कोरस)

माते! जय जय तुझी तन-मनानी,

मुलें मंगल तुझी सर्व आम्हीं ।

जय हो जय हो, तुझी जय हो जय हो,

जय हो जय हो, सदा जय हो जय हो ।।

♫ सां- सां नि- सां-, निध- नि- ध प- ध-,

सां- सां नि- सां-, निध- नि- ध प- म-।

म- ग म- म-, मप- म- ग म- प-,

ध- ध नि- नि-, निसां- नि- ध प- म-।।

भारतीय सांस्कृतिक गीतमाला, मोती 29

भारतमाता वन्दना

स्थायी

वन्दे भारतं, वन्दे मातरम् ।

♫ मं-ग- प-मंग-, नि़-रे- प-मंग- ।

अंतरा-1

मुकुट हिमाचल शीर्ष में सोहे, दाएँ बाएँ पद में सागर ।

ब्रह्म विष्णु शिव का नंदनवन, भूमि सनातन ऋषि-मुनियन की ।

वन्दामहे भारतमातरम् ।।

♫ नि़रेग मंप-पप ध-प मं ग-मं-, मंधमंध नि-सां निरें गं- रेंनिरेंसां ।

नि-ध प-प मंमं ध- निधमंधपप, मं-ध पमं-धध निध पपरेरे सा- ।

प-मं-गरे- सारेरे प-मंग- ।।

अंतरा-2

कन्या जिसकीं राधा सीता, गंगा जमुना सिंधु नर्मदा ।

सुपुत्र जिसके राम कृष्ण हैं, व्यास वाल्मीकि भीम मारुति ।

वन्दामहे भारतमातरम् ।।

अंतरा-3

वेद भागवत पुराण जिसकी, रामायण भारत है वाणी ।

मातृवत् जहाँ है परपत्नी, आत्मवत् पर कन्या भगिनी ।

वन्दामहे भारतमातरम् ।।

अंतरा-4

मिट्टी सोना, जल अमृत हैं, वायु में सौजन्य सचाई ।
कर्मभूमि उस धर्मभूमि को, पुण्यभूमि रण मातृभूमि को ।
वन्दामहे भारतमातरम् ।।

भारतीय सांस्कृतिक गीतमाला, मोती 30

वन्दे भारतमातरम्

(संस्कृत)

श्लोक छन्द

वामे च दक्षिणे यस्या रत्नाकरोस्ति पादयोः ।
हिमाद्रिर्मुकुटो शुभ्रो, वन्दे भारतमातरम् ।।
♫ ग-ग- ग- ग-गरे- पग-, प-म-गरे-सा रे-मग- ।
पप-प-पपप- म-ग-, रे-रे- रे-मगरे-ऩिसा- ।।

राधा सीता सुकन्यासु कालीन्दिर्जाह्नवी तथा ।
नर्मदा ब्रह्मपुत्री च, वन्दे भारतमातरम् ।।

रामकृष्णौ सुपुत्रेषु भीमार्जुनौ च मारुतिः ।
वाल्मीकिः पाणिनिर्व्यासो, वन्दे भारतमातरम् ।।

परस्त्री मातृवद्यत्र परकन्या स्वकन्यका ।
आत्मवच्च परा जामिः, वन्दे भारतमातरम् ।।

यत्र पत्नी महालक्ष्मी पतिश्च परमेश्वरः ।
सुता रत्नं सुतः सिंहः, वन्दे भारतमातरम् ।।

वाङ्मये वेदवेदाङ्गे रामायणं च भारतम् ।
पञ्चतन्त्रं निघण्टुश्च, वन्दे भारतमातरम् ।।

भूमिः स्वर्णमया यत्र जलममृतवत्तथा ।
वायौ च सौरभं यस्याः, वन्दे भारतमातरम् ।।

कर्मभूमिं, धर्मभूमिं, रणभूमिं, तपोधराम् ।
पुण्यभूमिं, मातृभूमिं, वन्दे भारतमातरम् ।।

भारतीय सांस्कृतिक गीतमाला, मोती 31

राग यमन, तीन ताल / कहरवा ताल

भारत माता वंदना

(मराठी)

स्थायी

भाग्य लक्ष्मी भारत माते!, प्रिय आमुची गोड माउली! ।
थोर तुझा सुत वीर शिवाजी ।।

♫ ग–ग गपरेसारे मं–मंधप रे–सा–, ऩिध़ऩि रेमंमंमं– मंधनि धमंधप– ।
प–सां निप– मंग गरेग परे–सा– ।।

अंतरा-1

तूच भावानी, सिंह वाहिनी, पावन भगवा केतु धारिणी ।

♫ मं–ग गमं–ध– धनिसांसां–निरेसां, निरेंगंरें निरेंसां– गमंध परेरेसा – ।

अंतरा–2

देवी तुजला, सर्व भारती, वंदन करिती हस्त जोडुनी ।

अंतरा–3

पुत्र तुझे रणवीर मराठे, झशीची राणी मर्दानी ।

अंतरा–4

पोरस, रावळ, प्रताप राणा, तान्हाजी, येसाजी, बाजी ।

५. जय जवान

भारतीय सांस्कृतिक गीतमाला, मोती 32

गीत : राग भैरव, कहरवा ताल 8 मात्रा

जय जवान

स्थायी

जाओ माता पुकारे, जाओ तुमको वतन बुलाए ।

वीर जवान हमारे ।।

♬ ग-मध्र प-ध्र पम गपगम रे-सा-, ग-मग रेरेगप मगम गरे-सा- ।

निसाग मपध्रनि सांध्ररेंसांनिनिध्रपमग ।।

अंतरा- 1

बैरी देश का गौरव लीन्हो, स्वाभिमान को जागृत कीन्हो ।

प्राणों को कर अर्पण प्यारे, जीतो या फिर स्वर्ग के द्वारे ।।

♬ प-प ध-नि नि- सां-सांसां निसांसां-, नि-धनि-सां सां- रें-सांनि ध-प- ।

गमपध सां- धप गमपमग रे-सा-, निसागम पध निसां धरेंसां नि निधपमग ।।

अंतरा-2

शोले बारूद गोले खेलो, शस्त्र-अस्त्र सब हँस कर झेलो ।

विजय पताका हाथ में लेलो, जय जय माता भवानी, बोलो ।।

अंतरा-3

याद करो शहीदों की होली, खेली थी जिन्ह माता काली ।

रणचंडी से आँख मिचौली, राणा शिवाजी झाँसी वाली ।।

अंतरा-4

कार्य परायण आर्यों जागो, धर्म नीति से कर्म निभाओ ।

त्याग इसी में याग मनाओ, भवानी का भगवा फहराओ ।।

६. महाराष्ट्र गौरव

भारतीय सांस्कृतिक गीतमाला, मोती 33

मातृभूमि महाराष्ट्र वंदना

दादरा ताल 6 मात्रा

(मराठी)

श्लोक

जन्मभूमिर्मता माता स्वर्गभूमिश्च सा मता ।

दण्डवत्तामहं वन्दे साष्टागं च नमामि ताम् ।।

स्थायी

जै महाराष्ट्र! जै मातृभूमि! तुला अष्टांग वन्दे नमामि ।

७. माता-पिता गौरव गीत

पुण्यभूमि माझी कर्मभूमि, तुला साष्टांग वन्दे नमामि ।।

♪ म– गम–म–म प– म–गम–प– –, गम प–प–प ध–प– मग–म– – – ।
रे–गम–म– मप– म–गम–प– –, मग म–म–म ध–प– मग–म– – – ।।

अंतरा–1

शिवरायांची ही राष्ट्रभूमि, जिथे तान्हाजी बाजी सेनानी ।
तुको ज्ञानोबा रामदास स्वामी, अशा राष्ट्राला नमो नमामि ।।

♪ सांसांनि–नि–नि रें– सां–धनि–सां– –, सांसां नि–नि–नि रें–सां– धनि–सां– – – ।
मग म–म–म प–मग–ग म–प– –, रेग म–म–म ध–प– मग–म– – – ।।

अंतरा–2

हिची समृद्ध सुपीक माती, ऊस कापूस संत्र्यांची शेती ।
इथे कोकीळ पोपट गाती, अशा मातेला नमो नमामि ।।

अंतरा–3

सुख संपन्न ही स्वर्णभूमि, साऱ्या जगामध्ये स्वर्गभूमि ।।
शेर वीरांची ही शौर्यभूमि, अशा देशाला नमो नमामि ।।

अंतरा–4

संत योगी इथे वेद गाती, इथे वीरांची पोलादी छाती ।
महा वीरांची ही रंगभूमि, हिला शतवार नमो नमामि ।।

७. माता-पिता गौरव गीत

भारतीय सांस्कृतिक गीतमाला, मोती 34
राग : रत्नाकर, कहरवा ताल

आई-बाबा

(मराठी)

श्लोक

जननी जन्मदा देवी सुखदा ज्ञानदा च सा ।
पिता च शाश्वतो देवो सर्वकाले नमामि तौ ।।

स्थायी

गडे! आई अमुची गोड अति, तिची प्रीति तुजला सांगु किती ।

अन्, बाबा अमुचे थोर मति, मी भाग्यवान बहु या जगती ।।

♫ सानि़ सा-गरे सासानि़- सा-रे मग-, गम मगपम गगरेसा सा-रे मग- ।

सानि़ सा-गरे सासानि़- सा-रे मग-, ग- रेसासारे-रे गम गरे सानि़सा- ।।

अंतरा-1

ती सरस्वती देवी माझी, अन् बाबा गणपति रूप खरे ।

मी परमेशाचा आभारी, ज्याची मजवरि इतुकी प्रीति ।।

♫ प- मरेमप- पमपनि धपप-, पप मगगसा सागमप गरेसा नि़सा- ।

सानि़ सासागरेसा-नि़- सा-रेमग-, ग-रेसा सासारेरे गमगरे सानि़सा- ।।

अंतरा-2

ती नामध्येय कीर्ति माझी, ती कला ज्ञान स्फूर्ति माझी ।

ती मंगलमय मूर्ति माझी, तिने केली सुखकर ही धरती ।।

अंतरा-3

ते पथदर्शक पालक माझे, बाबांचे ऋण अनुपम साचे ।

ते देउनि शुभ वरदान मला, सद्भाव सदा हृदयी भरती ।।

भारतीय सांस्कृतिक गीतमाला, मोती 35

माता

श्लोक

माता या सर्वजीवानां बलदा च शुभप्रदा ।

तां धेनुं शिरसा वन्दे पूज्याममृतदां सदा ।।

♫ ध-ध- ध- नि-धप-ध-नि-, सांनिध- प- गम-पध- ।

नि- ध-प- गमप- म-ग-, ध-प-म-गमग- रेसा- ।।

स्थायी

हमें जनम जो देती वो माता है, अरु दूध पिलाती वो माता है ।

♫ पप पधनि ध प-ग म रे-ग- म-, पप सां-नि धप-ध नि ध-प- म- ।

अंतरा-1

पेट में पाले, लोरी गा ले, प्यार उसी का भाता है ।

♫ सां-नि ध नि-सां-, नि-धप म- प-, प-म गरे- म- ग-रे- म- ।

अंतरा-2

गोद में ले ले, साथ में खेले, भार सहे भू माता है ।

अंतरा–3

कामधेनु बन, मन की मुरादें, पूरी करे गौ माता है ।

अंतरा–4

गौरी लछमी, सिया शारदा, जनम–जनम का नाता है ।

अंतरा–5

जनम की भूमि, धेनु जननी, स्वर्ग से ऊँची माता है ।

अंतरा–6

कर्मभूमि जो, धर्मभूमि वो, प्यारी भारत माता है ।

<u>भारतीय सांस्कृतिक गीतमाला, मोती 36</u>

माता

श्लोक

मात्रा समा कुतश्छाया माता हि परमा मतिः ।
मात्रा समा प्रिया नास्ति माता स्वर्गपरा गतिः ।।

♫ ग–म– पम– गरे–ग–म–, प–म– ग– रेगम– पम– ।
सा–रे– गरे– मग– रे–ग–, प–म– ग–रेगम– गरे– ।।

स्थायी

माता–पिता हैं भाग्य में जिसके, वो क्यों भागे तीरथ धाम ।
माता–पिता के आशीष जिस पर, पूरण होते उसके काम ।।

♫ नि़–नि़ सारे– रे– नि़–सा सा रेरेसा–, म– ग– रे–सा– म–गरे म–म ।
रे–ग मग– रे– प–मग रेग मम, म–गरे ग–म– पमगरे सा–सा ।।

अंतरा–1

माता जैसा गुरु न कोई, माता में ना गरूर कोई ।
ना ही उसमें सरूर कोई, ब्रह्मा विष्णु महेश नाम ।।

♫ सा–रे– ग–म– पम– ग रे–म–, प–म– ग– रे– गम–ग रे–ग– ।
सा– रे– गगम– पम–ग रे–ग–, म–प– ध–प– मग–रे सा–सा ।।

अंतरा–2

माता स्नेह की मूरत प्यारी, ईश्वर की है सूरत न्यारी ।

त्रिभुवन की है कूवत सारी, निर्मल मंगल रूप ललाम ।।

अंतरा–3

जिसके माता–पिता नहीं हैं, उसके मातंग चिता यहीं हैं ।
उसको ममता नहीं कहीं है, उसे सहारा है भगवान ।।

अंतरा–4

माता दुर्गा लक्ष्मी सुनाम, माता को निश–दिन हो प्रणाम ।
जग में सुंदर तीन हैं नाम, मातु पिता अरु हरि घनश्याम ।।

भारतीय सांस्कृतिक गीतमाला, मोती 37

गीत : राग रत्नाकर, कहरवा ताल 8 मात्रा

नारी की ममता

स्थायी

नारी ममता की फुलवारी, हर माँ बेटी प्यारी है ।
♫ रेगम– धधप– म– गगम–प–, मम प– निधप– मगमग रे– ।

अंतरा–1

क्षमा तितिक्षा, अमृत वाणी । मेधा कीर्ति, देवी भवानी ।
हर, माता विश्व दुलारी है ।।
♫ रेग– मम–प–, नि–धप म–प–, सांनिध– प–ध–, नि–ध पम–प– ।
मम, प–प– नि–ध पमगमग रे– ।।

अंतरा–2

तारा द्रौपदी, झाँसी रानी । राधा सीता, मीरा दीवानी ।
हर, कन्या राजकुमारी है ।।

अंतरा–3

गंगा जमुना, पावन पानी । सेवा नेहा, प्रेम कहानी ।
हर, नारी जन हितकारी है ।।

अंतरा–4

भाभी बहिना, बहू दरानी । मौसी दादी, नानी सयानी ।
सुंदर हिरदय, सारी हैं ।।

८. मैं रत्नाकर

भारतीय सांस्कृतिक गीतमाला, मोती 38
नारी जग की रखवारी

स्थायी

नारी जग की रखवारी, कुल की मंगल फुलवारी ।

♪ रे-ध- पप म- गगम-प-, सांसां निध प-निनि धपमगम- ।

अंतरा–1

माई बहिना बेटी प्यारी, पत्नी गोरी या न्यारी ।
फिर भी स्वर्ग से है प्यारी ।।

♪ सा-ग- ममम- प-ध- पमप, सां-नि- ध-प- म- पधप- ।
गग ग- म-म म धप मगम- ।।

अंतरा–2

देवी देवता जानो वनिता, कवि कोविद की कोमल कविता ।
भूमि पर स्वर्ग उतारी ।।

अंतरा–3

सुमन सुगंधित रंगीन वाला, मंजुल मोहक संगीत माला ।
मंगल सुंदर सारी ।।

८. मैं रत्नाकर

भारतीय सांस्कृतिक गीतमाला, मोती 39

गज़ल : राग कल्याण

मंदमति रत्नाकर

स्थायी

बेद पुरान दस पढ़े, हमें ज्ञान आया नहीं ।
तकरीर प्रवचन सब सुने, मगर ध्यान पाया नहीं ।।

♪ सा-सा सारे-सा ग- मंग-, धप- मंग ध-प- मंग- ।

सासारे-रे गगम- ध- पमं-, धप- मं-ग मं-ग- रेसा- ।।

अंतरा-1

इल्म था जब बँट रहा, हमरे तक आया नहीं ।

सिलसिला तो आगया, मगर ऐलान आया नहीं ।।

♫ सा-रे ग- मं- धप मंग-, धधप- मंग ध-प- मंग- ।

सा-रेग- मं- प-मंग-, निध- प-ध-प मं-ग- रेसा- ।।

अंतरा-2

अक्ल पर ताले पड़े, हमें जेहन आया नहीं ।

उस्ताद बजा कर थक गए, हमें गान आया नहीं ।।

अंतरा-3

मुकद्दर का सिकंदर, नसीब पाया है वही ।

फरिश्ता बगल से निकल गया, हमें जान पाया नहीं ।।

भारतीय सांस्कृतिक गीतमाला, मोती 40

राग मालकंस, कहरवा ताल

संगीत प्रेमी रत्नाकर

दोहा

सुर मधु तेरी वेणु का, जबसे सुना अनूप ।

आस दरस की है लगी, सपनन आ सुर भूप ।।

♫ रेरे गम ग-गा प-म प-, पपनि- धप- निध-ध ।

म-म ममम म- प- मग-, रेरेरेरे ध- पग म-म ।।

स्थायी

प्यार हुआ है मुझको सुर से ।

♫ गमग सानिसा धनि सासाम- गग म-म ।

अंतरा-1

प्यार हुआ है मुझको जब से, मुरली मनोहर दामोदर से ।

ग्रीष्म गया है मेरे चित से, बसंत बरखा नित बरसे ।।

♫ ग-म मध- नि- सांसांसां- गंनि सां-, निनिनि निनि-निध धनिसांनिधम म- ।

सां-सां सांगं- गं- सांमंगंसां निनि सां-, सांमं-गं सांनिसां- धनि सांनिधमगसा- ।।

८. मैं रत्नाकर

अंतरा–2
रात न सूनीं अब अँधियारी, तरसाये चिंता न घनेरी ।
प्रीत मेरी धनुधर से जिगरी, बंसीधर से, श्रीधर से ।।

अंतरा–3
मीरा राधा जस बलिहारी, पार्थ सुदामा की जस यारी ।
चाह मेरी यदुवर से गहरी, बनवारी से, गिरिधर से ।।

भारतीय सांस्कृतिक गीतमाला, मोती 41

तू ही सहारा

स्थायी
तू ही मेरा एक सहारा, हरि! जीवन दाता तू ही है ।

♪ सा– रे– ग़–म– प–म ग़रे–सा–, रेरे! प–मग़ रे–सा– गरे सानि़ सा– ।

अंतरा–1
करुण अनंता विश्व नियंता, हरि! भाग्य विधाता तू ही है ।

♪ गगग ग़म–म– प–म ग़म–ग़–, गग़! प–म ग़रे–सा– गरे सानि़ सा– ।

अंतरा–2
पाप भगाता पुण्य लगाता, हरि! सब सुख लाता, तू ही है ।

अंतरा–3
खेवनहारा, एक किनारा, परम पियारा, तू ही है ।

अंतरा–4
तू दुख भंजन, चित्त का रंजन, हरि! वत्सल माता, तू ही है ।

भारतीय सांस्कृतिक गीतमाला, मोती 42

गज़ल : कहरवा ताल

ओ घनश्याम !

स्थायी
राह में घनश्याम तेरी, बैठे जमाना हो गया,
याद में घनश्याम तेरी, बैठे जमाना हो गया ।

रास में तू है लगा ये, टुक बहाना हो गया ।।

रास में तू है लगा ये, बस बहाना हो गया ।।

♫ सानि़सा रे- गग-मंगरे सा-नि़-, सासा सारे-ग- गमं रेसा- ।

सानि़सा रे- गग-मंगरे सा-नि़-, सासा सारे-ग- गमं रेसा- ।

ग-मं ध- पमं- प- मंगमं गरे, रेरे रेग-मं- गमंग रेसा- ।

ग-मं ध- पमं- प- मंगमं गरे, रेरे रेग-मं- गमंग रेसा- ।।

अंतरा-1

पी गई वो ज़हर का प्याला, तू योग में था खो गया ।

मत बता तू वो बहाना, अब पुराना हो गया ।

अरे! सुन चुके हम वो बहाना, अब पुराना हो गया ।।

♫ सां- धसां- रें- सांसांसां सां धनिध-, ध नि-सां नि- ध- पग मंग- ।

सा- रेग- मं प- मंग-रे-, सासा सारे-ग- मंग रेसा- ।

रेरे सा- रेग- मं प- मंग-रे-, सासा सारे-ग- मंग रेसा- ।।

अंतरा-2

बंसी तेरी है सुहानी, राधिका से है सुना ।

एक हमको सुर सुना दे, बस लुभाना हो गया ।।

अंतरा-3

माना तू भगवान् है, मगर कहाँ तू सो गया ।

सपने में दीदार दे दे, बस रुलाना हो गया ।।

भारतीय सांस्कृतिक गीतमाला, मोती 43

राग : मालकंस, तीन ताल

अनुनय

स्थायी

प्रभु तेरी दुआ से जीना है,

अरु तेरी दुआ से मरना है ।

♫ मम गमग सनि़सा धनि सा-म- म-,

मम गमग सानि़सा धनि सासाम- म- ।

अंतरा–1

अब दे दे जो कुछ देना है, वापस ले जब लेना है ।
तेरी दुआ से जीना मरना, तेरे हाथ में सब कुछ है ।।

♫ गग म- ध- ध- धध सांगंनि- सां-, नि-निनि नि- निनि धनिसांनि- धम ।
सां-सां सांगं- गं- सांमंगंसां निनिसां-, सांमंगंसां नि-सां सां धनि सांनि धमगसा ।।

अंतरा–2

मेरे सपने मेरे अपने, तेरी कृपा से सब शुभ हैं ।
तेरी दुआ और तेरी किरपा, डोरी तेरे हाथ में है ।।

अंतरा–3

तेरी छाया तेरी माया, तेरी दया भी साथ में है ।
जग तेरे हाथ बिलौना है, तेरे हाथ खिलौना है ।।

भारतीय सांस्कृतिक गीतमाला, मोती 44

दादरा ताल

ओ हरि!

स्थायी

मेरे माता–पिताश्री तुम्हीं हो, मेरे भ्राता सखा भी तुम्हीं हो ।
ज्ञान सोता सविता तुम्हीं हो, मेरे धाता विधाता तुम्हीं हो ।।

♫ सानि़ सा-सा- सारे-सा- नि़सा- रे-, सारे ग-ग- गम- ग- सारे- सा- ।
सा-नि़ सा-सा- साग-रे- सारे- म-, रेग प-म- गरे-म- गरे- सा- ।।

अंतरा–1

मेरे गानों की स्फूरत तुम्हीं हो, मेरे ध्यानों की सूरत तुम्हीं हो ।
मेरे ख्वाबों की मूरत तुम्हीं हो, मेरी साँसों के दाता तुम्हीं हो ।।

♫ रेग म-म- म प-म- गरे- म-, गम प-प- प नि-ध- पम- प- ।
गरे म-म- म प-म- गरे- म-, रेग म-म- ग प-म- गरे- सा- ।।

अंतरा–2

मेरे जीवन की गाथा तुम्हीं से, सारे जन्मों का नाता तुम्हीं से ।
मेरा जीना सुहाता तुम्हीं से, मेरे ताता और त्राता तुम्हीं हो ।।

अंतरा-3

मोहे भूमि पर लाया तुम्हीं ने, मोहे प्रीति से पाला तुम्हीं ने ।
मोहे मुक्ति दिलाना तुम्हीं ने, मेरी गीता कविता तुम्हीं हो ।।

अंतरा-4

तेरे चरणों में मेरी जगह हो, मेरे मुख में हरि! तू बसा हो ।
तेरी किरपा की छाया सदा हो, मेरे प्रारब्ध कर्ता तुम्हीं हो ।।

भारतीय सांस्कृतिक गीतमाला, मोती 45

हरि

स्थायी

हरि प्राण मेरे, हरि आतमा हैं, हरि भूमि मेरी, हरि आसमाँ हैं ।
हरि बापु मेरे, हरि मेरी माँ हैं, हरि हर्ष मेरे, हरि हर समाँ हैं ।।

♫ सानि़- सा-रे ग-ग-, रेग- म-पम- ग-, मप- म-ग रे-म-, रेग- म-गरे- सा- ।
रेग- म-प ध-ध-, पध- नि-सां नि- ध-, निध- प-म ग-म-, पम- मम गरे- सा- ।।

अंतरा-1

हरि आस मेरी, हरि साँस मेरी । हरि लाज मेरी, हरि साधना हैं ।।

♫ सानि़- सा-रे ग-ग-, रेग- प-म ग-रे- । गरे- प-म ग-म-, पम- ग-रेसा- सा- ।।

अंतरा-2

हरि आर मेरी, हरि पार मेरी । हरि भानु मेरे, हरि चंद्रमा हैं ।।

अंतरा-3

हरि मेरी पूजा, हरि अर्चना हैं । हरि साज मेरे, हरि वन्दना हैं ।।

९. राष्ट्रभाषा हिंदी

भारतीय सांस्कृतिक गीतमाला, मोती 46

राष्ट्रभाषा हिन्दी

स्थायी

वाणी सरस्वती की, है देन गणपति की ।
उज्ज्वल ये संस्कृति की, हिन्दी है राष्ट्रभाषा ।। हिन्दी है॰

♫ रे-रे- मप-मग- रे-, म प-ध पपमग- म- ।
नि-ध- प मगरे- म-, ध-प- म ग-मरेग- ।।

अंतरा-1

सुनने में है लुभानी, गाने में है सुहानी ।
सबसे मधुर ये जानी, ब्रह्मा इसे तराशा ।। हिन्दी है॰

♫ निनिध- प म- पध-प-, सां-नि- ध प- धपम- ।
रेरेरे- गप- म ग-म-, ध-प- मग- मरेग- ।। ध-प-

अंतरा-2

संस्कृत की ये सुता है, ऊर्दू की ये मीता है ।
मंगल सुसंगीता है, सुंदर ये हिन्दी भाषा ।। हिन्दी है॰

अंतरा-3

हिन्दी ये वो जुबाँ है, जिस पर सभी लुभाँ हैं ।
दुनिया का हर सूबा ही, हिन्दी का है निबासा ।। हिन्दी है॰

अंतरा-4

मनहर गुलों की क्यारी, बोली सभी से न्यारी ।
हिन्दी है सबको प्यारी, चाहे जो हो लिबासा ।। हिन्दी है॰

भारतीय सांस्कृतिक गीतमाला, मोती 47

दादरा ताल

राष्ट्रभाषा हिन्दी

स्थायी

गीत शारद ने मंजुल है गाया, साज नारद मुनि ने बजाया ।
रत्नाकर से है मंगल रचाया, रामायण को है सुंदर सजाया ।।

♫ म-ग म-म- म प-म- ग म-प-, रे-ग म-म- मध- प- मग-म- ।
रेग म-म म- म ध-प- गम-प-, रे-ग-म- म- म ध-प- मग-रे- ।।

अंतरा-1

१०. देववाणी संस्कृत

सारी दुनिया में सबसे जो प्यारी, वही भाषा है हिन्दी हमारी ।
ब्रह्मा जी ने जिसे है तराशा, देववाणी की कन्या है न्यारी ।।
♫ सांसां निनिरें- सां धधनि- ध प-म-, सांसां नि-रें- सां ध-नि- धप-म- ।
मग म- म- मप- म- गम-प-, रे-गम-म- म ध-प- म ग-रे- ।।

अंतरा-2

छंदों से जो भाषा सजी है, राग सुर से जो रंग रजी है ।
जो विधाता ने सुंदर रची है, वो है बोली हमारी पियारी ।।

अंतरा-3

तुलसी ने जो उज्ज्वल बनायी, मीरा ने जो भक्ति से गायी ।

१०. देववाणी संस्कृत

भारतीय सांस्कृतिक गीतमाला, मोती 48

संस्कृतवाणी अष्टकम्

(संस्कृत)

श्लोक छंद

♫ ग-ग-ग गगरे- म-ग- प-प- म-म-मग-पम- ।
रे-रे-रेप- म ग-रे- सा, रे-गम-प- म ग- रेसा- ।।

भाषा सुमधुरा दिव्या, रम्या गीर्वाणभारती ।
सर्वोत्तमा च श्रेष्ठा च, देववाणी च या मता ।। 1

देशवैदेशिकानां च भाषाणां जननी शुभा ।
दोषविकारशून्या सा व्याकरणसुमंडिता ।। 2

गिरा समाधिमास्थाय साक्षात्कृता महर्षिभिः ।
आशासिता गणेशेन गीर्देव्या विश्वकर्मणा ।। 3

ज्ञानविज्ञानसंयुक्ता छंदस्सङ्गीतसंयुता ।
गेया ज्ञेया च स्मर्तव्या, वन्द्या हृद्या मनोरमा ।। 4

न कठिना न क्लिष्टा च ना न्यूना नाऽनियंत्रिता ।

सुरसा च सुबोधा च ललिता सरला तथा ।। 5

अमृता मञ्जुला पुण्या मनोज्ञा विश्ववन्दिता ।
गीता वेदेषु शास्त्रेषु रामायणे च भारते ।। 6

विरचिता गणेशेन सरस्वत्या च निर्मिता ।
वाल्मीकिना च व्यासेन, कालिदासेन गुम्फिता ।। 7

संगीतगीतपद्यैश्च चरित्रं रामकृष्णयोः ।
छन्दोरागेषु वृत्तेषु रत्नाकरेण प्रस्तुतम् ।। 8

११. महाराष्ट्र भाषा मराठी

भारतीय सांस्कृतिक गीतमाला, मोती 49

मधुर भाषा मराठी

रुपक ताल 7 + 7, 7 + 7 मात्रा

(मराठी)

श्लोक

वाणी सरस्वती माता, विद्यादेवी च ती तथा ।
स्वरदा वरदा देवी, शारदा तीच भारती ।।

स्थायी

वाणी मराठी गोड ही, ज्ञानी कवि जन बोलतीं ।
देवी सरस्वती ने दिली, उज्ज्वळ मराठी संस्कृति ।। वा०

♫ प-निधनि पग-गसा म-प म-, सा-म- पध- रेंसां धनिपध - ।
प-निधनि पग-गसा म- पम-, सा-मम पध-रेंसां धनिपध - ।। सा-

अंतरा-1

संस्कृत सुमंगल माउली, देवाधिकांची नागरी ।
ज्ञानेश्वरी ची वैखरी, वरदान देतो गणपति ।।

♫ सां-सांसां सांनिसांधनि सांरेंगंरेंगं-, गंमंगंरें-गंसांनिधनि गंरेंगंरेंसां- ।
सां-निधनिपग- गसा म-पम-, सासाम-प ध-निसां रेंरेंनिपग ।। सा-

अंतरा-2

शिवबा तुकोबा सुत जिचे, कन्या जानाबाई जिची ।

रक्षक मराठे वीर हे, बोली मराठी धन्य ती ।।

अंतरा-2

श्रृंगारमय वाङ्मय जिचे, उच्चार अमृत-पय खरे ।
भाषा मराठी आमुची, ही गौरवान्वित भारती ।।

अंतरा-3

मधुर न वाचा आणखी, ऐसी जगी कीर्ति तुझी ।
टेकोनि मस्तक भक्ति ने, अर्पण तुला ही आरती ।।

भारतीय सांस्कृतिक गीतमाला, मोती 50

बालानंद छंद[2]

8 + 6, 8 + 6, 8 + 6, 8 + 6, 8 + 6, 8 + 6, 8 + 8, 8 + 8, 8 + 6, 8 + 6

गोड मराठी भाषा

(मराठी)

गोड मराठी ही अमुची, मधुतम ह्या वाणीत रुचि ।।
कन्या संस्कृत ची प्यारी, सुता भारती ची न्यारी ।
मौक्तिक-आगर, अमृत-सागर ।
सुंदर काया नव-वधु ची, मंगल माया शिव प्रभु ची ।। 1 ।।
गीत लावण्या पोवाडे, अभंग ओव्या भारूडे ।
श्लाकांचे स्वर, शास्त्रांचे सुर ।
कल्पित कवनें कवितांची, भूपाळ्यांचे भाव शुचि ।। 2 ।।

१२. लक्ष्मी नारायण

भारतीय सांस्कृतिक गीतमाला, मोती 51

भजन : आसावरी, कहरवा ताल 8 मात्रा

---

[2] ♪ **बालानंद छंद :** गाने के लिए यह एक मधुर छंद है. इसका सूत्र है 8 + 6, 8 + 6, 8 + 6, 8 + 8, 8 + 8, 8 + 6, 8 + 6 और यति 8-6 पर विकल्प से आता है.

लक्ष्मी नारायण

स्थायी

मोहे, दरस दिला भगवान रे, लक्ष्मी नारायण, घनश्याम रे ।

♫ सारे-, गगग मप- मगरे-ग म-, प-म गरे-सासा, रेरेगमग रे- ।

अंतरा-1

चैन दिलावे किरपा तेरी, राह दिखावे आभा तेरी ।
तेरी, करुणा प्रीति महान रे ।।

♫ सा-रे गरे-सा- सासारे- ग-म-, प-म गरे-ग- प-मग रे-सा- ।
सारे-, गरेसा- रे-रे गम-ग रे- ।।

अंतरा-2

मुख माँगे वर का तू दाता, जनम-जनम से तेरा नाता ।
तेरा, मधुर मनोरम गान रे ।।

अंतरा-3

तूहि सँभारे भाग्य जगत का, दूर करे तू दुःख भगत का ।
तेरा, त्रिभुवन में सम्मान रे ।।

भारतीय सांस्कृतिक गीतमाला, मोती 52

भजन : राग रत्नाकर, कहरवा ताल 8 मात्रा

विष्णु भगवान

स्थायी

विष्णु स्वाहा है, विष्णु स्वधा है, वषट् विष्णु ही स्वस्ति है ।
विष्णु यज्ञ है, विष्णु हवि है, विष्णु ब्रह्म की हस्ती है ।।

♫ म-ग रेसा- रे-, म-ग रेसा- रे-, सासासा रे-ग म- ध-प म- ।
सां-नि ध-प ध-, नि-ध पम- प-, म-ग रे-ग म- ग-रे सा- ।।

अंतरा-1

विष्णु होम है, विष्णु सोम है, ॐ ॐ का स्तोम है ।
विष्णु व्योम है, विष्णु भौम है, रोम-रोम का जोम है ।।

♫ सा-नि़ ध़-नि़ सा-, ग-रे सा-नि़ सा-, प-म ग-रे ग- प-ग म- ।
म-ग रे-सा रे-, म-ग रे-सा रे-, म-ग रे-ग म- ग-रे सा- ।।

अंतरा-2

विष्णु फूल हैं, विष्णु फल हैं, विष्णु जल की आहुति है ।
विष्णु मनन है, विष्णु नमन है, विष्णु भजन और आरती है ।।

अंतरा-3

विष्णु गुरु है, विष्णु मनु है, विष्णु पुरुष और प्रकृति है ।
विष्णु जिष्णु है, विष्णु सत्य है, विष्णु कृष्ण शिव प्रभृति है ।।

भारतीय सांस्कृतिक गीतमाला, मोती 53

भजन : राग बिलावल, कहरवा ताल 8 मात्रा

ॐ नमो वासुदेवाय

(संस्कृत)

श्लोक छन्द

स्थायी

ॐ नमो वासुदेवाय, पद्मनाभाय धीमहि ।
यदुनाथाय नाथाय, गोविन्दाय नमो नमः ।।

♫ सा- ऩिसा- रे-गम-ग-रे-, ग-मप-ध-प म-गम- ।
गमप-ध-नि ध-प-म-, ग-म-प-म- गरे- ऩिसा- ।।

अंतरा-1

माधवं सच्चिदानन्दं, वन्देऽहं करुणाकरम् ।
आनन्दं मङ्गलं ब्रह्म, चक्रपाणिं नमाम्यहम् ।।

♫ ग-गग- म-मम-प-म-, प-प-प- मगरे-गम- ।
सा-सा-सा- रे-रेरे- ग-ग-, म-पम-ग- मग-रेसा- ।।

अंतरा-2

मुकुन्दं परमानन्दं, योगेशं पार्थसारथिम् ।
गोवर्धनं हरिं कृष्णं, हृषीकेशं नमाम्यहम् ।।

अंतरा-3

अच्युतं केशवं विष्णुं, विश्वनाथं जगद्गुरुम् ।
दामोदरं हृषीकेशं, नन्दनन्दं नमाम्यहम् ।।

भारतीय सांस्कृतिक गीतमाला, मोती 54

भजन : राग बिहाग, कहरवा ताल

श्री लक्ष्मी वन्दना

स्थायी

जय लक्ष्मी धन दायिनी जय हो, जन गण जीवन शुभ सुखकर हो ।
जय जननी वर दायिनी वर दो, सत् चित से मम तन मन भर दो ।।

♫ गम पनिधनिसां निनि पमंगम गग रेसा-, ऩिप ऩिऩि सा-सासा पमं गम गग रेसा-।
गम पनिधनिसां निनि पमंगम गग रेसा-, ऩिप ऩिऩि सा- सासा पमं गम गग रेसा-।

अंतरा-1

कर कमलों में पद्म तिहारे, लाल कमल पर पद हैं तुम्हारे ।

♫ गम पनिसां-सां- सांसांसां सांनिरेंसां-, सां-गं रेंसांनि धप गम प मगरेसा- ।

अंतरा-2

केयूर कंठी मुंदरी माला, हार मुकुट नथ काजल काला ।

अंतरा-3

धन की राशी कर में तुम्हारे, भाग्य जगाती पल में हमारे ।

अंतरा-4

जय जय देवी जय जगदंबे, तेरी शरण में भगतन बंदे ।

भारतीय सांस्कृतिक गीतमाला, मोती 55

राग यमन कल्याण, कहरवा ताल

भाग्य लक्ष्मी

स्थायी

भाग्य लक्ष्मी चंचल देवी, सिद्धि दायिनी ताप हारिणी ।
सुंदर मंगल आरती तेरी ।।

♫ ग-ग गपरेरेसारे मं-मंप रे-सा-, ऩिध़ ऩि रे-रेरे- मंधनि धमंधप- ।
प-सांनि प-मंग गरेगप रे-सा- ।।

अंतरा-1

पावन मूरत सूरत प्यारी, धन की देवी मन को सुखारी ।

♫ मं-गग मं-धध धनिसांसांसां निरेंसां-, निरें गंरें निरेंसां- पमं ग परे-सा- ।

अंतरा–2

कंगन कुंडल कुंदन कंठी, पैंजन अंगद बिंदी मुंदरी ।

अंतरा–3

बाजत ढोलक घुँघरू घंटी, गात हैं संत महंत पुजारी ।

अंतरा–4

नारद शारद पुष्प की वृष्टि, कुबेर किन्नर शंकर गौरी ।

भारतीय सांस्कृतिक गीतमाला, मोती 56

भजन : राग खमाज, कहरवा ताल 8 मात्रा

ह्रीं क्लीं लक्ष्मीम्

(संस्कृत)

स्थायी

ह्रीं क्लीं लक्ष्मीं, गदा शंख पंकज कलश धन धारिणीम् ।
वन्दे अहं पद्मिनीं, भव भय हारिणीं, नारायणीम् ।।

♫ प- ध- नि-सां-, निध- नि-ध प-मग पमग मग रे-मग- ।
सा-म- गरे- ध-पम-, गम पम प-मग-, ग-रे-नि-सा- ।।

अंतरा–1

मंगलां धन दायिनीं, सुख कारिणीं, विष्णुपत्नीम् ।
सुर पूजितां, त्रिभुवन धारिणीं, श्रीयं, भव-जल तारिणीम् ।।

♫ सां-धसां- सांनि सां-रेंसां-, सांनि ध-पध-, प-मग-रे- ।
सारे ग-मप-, रेगमप ध-निध-, नि-ध-, मग मग रे-ऩिसा- ।।

अंतरा–2

चंचलां, गरूडारूढां, अघ हारिणीं, परमेश्वरीम् ।
नाना अलंकार विभूषितां, देवीं, परम सुहासिनीम् ।।

अंतरा–3

सुंदरीं, वर दायिनीं, दुःख हारिणीं, बुद्धिसिद्धिम् ।
सुरमातरं, विमलां, भगवतीं, शक्तिं, कलि मल दाहिनीम् ।।

भारतीय सांस्कृतिक गीतमाला, मोती 57

१२. लक्ष्मी नारायण

भजन : राग मालकंस, कहरवा ताल 8 मात्रा

लक्ष्मी देवी

स्थायी

तेरी आरती करूँ लछमी देवी । वर दान तेरा हमें भाता है ।।

♫ मम गमगसा निसा धनिसा- म-म- । मग म-म गसा- धनि सागमग सा- ।

अंतरा-1

दरशन तेरा शुभ मंगल है । तू, धन दाती जग माता है ।।

♫ गगमम ध-नि- सांसां सां-गंनि सां- । नि-, निनि नि-नि- धनि सांनिधम गसा ।।

अंतरा-2

बालक हम हैं देवी तेरे । देवी, जनम-जनम का नाता है ।।

अंतरा-3

शेष शायी आसन तेरा है । जो, शीश हमारा नवाता है ।।

अंतरा-4

मन से करता पूजा तेरी । देवी, सब कुछ वो नर पाता है ।।

अंतरा-5

सुमिरन तेरा सुख देता है । मन, बार-बार हमें आता है ।।

अंतरा-6

धन की राशी कर में तिहारे । देवी, प्यार तेरा हमें भाता है ।।

अंतरा-7

तेरी किरपा का जो प्यासा । देवी, तेरे दुआरे आता है ।।

भारतीय सांस्कृतिक गीतमाला, मोती 58

भजन : राग बागेश्री, कहरवा ताल 8 मात्रा

श्रीलक्ष्मी देवी

(संस्कृत)

स्थायी

श्रीलक्ष्मीं शंखगदाचक्रपंकजकलशधनधारिणीम् ।
वन्दे-अहं पद्मिनीं, भवभयहारिणीं, नारायणीम् ।।

♫ सागम-म- ध-निसांनि-ध-पम-गगरेरेरेसागमगरेसा- ।

१३. गजेंद्र मोक्ष

ग–ग–गग– म–गम–, धनिसांनिध–धध–, पमगरेनि़सा– ।।

अंतरा–1

मंगलां, धनदायिनीं, सुखकारिणीं, विष्णुपत्नीम् ।

सुरपूजितां, त्रिभुवनधारिणीं, श्रियं, भवजलतारिणीम् ।।

नारायणीम् ।

♫ सा–गम–, धनिध–पम–, गगम–गम–, ध–पम–ग– ।

नि़साग–साग–, मममधध–निध–, मम–, धनिधनिसांनिनिध–।।

पमगरेनि़सा– ।

अंतरा–2

चंचलां, गरूडारूढाम्, अघहारिणीं, परमेश्वरीम् ।

सुविभूषितां नानाविधशोभितां, देवीम्, अघभयसारिणीम् ।।

नारायणीम् ।

अंतरा–3

सुन्दरीं, वरदायिनीं, दुःखहारिणीं, बुद्धिं सिद्धिम् ।

सुरमातरं, विमलां, भगवतीं, शक्तिं, कलिमलदाहिनीम् ।।

नारायणीम् ।

१३. गजेंद्र मोक्ष

भारतीय सांस्कृतिक गीतमाला, मोती 59

कृपालु

स्थायी

शरणागत पर कृपा करेंगे, पछताए पर दया धरेंगे ।

हरि किरपाल कृपालु हैं, दीन दयाल दयालु हैं ।।

♫ रेरेग–गग मम पम– गरे–ग–, पपप–ध– पम गम– गरे–रे– ।

मम ममम–म मपमगरे म–, रे–रे रेरे–रे रेगरेसानि़ सा– ।।

अंतरा–1

गजेंद्र को हरि जल से बचायो, मृगेंद्र नरहरि रूप बनायो ।

उन पर हरि किरपालु हैं, भगतन जो शरधालु हैं ।।

♫ रेग–ग म– मम पप म गरे–ग–, गम–म पमपम ध–प मग–रे– ।

१४. सूर्य नारायण

मम मम मम ममपमगरे सा–, रेरेरेरे रे– गमगरेसानि सा– ।।

अंतरा–2

देवी अहल्या आप उबारे, रत्नाकर के पाप उतारे ।
हरि अघ उनके बिसरालु हैं, भगतन जो शरधालु हैं ।।

अंतरा–3

सुग्रीवकपि को राज दिलायो, विभीषण को प्रभु ताज दिलायो ।
हरि पत उनकी सँभालु हैं, भगतन जो शरधालु हैं ।।

भारतीय सांस्कृतिक गीतमाला, मोती 60
दादरा ताल

गजेन्द्र मोक्ष

स्थायी

गीत शारद ने मंजुल है गाया, साज नारद मुनि ने बजाया ।
रत्नाकर से है मंगल रचाया, रामायण को है सुंदर सजाया ।।

♪ म–ग म–म– म प–म– ग म–प–, रे–ग म–म– मध– प– मग–म– ।
रेगम–म म– म ध–प– गम–प–, रे–ग–म– म– म ध–प– मग–रे– ।।

अंतरा–1

बोला गजराज, मुझको बचाओ, इस पापी से मुझको छुड़ाओ ।
उसने रो रो के शोर मचाया, श्री विष्णु को उसने बुलाया ।।

♪ सांसां, निनिरें–सां धधनि– धप–म–, सांसां नि–रें– सां धधनि– धप–म–
म–ग म– म– म प–म गम–प–, रेग म–म– म धधप– मग–रे– ।।

अंतरा–2

सुना विष्णु ने उसका पुकारा, नक्र पापी को विष्णु ने मारा ।
छू कर माया से उस गज की काया, श्री विष्णु ने उसको बचाया ।।

१४. सूर्य नारायण

भारतीय सांस्कृतिक गीतमाला, मोती 61

१४. सूर्य नारायण
राग बिलावल : कहरवा ताल

सूर्यनारायण नवग्रह वन्दना
(संस्कृत)

स्थायी

नमामि भास्करं चन्द्रं मङ्गलं च बुधं गुरुम् ।
शुक्रं शनिं च राहुं च केतुयुक्तान्नवग्रहान् ।।

♪ साग–ग ग–गरे– म–ग–, रे–गरे– ग– पम– गरे– ।
रे–ग– रेग– म पम– ग–, रे–गरे–ग–मग–रेसा– ।।

अंतरा–1

आदित्यं भास्वरं भानुं रविं सूर्यं प्रभाकरम् ।
अरुणं मिहिरं मित्रं पूर्णभक्त्या नमाम्यहम् ।।

♪ प–प–प ध–पम– ग–प–, गम– प–म– गरे–गम– ।
सासासा– रेरेरे– ग–म–, ग–मग–रे– मग–रेसा– ।।

अंतरा–2

तमोरिं तारकानाथं पापघ्नं रात्रिभूषणम् ।
इन्दुं चन्द्रं विधुं सोमं दण्डवत्प्रणमाम्यहम् ।।

अंतरा–3

मङ्गलाङ्गं महाकायं ग्रहराजं ग्रहाधिपम् ।
अङ्गारकं महाभागं साष्टाङ्गः प्रणमाम्यहम् ।।

अंतरा–4

बुद्धिमतां बुधं श्रेष्ठं नक्षत्रेशं मनोहरम् ।
बुद्धिदं पुण्डरीकाक्षं कृताञ्जलिर्नमाम्यहम् ।।

अंतरा–5

सौम्यमूर्तिं ग्रहाधीशं पीताम्बरं बृहस्पतिम् ।
तारापतिं सुराचार्यं प्रणिपातो नमाम्यहम् ।।

अंतरा–6

भार्गवं वृष्टिकर्तारं स्वभासाभासिताम्बरम् ।
प्रकाशं शङ्करं शुक्रं सायं प्रातो नमाम्यहम् ।।

अंतरा–7

विघ्नराजं यमं रौद्रं सर्वपापविनाशकम् ।

शनीश्वरं शिवं शुभ्रं शतशः प्रणमाम्यहम् ।।

अंतरा–8

विप्रचित्तिसुतं राहुं रक्ताक्षमर्धविग्रहम् ।।
सिंहिकानन्दनं दैत्यं पुनः पुनो नमाम्यहम् ।।

अंतरा–9

रुद्रप्रियग्रहं कालं धूम्रकेतुं विवर्णकम् ।
लोककेतुं महाकेतुं मुहुर्मुहुर्नमाम्यहम् ।।

भारतीय सांस्कृतिक गीतमाला, मोती 62

राग तिलक कामोद, तीन ताल

सूर्य देवता

स्थायी

अंशु प्रभा सूरज की प्यारी ।

♫ रेगरे पमग सानि़पनि़ सरे गसा–नि़ ।

अंतरा–1

सागर अंबर नदिया सुंदर, पर्वत तरु उजलाती ।
भूमंडल की शोभा न्यारी, चमचम धरती सारी ।।

♫ म–मम प–निनि सांसांसां– नि–सांसां, नि–निनि सांसां सांसांसां– – – प– – – ।
मगप-धध सां– निसांगरें सांनिप–, धनिसांरें निसांध– सांप–धमगसानि़ ।।

अंतरा–2

नारद किन्नर अंबा शंकर, अष्ट मैं रदेव अवतारी ।
अंशुमाली आरती तेरी, गात हैं सब नर नारी ।।

भारतीय सांस्कृतिक गीतमाला, मोती 63

सूरज प्रभु!

स्थायी

सूरज प्रभु! तू है दिन का मणि, रात चंदा में तूने भरी रोशनी ।

♫ रे–ग– पम– ग– म ध– प– मग–, ग–म ध–प– म ग–प– मग– म–गरे– ।

१४. सूर्य नारायण

अंतरा–1

अग्नि का तू देवता, रश्मि से तू देखता ।
तेरा हि है, विश्व को आसरा, शीत चंदा में तेरी हि है चाँदनी ।।

♫ रे–ग– म ध– प–मग–, म–नि– ध प– नि–धप– ।
ध–नि– रें सां–, नि–सां ध– नि–धप–, नि–सां रें–सां– नि ध–प– म प– म–गरे– ।।

अंतरा–2

पूजा तेरी हम करें, तेरा हि व्रत हम धरें ।
पावन तेरी, प्रातः आराधना, तेरी भक्ति करें भावना से सनी ।।

अंतरा–3

तारों का तू है पति, तू ही ग्रहों की गति ।
रथ को तेरे, सात घोड़े लगे, आसमाँ में तेरी है सवारी बनी ।।

अंतरा–4

तूही विवस्वान है, आदि मनु तू हि है ।
अवधेश तू, तू हि श्री राम है, सूर्यवंशी घराने का तू है धनी ।।

भारतीय सांस्कृतिक गीतमाला, मोती 64

सूर्यसप्तकम्

(संस्कृत)

श्लोक छंद

सूर्यस्य परमं दानं शृणुध्वं खलु सज्जनाः ।
भास्वरः पद्मिनीनाथो दिनमणिर्दिवाकरः ।।

♫ रे–रे–रे गगरे– ग–म–, पम–ग– रेग म–गरे– ।
प–पप– म–गरे–ग–म–, पमगरे–मग–रेसा– ।।

आदित्यस्तारकानाथो मिहिरः स प्रभाकरः ।
भानुर्दहति नः पीडाम्–अहस्करोऽरुणो रविः ।।

ग्रहाणामादिरर्कः स ध्वान्तं हरति भास्करः ।
सौभाग्यदायकः पूर्णः शरीरारोग्यवर्धकः ।।

दृष्टिं ददाति दिव्यं स प्राणं च दिवसेश्वरः ।
सिद्धिं करोति भक्ताय कृत्वा तं स्वस्थमानसम् ।।

तेजो ददाति गात्रे स आधिव्याधिविनाशकः ।
सुर्यो वह्निसमायुक्तो भूतप्रेतनिवारकः ।।

पुष्णाति हृदये ह्रीं स मार्तण्डो भुवनेश्वरः ।
अतः स सूर्यदेवो हि सर्वदेवनमस्कृतः ।।

निर्विकल्पं विवस्वन्तं दीप्तांशुं प्रणमाम्यहम् ।
अर्घ्यं च चन्दनं पुष्पं बिल्वं समर्पयामि तम् ।।

भारतीय सांस्कृतिक गीतमाला, मोती 65

आरती : राग बिलावल, कहरवा ताल 8 मात्रा

सूर्य देवता

स्थायी

जय अग्नि रथ सूर्य विधाता, नवग्रह भूमंडल के धाता ।
पावन पूनित अंशु दाता, कृषि ऋषि-मुनि गुण तुमरे गाता ।।
♫ संध पमगम रेरे गमप मगरेसा-, सागमरे गपनि-सारें सां- निधप- ।
सां-धप मगमरे गमपग मरेसा-, साग मरे गप निनि निधपम गमरेसा ।।

अंतरा-1

पुष्प बिल्व जल गंध चंदना, धूप दुग्ध मधुपर्क वन्दना ।
पूजा पाठ तव अर्चन ध्याना, देत शील संतति सुख नाना ।।
♫ प-प ध-ध निनि सां-सां सां-रेंसां-, सांगंरें सां-सां निधप-प ध-निसां ।
सा-रे- ग-ग गग प-पप ध-ध-, सां-ध पमग म-रेग मप गमरेसा ।।

अंतरा-2

स्वर्ण कांति शुचि सवितुर भानु, शाश्वत अक्षर पवित्र जानूँ ।
अष्ट अश्व रथ अद्‌भुत माया, अग्नि देव रवि विशाल काया ।।

अंतरा-3

परम पुण्य गुण तुमरे जेते, चार वेद उनको नित गाते ।
तुमरी महती पार न पावें, ऋण तुमरे सब प्राणी ध्यावें ।।

अंतरा-4

सृष्टि बीज तुम अंबरतारे, जलत तमस् अंधकार घनेरे ।
पारस परिस कुधातु सुहावे, तुमरी शक्ति दिपै सब ठावे ।।

अंतरा-5

स्वास्थ्य बुद्धि बल सुख के दाता, आधि व्याधि आमय के त्राता ।
आरत अर्थी तपस्वी योगी, सूर्य नमत दीर्घायु भोगी ।।

१५. सत्यनारायण भगवान

भारतीय सांस्कृतिक गीतमाला, मोती 66

नारायण श्री

स्थायी

नारायण श्री नारायण श्री, नारायण की जै जै जै ।
चतुर्भुजा श्री शंखपद्म श्री, चक्रपाणि की जै जै जै ।।

♫ सा-रे-गग म- प-म-गग रे-, म-प-धध नि- नि- ध- प- ।
गग-मप- ध- सां-निध-प ध-, नि-धप-म ग- म- ग- रे- ।।

अंतरा-1

नारायण श्री नारायण श्री, नारायण की जै जै जै ।
वनमाली श्री शुक्लकाँति श्री, गुणातीत की जै जै जै ।।

♫ सा-रे-गग म- प-म-गग रे-, म-प-धध नि- नि- ध- प- ।
गगम-प- ध- सां-निध-प ध-, निध-प-म ग- म- ग- रे- ।।

अंतरा-2

नारायण श्री नारायण श्री, नारायण की जै जै जै ।
अमितशक्ति श्री सुफलभक्ति श्री, लक्ष्मीपति की जै जै जै ।।

अंतरा-3

नारायण श्री नारायण श्री, नारायण की जै जै जै ।
अगम्य आदि बीज अनादि, सच्चिदानंद की जै जै जै ।।

भारतीय सांस्कृतिक गीतमाला, मोती 67

सत्य पूजन

स्थायी

तेरे पूजन से भगवान, होते पूरण सबके काम ।

♫ सोसा- रे-रेरे ग- रेगम-म, गमग- प-मग रेगरे सा-सा ।

अंतरा–1

जिसने माया तेरी जानी, उसने छाया तेरी पानी ।
तेरे गाकर नित गुण गान, उसके पूरण हैं सब काम ।।

♫ रे–मममम– म–म– प–मग रे–ग–, पपम– ग–रे– म–गरे सा–रे– ।
सानि़ध़– नि़–नि़नि़ सासा सारेग–ग, रेगरे– म–गरे ग– रेग सा–सा ।।

अंतरा–2

सत्य कथा को जिसने गाया, व्रत के फल को उसने पाया ।
होकर सफल मेरे अरमान, उसके पूरण हैं सब काम ।

अंतरा–3

नाम को तेरे जिसने माना, तेरे मन को उसने जाना ।
पाकर तेरा ही फरमान, उसके पूरण हैं सब काम ।

अंतरा–4

पूजन तेरा जिसको भाया, उसने जानी तेरी माया ।
फिर पाकर शुभ अंजाम, उसके पूरण हैं सब काम ।

भारतीय सांस्कृतिक गीतमाला, मोती 68

भजन : राग रत्नाकर, कहरवा ताल 8मात्रा

नारायण नारायण

स्थायी

बोलो नारायण श्री, कृष्ण प्रभु को, हरि हरि! ।
प्रसाद खा लो, तीरथ पी लो, आरती गा लो घड़ी-घड़ी ।।

♫ रे–ग– म–म–पप प–, ध–प मग– म–, पध– पध–! ।
सांनि–ध प–ध–, नि–धप म– प–, म–गरे ग– म– पध– पम– ।।

अंतरा–1

पूजा पाठ को ध्यान से करना, रीत प्रभु की बड़ी कड़ी ।
बंधु भाई सत् जन सारे, साथ स्नेह की लड़ी लड़ी ।।

♫ रे–ग म–म म– प–म ग रेगम–, ध–प मग– म– पध– पध– ।
ध–प म–प– धध पम ग–रे–, म–ग रे–ग म– पध– पम– ।।

अंतरा–2

व्रत पूजा का फल है मीठा, किस्मत करता हरी भरी ।

निश–दिन बोलो लक्ष्मी नारायण, गाँठ खुलेगी अड़ी अड़ी ।।

अंतरा–3

पाप जला लो, पुण्य कमा लो, जप में जादू खरी खरी ।
यज्ञ मना लो, भाग्य जगा लो, बरसे अमृत झड़ी झड़ी ।।

अंतरा–4

नारायण का नाम सिमर ले, आवन जावन खड़ी–खड़ी ।
कृष्ण प्रभु का नाम ले रसना, मुख में निठल्ली पड़ी पड़ी ।।

नाम को तेरे जिसने माना, तेरे मन को उसने जाना ।
पाकर तेरा ही फरमान, उसके पूरण हैं सब काम ।

अंतरा–4

पूजन तेरा जिसको भाया, उसने जानी तेरी माया ।
फिर पाकर शुभ अंजाम, उसके पूरण हैं सब काम ।

<u>भारतीय सांस्कृतिक गीतमाला, मोती 69</u>

राग मालकंस, कहरवा ताल

सत्यनारायण

स्थायी

सत्य प्रसाद के एक कण में, ऐसा जादू होता है ।
हर नारी नर एक छण में, पाप अपने धोता है ।।
♫ नि़–रे गम॑–प म॑– ध–प म॑गम॑–, ग–रे ग–म॑– प–म॑– ग– ।
नि़नि़ सा–रे– रेरे ग–रे सासा रे–, म॑धप म॑गम॑– गरेनि़– सा– ।।

अंतरा–1

सत्य कथा के नित्य श्रवण में, ऐसी शक्ति होती है ।
कोई भी व्यक्ति, जिसमें भक्ति, भव से मुक्ति पाती है ।।
♫ म॑–ध निधम॑ प– धप म॑गग प–, ध–प म॑–प– म॑धपम॑ ग– ।
गग ग ग–म॑–, म॑धप– म॑–ग–, पम॑ ग– रे–ग– गरेनि– सा– ।।

अंतरा–2

सत्य व्रत के पूजा पाठ में, ऐसा यशबल होता है ।
पूजक अपने पाप विनश कर, बीज पुण्य के बोता है ।।

अंतरा-3

सत्य देव का नाम सुमिरन, ऐसा प्रभाव रखता है ।
पापी नर भी पाप छोड़ कर, पुण्य फलों को चखता है ।।

भारतीय सांस्कृतिक गीतमाला, मोती 70

राग मालकंस, कहरवा ताल 8 मात्रा

श्री सत्य नारायण

स्थायी

श्री सत्य नारायण साँई रे, तेरी आरती बड़ी सुखदाई, रे ।

♫ मग- गग गम-पसां धपमग म-, धध- धधध धनि निनिपपनिरेंसां, ध- ।

अंतरा-1

लक्ष्मीपति जग स्वामी हैं, मेरे माता-पिता अरु भाई, रे । श्री॰

♫ -म-धनिसां- सांसां -धनिरेंसां ध-, पम -ग-ग गम- पसां -धपमग, म- । मग-॰

अंतरा-2

किरपावान गोसाँई हैं, अरु निश-दिन मेरे सहाई, रे ।

अंतरा-3

पूजा पाठ सजाओ रे, अजी! गान कथा भी सुनाओ, रे ।

१६. शिव-पार्वती-गणेश

भारतीय सांस्कृतिक गीतमाला, मोती 71

खयाल : राग दरबारी कान्हड़ा

तांडव नृत्य

स्थायी

छम-छम पायल घुंघरू बाजे, छम-छम पायल घुंघरू बाजे ।
साथ में डमडम डमरू बोले, गौरी शंकर तांडव नाचे ।।

♫ मम रेरे- सानिसा रेपग- गमरे सा, मम रेरे- सानिसा रेपग- गमरेसा ।
म-म म पप पप- मपसां- निध-निप, -सां-सां निपमप ग-गम रेसा ।।

अंतरा-1

गल में माला सर्प बिराजे, कटि पर हिरन की छाला साजे ।
शंख फूँकते बम् बम् भोले, धरती अंबर संग में डोले ।। छम०

♫ मम प- निध-नि- सां-सां सांरेंनिसां-, निसां रेंरें रेंसांसां सां निसांरेंसां ध-निप ।
परेंरें रें-रेंसांरें गं- गंमं रें-सां-, मपसां- निपमप ग-ग म रेसा ।। मम०

अंतरा-2

सिर पे गंगा, चंद्र जटा में, तन पर भसम बिभूति शिवा के ।
आँख तीसरी शंकर खोले, डम् डम डम् डम डमरू बोले ।।

भारतीय सांस्कृतिक गीतमाला, मोती 72

जय सोमनाथ!

(मराठी)

स्थायी

जय एकलिंग जी भोले- -! जय सोमनाथ जी भोले- -!

♫ रेसा रेगगमं-ग रे- गमंप- -! गरे रेगमंगसा-सा रेमं मंगग- -!

अंतरा-1

दैवी तुमची सुंदर काया, मंगल तुमची माया ।
शुभ शुभ आम्हां तू वर दे रे! बं बं बं बं बं बं भोले! ।
डम डम डम डम डमरू बोले ।।

♫ सा-रे- गगग- मं-मंमं पगमं-, ग-पमं गरेग- सारेग- ।
मंमं मंमं प-मं- प- मंग रे-ग-! ग- ग- मं- ग- रेगमं-! ।
गरे रेग मंग गसा रेमंमंग ग-ग-ग ।।

अंतरा-2

हे शंकर! तू ज्योतिर्लिंगा! गंगाधर शिवअंगा! ।
तव द्वारावरी पूजक आले, बं बं बं बं भोले! ।
डम डम डम डम डमरू बोले ।।।।

अंतरा-3

सांब सदाशिव शंभु महेशा, त्रिपुरारी जगदीशा! ।
"जय जय" घोष तुझा हा चाले, बं बं बं बं भोले! ।

१६. शिव-पार्वती-गणेश

डम डम डम डम डमरू बोले ।।

भारतीय सांस्कृतिक गीतमाला, मोती 73

राग : भीमपलासी

सोमनाथ जी

स्थायी

सोमनाथ का पावन धाम, ज्योतिर्लिंग श्री शिव भगवान ।
एकलिंग जी! शुभ दो वरदान, शंकर भोले किरपावान ।।
♫ रेगमपमग रे– गरेगम प–, ध–पम–ग रे– मग मगरे– ।
सारेरेग–रे रे–! गग म– पपम–, ध–पप म–ग– ममग–रे– ।।

अंतरा–1

तुमरा मंदिर स्वर्ग समाना, तुमरी मूरत स्वर्ण ललामा ।
पूजन कीर्तन तुमरे, भोले! भगतन को देता सुखदान ।।
♫ रेरेग– म–मम प–प पध–ध–, निनिध– प–पप म–प मग–रे– ।
प–पप ध–पप धपम, ग–म–! पपपप ध– प–म– गमरे– ।।

अंतरा–2

शिव का मंदिर सर्वसनातन, ऋषि मुनियों ने कीन्हा स्थापन ।
नंदीश्वर! तुम भाते मोहे, सबसे मंगल तुमरा नाम ।।

अंतरा–3

त्रिशूलधारी तुम त्रिपुरारी! डमरूधर तुम जय गंगाधर! ।
विघ्नविनाशक तुमको माना, भव में ऊँचे तुमरे काम ।।

भारतीय सांस्कृतिक गीतमाला, मोती 74

त्रहि त्राहि शंकरा रे!

(मराठी)

स्थायी

दुष्काळाचा काळ दुःखांचा, आज विकट आला ।

१६. शिव-पार्वती-गणेश

या विघ्नांचा अंत कराया, कोण करुण वाली ।।

अंतरा-1

हे शिवराया! तूच आमुचा, संरक्षक स्वामी ।
दाखव लीला, तू शत्रूंना, दिव्य हुनर वाली ।।

अंतरा-2

जयतु भवानी! दुर्गे अंबे! दाखव ग! माया ।
पाठव आता तारण करता, जय जय जय काली! ।।

भारतीय सांस्कृतिक गीतमाला, मोती 75
राग : भैरवी, कहरवा ताल

भज ले शिव के नाम

स्थायी

भज ले प्यारे शिव का नाम, हो जावेंगे तेरे काम ।
♪ रेरे रे रेगरेसा रेरे रेग म-म, ध- प-म-ग- प-मग रे-रे ।

अंतरा-1

जब-जब संकट घिर कर आवे, बीते दिनों की याद सतावे ।
मन में जपियो शिव का नाम, मिट जावेंगे दुःख तमाम ।।
♪ मम मम ग-रेरे गग मम प-प-, ध-प मग- प- ध-प मग-म- ।
सासा सा रेरेग- प-म ग रे-रे, ध- प-म-ग- प-म गरे-रे ।।

अंतरा-2

भक्त प्रलादा बालक ज्ञानी, माया हरि की उसने जानी ।
आपत में थे उसके प्राण, नरसिंह बचायो उसकी जान ।।

अंतरा-3

द्रौपदी को हरि चीर बढ़ायो, उस अबला की लाज बचायो ।
जब मुश्किल में हो इन्सान, एक सहारा शिव भगवान ।।

भारतीय सांस्कृतिक गीतमाला, मोती 76
खयाल : राग बिलावल, तीन ताल 16 मात्रा

१६. शिव-पार्वती-गणेश

शंकर भोले!

(मराठी)

स्थायी

आज चला या कीर्तन गाऊं, शिव नामें शुभ मंगल सारी ।

♫ धनिसांध पमग मरे गमपग मरेसा-, साग मरेगप निनि धनिसांरेंनिसां निधप- ।

अंतरा-1

भोला शंकर, सबदुखहारी, मंगल पावन गंगाधारी ।

♫ ग-प- सां-सांसां, धनिसांरेंगंरेंसां-, सांगंरेंसांसांनिधप धनिसांरें सांरेंसांनिधपमग ।

अंतरा-2

शंभु सदाशिव, त्रिशूलधारी, सर्वांचा प्रभु सबसुखकारी ।

अंतरा-3

रुद्र महेश्वर, भवभयहारी, तूच नाथ वैकुण्ठविहारी ।

भारतीय सांस्कृतिक गीतमाला, मोती 77

हे भवानी!

(मराठी)

स्थायी

तुला मागतो अज, भवानी! एक मला वरदान दे ।
स्वातंत्र्याची ज्योत जन-मनीं, जागविण्याचे, ज्ञान दे ।।

♫ निरे-! नि़-सा- रेगरे-, सासासा सासारेगरे गरेनि़ सा-।
गम-प-प- ध-प मगरेग-, सा-सासारे-ग- प-म ग- ।।

अंतरा-1

बापा रावळ, चितोड राणा, प्रसंग त्यांचे ज्वलंत नाना ।
अमर करूं, अवधान दे ।। स्वातंत्र्याची ...

♫ ग-मप ध-धध, निध-प म-प-, धप-म ग-प- धप-म गम- ।
रेरेरे गम- पप-ध-प म- गम-, सासा रेरे गगम-, प-म ग- ।। गम-प-प-

अंतरा-2

वीर मराठे धृष्ट करूं मी, परदेशी अरि नष्ट करूं मी ।

देवी! मला अभिधान दे! ।। स्वातंत्र्याची ...

अंतरा-3

नर नारी जन भ्रष्ट होत हे, मूर्ति-मंदिर ध्वस्त होत हे ।

रक्षण करण्या, भान दे! ।। स्वातंत्र्याची ...

अंतरा-4

प्रति दिन अत्याचार हे इथे, धर्मांतर व्यभिचार हे दिसें ।

असुरांना अवसान दे! ।। स्वातंत्र्याची ...

भारतीय सांस्कृतिक गीतमाला, मोती 78

राग : खमाज, कहरवा ताल 8 मात्रा

जै शिव दुर्गे

स्थायी

जै शिव दुर्गे माते, जय, पार्वती सुख दाते ।

तेरे भगत पियारे, आन खड़े हैं दुआरे ।

जय अंबे माते ।।

♬ म- मम ममम- गमप-, पध, नि-सांसां रेंसां निधरे- ।

पधपध निनिनि धपधपध, पधप धनि- नि धपधम- ।

पप प-धप मगरे- ।।

अंतरा-1

तूने असुर निबारे, संकट दूर करे, देवी तूने विघ्न हरे ।

तेरी शरण में आऊँ, तेरे चरण मैं ध्याऊँ,

जय गौरी माते ।

♬ पममग पमम गपमम-, सांरेंसांनि ध-प मप-, सांसां सांरेंसांनि ध-प मप-।

पधपध निनिनि ध पधम-, पधपध निनिनि ध पधम- ।

प-प पधप- मगरे- ।।

अंतरा-2

भजन मैं तेरे गाऊँ, स्मरण में चित्त धरूँ । मैया नमन मैं लाख करूँ ।

देवी शेरॉवाली, गिरिजा माता काली ।

जय दुर्गे माते ।।

अंतरा-3

रंभे तू जग माता, ज्योताँ वाली है, सती झंडे वाली है ।

लाटाँवाली माते, छपरा वाली माते ।

जय जय जगदंबे ।।

भारतीय सांस्कृतिक गीतमाला, मोती 79

कहरवा ताल 8 मात्रा

शिव शंभो

स्थायी

हे शिव शंभो! भवानी शंकर! सब संकट हारो ।

♫ सा- रेग रेसासा-! धग-ग रेसासासा! ध ध धमंमंग रे-ग- - - रेमंगरेसा ।

अंतरा–1

आन पड़े हम भव मझधारे, हे डमरूधर हमें बचा रे! ।

प्रभु हमको तारो ।।

♫ धमंमं मंध- मंध सांसां सांसांनिरेंसां-, सां- रेंगंरेंगंरेंसां सांसां- सांनिसां निध! ।

सारे गधमंग रेसासा- - -ऩिसाऩिध़ ।।

अंतरा–2

भगत खड़े हैं तेरे दुआरे, तेरी दया की आशा धारे ।

अब मंगल कारो ।।

अंतरा–3

दान कृपा का कीजो प्रभु जी, प्रेम की छाया हमको दीजो ।

सब संकट टारो ।।

भारतीय सांस्कृतिक गीतमाला, मोती 80

खयाल : राग दुर्गा, तीन ताल 16 मात्रा

हे शिव शंभो!

स्थायी

ढूँढत पागल नैना म्हारे, मंदिर मंदिर इत उत तोहे ।

आन बसो मन म्हारे ।।

१६. शिव-पार्वती-गणेश

♫ सां-धप म-रेसा रेपप मपधपमरेसा, म-पमरे धसासासा रेम पध पधसांध- ।

रें-सां धसां- धप मपधसांधपमपधपममरेसा ।।

अंतरा-1

शिव ओम् शंकर शंभु सदाशिव, हर गंगाधर प्यारे !

दिन में निश में कबहुँ बोलो, होंगे दरशन तोरे ।।

♫ मम पध सां-सांसां ध-सां रेंरें-रेंरें, सांरें रेंसां सां-मंरें सांधरेंसांधप-म- ।

रेम प- धसां धसांरेंसां धधम- मपम मपध, रें-सांध सांसांधप मपधसांधपमपधपममरेसा ।।

भारतीय सांस्कृतिक गीतमाला, मोती 81

शिव पार्वती

स्थायी

आओ संतन, आओ भगतन, शिव शंकर के करिए कीर्तन ।

♫ सा-गम प-पप, प-धनि धपमम, गग ग-मम म- धपम- गगरेरे ।

अंतरा-1

जपा कमल के फूल चढ़ाओ, ज्योत जलाओ, भोग लगाओ ।

प्रसाद पाओ मंगल वाला, भालचंद्र को करके वंदन ।।

♫ रेग- ममम म- ध-प मग-म-, नि-ध पम-प-, ध-प मग-म- ।

सांसां-नि प-ध- सां-निध प-ध-, प-म ग-रे म- धपम- ग-रेरे ।।

अंतरा-2

शंभु पिता हैं, उमा है माता, गौरी-शंकर शुभ वर दाता ।

आओ सत् जन, शिव-अंबा के, पावन आशिष करिए अर्जन ।।

अंतरा-3

नाम शिवा के और उमा के, परम प्रेम से करिए सुमिरण ।

दीन दयाला शिव-दुर्गा के, ध्यान लगा कर करिए चिंतन ।।

अंतरा-4

हाथ जोड़ कर, शीश झुका कर, जय जय बोलो शिव-भोले की ।

निर्मल हिरदय, तन मन अपना, शिव चरणों में करिए अर्पण ।।

भारतीय सांस्कृतिक गीतमाला, मोती 82

राग मालकंस, कहरवा ताल 8 मात्रा

चंदाधारी

स्थायी

भला करो प्रभु चंदाधारी, व्यथा हरो शिव भव भंडारी ।

♫ सामगम गसा- निसा ध-नि-सा-सा-, साम- गम- मध सासा मधगमगसा ।

अंतरा-1

रूप परम शिव शंकर गौरी, छवि निरंजन सुंदर सारी ।

दया करो, कृपा करो, रक्षा करो, प्रभु सब सुख कारी ।।

♫ ग-म म धध निनि सां-सांसां गंनिसां-, निनि- निनि-निनि धनिसांनि ध-म- ।

साम- गम - - -, गमध मध - - -, मधनिसां निसां- म-ग- मधगमगसा ।।

अंतरा-2

काम अथक दुख भंजन कारी, धाम अजब तव रंजन कारी ।

दया करो, कृपा करो, रक्षा करो, प्रभु भव भय हारी ।।

अंतरा-3

माया अगम तव, बंबं भोले! छाया गजब तव अंबर डोले ।

दया करो, कृपा करो, रक्षा करो, प्रभु जग अवतारी ।।

भारतीय सांस्कृतिक गीतमाला, मोती 83

राग भैरवी, कहरवा ताल, 8 मात्रा

जै जै अंबे!

स्थायी

जै जै अंबे कृपा कारिणी, जगदंबे दया दायिनी ।

जै महा जोगिनी, हे स्वधा भोगिनी, दे दे दे दे दुआ नंदिनी ।।

♫ सा सा ध-ध- धप- गमपप - - - -, पपम-ध- पम- पमगग - - - - ।

नि निसा- ग-रेसा-, नि निसा- ग-रेसा-, सा सा सा- ध- पम- पगमम - - - - ।।

अंतरा-1

भव पीड़ा घनी हारिणी, जग चिंता शनि सारिणी ।

काली कराली माँ, देवी भवानी माँ, महारानी जगत् वंदिनी ।।

जै महा जोगिनी ...

♫ सांसां नि–सां– नि–ध– निधमम – – – –, मध ग–म– धग– मगसासा – – – – ।

गम पसां–नि प–, गम पसां–नि प–, गमप–प– मग– म–गसासा – – – – ।

नि़ नि़सा– ग–रेसा–

अंतरा–2

शिवकांता उमा पार्वती, जै रमा अंबिका भगवती ।

महामाया सती, गौरी इरावती, महादेवी असुर मर्दिनी ।।

अंतरा–3

शेराँवाली दया दायिनी, जोताँवाली क्षमा कारिणी ।

शुभ हित कारिणी, जग उद्धारिणी, जै शिवानी व्यथा भंजनी ।।

भारतीय सांस्कृतिक गीतमाला, मोती 84

अंबे मैया

स्थायी

अंबे मैया, तेरी माया, का– – – – – ।

बोल बाला, सभी जगत में, सदा रहे ।।

♫ रेगरेसा नि़–सा–, रे–ग– रे–ग–, म–धपम– ।

प–ध प–म–, पध– पमग म–, गम– गरे– ।।

अंतरा–1

पाप हारिणी! ताप हारिणी! तेरी किरपा, का– – – – – ।

जय जय कारा, सभी दिलों में, सदा बहे ।।

♫ सां–नि सां–निध–! नि–रें सां–निध–! प–ध– पमग–, म–पधपम– ।

पम पम ग–म–, पध– पम– ग–, पम– गरे– ।।

अंतरा–2

ज्योताँ वाली! पहाड़ा वाली! मेहराँ वाली, माँ– – – ।

तेरा नारा, सभी घरों में, सदा चले ।।

अंतरा–3

भाग्य दायिनी! सिद्धि दायिनी! सिंहवहिनी, का– – – ।

दैवी डंका, सभी समय में, सदा बजे ।।

१६. शिव-पार्वती-गणेश

भारतीय सांस्कृतिक गीतमाला, मोती 85

भजन : राग दुर्गा, कहरवा ताल 8 मात्रा

ओ दुर्गा देवी

स्थायी

ओ दुर्गा देवी! ओ दुर्गा देवी! ओ दुर्गा देवी वर दे ।
ओ किरपा तेरी, ओ किरपा तेरी, ओ किरपा तेरी कर दे ।।

♪ रे म-म- पप-! म प-प- धध-! प ध-ध- सांध पप म- ।
सा रे-रे- मम-, रे म-म- पप-, म प-प- धप- मरे सा- ।।

अंतरा–1

झोली मेरी, कबसे खाली, भरदे झोली, माता काली ।
ओ झोली मेरी, ओ झोली मेरी, ओ झोली मेरी देवी भरदे ।।

♪ सा-रे- म-रे-, म-म- प-म-, प-प- ध-प-, ध-सां- ध-प- ।
म प-प- धध-, प ध-ध- सांध-, प धध पप मम रेरेसा- - ।।

अंतरा–2

नैया मेरी, टूटी डोरी, तूही तारे, माता गौरी ।
ओ नैया मेरी, ओ नैया मेरी, ओ नैया मेरी देवी तरदे ।।

अंतरा–3

गोदी मेरी, मैया खाली, भरदे गोदी, मैया काली ।
ओ गोदी मेरी, ओ गोदी मेरी, ओ गोदी मेरी देवी भरदे ।।

भारतीय सांस्कृतिक गीतमाला, मोती 86

गीत : राग रत्नाकर, कहरवा ताल 8 मात्रा

त्राहि जगदंबे

स्थायी

(छन्द शिखरिणी)

। ऽ ऽ, ऽ ऽ ऽ, । । ।, । । ऽ, ऽ । ।, । ऽ

हमें तारो! तारो!, जननी जगदंबे भँवर से ।
कृपा तेरी पाने, भगत जन गाते भजन हैं ।।

♫ सारे- सानि़सा- रेगरे-, सारेग रेगम-ग- रेसारे सा- ।
सारे- सानि़सा- रेगरे-, गरेग रेग म-ग रेगरे सा- ।।

अंतरा-1

(छन्द पृथ्वी)

कोई ज्ञान से, कोई ध्यान से, तुझे पूजता ।
कोई दान है, कोई मान है, तुम्हें माँगता ।
सभी, दुर्गे माते! भगत जन तेरी शरण में ।।

♫ गम- पमग रे-, गम- पमग रे-, सारे- ग-रेसा- ।
गम- पमग रे-, गम- पमग रे-, सारे- ग-रेसा- ।
सारे-, सानि़सा- रेगरे-! सारेग रेग म-ग- रेगरे सा- ।।

अंतरा-2

कोई नमन से, कोई भजन से, तेरी चाह में ।
कोई करम से, कोई धर्‌म से, तेरी बाँह में ।
सभी, अंबे देवी! भगत जन तेरे चरण में ।।

अंतरा-3

हमें भक्ति दे, हमें शक्ति दे, हमें तार माँ ।
हमें बुद्धि दे, हमें प्रीति दे, सदा प्यार माँ ।
सभी, गौरी माते! भगत करते अध्ययन हैं ।।

<u>भारतीय सांस्कृतिक गीतमाला, मोती 87</u>

जगदंबे शिव गौरी

स्थायी

जगदंबे- - - शिव गौ-री- - -, सब तेरी माया है- - - ।
♫ ध़ध़नि़-सा- - - मग रे-सा- - -, सासा रे-ग- म-गरे सा- - - ।।

अंतरा-1

भव जल ये, मृगजल है । तू सुख की छाया है- - - ।
♫ सासा रेरे ग-, ममपप ध-, नि- धध प- म-गरे सा- - - ।

अंतरा-2

जो हमने कर्म किया, फल उसका पाया है- - - ।

अंतरा-3

१६. शिव-पार्वती-गणेश

भगत तेरा कर जोड़े, दर तेरे आया है- - - ।

भारतीय सांस्कृतिक गीतमाला, मोती 88

शिव गौरी

स्थायी

तेनूँ याद मैं कराँ, ओ शिव गौरी माते! ।

♫ म-प- नि-ध प- धनि-, सां- निध नि-ध- प-म-! ।

अंतरा-1

तेरा नाम मैं जपाँ, ओ जगदंबे माते! ।

♫ सां-नि- सां-नि ध- पम-, प- मगरे-सा- रे-म-! ।।

अंतरा-2

तेरा ध्यान मैं धराँ, शिव वर मंगल दाते! ।

अंतरा-3

तेरी याद मैं कराँ, हर दम अंबे माते! ।

अंतरा-4

तेरे द्वार में खड़ा, तव किरतन गाते ।

भारतीय सांस्कृतिक गीतमाला, मोती 89

कहरवाताल 8 मात्रा

दर्शन दो अंबे

स्थायी

दरशन दे दो, हमको अंबे! देवी! चरण में ले लो ।

मोहे, अपनी शरण में ले लो, देवी! दरशन दे दो ।। देवी॰

♫ सांसांरेंसां सां- निध, रेंसांरेंसां रें-सां-! निरेंसांनि! धपग म प नि- - - - ।

धप, ममम- ममप म निप मग- -, सासा! धधधप धपनिध पम- - - - - - - ।।

अंतरा-1

दुर्गे दुर्घट नाम तिहारो, सबके पाप निबारो ।

भव सागर से ऊब गए हम, हमको आके उबारो ।।

१७. ब्रह्मा विष्णु महेश

देवी, दरशन दे दो, देवी! दरशन दे दो ।

♫ धधध- धधधध धनिनि निनि-निप, पनिपम ग-प मम- - - म- - - ।

सांसां रेंसांसांसां निध सां-रे सांसां- सांनि, निरेंसांनि धपग मपनि- - - - ।। धप०

अंतरा-2

आओ सपनन रूप निहारूँ, देवी मोहे निहारो ।

तेरे द्वारे आन खड़ा हूँ, मोरे कष्ट उतारो ।।

देवी, दरशन रे दो, देवी दरशन दे दो ।

भारतीय सांस्कृतिक गीतमाला, मोती 90

ध्रुपद : कहरवा ताल 8 मात्रा

शिवगौरी

स्थायी

एकलिंग डमरू धर! जगदंबिके भव त्र्यंबिके ।

दिगंबर गंगाधर, शिव शंकर, शिव शंकरी ।।

♫ निनि सां- - -सां- निपमंग गग- -! मंधमंगरे-रे रे-सा गरे सा-सासा- - ।

नि़ नि़ध़सा- - - - - नि़ध़सानि़- - - - -, नि़रे मं-मंमंग- गरे रेसासासा- - ।।

अंतरा-1

हे महेश जय उमेश, रुद्र भद्र भूतनाथ ।

हे भवानी महाकाली, त्राहि माम् भुवनेश्वरी ।।

♫ पग गप-प सांसां सांसां-सां, सां-सां सां-सां नि-रेंसां-सां ।

नि- निनि-नि नि नि-नि-नि धनिसां सांसां सां-सांनिधनिप ।।

अंतरा-2

नीलकंठ भालचंद्र, भोलेनाथ तुम अनंत ।

अंबे गौरी महाचंडी, पाहि माम् जगदीश्वरी ।।

१७. ब्रह्मा विष्णु महेश

भारतीय सांस्कृतिक गीतमाला, मोती 91

१७. ब्रह्मा विष्णु महेश

ब्रह्म विष्णु महेश

स्थायी

आदि ब्रह्म है, मध्य विष्णु है, अन्त सबका महेश है ।
कर्म राम है, धर्म कृष्ण है, ज्ञान सबका गणेश है ।।

♫ रे-ध प-म ग-, रे-प म-ग म-, सांनि धपम- गम-ग रे- ।
म-ग प-म ग-, ध-प म-ग म-, नि-ध पमग- गम-ग रे ।।

अंतरा-1

ब्रह्मा है लाता, विष्णु जगाता, सबको लेजाता महेश है ।
राम रमाता, मन में समाता, ज्ञान का सोता गणेश है ।।

♫ निसा रे सा-नि-, गम पम-ग-, ध-नि सांनि-ध- पम-ग रे- ।
गम पम-ग-, पप ध निध-प-, नि-ध प ध-म- गम-ग रे- ।।

अंतरा-2

ब्रह्म विधाता, विष्णु है धाता, मुक्ति का दाता महेश है ।
राम निभाता, श्याम है भाता, बुद्धि बढ़ाता गणेश है ।।

अंतरा-3

ब्रह्म अनंता, विष्णु नियंता, विश्व का अंता महेश है ।
रघु बलवंता, हरि भगवंता, एकदंता गणेश है ।।

अंतरा-4

ब्रह्मा है मंडन, विष्णु है स्पंदन, जगत निकंदन महेश है ।
राम रघुनंदन, हरि जगवन्दन, सब स्वर व्यंजन गणेश है ।।

भारतीय सांस्कृतिक गीतमाला, मोती 92

भजन : राग भैरवी, कहरवा ताल 8 मात्रा

ब्रह्मा विष्णु महेश

पद

गुरु ब्रह्मा शिव, गुरु विष्णु है, गुरु चरणन में ज्ञान सही ।
गुरु चरणन में ज्ञान सही ।। गुरु०

♫ -सांसां रेंसांसां- सांसां- सांसां रेंसांनि- नि-, -निनि निनिगंगं गंरें- रेंगंरें सांसां- - -।
-सांरें निधपप प- - निधनिप मम- ।। मप०

स्थायी

गुरु राम है, गुरु श्याम है, श्री गणपति का अवतार वही ।

♫ मप ध-ध ध- -, पम प-प प- -, मगरे, -रेरेगग म- धध-पधप मम ।

अंतरा-1

ज्ञान सिखावे, राह दिखावे, गुरु के तले अंधःकार नहीं ।

♫ -सां-नि धसां-सां- -, सां-निपरें -रें-, -रेंरें रें रेंरें- रेंरें-रेंगंरें सांसां- - - ।।

अंतरा-2

भरम भगावे, भाग्य जगावे, गुरु से बड़ा अधिकार नहीं ।

अंतरा-3

छाँव गुरु है, नाव गुरु है, गुरु से बड़ी पतवार नहीं ।

अंतरा-4

गुरु गुण गावो, गुरु ऋण ध्यावो, गुरु किरपा का भार नहीं ।

१८. श्रवण कुमार

भारतीय सांस्कृतिक गीतमाला, मोती 93

श्रवण कुमार वध

स्थायी

लगा रे बाण श्रावण को, बचाओ पुत्र पावन को ।

♫ गमप म- ध-प म-गग म-, धप-म- ग-प म-गग रे- ।

अंतरा-1

अंधी माता, पिता भी अंधे, ले कर कावड़ अपने कंधे ।

बूढ़े दोनों नीर के प्यासे, रख कर उनको नदी तीर पे ।

गया था, नीर लावन को ।।

♫ रे-गम प-प- धप- म ग-म-, रे- रेग म-मम पपम- ग-म- ।

रे-ग- म-म- प-म ग रे-ग-, मम मम ममम- गम- प-म ग- ।

धप- म-, ग-प म-गग रे- ।।

अंतरा-2

रात अँधेरी, शाँत किनारा, बैठा तरु पर भूप दुखारा ।

शब्द सुना जब जल में नृप ने, तीर चलाया तुरंत उसने ।

१९. राजा दशरथ

न देखा, पुत्र भावन को ।।

अंतरा-3

मातु-पिता ने, नृप को कोसा, अपशब्दों में दीन्हा दोसा ।
बोले, तू भी पुत्र-बिरह में, प्राण तजेगा, विरह हृदय में ।
मिला रे! शाप राजन् को ।।

भारतीय सांस्कृतिक गीतमाला, मोती 94
राग रत्नाकर, कहरवा ताल 8 मात्रा

श्रवण कुमार

स्थायी

मातु-पिता कहो, कैसे जियें, अब ।
तनय बिना देखो, हुए हैं अनाथ, ये ।।

♪ म-ग रेग- रेसा, रे-रे गम-, गरे ।
रेरेरे रेग- मग, मप म गरे-सा, रे- ।।

अंतरा-1

पुत्र पियारा, एक सहारा ।
छीन लिया तो, दैया! हुए बेसहारा, अब ।।

♪ रे-रे रेग-ग-, प-म गरे-ग- ।
रे-रे रेरे ग, मग! मप मगरेसा, रेरे ।।

अंतरा-2

अंधी माता, अंध पिता भी ।
दीन बनें हैं, रामा! नहीं सुत साथ, अब ।।

अंतरा-3

लैलो शरण में, लैलो चरण में ।
आर्त पुकार, सुनो! नहीं कोई नाथ, अब ।।

१९. राजा दशरथ

भारतीय सांस्कृतिक गीतमाला, मोती 95

दशरथ मिथिला चले

स्थायी

दशरथ मिथिला चले ।

♫ रेसारेग- पमग- सारे- ।

अंतरा–1

राम–सिया का ब्याह रचेंगे ।

साथ रानियाँ पुत्र चलेंगे, सुंदर रथ हैं सजे ।।

♫ रे–सा रेग- म- ध–प मग–म- ।

नि–ध प–मप- ध–प मग–रे-, रेगरेसा पम ग- सारे- - ।।

अंतरा–2

सिया–स्वयंवर जनक सजायो ।

राम धनु पर बाण चढ़ायो, शिवजी किरपा करे ।।

अंतरा–3

विश्वामित्र मुनि काज है कीन्हा ।

वसिष्ठ गुरु ने आशिष दीन्हा, रघुकुल आगे बढ़े ।।

अंतरा–4

सिया राम को हार पिनावे ।

राम–सिया को मंगल डाले, बाहों का हार गले ।।

२०. रामचंद्र प्रभु

भारतीय सांस्कृतिक गीतमाला, मोती 96

राम जन्म

स्थायी

पायो जी आज, दशरथ नृप सुत पायो ।

♫ सारे म गरे–, पमगरे सासा मग रे–सा– ।

अंतरा–1

कमल वदन, सखी! रामचंद्र का, चार चाँद लगायो ।

♫ सासारे रेगग, मम–! प–मगरे म–, पम ग–म गरे–सा– ।

अंतरा–2

कौशल्या कहे, धन्य भई मैं, राम रतन मन भायो ।

अंतरा–3

नारद शारद शंकर गौरी, कृष्ण कनाई है आयो ।

अंतरा–4

लखन भरत कहें, राघव भ्राता, हमको नेहा लगायो ।

भारतीय सांस्कृतिक गीतमाला, मोती 97

राम चंद्र

स्थायी

मैया! चाँद गगन से ला दो, गेंद सुहाना हमका दै दो ।

♫ सा–म–! प–म गरेरे सा– रे– म–, प–म गरे–म– पपम– गरे म– ।

अंतरा–1

इतना रिझौना, इतना लुभौना, कोई खिलौना, नै यो – – – ।

♫ सासारे गम–म–, निधप– मग–म–, पम गरे–सा–, गरे म– – – ।

अंतरा–2

भाग के जाओ, कूद के जाओ, उड़ कर अंबर, जैयो – – – ।

अंतरा–3

पकड़ो मेरी, उँगली मैया, साथ लखन को, लै लो – – – ।

अंतरा–4

भारतीय सांस्कृतिक गीतमाला, मोती 98

ला दो चंद्र, माँ!

स्थायी

नीला आसमाँ ..., शुभ्र चंद्रमा ..।

कहे राम मुन्ना, हमका, दै दो चंद्र, माँ! ।।

♫ रे–सा रे–गम–, ध–प म–गम– ।

सारे– ग–म प–म–, गगरे–, ध– प म–ग, म– – –! ।।

२०. रामचंद्र प्रभु

अंतरा–1

गगन में इतना ऊँचा, गेंदवा किसने फेंका ।
लगता सुहाना कितना, इंदु चंद्र, माँ! ।।

♫ ममम प– धधध नि–ध–, सां–निध– पपप– ध–नि– ।
सांसांनि– धप–ध पपम–, ध–प म–ग, म– – – ! ।।

अंतरा–2

बोलो लखन को जावे, गगन से कंदुक लावे ।
सारी रात हम सब खेलें, कंज चंद्र, माँ! ।।

अंतरा–3

चंद्र बिंब दर्पण में, दिखलाया जब माता ने ।
मुदित राम लेकर कर में, हँसे चंद्रमा ।।

भारतीय सांस्कृतिक गीतमाला, मोती 99

सत् नाम

स्थायी

राम–नाम सत् नाम सुहाना, श्री राम जय राम जय जय रामा ।

♫ म॑–ध ध–ध धध म॑–ध धध–ध–, म॑– म॑–म॑ धध ध– म॑ध धध ध–धम॑ ।

अंतरा–1

पीत पितांबर कटि पर सोहे, छवि निरंजन मन को मोहे ।
दशरथ नंदन रघुपति रामा, दास परम प्रिय कपि हनुमाना ।।

♫ म॑म म॑ध–धध म॑ध धध म॑–ध–, म॑ध– धनि–धध धध नि– धधम॑– ।
मममम म॑–धध धधधम॑ म–म॑–, म॑–ध धधध निध धध निधध–म॑– ।।[3]

अंतरा–2

कमल लोचन सूरत प्यारी, मंगल मुख मूरतिया दुलारी ।
परम पुरुष परमेश्वर रामा, सुर नर पूजित हरि अभिरामा ।।

अंतरा–3

---

[3] इस गीत की स्वर रचना शुद्ध, तीव्र और कोमल स्वरों के सुंदर प्रयोग का अनूठा उदाहरण है ।

२०. रामचंद्र प्रभु

रघुपति राघव दीन-दयाला, भगतन के अविरत प्रति पाला ।
परम आतमा रूप ललामा, अंतर्यामी हिरदय धामा ।।

भारतीय सांस्कृतिक गीतमाला, मोती 100

राघव राघव बोल

स्थायी

घड़ी-घड़ी, राघव! राघव! बोल, रे, घड़ी-घड़ी, राघव! राघव! बोल ।
हरि बिन, जीवन मिट्टी मोल ।।

♪ सांनि धप-, सां-निध! प-धप! म-म, रे, गम पम-, प-मग! रे-गरे! सा-सा ।
सासा रेरे, प-मग रे-गरे सा-सा ।।

अंतरा-1

घर आँगन में, बजे विपिन में, राम-नाम का ढोल ।

♪ सारे ग-मम म-, धप- मगग म-, सा-रे म-ग रे- सा-सा ।

अंतरा-2

नया उजाला पड़े हृदय में, बंद खिड़की खोल ।

अंतरा-3

जीवन बिता बिना भजन के, मत कर टालम टोल ।

भारतीय सांस्कृतिक गीतमाला, मोती 101

शरणं रामा

स्थायी

शरणं रामा, शरणं नाथा, पाहि प्रभु रे! शरणं देवा ।

♪ निसारे- रे-ग-, पमग- रे-सा-, प-म गम- प-! पमग- रे-सा- ।

अंतरा-1

सुंदर रूपा, वन्दन भूपा, शरणं शरणं, सद् गुरु देवा ।

♪ रे-रेरे ग-म-, ध-पम गम-, धधनि- धपम-, प-मग रे-सा- ।

अंतरा-2

शुभ वर दाता, हरि रघुनाथा, त्राहि त्राहि भोः! सद् गुरु देवा ।

अंतरा–3

मंगल छाया, तेरी माया, स्वस्ति स्वस्ति ओम्! सद् गुरु देवा ।

भारतीय सांस्कृतिक गीतमाला, मोती 102

राम-नाम सुहाना

स्थायी

राम-नाम सत् नाम सुहाना, श्री राम जय राम, जय जय रामा ।

♫ सा–रे ग–ग गग प–म गरे–ग–, प– म–ग रेरे ग–, रेरे गग रे–सा– ।

अंतरा–1

पीत पितांबर कटि पर सोहे, छवि निरंजन मन को मोहे ।

दशरथ सुत रघुवर श्री रामा, सीतापति रघुनंदन नामा ।।

♫ सां–नि धनि–धप निध पम प–ध–, निध– पम–मम– पप म ग–रे– ।

सासारेरे गग गगपप मग रे–ग–, म–ग– रेसा रेरेग–गग रे–सा– ।।

अंतरा–2

कमल लोचन सूरत प्यारी, मंगल मुख मूरत मनहारी ।

परम पुरुष परमेश्वर रामा, सुर नर पूजित हरि अभिरामा ।।

अंतरा–3

रघुपति राघव दीन-दयाला, भगतन के अविरत प्रति पाला ।

परम आतमा रूप ललामा, अंतर्यामी हिरदय धामा ।।

भारतीय सांस्कृतिक गीतमाला, मोती 103

राम विष्णु का अवतार

स्थायी

राम विष्णु का है अवतारा, असुर निकंदन सिरजनहारा ।

♫ म–मं ध–ध ध– नि– धधमं–ध–, रेंनिध धध–निनि रेंरेंनिधध–मं– ।

अंतरा–1

अधम धरा पर जब-जब छाते, प्रभु नर रूप में तब तब आते ।

काम ये उनको लगे पियारा, भव सागर का वही किनारा ।।

♬ गगग मर्म- र्मर्म धध धध ध-ध-, निरें रेंरें नि-ध ध- निनि निनि धधर्म- ।

म-म म र्मर्मम- धनि- धर्म-म-, गग र्म-मर्म ध- निध- र्मम-ग- ।।[4]

अंतरा-2

शिव शंकर है प्रलय को लाता, ब्रह्म विधाता, विष्णु चलाता ।

राम रमैया परम सुखारा, हरि! हरि! जिसने आर्त पुकारा ।।

अंतरा-3

राम रतन सुंदर अभिरामा, चारु चरित सिमरूँ सियरामा ।

भजले नाम राम का प्यारा, नर योनि नहीं मिलै दुबारा ।।

भारतीय सांस्कृतिक गीतमाला, मोती 104

दादरा ताल

शस्त्रधर राम

स्थायी

श्री राम धरे जब, शस्त्र हाथ में, पाप न कोई बचना ।

बचना, साँप न कोई डसना ।।

♬ रे- ग-म मप- मम, प-ध प-म म-, म-म म प-ध- पपम- ।

पपप-, नि-ध प म-प- धपम- ।।

अंतरा-1

असुरों ने जब, संकट कीन्हा, राघव ने है रक्षण दीन्हा ।

अब, डर नहीं मन में बसना, बसना ।।

♬ सांसांसां रें- सांसां, नि-धनि सां-सां-, रें-सांनि ध- नि- सां-निध प-म- ।

गग, मम मम पप ध- पपम-, पपप- ।।

अंतरा-2

विघ्न कष्ट सब, राम उबारे, पाप ताप सब राम उतारे ।

अब, राम सहारा अपना, अपना ।।

---

[4] इस गीत की स्वर रचना में विविध शुद्ध, तीव्र और कोमल स्वरों का सुंदर प्रयोग किया गया है ।

भारतीय सांस्कृतिक गीतमाला, मोती 105

राम तन-मन में

स्थायी

राम बसा है तन-मन मेरे, साँस वही और प्राण वही ।

♫ म-म॑ धम॑- म- मम॑ धनि धम॑म-, म-म॑ धध-, ध-म॑ नि-ध धम॑- ।

अंतरा-1

नाम है मुख में साँझ सकारे, राम हैं दुख में पास हमारे ।

दूर हुए जो गम थे घेरे, अब जान वही, वरदान वही ।।

♫ म-म॑ म॑ धध ध- नि-ध धम॑-ध-, म-म॑ म॑ धध ध- नि-ध धम॑-म॑- ।

म-म॑ धम- म- म॑म॑ ध- ध-ध-, म॑म॑ म-म॑ धध-, धमनि-ध धम॑- ।।[5]

अंतरा-2

राघव मेरी डोर सँभारे, नाव लगे भव पार किनारे ।

दूर हुए हैं जनम के फेरे, अभिमान वही, अभिधान वही ।।

अंतरा-3

काम मेरे सब नाम उचारे, ज्ञान ध्यान सब उसी विचारे ।

दूर हुए अब तम के अँधेरे, खान वही और, पान वही ।।

भारतीय सांस्कृतिक गीतमाला, मोती 106

ताड़का वध की कथा

स्थायी

ताड़िका वध को जात है रामा, संग में निकला लछमन भैया ।

♫ म-म॑ध म॑म म॑- नि-ध ध म॑-ध-, रें-नि ध धधध- धध-धध म॑मम॑- ।

अंतरा-1

खूँखार काया, लाल हैं आँखें, फेरत माया, दाँत हैं तीखे ।

---

[5] इस गीत की स्वर रचना में शुद्ध, तीव्र और कोमल स्वरों का बहुत सुंदर प्रयोग है ।

२०. रामचंद्र प्रभु

रूप भयानक, दैया रे दैया ।।

♬ ग-ग-म मं-म-, ध-ध ध ध-ध-, नि-धध मं-ध-, ध-ध मं म-मं- ।

मं-मं मंध-धध, ध-ध मं म-मं- ।।[6]

अंतरा-2

क्रंदत दशरथ, आँखों में आँसू, प्राण पियारा, जीवन जासूँ ।

राम सहारा, राम रमैया ।।

अंतरा-3

विलपत रानी, कौसल माता, गुरुवर बोले, राम है त्राता ।

कर्तब करने, जाने दे मैया! ।।

भारतीय सांस्कृतिक गीतमाला, मोती 107

मंगल नाम हरि का

स्थायी

कहो कहो, मंगल नाम हरि का, देखो देखो, मंगल काम हरि का ।

♬ रेग पम- ध-पम ग-म रेग- म-, गम पम-, प-मग म-ग रेगरे सा- ।

अंतरा-1

ताड़का मर्दन राम हरि का, कंस निकंदन श्याम हरि का ।

भजो भजो, सुंदर नाम हरि का, जपो जपो, सुंदर नाम हरि का ।।

♬ प-मग रे-गग प-म गरेग म-, ध-प मप-धध नि-ध पमग म- ।

रेग मग-, प-मग रे-सा रेग- म-, गम पम-, प-मग म-ग रेगरे सा- ।।

अंतरा-2

सिया पति हैं सब सुख दाता, राधा रमण हरि विश्व विधाता ।

गाओ गाओ, सुंदर नाम हरि का, ध्याओ ध्याओ, सुंदर नाम हरि का ।।

अंतरा-3

पाप विमोचक राघव जी का, ताप विमोचक माधव जी का ।

बोलो बोलो, सुंदर नाम हरि का, लेलो लेलो, सुंदर नाम हरि का ।।

---

[6] इस गीत की स्वर रचना में शुद्ध, तीव्र और कोमल स्वरों का असाधारण प्रयोग है ।

भारतीय सांस्कृतिक गीतमाला, मोती 108

भजन : राग मिश्र, कहरवा ताल 8 मात्रा

जै श्री राम

स्थायी

जै श्री राम भजो मन मेरे, नाम खुशी से गारे ।
जनम-जनम के पाप उतारे, तन के ताप उबारे ।।

♫ ग- मप रे-नि़ नि़सा- साग रे-सा-, ग-प पध- ध- निसांधप ।
सांसांसां सांसांसां सांरें नि-ध पधसांसां-, सांसां सांरे निधम पग - - मरेसाग- ।।

अंतरा-1

घेरेंगे जब मेघ घनेरे , घोर अँधेरे कारे ।
या छेड़ेंगे भय दुस्तारे, मन वीणा की तारें ।
छोड़ेंगे यदि साथ पियारे, भव सागर मझधारे ।।

♫ निसांसां-रें- सांसां निधप धनिसांसां-, निसांसां सांनि-ध- निसांसां- ।
नि- सां-सां-सां- निसां सां-निधप-, धनि धपम- पध निसांसां- ।
निसांसां-सां- सांरें निधप धनि-सां-, धसां सां-निध मपग - - मरेसाग- ।।

अंतरा-2

बोलेंगे जब शबद दुखारे, निर्दय दुनियावारे ।
या काटेंगे साँप विषारे, भूखे वदन पसारे ।
रोएँगे जब गम के मारे, तेरे प्राण बिचारे ।।

अंतरा-3

झेलेंगे तब रामजी प्यारे, तन मन के दुख सारे ।
खेलेंगे हरि खेल सुखारे, हरने विघ्न तुम्हारे ।
लेलेंगे प्रभु परम कृपारे, शरण में साँझ सकारे ।।

भारतीय सांस्कृतिक गीतमाला, मोती 109

भजन : राग शंकरा, एकताल 12 मात्रा

रामचंद्र प्यारे!

स्थायी

२०. रामचंद्र प्रभु

रामचंद्र प्यारे! लंकापति-संहारी! ।

वीरभद्र दाशरथी, शेषशायी अवतारी! ।।

♫ सां-सांनिधनि प-निध सांनि- प-पगगप रेगरेनि़रेसा ।

साप़ प़सा-सा सापगपप-, पनिसांरें-सां निधनिपगप ।।

अंतरा-1

त्राहि जन-संसारी, रक्षा कर सीतानाथ! । अवधपति रघुनाथ! ।

अवनीश तू, पाहि माम् ।।

♫ पगपसां-सां सांसां सांनिरेंसां-! सां-गं- गंपं रेंगंरेंनिरें-सां । सासासापग- पनिसां-सां।

पनिसांरेंसां सांनि ध-नि पगप ।।

भारतीय सांस्कृतिक गीतमाला, मोती 110

खयाल : राग मारवा, तीन ताल, 16 मात्रा

रघुपति

स्थायी

रघुपति राघव राम दुलारे, सदा दुखों को हरना हमारे ।

बिनति करत हम भगतन, सारे ।।

♫ नि़रे॒गमं धमंधध सां-निरें॒ निधमंमंग, मंमं- गरे॒गरे॒ सा- धनिध मंगरे॒सा- ।

नि़रे॒ग गमंमं धध निनिधमं, गरे॒गरे॒सा ।।

अंतरा-1

हाथ जोड़ के शरण में तेरी, तन-मन अर्पण चरण में लीजो ।

सुफल सुभग शुभ गान तिहारे ।।

♫ मंगमं धसांसां सां- सांसांसां सां रें॒-सां-, निरें॒ गंरें॒ मं.गंरें॒सां सांरें॒नि ध मंगरे॒सा ।

नि़रे॒ग गमंमं धध नि-ध मंगरे॒गरे॒सा ।।

अंतरा-2

प्रिय जानकी पास सदा ही, पवन तनय प्रभु दास तुम्हारे ।

सपनन में प्रभु आओ हमारे ।।

भारतीय सांस्कृतिक गीतमाला, मोती 111

२०. रामचंद्र प्रभु

भज ले नाम

स्थायी

भज ले रे नाम हरि का बंदे! ।
टूटें सब भव बंधन फँदे, छुट जावेंगे पातक गंदे ।।

♪ पम ग रे- ध-प गरे- सा- रे-ग-! ।
ग-ग- पप पप ध-पग प-ध-, पप प-ध-ध- प-गग रे-सा- ।।

अंतरा-1

लख चौरासी जग के फेरे, मिट जावेंगे आप ही तेरे ।
देख ले, आँखें खोल के, अंधे! ।।

♪ रेरे रे-ग-ग- पप प- ध-ध-, निनि सां-निधप- ध-प ग प-प- ।
पमग रे-, ध-प ग-रे सा-, रे-ग-! ।।

अंतरा-2

पाप पुण्य का चक्र अनूठा, फल उनका है कडुआ मीठा ।
छोड़ दे सारे, नकली धंदे ।।

अंतरा-3

मन ये तेरा है कलुषित काला, राम-नाम का देख उजाला ।
बोल तू, हर दम "हरि हरि! वन्दे" ।।

भारतीय सांस्कृतिक गीतमाला, मोती 112

ओ राम जी!

स्थायी

द्वार पे तेरे हम आए हैं, आज राम जी तू वर दे ।
हाथ में लेली हमने झोली, जो है खाली तू भर दे ।।

♪ सा-रे रे ग-म- पप म-ग- रे-, सा-रे ग-म प- प- मग रे- ।
म-म म प-प- पपम- ग-रे-, सा- रे- ग-प- म- गरेसा- ।।

अंतरा-1

नहीं चाहिये हीरे मोती, चाँदी सोने के गहने ।
प्यार से पाना सो है खाना, जो है देना तू दे दे ।।

♪ ग-म- प-पप ध-सां- नि-ध-, नि-ध- नि-रें- सां- निधप- ।
म-म म प-म- प- म- ग-रे, सा- रे- ग-प- म- गरे सा- ।।

अंतरा–2

नहीं चाहिये सुख के पर्बत, या नीले पीले शरबत ।
चित्त में भक्ति, मन में सक्ति, तन में शक्ति तू दे दे ।।

अंतरा–3

नहीं चाहिये नौकर बंगले, हाथी–घोड़े या गाड़ी ।
सिर पर छाया, तेरी माया, मिली तो पाया सब हमने ।।

अंतरा–4

नहीं चाहिये आदर कीर्ति, ऊँची पदवी या ख्याति ।
दिल का कोना, उसमें सोना, तेरे होना हम चाहें ।।

भारतीय सांस्कृतिक गीतमाला, मोती 113

राम ही श्याम

स्थायी

प्रभु! राम बनो या श्याम बनो, अवतार तुम्हारा प्यारा है ।
संग सिया हो या राधा हो, हरि! काम तुम्हारा न्यारा है ।।

♫ सानि़! सा–रे गम– गरे सा–रे गरे–, गगम–प मग–रेसा सा–रेग रे– ।
म–प मग– रेसा रे– गमगरे सा–, सासा! रे–ग मप–म– गरेसानि़ सा– ।।

अंतरा–1

भव दुस्तर के हर दुष्कर में, प्रभु! तुमरा एक सहारा है ।
जब नांव भँवर में डगमग हो, हरि! तू ही एक किनारा है ।।

♫ पप म–रेरे म– पप नि–धध प–, गम! पपम– ग–रे सारे–ग– म– ।
सासा रे–ग गमग रे– सासारेरे ग–, सारे! ग– म– प–म गरे–सानि़ सा– ।।

अंतरा–2

संग किसी का हो या ना हो, प्रभु! तुमरा प्यार अपारा है ।
जिसके मन में शुभ नाम बसा, हरि! तुमने उसे उबारा है ।।

अंतरा–3

किरपा राघव या कृष्ण करे, प्रभु! भाग्य महान हमारा है ।
मुख राम कहे या श्याम कहे, हरि! हर विध नाम तुम्हारा है ।।

भारतीय सांस्कृतिक गीतमाला, मोती 114

२०. रामचंद्र प्रभु

भजन : राग बिलावल, कहरवा ताल 8 मात्रा

सियापति सुमिरन

स्थायी

राम-सियापति! प्राण पियारे! अंजनी नंदन दास तिहारे ।

♫ गपनि निसां-सांसां सांनिध पमगमरे! गमपमग मरेसासा सां-गं रेंसांनिधप ।

अंतरा-1

राम नरोत्तम भजु रे मन में, नाम मनोहर साँझ सकारे ।

♫ प-नि निसां-सांसां सांसां सांसां सांरें सां-, सां-गं मंरेंसांधप सांनिध पमगमरे ।

अंतरा-2

करुणा किरपा कारज न्यारे, लीजो शरण में राघव प्यारे ।

अंतरा-3

हरियो प्रभु जी आप हमारे, पाप करम के अवगुन सारे ।

अंतरा-4

बाल्मीक तुलसी गात तिहारे, गान अमर जो जग उजियारे ।

भारतीय सांस्कृतिक गीतमाला, मोती 115

प्रार्थना : राग भैरवी, कहरवा ताल 8 मात्रा

श्री राम

स्थायी

नमन करूँ जगदीश को, झुक कर बारंबार ।
लगन धरूँ अवनीश की, राम नाम सुखकार ।। 111

♫ ममम मप- ममध-प ध-, धनि सांरें सांनिधपध-ध ।
पपप पध- निनिसां-रें सां-, ध-नि रें-सां निधप-प ।।

अंतरा-1

मनन मगन मन जोड़ के, विनय भक्ति के साथ ।
चरण शरण प्रभु रामजी, वन्दन मेरे नाथ! ।। 112

♫ ममम मपप मम ध-प ध-, धनिसां रें-सां निध ध-ध ।
पपप पधध निनि सांरेंसां-, ध-निरें सांनिधप प-प ।।

अंतरा-2

२०. रामचंद्र प्रभु

भजन रटन नित आपका, मन में हो रघुवीर ।
धो डाले मम पाप को, नाम नदी का नीर ॥ 113

अंतरा–3

पर जन तन धन देख के, हिरदय हो न अधीर ।
सफल सकल मम रामजी! उज्जवल हो तकदीर ॥ 114

भारतीय सांस्कृतिक गीतमाला, मोती 116

राम हमारे

स्थायी

इस दुनिया में, राम हमारे, कोई फिकर ही नहीं ।
अब तो, कोई फिकर ही नहीं ॥

♪ धध निसांनि– ध–, नि–ध पम–प–, ध–प मग– म– गरे – – – ।
मम प–, ध–प मग– म– गसा – – – ॥

अंतरा–1

राघव प्यारे, विश्व दुलारे, जब हमारे साईं ।
तब तो, डर किसी से नहीं ॥

♪ रे–गम ग–रे–, ग–म पम–ग–, मम मप–म– ग–रे – – – ।
मम प–, ध– पम– ग– रेसा – – – ॥

अंतरा–2

न कोई आँधी, न कोई हानि, खामी किसी की नहीं ।
अब तो, खामी किसी की नहीं ॥

अंतरा–3

न कोई धोखा, न कोई रोका, बाधा किसी से नहीं ।
अब तो, बाधा किसी से नहीं ॥

अंतरा–4

न कोई रोना, न कोई धोना, खुशियों की है लड़ी ।
अब तो, खुशियों की है लड़ी ॥

२०. रामचंद्र प्रभु

भारतीय सांस्कृतिक गीतमाला, मोती 117
खयाल : राग पूर्वी, तीनताल 16 मात्रा

निस दिन गा रे

स्थायी

निस दिन गा रे राम के भजना, हरि भजना, सदा भज मना ।
डगमग मत अब, कुछ नहीं उस बिन ।।

♪ पध पर्म गम गरे॒ ग-नि॒ रे॒ गमग-, गरे॒ गर्मप - - -, म॑ग- म॑ग रे॒सा- ।
नि॒नि॒सारे॒ गग म॑ध, रे॒नि धप म॑ग मग ।।

अंतरा-1

भजन करो नित मोरे जियरवा, काहे करे तू जग जन परवा ।
नकली जग में, मन न लगाना ।। निस दिन

♪ म॑म॑ग गर्म- ध॑र्मध॑ सां-सां सांसारें॑सां-, सां-सां सांनिध निध निनिरें॑ निध निधप- ।
नि॒नि॒सारे॒ गग म॑ध, रे॒नि ध पर्मगमग ।। पध पर्म

अंतरा-2

रघुपति राघव घड़ी-घड़ी भजले । मत कर प्यारे व्याकुल मनवा ।
ज्योति ज्ञान की, मन में जगाना ।। निस दिन

भारतीय सांस्कृतिक गीतमाला, मोती 118

राम का धाम

स्थायी

हरि रे तेरो, धाम परम सत् नाम ।

♪ मग म गरे-, ध-प मगग मग रे॒-रे॒ ।

अंतरा-1

शाँति निकेतन वही जहाँ से, लौटन का नहीं काम ।

♪ सा-रे गम-मम गप- धपम ग-, रे-गग मप मग रे॒-रे॒ ।

अंतरा-2

बिन गल माला शीश तिलक के, पैदल घटत पर्याण ।

अंतरा-3

२०. रामचंद्र प्रभु

बैठ मजे से रथ में यम के, बिना दिये कछु दाम ।

भारतीय सांस्कृतिक गीतमाला, मोती 119

राम-नाम सुखदाई

स्थायी

जप ले रे राम राम, नाम सुखदाई ।

♫ रेग म म प- प-, प-ध पमग-रे- ।

अंतरा-1

हरि ओम् वन्दे वन्दे, प्रभु मोहे पाहि, हरि भगतन रघुवर पुर जाई ।

♫ सारे- ग-ग म-प- म-ग-, पम- म-ग रे-ग-, मम ममम ममपध पम ग-रे- ।

अंतरा-2

श्रीकृष्ण राधे राधे, जप सुखकारी, निश-दिन हरि हरि, भजु मन माही ।

अंतरा-3

जै शिव अंबे अंबे, सब दुखहारी, फिर भव सागर डर कछु नाही ।

भारतीय सांस्कृतिक गीतमाला, मोती 120

कहो राम

स्थायी

कहो रा-म, जपो रा-म, भजो रा-म ।

♫ ध़नि़ सा-, नि़सा रे-, सानि़ ध़- ।

अंतरा-1

राम-नाम है, एक सहारा, एक किनारा एक पियारा ।

राम तिहारा एक उबारा, एक उद्धारा, एक गुजारा ।

बोलो रा-म, गाओ रा-म ।।

♫ ध़-नि़ सा-सा सा-, ग-रे सानि़-रे-, सा-रे गम-म- प-म गरे-रे- ।

रे-ग मप-प- ध-प मग-म-, नि-ध पम-ग-, प-म गरे-सा- ।

नि़सा रे-, ध़नि़ सा- ।।

अंतरा-2

राम तुम्हारे सदा पास है, राम आस में साँस-साँस में ।

राम पवित्तर एक नाम है, राम ज्ञान है, राम ध्यान है ।

बोलो रा-म, गाओ रा-म ।।

अंतरा-3

राम तुम्हारा एक ही चारा, एक ही यारा, एक ही प्यारा ।

राम तुम्हारा है जग सारा, रटो राम का जय जय कारा ।

बोलो रा-म, गाओ रा-म ।।

भारतीय सांस्कृतिक गीतमाला, मोती 121

राम रतन

स्थायी

ओ हो जी मेरो, आज वो शुभ दिन आयो ।

सखी री मैंने, राम रतन वर पायो ।।

♫ सा रे म गरे-, प-म ग रेरे सारे ग-म- ।

पम ग रेग-, प-म गरेरे गम गरेसा- ।।

अंतरा-1

राम धनु पर बाण चढ़ायो, तीर करजवा में, मेरे धायो ।

दैया रे दैया, टूट गयो धनु म्हारो ।।

♫ रे-ग रेग- गग म-ग रेग-म-, नि-ध पममम ध-, प-म ग-म- ।

नि-ध प म-प-, प-म गरे- गम गरेसा- ।।

अंतरा-2

दशरथ नंदन मिथिला आयो, एक नजर मोहे नेहा लगायो ।

दैया रे दैया, टूट गयो प्रण म्हारो ।।

अंतरा-3

का करू सजनी मैं, अवधकुमारा, ले गयो मन म्हारो, होश भी सारा ।

दैया रे दैया, छूट गयो बस म्हारो ।।

भारतीय सांस्कृतिक गीतमाला, मोती 122

नामजपो भवतु

२०. रामचंद्र प्रभु

स्थायी

नामजपो भवतु, तन-मन से, नाम सदा वसतु, स्मरणन में ।

♫ सां-ध पगरे सारेप-, गरे गप ध-, ग-रे सारे- गगप-, गरेगप ध- ।

अंतरा-1

दशरथनंदं, जानकी छंदं, रघुकुलकुंदं, भज रे अनंतम् ।

देह तेरा पततु, चरणन में ।।

♫ गरेगपप-प-, सां-सांसां सांरेंसां, धधधधप-ध, पग रे गप-प- ।

ग-रे सारे- गगप-, गरेगप ध- ।।

अंतरा-2

अमृत अमलं, मंगल कमलं, जन-गण रमणं, भज हरि सुमनम् ।

चित्त तेरा भवतु, दरशन में ।।

अंतरा-3

पवन स्वामिनं, सुफल दायिनं, सागर तरणं, भव भय हरणम् ।

समय तेरा वहतु, भजनन में ।।

भारतीय सांस्कृतिक गीतमाला, मोती 123

राम-नाम भजो

स्थायी

राम राम राम नाम भजो मना, निश-दिन जप ले रघुनंदना ।

♫ म- म- म- म- पग- मप - - -, पप पनि पम म- रेरेग-पम - - - ।

अंतरा-1

हरि ओम् तत्सत् नारायणा, जपु जपु जपु नित रामायणा ।

♫ सांसां सां- सां- सां-नि-सांगंसांनिध - -, पप पनि पम मम रे-ग पम - - - ।

अंतरा-2

नमस्तुभ्यं दुख निकंदना, स्वस्ति धीमहि निरंजना ।

अंतरा-3

नमो भगवते जनार्दना, ओम् भूर्भूवः सुदर्शना ।

भारतीय सांस्कृतिक गीतमाला, मोती 124

२०. रामचंद्र प्रभु

अगम हरि के काम

स्थायी

रघुपति! अगम है काम तिहारे ।

♪ रेगमग! पमग रे म–ग रेसा–रे– ।

अंतरा –1

जगत जनों के भय दुस्तारे, संकट सारे राम उतारे ।
विघ्न घोर जब राम को घेरे, तब कौन उसे दे सहारे ।।

♪ सासासा सारेरे ग– पम ग–रे–ग–, प–मग रे–म– प–म गरे–म– ।
प–ध नि–ध पम प–म ग म–प–, मम– ध–प मग– मप रेसा–रे– ।।

अंतरा –2

निश–दिन पाहि राम सखा रे, भगत जनों को साँझ सकारे ।
जब हो अपने पिता दुखारे, तब दूर से राम निहारे ।।

अंतरा –3

नई दुल्हनिया आई घर में, पति उसका भेजा हो वन में ।
सीता पर जब कष्ट घनेरे, तब कौन है उनको उबारे ।।

भारतीय सांस्कृतिक गीतमाला, मोती 125

राम की बातें राम ही जाना

स्थायी

सुख आना है या दुख आना, राम की बातें राम ही जाना ।
तिलक लगे कल, या बनबासा, राम ही जाने राम की भासा ।।

♪ सारे ग–म– म– प– मग रे–म–, नि–ध प म–प– मपम ग रेसा– ।
रेरेरे रेग– मम, ध– पमग–म–, प–प प म–प– म–ग ग रे–सा– ।।

अंतरा–1

शीश मुकुट कंचन मणिवर का, पीत पीतांबर शुभ कटि पर था ।
कानन कुंडल मन को भाते, हार गले के नयन लुभाते ।
मुंदरी मंगल रघुनंदन की, पग में खड़ाऊँ कठ चंदन की ।
राजपुत्र सजा था सुंदर, देख प्रफुल्लित हुआ सुमंत्र ।
हो अभिषेका या बनबासा, राम का निर्णय राम के पासा ।।

♪ सा-सा सारेरे रे-गग ममगरे सा-, रे-रे रेग-गग मम मम गग रे- ।
ग-गग म-मम पप मग रे-ग, म-म मप- प- ममम गरे-ग ।
पपप- ध-पम ममप-धध प-, धध ध धनि-ध- पप म-मम म- ।
सा-सारे-रे गरे- ग- म-मम, प-प पध-पप गम- पम-मम ।
रे- रेरेग-म- ध- पमग-म-, प-प प म-पप म-ग ग रे-सा- ।।

अंतरा-2

सिया सजी थी राजकुमारी, केश वेश सुशोभित भारी ।
सचिव संदेसा लाया माँ से, बोला सुस्मित राम, रमा से ।
साथ सचिव के मैं जाता हूँ, आशिष माँ का ले आता हूँ ।
द्वार तक चली पति के संगा, आओ जल्दी कही धर अंगा ।
सिया खड़ी है धर मन आसा, राम ही देवे उसे दिलासा ।।

अंतरा-3

जन जनपद के ऋषि-मुनि सारे, राजा अतिथि आन पधारे ।
समारोह की हुई तयारी, मंडप में जन हर्षित भारी ।
माता हठ पर अड़ी पड़ी है, विकट समस्या करी खड़ी है ।
पिता धरा पर चित पड़े हैं, राम सामने चकित खड़े हैं ।
लिखा जा रहा है इतिहासा, राम न जाने कोई निरासा ।।

२१. राजा जनक

भारतीय सांस्कृतिक गीतमाला, मोती 126

दादरा ताल

जनक जी की कथा

स्थायी

गीत शारद ने मंजुल है गाया, साज नारद मुनि ने बजाया ।
रत्नाकर से है मंगल रचाया, रामायण को है सुंदर सजाया ।।

♪ म-ग म-म- म प-म- ग म-प-, रे-ग म-म- मध- प- मग-म- ।
रेगम-म म-म ध-प- गम-प-, रे-ग-म- म-म ध-प- मग-रे- ।।

अंतरा-1

२२. सीताराम

मिथिला का महा नृप जनक था, ज्ञानियों में कहा वो कनक था ।
याज्ञवल्क्यादि विद्याधरों ने, ज्ञान मंडल था उसका सजाया ।।

♪ सांसांनि- रें- सांध- निनि धपप म-, सांसांनि- रें- सांध- नि- धपप म- ।
म-गम-म-म प-म-गम- प-, रे-ग म-म- म ध-प- मग-रे- ।।

अंतरा-2
अष्टवक्रादि उसकी सभा में, सर्व मंगल था उसकी प्रजा में ।
बड़ा शास्त्रों में था बोलबाला, गीता ने भी है उसको सराहा ।।

अंतरा-3
उसकी कन्या बड़ी प्यारी सीता, प्रेम रस की भरी थी सरिऽता ।
नृप ने दैवी धनुष शिव से पाया, सीऽताऽ का स्वयंवर रचाया ।।

२२. सीताराम

भारतीय सांस्कृतिक गीतमाला, मोती 127
भजन : राग भूपाली, कहरवा ताल 8 मात्रा

राम-सिया भजु

स्थायी
राम-सिया भजु मन सुख पावे, राम-सिया भजले सुख आवे ।
पार लगै बेड़ा, सियापति भजले ।।

♪ सां-ध पगरे गरे साध़ सारे ग-ग-, गपधसांध पगरे सारेसाध़ सारे ग-ग- ।
गप धरें- सांसां- धसांधप गरेसा- ।।

अंतरा-1
व्याकुल जब हो पागल मनवा, नाम हरि का थामत तनवा ।

♪ ग-पग पप सांध सां-सांसां सांरेसां-, सां-गं रेंध- सां- सां-धप गरेसा- ।

अंतरा-2
कोई न हो जब तेरा मितवा, राम करेगा तेरा हितवा ।

भारतीय सांस्कृतिक गीतमाला, मोती 128

२२. सीताराम

जय सिया राम

स्थायी

छवि सुमंगल रूप ललाम, जै जै राघव जय सिया राम ।

♪ सा‌ध‍- मप‍-मग ध‍-नि निम‍-म, मम पप ध‍-पम रेरे गप म‍-म ।

अंतरा-1

कमल वदन शुभ लोचन सुंदर, संकट मोचन स्नेह समुंदर ।
भागा आए भगत के काम, जै जै रघुपति, जय सिया राम ।।

♪ सारेग ममम मम प‍-मग रे‍-गग, सा‍-रेग म‍-मम प‍-म गरे‍-गग ।
सा‍-ध‍- प‍-म‍- गगमम प‍-प, ध‍- नि‍- धपमम, रेरे गग म‍-म ।।

अंतरा-2

मुख मंडल पर दीर्घ हनु है, हाथ विराजत इन्द्र धनु है ।
राम से ऊँचा राम का नाम, जै जै रघुपति, जय सिया राम ।।

अंतरा-3

पीत पीतांबर कटि पर सोहे, आस दरस की निश‍-दिन मोहे ।
सपनन जाऊँ मैं राम के धाम, जै जै रघुपति, जय सिया राम ।।

भारतीय सांस्कृतिक गीतमाला, मोती 129

राम-सिया

स्थायी

आओ संतन, आओ भगतन, राम-सिया के करिए कीर्तन ।

♪ सा‍-गम प‍-पप, प‍-धनि धपमम, ग‍-ग गम‍- म‍- धपम‍- गगरेरे ।

अंतरा-1

जपा कमल के फूल चढ़ाओ, ज्योत जलाओ, भोग लगाओ ।
प्रसाद पाओ मंगल वाला, राम-सिया को करके वन्दन ।।

♪ रेग‍- ममम म‍- ध‍-प मग‍-म‍-, नि‍-ध पम‍-प‍-, ध‍-प मग‍-म‍- ।
सांसां‍-नि प‍-ध‍- सां‍-निध प‍-ध‍-, प‍-म गरे‍- म‍- धपम‍- ग‍-रेरे ।।

अंतरा-2

राम पिता हैं, सीता माता, राम-सिया हैं शुभ वर दाता ।

आओ सत् जन, राम-सिया के, पावन आशिष करिए अर्जन ।।

अंतरा-3

नाम राम के और सिया के, परम प्रेम से करिए सुमिरण ।
दीन दयाला राम-सिया के, ध्यान लगा कर करिए चिंतन ।।

अंतरा-4

हाथ जोड़ कर, शीश झुका कर, जय जय बोलो राम-सिया की ।
निर्मल हिरदय, तन मन अपना, राम-सिया को करिए अर्पण ।।

२३. सीता देवी

भारतीय सांस्कृतिक गीतमाला, मोती 130

जाओ री सीते

स्थायी

जाओ री सीते! प्रीतम के घर जाओ ।
♫ सारे- प- मप-! सां-निनि ध- पप गरेसा- ।

अंतरा-1

सास ससुर की सेवा करना, मातु-पिता सम नेहा धरना ।
उफ् न कभी मुख लाओ ।।
♫ सा-सा सारेरे म- सांधप ममप-, स?ध पम- पप ध-पम ममप- ।
संध प मप- मम रेसा- ।।

अंतरा-2

साथ पति के निश-दिन रहना, साथ पति के सुख-दुख सहना ।
राघव की होजाओ ।।

अंतरा-3

लछमन की तुम माता बहिना, भावज प्रेमल बन कर रहना ।
सब पर नेह बहाओ ।।

भारतीय सांस्कृतिक गीतमाला, मोती 131

दादरा ताल

सीता स्वयंवर

स्थायी

गीत शारद ने मंजुल है गाया, साज नारद मुनि ने बजाया ।
रत्नाकर से है मंगल रचाया, रामायण को है सुंदर सजाया ।।
♫ म-ग म-म- म प-म- ग म-प-, रे-ग म-म- मध- प- मग-म- ।
रेगम-म म- म ध-प- गम-प-, रे-ग-म- म- म ध-प- मग-रे- ।।

अंतरा-1

जब मुनिवर मिथिऽला में आये, उनके स्वागत को मिथिलेश धाये ।
बोले, उत्सव है हमने रचाया, राम को भाग लेने बुलाया ।।
♫ सांसां निनिरें- सांध-नि- ध प-म-, सांसां नि-रेंरें सांधधनि-ध प-म- ।
मग, म-म- म पपम- गम-प-, रे-ग म- म-म ध-प- मग-रे- ।।

अंतरा-2

वीर लंका का रावण भी आया, साथ आशा अहंकार लाया ।
सबको परियों ने मंडप में लाया, उनको आदर से नृप ने बिठाया ।।

अंतरा-3

शर चढ़ाने जो भी वीर आया, धनु कोई उठा ही न पाया ।
राम ने ज्योंहि शर को चढ़ाया, टूट कर चाप ने सर नवाया ।।

अंतरा-4

बजी मंगल मधुर शेहनाई, वर माला सिया ने पिन्हाई ।
राम ने भी उसे हार पाया,[7] सबने जै जै सियाराम गाया ।।

भारतीय सांस्कृतिक गीतमाला, मोती 132

गज़ल

[7] **पाया** = पहनाया ।

जब दिल से मिलता

शेर

जब दिल से मिलता दिल जवाँ, जिंदगी में बहार आती है ।
दिलों को मिले करार है, मगर जोशे फुहार आती है ।।

♫ रेरे रे- रे रेरेरे- रेसा मग-, म-गरे ग- मम-म ध-प- म- ।
धनि- नि- सांनि धप-प ध-, पम- प-म- गरे-ग म-गरे सा- ।।

स्थायी

आज मौसम बड़ा है सुहाना, प्यार के रंग में दिल दीवाना ।

♫ सा-रे ग-ग- पम- ग- रेग-म-, प-म प- ध-प म- प- मगरेसा- ।

अंतरा-1

आज दो दिल अमन में मिले हैं, आज दो गुल चमन में खिले हैं ।
माता रानी की उन पर दुआ है, राधे रानी की उन पर कृपा है ।
सोऽनेऽ मेंऽ सुहागा मिलाया, सोने मेंऽ हैऽ सुहागा मिलाया ।।

♫ म-प ध- ध- निधध प- मप- ध-, प-ध नि- नि- सांनिनि ध- पधप म- ।
रेग म-म- म प- म- रेग- म-, सारे ग-ग- ग प- म- रेग- म- ।
सा-सा- सा- रेग-म- गरे-सा-, सारे ग- ग- मप-म- गरे-सा- ।।

अंतरा-2

आज शंकर ने डमरु बजाया, परियों ने है मंडप सजाया ।
हे प्रभो! लाख तेरा शुकर है,
तूने सूरज से चंदा मिलाया ।
तूने चंदा से सूरज मिलाया ।।

अंतरा-3

आज बंधु सखा सब हैं आए, ढेर आशीष उपहार लाए ।
गीत मंगल सुमंगल हैं गाए, आज धरती पे आनंद बिछा है ।
प्रीऽतिऽ में सुधा रस मिलाया,
प्रीति में है सुधा रस मिलाया ।।

अंतरा-4

राम राजा और सीता है रानी, इनकी मंगल है प्रैम कहानी ।
प्यार की ये अमर है कहानी ।

२३. सीता देवी

जीये जुग-जुग ये हंसों का जोड़ा,
सबसे प्रीति और नेहा लगाया ।
सबसे नेहा और प्रीति लगाया ।।

भारतीय सांस्कृतिक गीतमाला, मोती 133
खयाल : बागेश्री, तीन ताल

रात सुहानी सुहाग की

स्थायी

रात सुहानी सुहानी, रात सुहानी सुहानी सुहागी ।
रे सजनवा! मधुर सुखारी ।।

♪ गमधप धनि-धम मगमगरे-सा, गमधप धनि-धम मगम गरे-सा- ।
ग मधनिमधनिसां- - मगम गरे-सा ।।

अंतरा-1

सुमन की सेज सजी, मोतियन माला ।
शोभिवंत झूला है, चंदन वाला ।।

♪ गमध निध सांसां सांसां, धनिसांमं गंरेंसांसां ।
धधपधनिध मगमगरे- सा-, मधनिसां मगमगरे-सा ।।

अंतरा-2

रेशम की चदरिया, जरी बूटी बेला ।
सज-धज आई मैं, काजल काला ।।

भारतीय सांस्कृतिक गीतमाला, मोती 533
बड़ा खयाल : राग भैरव – तीन ताल

सिया अवध में आई

स्थायी

सिया अवध में आई सखी, सिया अवध में आई, एरी ।
आशाएँ मन में लाई, चित में आस जगाई, सखी ।।

२३. सीता देवी

♫ गमध धपप पध पधमपम-ग- मग, गमध धपप पध पमपम-ग-, गमपम ।
गरेगमपमगरे-सा धध निसा रे-सा-, निसा गम प-ग मपधनिसांनिधपमप, मग ।।

अंतरा-1

मगर उजड़ता घर सिय पाई, दुखी भई सीता माई, सखी ।

♫ ममम मधधनि- सांसां सांसां निरेंसां-, सांरें गंमं गंरेंसां- धनिसांनिधपमप, मग ।।

अंतरा-2

अब तो उसका एक सहाई, राम सखा सुखदाई, सखी ।

भारतीय सांस्कृतिक गीतमाला, मोती 134

राग आसावरी, कहरवा ताल 8 मात्रा

सीता मैया

स्थायी

सिय के तन पर सादगी साजे, साँस-साँस में राम विराजे ।
राम की मुंदरी कर में सोहे, वन्य पुष्प के भूषण पाए ।।

♫ सारे म- पप पप पमपसा ध-प-, म-म प-प प- ध-म पग-रेसा ।
सारेम म पपप- पम पसां ध-प-, म-म प-प प- ध-पम ग-रेसा- ।।

अंतरा-1

फीका है जिन इह जग सारा, राम एक तिन नैन का तारा ।
राम बिना सिय जीय घबराए, सुख दिन ना जाने कब आएँ ।।

♫ म-प- ध- निध सांसां सांसां रेनिसां-, नि-नि निमम मम निसांरें सां ध-प- ।
सारेम मप- पप पम पसांध-प-, मम मम प- प-ध- मप ग-रेसा ।।

अंतरा-2

तेरी जीवन अद्‌भुत गाथा, जाने तिन भव नहीं भरमाता ।
पढ़ते सुनते हिय भर आए, नयनन से अँसुअन टपकाए ।।

अंतरा-3

आओ सीता के गुण गाएँ, आसावरी शुभ राग सुनाएँ ।
भगत जनों के मन बहलाएँ, रामायण रस जिन कहलाए ।।

२४. वनवास गमन

भारतीय सांस्कृतिक गीतमाला, मोती 135

उर्मिला लक्ष्मण संवाद की कथा

स्थायी

गीत शारद ने मंजुल है गाया, साज नारद मुनि ने बजाया ।
रत्नाकर से है मंगल रचाया, रामायण को है सुंदर सजाया ।।
♫ म-ग म-म- म प-म- ग म-प-, रे-ग म-म- मध- प- मग-म- ।
रेगम-म म- म ध-प- गम-प-, रे-ग-म- म- म ध-प- मग-रे- ।।

अंतरा-1

कहा उर्मिल से लछमन ने रोते, तुझे कहते मुझे कष्ट होते ।
मझली माता ने चक्कर चलाया, राम को वास वन में दिलाया ।।
♫ सांसां निनिरें- सां धधनिनि ध प-म-, सांसां निनिरें- सांध- नि-ध प-म- ।
म-ग म-म- म प-मम गम-प-, रे-ग म- म-म धध प- मग-रे- ।।

अंतरा-2

बोल, क्या मैं करूँ इस द्विधा में, तुझको छोडूँ प्रिये! किस विधा मैं ।
राम के संग है मेरी माया, मोहे जाने दे तू, मेरी जाया! ।।

अंतरा-3

उर्मिला ने कहा फिर पतिऽ से, त्याग बुद्धि की अमृत मतिऽ से ।
आज तक साथ तूने निभाया, राम का है तू अविभक्त साया ।।

भारतीय सांस्कृतिक गीतमाला, मोती 136

दादरा ताल

श्री राम सीता कौशल्या संवाद की कथा

स्थायी

गीत शारद ने मंजुल है गाया, साज नारद मुनि ने बजाया ।
रत्नाकर से है मंगल रचाया, रामायण को है सुंदर सजाया ।।

२४. वनवास गमन

♪ म-ग म-म- म प-म- ग म-प-, रे-ग म-म- मध- प- मग-म- ।
रेगम-म म- म ध-प- गम-प, रे-ग-म म- म ध-प- मग-रे- ।।

अंतरा-1

देख राघव जटा-जूट धारी, जिसके अभिषेक की थी तयारी ।
बोली, कौशल्या ये क्या किया है, बेटा! ये क्या तरीका नया है ।।

♪ सां-सां नि-रें- सांध- नि-ध प-म-, सां-सां निनिरें-सां ध- नि- धप-म- ।
मग, म-म-म प- म- गम- प-, रेग! म- म- मध-प- मग- रे- ।।

अंतरा-2

रोती माता को श्री राम बोला, बनबासी का है आज चोला ।
माँ को "दो-वर" का ब्यौरा बताया, उसको आशीष देने मनाया ।।

अंतरा-3

माते! इतनी न हो तुम दुखिऽता, तात की तुम बनो सुख सरिऽता ।
विघ्न कुल पर जभी भी है आया, तुमसे सबने सदा सुख है पाया ।।

अंतरा-4

माता बोली, मेरे पुत्र! जाओ, तुम बचनन पिता के निभाओ ।
लछमन! तुमसे बढ़ कर न भैया, सीते! तुम हो रघुऽवर की छाया ।।

भारतीय सांस्कृतिक गीतमाला, मोती 137

दादरा ताल

श्री राम दशरथ संवाद की कथा

स्थायी

गीत शारद ने मंजुल है गाया, साज नारद मुनि ने बजाया ।
रत्नाकर से है मंगल रचाया, रामायण को है सुंदर सजाया ।।

♪ म-ग म-म- म प-म- ग म-प-, रे-ग म-म- मध- प- मग-म- ।
रेगम-म म- म ध-प- गम-प, रे-ग-म म- म ध-प- मग-रे- ।।

अंतरा-1

लेके मंगऽल आशीष माँ के, राम सीता लखन सिर नवाके ।
आए तीनों चरण में पिता के, धीरे-धीरे पिता को जगाया ।।

♪ सांसां नि-रें-सां ध-निध प- म-, सां-सां नि-रें- सांधध निनि धप-म- ।

मग म-म- मपप म- गम- प-, रेग म-म- मध- प- मग-रे- ।।

अंतरा-2

बोले दशरथ, अरे राम प्यारे! तेरे कारज सफल होवे सारे ।

बेटा लछमन! तुम्ही सच्चे भ्राता, सीते रानी! तू आदर्श जाया ।।

अंतरा-3

कब मिलोगे पुनः, तुम पियारे! अब नहीं हैं भरोसे हमारे ।

मैंने सबको दुखों में है डाला, "लो विदा!" कहके फिर ग्लानि पाया ।।

भारतीय सांस्कृतिक गीतमाला, मोती 138

भजन : राग केदार, कहरवा ताल 8 मात्रा

कानन ले चलो

स्थायी

कानन ले चलो साथ नाथ मोहे, मन में उदासी रे ।

वन दंडक में साथ चलूँगी, बन कर दासी रे ।।

♫ -सारेसाम म-मग प-प प-ध मंप, -धसांध पप-मंपधप म- - सारे-सा- ।

-सारेसा मम-मग पप प-पध मंप, -धसां धप प-मंपधप म- -सारे-सा- ।।

अंतरा-1

जंगल मंगल स्थान करेंगे, निर्जन भूमि स्वर्ग कहेंगे ।

प्रभु! मैं तुमरी जनम-जनम की, हूँ सहवासी रे ।।

♫ -प-पप सां-सांसां धनिसां रेंसांनिधप, -प-पप सां-सां सां धनिसां रेंसांनिधप ।

-गंगं गंमं रेंरेंसां- -निनिनि सांधध प-, -प पपप-मंपधप म- -सारे-सा- ।।

अंतरा-2

जहाँ पति है वहाँ सती हो, जहाँ राम है वहाँ सिया हो ।

तुम दीपक छाया मैं तुमरी, जुग चौरासी रे ।।

भारतीय सांस्कृतिक गीतमाला, मोती 139

खयाल : राग तिलंग, तीन ताल 16 मात्रा

सीता विनती

स्थायी

सैंया मोहे संग ले चलो दैया,
अकेली मोहे छोड़ ना जैंया ।

♫ सां-प सांनिप गम ग- - साग मपनिमप,
सासाग मपप निसां पनिसांगंसांगंसांनिपनिपमगमग- ।

अंतरा-1

विष का प्याला पी के मरूँगी,
पड़ूँगी तोहरे पैंया ।

♫ गम पनि सां-सां- पनि सां गं सांरेंनिसांनिप,
सासागम पपनिसां पनिसांगंसांगंसांनिपनिपमगमग- ।

अंतरा-2

तन-मन सब बलिहारी जाऊँ, सुनो रे राम रमैया ।

भारतीय सांस्कृतिक गीतमाला, मोती 140

खयाल : राग आसावरी, तीन ताल

सिया विलाप

स्थायी

अँखियन में जो अँसुअन आए, सावन के बादल बरसाए ।

♫ पमपसां ध- पधमप गरेमम प-प-, गं-रेंसां रें- सां-सांसां रेंरेंध-प- ।[8]

अंतरा-1

तिल काजल का जल में पिघला, गाल पे काली घटा उमड़ाये ।

♫ मम प-धध निध सांसांसां- सांसांसां-, नि-नि नि सां-सां- पगं रेंसांध-प- ।[9]

---

[8] **स्थायी तान :** अखियन में जो- सारे मप निनि धप । सानि धप मग रेसा 2अखियन में जो- रेम पनि धप मप । निनि धप गग रेसा 3अखियन मप धप मप धसां । गंगं रेंरें सांसां निध । मप धप गग रेसा ।

[9] **अंतरा तान :** तिल काजल का- सारे मम रेम पप । मप धध पध सासा 2तिल काजल का जल में पिघला-

अंतरा-2

गाल पे काली घटा सिया के, देख पिया का दिल कलपाए ।

भारतीय सांस्कृतिक गीतमाला, मोती 141

भजन : राग केदार कहरवा ताल

सीता वन चली

स्थायी

दुल्हनिया वन चली, राम की सीता, राज कुमारी, कोमल कलिका ।
रानी अवध की, जानकी माता ।।

♫ सारेसाप पप मंप ध-प प मंपम-, म-प पसांधप, म-धप ममरेसा ।
सां-सां सांनिध सांरें, सां-धप मंपम- ।।

अंतरा-1

मधुर मिलन में, दे गयी अँसुअन । रैन सुहाग की, हो गई बैरन ।
जीयो जुग-जुग, जानकी माता ।।

♫ पपसां सांसांसां रेंसां, निध सांरें सांनिधप । म-प पसां-ध प, म-धप म-रेसा ।
सां-सां- निध सांरें, सां-धप मंपम- ।।

अंतरा-2

जल अँखियन भर, रोवत लछमन । हाथ जोर सिय मातु को वन्दन ।
जै जय तुमरी जानकी माता ।।

अंतरा-3

रघुपति दशरथ, जल कर तन-मन । कोसत कैकई, रोकत क्रंदन ।
धन्य है तुमरी, जानकी माता ।।

अंतरा-4

अवध पुरी के, बेबस दुखी जन । गात हैं ब्रह्मा, विष्णुजी शंकर ।
जीती रहो तुम, जानकी माता ।।

सारे मप धध सां- । धसां रेंसां धप मप ।

२४. वनवास गमन

भारतीय सांस्कृतिक गीतमाला, मोती 142

वनवास गमन

स्थायी

पाँव मेरे कोमल, चाल मेरी नाजुक ।
नाथ मेरे! चलो जी, धीरे-धीरे - - - ।।

♪ ग-ग गग म-मम, प-प पप म-म-म ।
रे-रे रेरे! गग- ग, म-प- म-ग- ।।

अंतरा-1

जाना है जोजन, बिन किए भोजन ।
कब तक चलेंगे, धीरे-धीरे - - - ।।

♪ ध-ध- ध प-प-प, मम मम- ग-ग-ग ।
रेरे रेरे गग-ग, म-प- म-ग- ।।

अंतरा-2

हाथ मेरा धरो जी, साथ मेरा करो जी ।
बात मुझे कहो जी, धीरे-धीरे - - - ।।

अंतरा-3

वन में ही जाना है, कछु नहीं लाना है ।
जल्दी भी क्या है जी? धीरे-धीरे - - - ।।

भारतीय सांस्कृतिक गीतमाला, मोती 143

चैती : दीपचंदी ताल

चले लंका अवध बिहारी

स्थायी

चले लंका अवध बिहारी,
हो रामा, धनुस जटा धारी ।

♪ सारे- म-म- मप-ध सांसां-सां- -नि-,
धप ग-मगमधप, पधप- म-मगरे ग-सा- - - ।

अंतरा-1

नीर नयनन सकल नर-नारी,

आरती करत मनहारी । हो रामा०

♫ सांनि-ध- नि-सारें-सांसां सां-निनि- धप-म मप-ध-,

मसासारे- म-म-मप- धसांसां-सां- -नि- । धप ग-मगम०

अंतरा-2

संग सिया है रघुवर प्यारी, अंग पे पीत वसन है डारी ।

अंतरा-3

पीछे लखन परम सुविचारी, राम-सिया का हितकारी ।

भारतीय सांस्कृतिक गीतमाला, मोती 144

राग भैरवी, कहरवा ताल

वन को राम चले

स्थायी

वन को राम चले, सत् नाम चले, तज कर धाम चले ।

♫ रेसा रे- प-म रेग-, मम प-ध पम-, रेरे गग म-ग- रे-सा- ।

अंतरा-1

पापी कैकई ममता खोई, कुल-कलहों से नहीं घबराई ।

रामलला से गादी छीनी, छल से भरत के नाम कराई ।

किसी की न दाल गले ।।

♫ रेसारे ग-गग- ममम- प-प-, धध पमप- ध- पम गगम-प- ।

सा-सासारे- रे- ग-ग- म-प-, पप प धधप म- ध-प मग-रे- ।

रेरे ग ग म-ग रेसा- ।।

अंतरा-2

वचन पिता का पूर्ण कराने, वल्कल धर निकला रघुराई ।

पीछे पीछे लछमन भाई, संग सिया बनवास धराई ।

दिन सुख के हैं ढले ।।

अंतरा-3

अवध पुरी के दुखी नर-नारी, असुवन से सब देत विदाई ।

दसरथ ने गम से दम त्यागे, माता सुमित्रा बिरहाई ।

हिय सबका ही जले ।।

अंतरा-4

सबके दिल के टुकड़े टुकड़े, कैकई मन में थी हरषाई ।
भरत राम का सच्चा भाई, गादी अवध की जिन ठुकराई ।
फल छल के न फले ।।

अंतरा–5

वाह रे राम और लछमन भाई, धन्य-धन्य तू, सीतामाई! ।
जाओ तुमको राखे राई, ब्रह्मा विष्णु शंकर साईं।
आशिष देत तले ।।

भारतीय सांस्कृतिक गीतमाला, मोती 145

खयाल : राग जौनपुरी, तीन ताल 16 मात्रा

मायावी मृग

स्थायी

मन रिझावे सुनहरा हिरन रंग, मन रिझावे सुनहरा हिरन रंग ।
बगिया में मोरी क्रीडत कूदत, मृग लसित, करत मोरा मनवा दंग ।।
♫ पम पसां ध पगरेसारे रेमम प-प, पम पसांध पगरेसारे रेमम प-प ।
पधसां- सां निसांरेंसां ध पगग रेमगरे, सासा सारे म मपप पध निसांरें गंसांध ।।

अंतरा–1

ठुमकत फुदकत नाच नचावे, मृदु छाला मोरा चित्त लुभावे ।
चंचल नैनन मन भरमाए, ताहि चाह करत मोहे तंग ।।
♫ ममपप धधनिनि सां -सां सांरेंनिसां-, पप पधसां- सां रें सांरेंगंरें सांनिसांधप ।
सां-सांसां ध-मप गग रेमगरेसा -, सारे म-म, मपध निसांरें गंसांध ।।

अंतरा–2

मृग की माया सिय नहीं जानी, मारिची को वो मृग मानी ।
दृष्टि सिय की भई दीवानी, तिन ललचावत कंज अंग ।।

भारतीय सांस्कृतिक गीतमाला, मोती 146

दादरा ताल

कांचन-मृग की कथा

२४. वनवास गमन

स्थायी

गीत शारद ने मंजुल है गाया, साज नारद मुनि ने बजाया ।
रत्नाकर से है मंगल रचाया, रामायण को है सुंदर सजाया ।।

♬ म-ग म-म- म प-म- ग म-प-, रे-ग म-म- मध- प- मग-म- ।
रेगम-म म- म ध-प- गम-प-, रे-ग-म- म- म ध-प- मग-रे- ।।

अंतरा-1

आया मारीच मृग बन सुनहला, चर्म चमचमती नैनन में कजला ।
देख सीता का चित्त ललचाया, बोली पकड़ो जी इसे रऽघुराया! ।।

♬ सांसां नि-रें-सां धध निनि धपपम-, सां-सां निनिरेंरेंसां ध-निनि ध पपम- ।
म-ग म-म- म प-प मगम-प-, रेग ममम- म धध प-पग-रे-! ।।

अंतरा-2

बोला लछमन, सुनो मेरी माते! मृग एते पुराणों में होते ।
मृग की सुंदर सुनहरी सी काया, मोहे लगती है मारीच की माया ।।

अंतरा-3

सीता लछमन का कहना न मानी, उसने असुरों की माया न जानी ।
उसने लछमन को चुप कर बिठाया, राम को मृग धरनेऽ पठाया ।।

भारतीय सांस्कृतिक छन्दमाला, मोती 147

बालानंद-1 छन्द

8 + 6

सीता अपहरण

रावण देख रहा मौका, सीता को देने धोखा ।
पापी आया ऋषि बनके ।
बोला, "माई! भिक्षा दे" ।। 1
दे दे भिक्षा श्रद्धा से, फाटक से बाहर आके ।
सिय ने रेखा पार करी ।
रावण उसकी बाँह धरी ।। 2
सीता बोली रो रो के, "कोई पापी को रोके ।
राम! पुकारूँ मैं तोहे ।

नाथ! बचाओ जी मोहे" ।। 3

भारतीय सांस्कृतिक गीतमाला, मोती 148

भिक्षां देहि

स्थायी

सीता माई भिक्षां देहि ।

♫ सा-रे- म-ग- प-म- ग-रे- ।

अंतरा-1

वस्त्र गेरुए, सिर पर चोटी । हाथ कमंडलु, दाढ़ी खोटी ।

जोगी बना है, रावण द्रोही ।।

♫ सा-रे ग-गग-, मम मम प-म- । ध-प मगमम प-मग रे-ग- ।

सा-रे रेम- ग-, प-मम ग-रे- ।।

अंतरा-2

राम गए हैं मृग के पीछे । लखन है निकला रेखा खींचे ।

सिया अकेली कुटिया माही ।।

अंतरा-3

भिक्षा देने सीता आई । रावन पकड़ी सिया कलाई ।

शोर मचा रही है वैदेही ।।

भारतीय सांस्कृतिक गीतमाला, मोती 149

भजन : राग तिलक कामोद

कित गई सीता

स्थायी

कित गयी सीता प्राण पियारी, ढूँढत ढूँढत अखियाँ हारी ।

♫ ऩिसा रेरेप मगसाऩि ऩिपऩि सारेगऩिसा, रेमपध मपसांसां पधम- गरेगऩिसा ।

अंतरा-1

बोलो लछमन मोरे भाई, कहाँ है तोरी भौजाई ।

श्वापद कोई उसको खाई, छुपी तो नहीं वो बैठी ।

या है असुर ने सिया उठाई, कित गयी ..।।

♫ म-म- पपनिनि सां-सां- रेंनिसां-, पनि- सां रें-रेंसां सां-रेंगंनि-सां- ।

म-मम प-नि- सांसांसां- रेंनिसां-, पनि- सांरें सांरें- सां- रेंगंनि-सां- ।

पनि सां रेंनिसां प- पधम मगरेगनि़सा, नि़सा रेरेप ..।।

अंतरा-2

कमल कुसुम सम कोमल काया, कहाँ गयी मोरी जाया ।

ठगी असुरों ने रच कर माया, कहाँ से संकट है आया ।

खो गयी रे मोरी सीता प्यारी, कित गयी ..।।

अंतरा-3

सुंदरतर रमणी अभिरामा, अनूप शुभ रूप ललामा ।

कहाँ गयी है तू बिन-रामा, तज अपनी कुटिया धामा ।

भारतीय सांस्कृतिक गीतमाला, मोती 150

वैदेही अभिराम

दोहा छन्द

स्थायी

चंद्र मुखी मनमोहिनी, वैदेही अभिराम ।

कमल लोचना जानकी, गयी कहाँ तज राम ।। 4724

♫ सा-सा सारे- गगम-गम-, ध-ध-प- मपम-म ।

धधध नि-धप- ध-पध-, पम- पम- गरे सा-सा ।।

अंतरा-1

शुभ वदना शुचि श्यामला, सीता मंगल नाम ।

चारु चरित प्रिय दर्शिनी, गयी कहाँ तज धाम ।। 4725

♫ रेरे गगम- मम प-मप-, ध-प- म-गग म-म ।

ध-ध निनिध पप ध-पध-, पम- पम- गरे सा-सा ।।

अंतरा-2

तुझे पुकारूँ मैथिली, उत्तर दे इक बार ।

संग मेरे रहती सदा, गयी कहाँ इस बार ।। 4726

अंतरा-3

मन को मेरे, हे प्रिये! देकर दारुण दाह ।

२४. वनवास गमन

नीतिनिपुण अनुगामिनी, गयी आज किस राह ।। 4727

अंतरा-4

पतिव्रता सहचारिणी, आई तज अनुराग ।
पति परमेश्वर धारिणी, गयी कहाँ पति त्याग ।। 4728

भारतीय सांस्कृतिक गीतमाला, मोती 151

राम-सिया विलाप

स्थायी

कब, होगा मधुर मिलाप ।
करते राम विलाप, करती सिया विलाप ।।

♪ सासा, रे-रे- गगम गरे-रे ।
गगम- ध-प मप-प, धधप- मग- रेसा-सा ।।

अंतरा-1

सीता मेरी प्राण पियारी, बोलो किसने है वो निहारी ।
निकल कहाँ वो गयी है घर से, पूछे राघव खग तरुवर से ।
मोहे, कौन दिया है शाप ।।

♪ सा-रे- ग-म- प-प पनिपध-, पमप- धधप- ध- प गमरेग- ।
सासासा रेग- म- पप- प मम म-, ग-म प-पप धप मगरेरे सा- ।
धध-, नि-ध पम- ग- रे-सा ।।

अंतरा-2

लक्ष्मण-रेखा पार करी मैं, भूल बहुत ये घोर करी मैं ।
कहाँ फँसी मैं, मुझे छुड़ाओ, रघुपति आकर मुझे बचाओ ।
मैंने, किया कौनसा पाप ।।

अंतरा-3

रावण मारीच जाल बिछा कर, मृग-माया का स्वाँग सजाया ।
सिया राम के मन को रिझा कर, एक नया इतिहास रचाया ।
है, राम-सिया मन ताप ।।

भारतीय सांस्कृतिक गीतमाला, मोती 152

भजन : राग भैरवी

हरि बचाओ!

स्थायी

हरि बचाओ मुझे यहाँ से, तुरन्त आके मुझे छुड़ाओ ।

♫ साप- पपधमप धनि- धपम प-, गम-ध पमग- रेग- सानि़-सा- ।

अंतरा-1

पतिव्रता पर बुरी नजरिया, प्रभु तुम्हें कछु नहीं खबरिया ।

ओ सर्वज्ञानी, ओ सर्वगामी, लाँघ समुंदर लीला दिखाओ ।।

♫ गम-मध- धध निनि- धपपम-, गम- मप- पप धनि- धपमम- ।

सा प-पध-मप, ध नि-धपमप-, गमध धपमगग मग- सानि़-सा- ।।

अंतरा-2

यहाँ न कोई किसी को लज्जा, न साधवी का कोई लिहज्जा ।

बुरे इरादे हैं साफ इनके, प्रभु जी! आके इन्हें जगाओ ।।

अंतरा-3

न जाने किस ओर, मैं कहाँ हूँ, जहाँ न सज्जन कोई, वहाँ हूँ ।

प्रभो! सागरिया लाँघे आओ, इन्हें समुंदर तले डुबाओ ।।

भारतीय सांस्कृतिक गीतमाला, मोती 153

साँवरिया

स्थायी

जुड़ जुड़ जाती मैं तोहे साँवरिया ।

♫ गग गग म-म म ध-प मगरेरेसा- ।

अंतरा-1

जहाँ मैं होती रामा, जादू की गुड़िया ।

छुप-छुप आती मैं, लाँघ सागरिया ।।

♫ सानि़ सा रेरे- रेरे, पम ग मम-प- ।

निनि निनि ध-प म, प-म गरेरेसा- ।।

अंतरा-2

जहाँ मैं होती रामा, पर वाली चिड़िया ।

उड़ उड़ आती मैं, तोहरी अटरिया ।।

अंतरा–3

जहाँ मैं होती रामा, सपनों की परिया ।
निंदिया में तोहरी मैं, तकती सुरतिया ।।

अंतरा–4

जहाँ मैं होती रामा, रावन–माँ बुढ़िया ।
गिन गिन लगाती मैं, कनवा पकड़िया ।।

भारतीय सांस्कृतिक गीतमाला, मोती 154

खयाल : राग रामकली, तीन ताल 16 मात्रा

सीता बिरहा

स्थायी

रोऽये मोऽ ऽ ऽ ऽ री अँखियाँऽ ऽ ऽ,
जीऽया उदाऽ ऽ ऽ ऽ ऽ सीऽ, सखी! ।
राऽह तकूँऽ पी आऽयेऽ नाऽ ऽ ऽ ।।

♫ गमप– पध–पर्मपपग मध–प–,
गरेग पम–ग–रे–सा–सा– गम ।
प–प पध– सां– निनिधप धनिसांरेंसंनिधपऽऽ ।।

अंतरा–1

पल छिन मोऽराऽ कल न परत हैऽ,
पीऽ को खबरियाँऽ दीऽऽजियोऽ ऽ ऽ ।
हरि! रोऽवऽतऽऽ हैऽऽ मोकाऽ जियरवाऽ,
कबहुँऽ मिलेंगे पियाऽ ऽ ऽ ऽ, रो–ये ।।

♫ मम मम प–ध– निनि सां सांसांसां सां–,
ध– ध धनिसांसां– निसांरेंसांनिधप– ।
मम प–धधपमप मगम मध– निसांसांसां–,
धधसां– सांसां–सां धनिसांरेंसांनिधपगम, प–प ।।

भारतीय सांस्कृतिक गीतमाला, मोती 155

भजन : राग काफी

सीता बिरहा

स्थायी

प्रभु मिलोगे अब कबहूँ, कहो मिलोगे कबहूँ ।
बिरहन अँसुअन कैसे सहूँ, प्रभु ।।

♫ सानि़ सारे-रे गग मम प - - मगरे, सानि़ सारे-रे गग मम प - - मगरे - - ।
रेनिधनि पधमप सांनिधपम पगरे, सानि़ ।।

अंतरा-1

निश-दिन तरसत बरसत नैना,
हाल मैं मन का कासे कहूँ ।
कहो मिलोगे अब कबहूँ, प्रभु ।।

♫ मम पध निनिसांसां रेंरेंगं.रेंसां रेंनिसां-,
नि-नि नि धनि धप निरेंसां रेंनि- ।
धप पनिधनि पध मप पधनिसांनिधपमगरे, सानि़ ।।

अंतरा-2

मन बेचैना मुश्किल रैना,
तुम बिन सजना कैसे रहूँ । कहो मिलोगे ...

भारतीय सांस्कृतिक गीतमाला, मोती 156

खयाल : राग जयजयवंती, तीन ताल 16 मात्रा

सीता क्रन्दन

स्थायी

रावन से, हरि! डर मोहे लागे,
क्या है रघु! म्हारे भाग्य में आगे ।

♫ सा-धनि रेग, रेरे! गग मम मगमरेगरे,
नि़- सा- रेग! रेसा निधपम पध मगमगरे ।

अंतरा-1

लच्छन भेजो हरि! कछु मंगल को,
रूठी मोरी किस्मत जागे ।

♫ मपनि- सं-सांसां रेंरेंगं रेंसांरेंनि सां-,
सां-नि- ध-मप नि-धम रेगरे- ।

भारतीय सांस्कृतिक गीतमाला, मोती 157

सिया विलाप

स्थायी

दुष्ट से मुझको तार, रे रामा! इस, दुष्ट से मुझको तार ।

♫ रे-रे रे गगग- म-म, रे गपम-! गग, प-म ग रेसारे- ग-ग ।

अंतरा-1

कहाँ फँसी हूँ, ना मैं जानूँ, तुम आओगे, यही मैं मानूँ ।
तू, असुर को आकर मार । इस, दुःख से मुझको तार, रे रामा!।।

♫ सारे- गम- म-, ध- पम ग-म-, धप म-प-ध-, निध- प म-प- ।
म-, ममप प सांनिध ध-ध । गग, प-म ग रेसारे- ग-ग ।।

अंतरा-2

लक्षण कोई, भेजो प्रभु जी! संदेसा कछु, दीजो रघु जी!
तुम, सपनन आओ हमार । इस नरक से मुझको उबार, रे रामा!।।

अंतरा-3

मुँदरी दीन्ही, हनुमत बीरा, खबरिया लीन्ही, कपिवर हीरा ।
वह, बहुत कियो उपकार । इस, कष्ट से मुझको तार, रे रामा! ।।

भारतीय सांस्कृतिक गीतमाला, मोती 158

खयाल : राग खमाज, तीन ताल 16 मात्रा

सिया कहै

स्थायी

सिया कहै कबहु मैं तुमको पाऊँगी ।

मैं तो नहीं रामजी जीऊँ तुमरे बिना ।।

♫ साग- गम- मपध म गमपनि- निसा- - - निसां- - ।

नि- सां- निसां- सांसांधसां- नि-धधप गमप-ध मग- ।।

अंतरा-1

पवन तरत आओ जी प्रभु मेरे, लेकर कपि को, मारन रावन ।

समुंदर लाँघके आओ,

मैं नहीं जीऊँ रामजी तुमरे बिना ।।

♫ निनिनि सांसांसां निसांसां- सां- निनि धप, गमपध गम ग-, सागगग म-मप ।

धमगमप नि-निसां- सां- -निसां- -,

नि- सां- निसां- सांसांधसां- नि-धधप गमप-ध मग- ।।

भारतीय सांस्कृतिक गीतमाला, मोती 159

भजन : राग पीलू

सीता बिरहा गीत

स्थायी

रो रो मैं तो बाँवरिया, मोहे बचाओ हरि साँवरिया ।

रो रो मैं तो बाँवरिया, मोहे बचाओ हरि साँवरिया ।।

♫ गरे सानि सा-रेप गरेसानि़सा - - -, मपनि निसां-निधप धपगरेसानि़सा ।

गरे सानि सा-रेप गरेसानि़सा - - -, ग-ग गम-म- रेमधपगरेसानि़सा ।।

अंतरा-1

भोली झूठा कर पापी नजरिया, मोहे उठा कर जोर जबरिया ।

लाया उड़ा कर, पार सागरिया ।।

♫ सा-ग मप- पप -गमनि पगरेसा -, ग-ग गम- मम पधनि धनिधपप-

मपनि निसां- निधप रेमध पगरेसा- ।।

अंतरा-2

रावन की ये सुवन नगरिया, महल ये गलियाँ, सुंदर बगिया ।

लागत मोहे, भुवन में घटिया ।।

अंतरा-3

मोहे लुभावत असुरों की मुखिया, ताने चुभावत दसमुख सखियाँ ।

२४. वनवास गमन

हाय! रुलावत, लाज न रखियाँ ।।

अंतरा-4

खात है दिन, डसे नागिन रतिया, काटत मन अरु काँपत छतिया ।
नाथ बिना अब, कासे कहूँ बतिया ।

अंतरा-5

सिय को पुकारत रामजी दुखिया, रोत है लछमन व्याकुल अँखियाँ ।
आया है हनुमत, लेके मुँदरिया ।।

भारतीय सांस्कृतिक गीतमाला, मोती 160

हे राघव

स्थायी

हे राघव प्राण पियारे- -, तेरी राह तकुँ मैं तू आ रे- - ।
♪ ध॒नि॒ निसासासा रे-सा नि॒सा-रे- -, ग॒म प-म ग॒रे- म ग॒ रेसा सा- - ।

अंतरा-1

हाथ पड़ी मैं इस पापी के, पार सागर ले आया ।
नजर बुरी रावण की मुझ पर, चाहे करन मोहे जाया ।
दारा अपनी छोड़ के पापी, मुझ पर डोरे डारे ।।

♪ नि॒-ध॒ नि॒सां- सां- रेरे रे-म- ग॒-, म-म ममप मग॒ म-प- ।
ध॒ध॒ध॒ ध॒नि॒- ध॒-पप म- पप ध॒-, नि॒-ध॒ पमम गग॒ म-प- ।
नि॒-ध॒- पपम- प-म ग॒ रे-म-, पप मम ग॒-मग॒ रेसासा- ।।

अंतरा-2

कोई संगी यहाँ नहीं है, काटत मोहे मेरा साया ।
सर्वगामी प्रभु सरबस ज्ञानी! मेरी बारी कहाँ हो ।
सकल जगत के ओ रखवारे, राघव! मोहे छुड़ा रे ।।

अंतरा-3

दोष हुआ है मेरे हाथों, पाई सजा ये मैंने ।
उमा जली जब इसी दोष में, शिवजी उसे उबारे ।
विघ्न विनाशी रामजी प्यारे, रघुवर! मुझे बचा रे ।।

भारतीय सांस्कृतिक गीतमाला, मोती 161

खयाल : राग हमीर, तीन ताल 16 मात्रा

सीता रुदन

स्थायी

नयनवा कजरारे छलकाए नीर । नयनवा॰

♫ निधनिसांरेंसां- सांनिधप मंधमंपगम ध-ध । निधनिसांरेंसां-॰

अंतरा-1

मनवा काहे जिया कलपाए, पागल निश-दिन मोहे तरपाए ।

आजा सजनवा थक गयो मनवा, न धरत बिलकुल धीर ।। नयनवा॰

♫ पपसां- सां-सां- सांध सांसांसांरेंसां-, ध-धध सांसां सांसां सांरें सांनिध-प- ।

सां-गं गंमंरेंसां- धनि सांरें सांरेंसांनिधप, सां निधप मंधपगम ध-ध ।। निधनिसांरेंसां-॰

अंतरा-2

जियरा कैसो हम बहलाएँ, नैनन अँसुअन से भर आए ।

काहे सजनवा करत न बतिया, न सुनत बिरहन गीत ।।

भारतीय सांस्कृतिक गीतमाला, मोती 162

खयाल : राग बागेश्री

हे स्वामी!

निस दिन तरसत नैना मेरे, मैं चंदा तू सूरज मेरा ।

धरती पर दिन रैन बसेरा ।।

♫ सांसां निनि धमपध ग-रेसा रे-सा-, रेसा निधसा- सा- मधनिप ग-रेसा ।

ममध- धध निध सां-नि धमगरेसा ।।

अंतरा-1

राह में बादल कारे बिखरे, रात में तारे आँखें मारे ।

स्वामी रघुपति! कबहु मिलोगे, थक गए नैना राह निहारे ।।

♫ ग-म म ध-निनि सां-सां- रेंनिसां-, नि-सां गं रें-सां- नि-सां- नि-ध- ।

पधनिध- निनिधध! मगम गरे-सा-, निसा मम ध-निध सां-नि धमगरेसा ।।

भारतीय सांस्कृतिक गीतमाला, मोती 163

सिया संग श्री राम सुहाते

दोहा

राघव लंका से चले, वापस अपने देस ।
देत विदाई रोइके, विभीषण जी लंकेस ।।
राम सिया राम, सिया राम, जै जै रामा ।। टेक॰

♫ सा-सासा रे-रे- ग- रेग-, म-मम पमगरे ग-ग ।
म-म मम-म- प-मप-, धधधप म- रे-सा-सा ।।
सा- रेग म-, पम ग-ग, रे- ग- रेसासा- ।।

चौपाई

1. सिया संग श्री राम सुहाते, देख युगल मम नैन लुभाते ।
राम-सिया राम, सिया राम, जै जै रामा ।।

♫ सा-रे- ग-ग ग- प-म गरे-ग-, प-म गरेरे गग प-म गरे-सा- ।
सा- रेग म-, पम ग-ग, रे- ग- रेसासा- ।।

2. शुभ्र वस्त्र में रघुवर साजे, पीत वसन सिय तन पे बिराजे ।
3. पुष्प पर्ण आभूषण धारी, शुद्ध सादगी लगती प्यारी ।
4. जटा खड़ाऊँ पिनाक धारी, रामचंद्र की मूरत न्यारी ।
5. राम-सिया शुभ मंगलकरी, प्रभु चरणन में सब बलिहारी ।
6. राम लखन सीता हनुमंता, दर्शन पावन सुखद अनंता ।
7. सुर-असुर सब अमृत भीने, विभीषण को लंका पति कीन्हे ।
8. भरत मिलन की मन में आसा, राम-लखन-सिय हनुमत दासा ।

राम-सिया राम, सिया राम, जै जै रामा ।।

दोहा

भरत-मिलन की आस है, चाँद चकोर समान ।
सीता को लेकर चले, राम लखन हनुमान ।।

♫ गगग गगग म- प-म प-, ध-प मप-म गरे-रे ।
सा-सा सा- रे-गम गरे-, म-म गगग रेरेसा-सा ।।

भारतीय सांस्कृतिक गीतमाला, मोती 164

दादरा ताल

अग्नि परीक्षा की कथा

स्थायी

गीत शारद ने मंजुल है गाया, साज नारद मुनि ने बजाया ।
रत्नाकर से है मंगल रचाया, रामायण को है सुंदर सजाया ।।
♫ म-ग म-म- म प-म- ग म-प-, रे-ग म-म- मध- प- मग-म- ।
रेगम-म म- म ध-प- गम-प-, रे-ग-म- म- म ध-प- मग-रे- ।।

अंतरा-1

सीते! व्रत तेरा दुष्कर है भारा, इसी कारण वो रावण है हारा ।
तेरे व्रत के पराक्रम की माया, हमें संग्राम में यश है आया ।।
♫ सांसां! निनि रें-सां ध-निनि ध प-म-, सांसां नि-रेंरें सां ध-निनि ध प-म- ।
मग मम म- मप-मम ग म-प-, रेग म-म-म ध- पप म ग-रे- ।।

अंतरा-2

बोला विभीषण, है निष्पाप सीता, फिर भी जन मन न जावेगा जीता ।
देवी निर्दोष से भी दुनिऽया, माँगे प्रमान शूचा सचाया ।।

अंतरा-3

सुन कटुतम वो बिभीषण की वाणी, छम् छम् सीता के नैनन में पाणी ।
उसने आसन चिता पर लगाया, अपने हाथों चिता को जलाया ।।

भारतीय सांस्कृतिक गीतमाला, मोती 165

सीता महाप्रयाण

स्थायी

मोहे, जाने दे । भूमि सुता भूमि में जा रही ।
मोहे मत रोक रे । मोहे, जाने दे ।।
♫ गमगरे, गपपध म- । प-प पप- प-ध- प म- गरे- ।
मपप- मम गरेग प- । गमगरे, गपपध म- ।।

अंतरा-1

नन्हे तेरे लव-कुश दोनों, देखा ना तिन है जग कोनों ।
माता का प्रेम दे, जाओ मत सीते ।।

♫ गमगरे गमम- पप पप मपमग, रे-रे- ग- गग ध- पम ग-म- ।
गमगरे ग प-ध म-, गमगरे गम गपम- ।।

अंतरा-2

दुनिया ने तुझको दुतकारा, बिना दोष के दोष है डारा ।
राघव को छोड़के, जाना मत सीते ।।

अंतरा-3

राघव मुझको जाना होगा, राधा बन कर आना होगा ।
शिव का आदेश है, श्यामा जाने दे ।।

भारतीय सांस्कृतिक गीतमाला, मोती 166

दादरा ताल

धरणी भंग की कथा

स्थायी

गीत शारद ने मंजुल है गाया, साज नारद मुनि ने बजाया ।
रत्नाकर से है मंगल रचाया, रामायण को है सुंदर सजाया ।।

♫ म-ग म-म- म प-म- ग म-प-, रे-ग म-म- मध- प- मग-म- ।
रेगम-म म- म ध-प- गम-प-, रे-ग-म- म- म ध-प- मग-रे- ।।

अंतरा-1

बोले बाल्मीक, श्री राम प्यारे! पास लाओ सिया को तिहारे ।
राम, लछमन को लाने पठाया, भाई भाभी को लेकऽर आया ।।

♫ सांसां नि-रें-सां, ध- नि-ध प-म-! सांसां नि-रें- सांध- नि- धप-म- ।
म-ग, ममममम म प-म- गम-प-, रे-ग म-म- म ध-प-म ग-रे- ।।

अंतरा-2

सीता बोली, मेरे नाथ प्यारे! दुख झेले हैं तुमने करारे ।
जितना बिरहा का दुख मैंने पाया, उतना तेरे भी भागऽ में आया ।।

अंतरा-3

धरती माते! मुझे गोद में ले, तेरे अंदर मुझे मुक्ति दे दे ।
फटी धरती यथा शिव की माया, कूदी भूमि में राघव की जाया ।।

२५. वीर जटायु

भारतीय सांस्कृतिक गीतमाला, मोती 167
स्थायी दोहा, अंतरा चौपाई

अमर वीर जटायु

स्थायी

चला जटायु स्वर्ग में, चढ़ आकाश तरंग ।
पड़ा राम की गोद में, रुधिर लिप्त सब अंग ।। 4752

♫ गम- मम-म- प-म प-, पप प-म-ग रेम-म ।
पप- म-ग रे- ग-म प-, पपप म-ग रेग रे-रे ।।

अंतरा-1

राघव उसको गोद लिटाया, उसे सराहा, गले लगाया ।
जटायु अपना शीश झुकाया, और सिया का हाल बताया ।
अमर जटायु विहंग ।।

♫ सा-सासा रेरेग- प-म रेग-म-, पम- गम-प-, धप- मग-रे- ।
सासा-सा रेरेरे- ग-ग रेसा-रे-, ग-ग रेग- म- प-म गरेगरे- ।
पपप मग-म गरे-रे ।।

अंतरा-2

बोले राघव अवध बिहारी, जटायु मेरा अति उपकारी ।
मेरे कारण तन है त्यागा, कटा मगर ये वीर न भागा ।
धैर्य न कीन्हा भंग ।।

अंतरा-3

लड़ा जटायु वीर ये ऐसे, क्षत्रिय मरता रण में जैसे ।
हाथ जोड़ लखन रघुराई, दीन्हे उसको बहुत बधाई ।
श्रीधर उसके संग ।।

भारतीय सांस्कृतिक गीतमाला, मोती 168

हे वीर जटायु!

स्थायी

हे वीर जटायु प्यारे! अभिनंदन लाखों तेरे ।
तूने, नारी की रक्षा करने, प्राण गवाँए अपने ।।
बलिदान जो तूने कीन्हा, भारत की मिट्टी सोना ।
जय हो भारत भूमि, जय जय भारत माता ।।

♫ सा– रे–रे रेग–रे– गमप–! धधप–मम ग–म– गरेसा– ।
सासा, रे–रे रे म–ग– रेरेग–, प–म गरे–ग– मगरे– ।।
रेरेग–ग ग रे–ग– म–प–, ध–पप म– ग–म– गरेग– ।
सासा रे– ग–रेरे ग–म–, धप मम ग–मम गरेसा– ।।

अंतरा–1

तेरी, भारत भक्ति सच्ची, तेरी कुरबानी है ऊँची ।
तुने सुन वेदों की वाणी, पर दारा माता जानी ।।
आदर्श है तेरा ऊँचा, सद्भाव है तेरा सच्चा ।
जय वेदों की भूमि, जय जय भाग्य विधाता ।।

♫ सासा, रे–रेरे ग–रे– ग–म–, पप मगरे–ग– म– पमग– ।
सासा रेरे ग–म– प– मगम–, पप ध–प– मगरे– गरेसा– ।।
सा–रे–रे रे ग–म– प–प–, धधप–प प म–गरे म–ग– ।
सासा रे–ग– रे– ग–म–, धप मम ग–मम गरे–सा– ।।

अंतरा–2

हे रामचंद्र रघुराई! हे जानकी सीता माई! ।
हे लखन लला सुखदाई! हे भारत सुत मम भाई! ।
तेरी आँख में आँसू केसे, जब वीर जटायु जैसै ।।
जय हो कर्म की भूमि, जय जय सीता माता ।।

२६. वीर संपाती

भारतीय सांस्कृतिक गीतमाला, मोती 169

दादरा ताल

वीर संपाती

स्थायी

गीत शारद ने मंजुल है गाया, साज नारद मुनि ने बजाया ।
रत्नाकर से है मंगल रचाया, रामायण को है सुंदर सजाया ।।

♫ म-ग म-म- म प-म- ग म-प-, रे-ग म-म- मध- प- मग-म- ।
रेगम-म म- म ध-प- गम-प-, रे-ग-म- म- म ध-प- मग-रे- ।।

अंतरा-1

संपाती जटायुऽ का भाई, बोला, प्यारेऽ सुनो रऽघुराई! ।
एक नारी को "रावण" चुराया, वायुयान है दक्षिण उड़ाया ।।

♫ सां-नि-रें- सांध-नि- ध प-म-, सांसां, नि-रें- सांध- नि-धप-म-! ।
मग म-म- म "प-मम" गम-प-, रेगम-म- म ध-पप मग-रे- ।।

अंतरा-2

जाओ पूछो अगस्तिऽ ऋषिऽ से, रास्ता वो कहेगा खुशी से ।
उसने राघव से आँख मिलाई, और आदर से शीश झुकाया ।।

अंतरा-3

उसको राघव ने आशीष दीन्हे, बोले, "तेरे होवे धन्य जीने" ।
उसके करतब को राघव सराहा, संपाती को पास बिठाया ।।

२७. गुह निषाद

भारतीय सांस्कृतिक गीतमाला, मोती 170

गंगा तट पर, गुह निषाद

स्थायी

गंगा जल में नाव खड़ी, राम रमा के साथ चढ़ै ।
जल नयनन से, जल में पड़ै ।।

♫ म-प- धध नि- सां-नि धप-, म-म मप- प-, नि-ध पम- ।
पप मगमम प-, मम ग रेसा- ।।

अंतरा-1

राम-सिया का शोक हरै, लखन लला का, हाथ धरै ।

♫ सा-रे रेग- म- प-म गरे-, ममम गम- प- म-ग रेसा- ।

अंतरा-2

गिरी अवध पर विपद् की झड़ी, कैकई के मन, खुशी की लड़ी ।

अंतरा-3

कहे निषाद ये कैसी घड़ी, सतयुग में कलि युग की कड़ी ।

भारतीय सांस्कृतिक गीतमाला, मोती 171

दादरा ताल

गुह निषाद की कथा

स्थायी

गीत शारद ने मंजुल है गाया, साज नारद मुनि ने बजाया ।
रत्नाकर से है मंगल रचाया, रामायण को है सुंदर सजाया ।।

♫ म-ग म-म- म प-म- ग म-प-, रे-ग म-म- मध- प- मग-म- ।
रेगम-म म- म ध-प- गम-प-, रे-ग-म- म- म ध-प- मग-रे- ।।

अंतरा-1

आये राघव जब गंगा किनारे, शृंगिबेर पुर में कीन्हे उतारे ।
गुह निषाद उनको लेने को आया, खाने पीने का सामान लाया ।।

♫ सांसां नि-रें- सां- ध-नि- धप-म-, सांसां-निनि रें- सां ध-नि- धप-म- ।
म- गम-म म-म प-म- ग म-प-, रे-ग- म-म- म ध-प-म ग-रे- ।।

अंतरा-2

बोले राघव, सुनो गुऽह प्यारे! बड़े उपकार हम पर तिहारे ।
नाव हमरे लिए लाओ भैया! पार हमको कराओ गंगा मैया ।।

अंतरा-3

गंगा जल में खड़ी गुह की नैया, राम का दास शुभ है खेवैया ।
चढ़ रहे नाव राघव रमैया, धरके सीता की कोमल कलैया ।।

भारतीय सांस्कृतिक गीतमाला, मोती 172

हे केवट निषाद!

२८. नीतिवीर विभीषण

स्थायी

नैया ठीक चलाना भैया, नाव में तेरी, राम रमैया ।

♪ म–म– ध–प मग–रेसा रेगम–, ग–ग ग म–म–, धपम गरे–ग– ।

अंतरा–1

प्रभु निकले हैं पुण्य करम को, पूरण करने क्षात्र धरम को ।
छूते हरि के चरणन जल को, शाँत हो गई गंगा मैया ।।

♪ सासा रेरेग– रे– प–म गरेरे ग–, रेगग मगगरे– प–म गरेरे सा– ।
नि–ध पम– प– ममगग मम प–, सा–रे सा– रेग– प–मग रे–ग– ।।

अंतरा–2

आज सरित् के भाग्य हैं जागे, चरण प्रभु के जल को लागे ।
स्वागत करने खड़े हैं आगे, नारद शंकर कृष्ण कन्हैया ।।

अंतरा–3

सुविमल नीला गंगा जल है, विशाल शुचि शीतल निर्मल है ।
बीच धार में चली है नैया, देख के मनवा नाचे थैया ।।

अंतरा–4

जल पर फूल हैं लाल कमल के, रवि चमकाए रंग सलिल के ।
जल में मछली नक्र कछुए, बहुत बड़े हैं, दैया! दैया! ।।

२८. नीतिवीर विभीषण

भारतीय सांस्कृतिक गीतमाला, मोती 173

विभीषण का उपदेश

स्थायी

सिया, रामचंद्र की दारा है, तू उस पर अत्याचार न कर ।
तू, सीता को घर जाने दे ।।

♪ सानि़, रे–सानि़–ध नि़– सा–रे– सा–, ग– मम मम प–म–प–म ग रे–रे ।
म–, ध–पम ग– मम ग–रेनि़ सा– ।

अंतरा–1

सिय, शाश्वत जग की माता है, श्री राघव उसका भर्ता है ।

तू, उस देवी का हाथ न धर ।।

♫ गग, म-मम पप प- ध-पम प-, ध- ध-पम पपध- पमग- म- ।

प-, धध प-म- ग- म-ग रे सा-सा ।

अंतरा-2

श्री, राघव न्याय के दाता हैं, अरु लछमन उनका भ्राता है ।

तू, उनसे रण का विचार न कर ।।

अंतरा-3

श्री, राम दया के सागर हैं, शरणागत का तिन आदर है ।

तू, और घिनौने पाप न कर ।।

भारतीय सांस्कृतिक गीतमाला, मोती 174

खयाल : राग देस

सीता विभीषण संवाद

स्थायी

विभीषण से बोली सीता, राघव से कहो दरशन दीजो ।

♫ रेरेमम प- नि-सां-निसां पनिसांरेंनिसां, रेंनिधप मपधप मगरे रेगरेम गरेगनि़सा ।

अंतरा-1

राघव आओ मेरी नगरिया, दैया-रे दैया, रामा लीजो खबरिया ।

निश-दिन मेरा सुमिरन कीजो ।।

♫ म-मम प-नि- सां-सां सांरेंनिसां-, निसांरें रेंमं गंरेंसां- पनिसां रेंनिधप- ।

अंतरा-2

याद करे है तोरी सजनिया, राह में तेरी, रामा मोरी नज़रिया ।

वानर सेना साथ में लीजो ।।

२९. सुबंधु लक्ष्मण

भारतीय सांस्कृतिक गीतमाला, मोती 175

राग : मालकंस, कहरवा ताल 8 मात्रा

२९. सुबंधु लक्ष्मण

परम बंधु लक्ष्मण

स्थायी

स्वरदा ने मंजुल गाया है, नारद ने साज बजाया है ।

रतनाकर गीत सजाया है ।।

♫ ममगम गसा ऩिसाधऺनि सा–म– म–, म–गम गसा ऩिसाधऺ ऩि–सा–म– म–।

निनिनि–निनि नि–नि निधनिसांनि धम ।।

अंतरा–1

भाग में अरु कछु हो या ना हो, भाई लखन समाना हो ।

गाओ लखनलला जयकारा, राग जो मन को भाया है ।।

♫ ग–म म धध निनि सां– सां– गंनि सां–, नि–नि– निनिनि धधनिसांनि धम– – – ।

ग–म– धधनिनिसां– सांसांगंनिसां–, नि–नि नि निनि निध धनिसांनि धमगसा ।।

अंतरा–2

राम सिखाया भाईचारा, दिखलाया उजियारा है ।

अग्रज का आदर्श सहारा, लछमन प्रेम अपारा है ।।

अंतरा–3

घर अरु दारा तज कर सारा, माता को भी बिसारा है ।

भाई खातिर वन को निकला, तुझसे भाई न प्यारा है ।।

अंतरा–4

धन्य है तेरी पत्नी उर्मिला, कछु न गिला ना शिकवा है ।

लछमन तू है अनुपम मितवा, रघु का अनुज दुलारा है ।।

भारतीय सांस्कृतिक गीतमाला, मोती 176

कोपी लछमन

स्थायी

लछमन बहुत है कोपी, सीते! ।

♫ धधपम गगम म प–प–, गरेसा–!

अंतरा–1

मेरा बंधु बड़ा पियारा, स्नेहिल सुहृद सखा नियारा ।

दुख पल उसे न भाते, सीते! ।।

♫ म-पध नि-नि- सांनि- धप-म-, म-मम प-पप धनि- धप-म- ।

मम पप धप- म गरेसा-, रेगम-! ।।

अंतरा-2

वीर पुरुष है छत्रिय बाँका, धीर है रण में मैंने आँका ।

छल बल उसे न आते, सीते! ।।

अंतरा-3

सीधा सादा भोला भाला, राजनीति में ढीला ढाला ।

उसको कुकर्म खाते, सीते! ।।

अंतरा-4

लछमन मेरा अभिन्न अंगी, निश-दिन मेरा बना है संगी ।

जग जन सद् गुण गाते, सीते! ।।

भारतीय सांस्कृतिक गीतमाला, मोती 177

भजन : राग रत्नाकर, कहरवा ताल 8 मात्रा

सीता आभूषण पहिचान

स्थायी

ना जानूँ मैं, केयुर कंगन, ना बिंदिया ना हार ।

हरि! मोहे, पैंजन की पहिचान ।।

♫ सा- रे-ग- म-, प-मग रे-गग, प- मगरे- ग- म-म ।

सासा! रेग-, प-मग रे- गरेसा-सा ।।

अंतरा-1

पग पूजे मैं साँझ सकारे, मोहे, पायल का है ज्ञान ।

♫ रेरे ग-म- म- प-म गरे-ग-, मम-, प-मग रे- गरे सा-सा ।

अंतरा-2

अंग सिया के नहीं लखूँ में, मोहे, मातु सम सम्मान ।

अंतरा-3

ना मैं जानूँ, कंठी कुंडल, मोरा, चरणन पर ही ध्यान ।

अंतरा-4

मम भौजाई, हे रघुराई! नित, पुण्य करे परिधान ।

२९. सुबंधु लक्ष्मण

भारतीय सांस्कृतिक गीतमाला, मोती 178

लक्ष्मण रेखा

स्थायी

लखन ने रेख लगाई ।

♪ ममप प ध‌-प मग‌रेसा- ।

अंतरा-1

रावण मारीच जाल बिछाए, मृग-माया का मोह रचाए ।
भूल न हो, भौजाई! ।।

♪ सा-रेग रे-सासा प-म गरे-म-, पप प-ध- प- नि-ध पम-प- ।
म-प प ध-, पमग‌रेसा- ।।

अंतरा-2

संकट चारों ओर हैं छाए, राघव मृग के पीछे धाए ।
रोत है सीता माई ।।

अंतरा-3

छोड़ धरोहर, आज्ञा तोड़े, चला लखन सीता को छोड़े ।
क्षमा करो, रघुराई! ।।

अंतरा-4

बोला, रेखा पार न करिए, गैरन पर विश्वास न धरिए ।
सुनिये, सीता माई! ।।

भारतीय सांस्कृतिक गीतमाला, मोती 179

मूर्छित लक्ष्मण

स्थायी

लखन भाई! तुम बिन मोहे सुख नाही ।

♪ रेरेग रेसा-! सासा रेरे गरे- मग रे-सा- - ।

अंतरा-1

सिया बिरहा के दुःख बड़े हैं, अंग अनुज! तव, शिथिल पड़े हैं ।
तुम बिन, नाही कछु जग माही ।।

२९. सुबंधु लक्ष्मण

♫ रेग मगरे– सा– रे–रे गम– प–, ग–ग मपप! पप, धधप मप– ध– ।

सासा रेरे, गरे गग– मग रे–सा– – ।।

अंतरा–2

नैन खोल अब लखन पियारे! और न सह सके मोरा जिया रे! ।

मोहे छोड़, लखन! मत जाई ।।

अंतरा–3

पहले ही जो, दुख थे भारे, भए हैं दुगुने, अनुज दुलारे! ।

व्यर्थ लगे अब, विजय भी, भाई! ।।

अंतरा–4

तुझ बिन घर सखे! कैसे मैं जाऊँ, माता को क्या मुखड़ा दिखाऊँ ।

शिव शंकर जी! पाहि मोहे पाहि! ।।

भारतीय सांस्कृतिक गीतमाला, मोती 180

भजन : राग रात्नाकर, कहरवा ताल 8 मात्रा

दोहा छंद

मेरे लछमन को बचा!

स्थायी

मेरे लछमन को बचा, शंकर गौरीनाथ! ।

हाथ जोड़ बिनती करूँ, बोले श्री रघुनाथ ।।

♫ सा–रे– गगगग म– गम–, प–मग रे–ग–म–म ।

प–म ग–ग गगम– गम–, ग–ग म– गरेसा–सा ।।

अंतरा–1

राघव बोले बंधु को, खोलो नैन तिहार ।

मुख से “राम” पुकार दो, लछमन! तुम इक बार ।।

♫ सा–सासा रे–रे– म–ग म–, प–म– ग–रे गम–म ।

गग म– “प–म” गरे–ग म–, गगमम! पम गरे सा–सा ।।

अंतरा–2

संकट में हूँ मैं पड़ा, तू मत दम को तोड़ ।

तेरे बिन मैं क्या करूँ, मत जा मुझको छोड़ ।।

अंतरा–3

सिया बिरह का एक था, अब ये दूजा क्लेस ।
तेरे बिन मैं, हे सखे! कैसे जाऊँ देस ।।

अंतरा-4

मातु बंधु को क्या कहूँ, कहाँ है उनका लाल ।
किस मुख से बतलाउँगा, "उसे ले गया काल" ।।

अंतरा-5

शक्ति बाण से क्षत हुआ, तू है पड़ा अचेत ।
बूटी लाने कपि गया, आया शैल समेत ।।

अंतरा-6

संजीवन उपचार से, बचें तुम्हारे प्राण ।
और न कछु मैं चाहुगा, हे शंकर भगवान! ।।

३०. सुबंधु भरत

भारतीय सांस्कृतिक गीतमाला, मोती 181

खयाल : राग अड़ाना, तीन ताल 16 मात्रा

भरत शोक

स्थायी

जननी मोरी करत अंऽधेऽ ऽ ऽ ऽ ऽ र ऽ ।
राऽमचंद्र भयोऽ ऽ ऽ बनबासीऽ ऽ ।।
♫ रेंसारें निसां पनिम पसांसां-निधनि-प- ।
म-पपनि निम-गम रेसारेसारेसा ।।

अंतरा-1

जिन बिऽगाऽड़ीऽ मंऽथर दाऽसीऽ ।
भरत कहेऽ माँ! तूऽ कुल नासीऽ ऽ ।।
♫ मप धधनिसांसां- निसांरें- सांनिधनिप
मपनि सांगंमं रेंसां! निसां रेंसां निपरेंसां ।।

भारतीय सांस्कृतिक गीतमाला, मोती 182

खयाल : राग अल्हैया बिलावल, तीन ताल 16 मात्रा

भरत कुमार

स्थायी

साफ कहो तुम दिल में क्या है, हँस कर बात बताओ हमको ।

♫ धनिसांध पमग मरे गमपमग मरे सा–, गग मरे गपनि निसां–रेंनिसां धनिधप ।

अंतरा–1

सच्चे बोल सुखावे रब को, मिल जुल कर सुख आवे सबको ।

♫ पप– निधनि निसां–सां– सांरें सां–, सांगं मंमंगं मरें सांसां सां–रेंनिसां धनिधप ।

अंतरा–2

प्यारे शब्द सुहावे मन को, तन से दूर भगावे गम को ।

भारतीय सांस्कृतिक गीतमाला, मोती 183

दादरा ताल

भरत-राघव मिलाप

स्थायी

गीत शारद ने मंजुल है गाया, साज नारद मुनि ने बजाया ।

रत्नाकर से है मंगल रचाया, रामायण को है सुंदर सजाया ।।

♫ म–ग म–म– म प–म– ग म–प–, रे–ग म–म– मध– प– मग–म– ।

रेगम–म म– म ध–प– गम–प–, रे–ग–म– म– म ध–प– मग–रे– ।।

अंतरा–1

सुन राघव का जनपद में आना, सबके मन को मनोहर लुभाना ।

सबमें उत्साह भारा समाया, सबने नगरी को सुंदर सजाया ।।

♫ सांसां नि–रेंरें सां धधनिनि ध प–म–, सां–सां निनि रें– सांध–निनि धप–म– ।

म–ग म–म–म प–म– गम–प–, रे–ग ममम– म ध–पप मग–रे– ।।

अंतरा–2

लाके पूजन की मंगऽल थाली, माता कौशल्या दीठऽ उतारी ।

135

नीर नैनन भरे भरत आया, राम छाती से छाती मिलाया ।।

अंतरा–3

सारी जनता ने आरऽती कीन्ही, भक्ति भजनों की राग रस भीनी ।
राज मंदिर में राघव को लाया, सिंहासन पर भरत ने बिठाया ।।

३१. महावीर हनुमान

भारतीय सांस्कृतिक गीतमाला, मोती 184

आरती : राग खमाज, कहरवा ताल 8 मात्रा

बजरंग वन्दना

स्थायी

ॐ जै बजरंग बली । प्रभु जय बजरंग बली ।
भगतन प्राण पियारे । आस में द्वार तिहारे ।
सुंदर दरशन की । जय जय बजरंग बली ।।

♫ म– म– ममम–ग मप– । पध नीसां सांसांरेंसांनी धरे– ।
पधपध नी–नी धपधपम– । पधप ध नी–नी धपधम– ।
प–पप धपमग रे– । पप पप पपधपम गम– ।।

अंतरा–1

राम दास तुम पावन । शंकर अवतारी ।
प्रभु शंकर अवतारी ।
महावीर परमेश्वर । लोक नाथ सत् ईश्वर ।
विक्रम वज्रांगी । जय जय बजरंग बली ।।

♫ पमम गपम मग पममम । सांरेंसांनी धधपमप– ।
सांसां सांरेंसांनी धधपमप– ।
पध–नी–नी नीधपधमम । पधप धनीनी निध पधमम ।
प–पप धपमगरे– । पप पप पपधपम गम– ।।

अंतरा–2

तुमने सुग्रीव कपि से । राम को मिलवाया ।
प्रभु राम को मिलवाया ।
बाली पतन कराके । तुमने मुक्त कराई ।

दारा सुग्रीव की । जय जय बजरंग बली ।।

अंतरा-3

सिय की खोज लगाके । खबरिया राम को दी ।

खुश खबरी राम को दी ।

लखन हि सम तुम भाई, कहके कण्ठ लगाए ।

तुमको रघुपति जी । जय जय बजरंग बली ।।

अंतरा-4

जल पर अश्म तराये । राम नाम लिखके ।

शुभ राम नाम लिखके ।

सागर सेतु बनाके । सेना पार कराके ।

लंका तुम जारी । जय जय बजरंग बली ।।

अंतरा-5

वायु गति से उड़ के । परबत ले आए ।

प्रभु परबत ले आए ।

संजीवन बुटी लाके । तुमने प्राण बचाये ।

भ्राता लछमन के । जय जय बजरंग बली ।।

अंतरा-6

राक्षस तुमरे आगे, डर कर सब भागे ।

सब सैनिक रावन के ।

रावन पतन कराके । तुमने मुक्त कराई ।

सीता रघुवर की । जय जय बजरंग बली ।।

भारतीय सांस्कृतिक गीतमाला, मोती 185

राग : मालकंस, कहरवा ताल 8 मात्रा

श्री हनुमान वन्दना

स्थायी

स्वरदा ने मंजुल गाया है, नारद ने साज बजाया है ।

रतनाकर गीत सजाया है ।।

♫ ममगम गसा निसाधनि सा-म- म-, म-गम गसा निसाध नि-सा-म- म-।

निनिनि-निनि नि-नि निधनिसांनि धम ।।

३१. महावीर हनुमान

अंतरा-1

जग से न्यारा, सबसे प्यारा, दास राम का हनुमत है ।
कपि बलबीरा उज्ज्वल हीरा, हनुमत राम दुलारा है ।।

♪ गग म-ध-नि-, सांसांसां- गंनिसां-, नि-नि नि-नि नि धनिसांनि धम- - - ।
गग ममध-नि-, सां-सांसां गंनिसां-, निनिनिनि नि-नि नि-नि धधनिसांनि धमगसा ।।

अंतरा-2

मुख पर लाली, फूलों वाली, रवि सम रंग गुलाली है ।
अति बलशाली, शिव अवतारी, सुंदर रूप कहाया है ।।

अंतरा-3

तुम जग बंदन, अंजनी नंदन, राम काज सँवारा है ।
संकट मोचन, असुर-निकंदन, हनुमत हमको प्यारा है ।।

भारतीय सांस्कृतिक गीतमाला, मोती 186
भजन : राग दुर्गा, कहरवा ताल 8 मात्रा

ओ हनुमान!

स्थायी

मोहे राम मिलादो हनुमंता, मोहे दरस दिलादो भगवंता ।
लखन हि सम तुम राघव भाई, तुमरी माँ सीता देवी ।।

♪ मम ध-प मप-मरे रेरेप-प-, मप- धधप मप-मरे रेरेप-म- ।
रेरेरे रे मम मम ध-पम प-ध-, सांसांसां- रें- सां-ध- म-प- ।।

अंतरा-1

तुमरे गुन सब जन को भाते, रघुपति तुमरे सद् गुण गाते ।
लीला तुमरी बरनत नारद, बाल्मीकि शौनक तुलसी जी ।।

♪ ममप- धध धध सांसां सां रेंधसां-, धधधध सां-सांसां- धसां रेंसां धपम- ।
प-प- धमपध पधमम रे-सासा, सां-सांसां रें-सांसां धधमप प- ।।

अंतरा-2

तुमने रघुबर-काज संवारे, सुग्रीव को तुम राज दिलाए ।
संजीवन का परबत लाए, राम का आशिस तुमको ही ।।

अंतरा-3

तुम ही बांधा पुल सागर पे, लंका जारी असुर संहारे ।

३१. महावीर हनुमान

सारे कपि हैं तुमरे दासा, वाणी मीठी तुमरी ही ।।

भारतीय सांस्कृतिक गीतमाला, मोती 187
आरती : राग बिलावल, कहरवा ताल 8 मात्रा

हनुमान चालीसा (हिंदी)
।। रत्नाकरी श्रीहनुमान चालीसा ।।

दोहा

सदा सहायक राम का, कर्म कुशल महावीर ।
राघव दूत महाबली, विद्युत वेग सुधीर ।।

♪ नि नि– निनि–सांसां सां– –सां सां– – –, नि–नि निनिनि रेंसांसां– – सा ।
नि–निनि प–प पग–परे– – –, ग–गरे रे–रे सासा– – सां ।।

चौपाई

जै हनुमान ज्ञान गुण सिंधु, जै कपीश करुणा के इंदु । 1

महावीर! तुम कपि बजरंगी, रामदास हरि[10] परम उमंगी । 2

♪ रेग ममम–म ग–म पम ग–रे–, ध– पम–ग रेरेगम पम ग–रे– ।
रे–रे–ग–ग गग गम पपप–म–, गरेरेग–म मम पपप मग–रे– ।।

ऋष्यमूक गिरि तोर निबासा, पम्पा सुंदर सर के पासा । 3

शब्द वेध के निपुण विधाता, विघ्न विनाशक तुम सुख दाता । 4

उड़ कर आसमान का भानू, लील्यो लाल गगन फल जानूँ । 5

तुम ज्ञानी अति चातुर बानी, पवन पुत्र अनुपम तूफानी । 6

क्षण में उड़ कर सागर लाँघा, राम–नाम लिख सेतु बाँधा । 7

अस्त्र शास्त्र श्रुति के तुम ज्ञानी, सरल मधुरतम तुमरी बानी । 8

रावण की वाटिका उजाड़ी, अहिरावण की बाँह उखाड़ी । 9

ढूँढी तुमने सीता माई, राघव को शुभ खबर सुनाई । 10

रावन को तुम बोले, "भाई! लौटा दे तू सीता माई" । 11

---

[10] हरि = वानर । राम, कृष्ण, विष्णु ।

अड़बंगा नहिँ तुमरी माना, पूँछ जराई वह दीवाना । 12

तुमने युद्ध बजाया डंका, फिर सोने की जारी लंका । 13
अपरंपारा तुमरी माया, जिसका पार न कोई पाया । 14

संजीवन का परबत लाए, शर से आहत लखन जियायो । 15
महा प्रतापी तुम, जगदीशा! ज्ञान सिंधु संपन्न कपीशा । 16

असुर निकंदन तुम सुर त्राता, धन्य अंजनी तुमरी माता । 17
काम राम के किए तमामा, जय जय कपिवर जय बलभीमा । 18

जै हनुमान राम के दासा, राम चरन तुमरा अधिबासा । 19
कपिवर तुमरी अमृत बाणी, राम-सिया को अति हर्षाणी । 20

राम-नाम रस भीनी काया, वक्ष फाड़ कर हरि दिखलाया । 21
फोड़ फोड़ माला के मोती, राम-नाम की ढूँढी ज्योति । 22

जो तुमरी लीला का ज्ञाता, किरपा राम-सिया की पाता । 23
जो हनुमान चलीसा गाता, भवसागर को पार लँघाता । 24

काम काज जिसको उलझाता, नाद नाम का तिन सुलझाता । 25
पी कर राम रसायन प्याला, नसीब जागे खुल कर ताला । 26

केसर-नंदन व्यंकट प्यारे! असुर निकंदन राम दुलारे! । 27
मुष्किल काज धरम के जेते, आतुर तुम करने को तेते । 28

तुम हो धीरज बल के दाता, आशिष दीन्हा सीता माता । 29
सुग्रीव को नृप तुमने कीन्हा, विभिषण को तुम मंतर दीन्हा । 30

निश-दिन राघव की कर सेवा, खाते परम मधुर तुम मेवा । 31
आवन जावन विद्युत गति से, राम काज करि सुकृत मति से । 32

विघ्न कष्ट संकट की वेला, तुमरा भगत न रहे अकेला । 33
बिकट विषम जब विपदा आवे, तुमरे सुमिरण से कट जावे । 34

घटना घोर घटे जिस बेरी, प्रभु आने में लगे न देरी । 35
क्षण में विशाल गिरिवर जैसे, क्षण में सूक्षम अणु सम ऐसे । 36

जिसमें हनुमत भक्ति जागी, उसकी सब बिध पीड़ा भागी । 37
जिसके मुख हनुमान सुनामा, होय सिद्धि वह पूरण कामा । 38

३१. महावीर हनुमान

जो नर निश-दिन तुमको सुमरे, उस पर प्रेम अपारे तुमरे । 39
जिसके मुख रट हनुमत लागी, स्वर्ग दुआरे वह बड़भागी । 40

दोहा

पवन तनय हनुमान जी, अंजनी सुत बलवान ।
कपिदल-पति प्रभु! आपको, बारंबार प्रणाम ।।

♪ सासासा रेरेरे रेरेग-रे ग, प-मग रेरे गगम-म ।
पपपपपप पप ध-मम-, ग-म-ग-रे रेसा-सा ।।

आज्ञा दीजो हे प्रभो! खुले राम का द्वार ।
सफल करूँ संगीत ये, होवे मम उद्धार ।।

♪ सा-नि- ध-नि- सा- रेसा-, पम- ग-रे सा- रे-रे ।
गगग मम- प-म-ग म-, ग-म- गग रे-सा-सा ।।

भारतीय सांस्कृतिक गीतमाला, मोती 188

हनुमान चाळीसा (मराठी)

।। रत्नाकरी श्रीहनुमान चाळीसा ।।

(मूळ तुलसीदासी हनुमान चालीसा चे यथा मराठी रूपांतर)

दोहा

श्रीगुरु चरण-कमळ धूळ, करि मन-दर्पण नितळ ।
कथन रघुवर सुयश विमळ, चतुर्विध देते फळ ।।

♪ सा-सासा सासासारेरेरे ग-रे, गग गग ग-गग पमग ।
रेरे गगगग ममम पमग, धप-मम ग-म- गरे- ।।

बुद्धिहीन तनु जाणुनी, स्मरतो पवनकुमार ।
बुद्धि विद्या सबळ करुनी, हर मम क्लेश विकार ।।

♪ सा-सारे-रे रेरे ग-मग-, धपम- गगगपम-म ।
ग-ग म-म- पपप मगरे-, सासा रेरे म-ग रेसा-सा ।।

चाळीसा

चौपाई मात्रा 16-17; वर्ण 9-14

♪ म- पपसां-सां रें-सां निध प-मम । प- धसां-नि धपगरे- गम-मम ।

जै हनुमान ज्ञान गुण सागर । जै कपीश त्रिभुवनी उजागर । 1
रामदूत विलक्षण बल धाम । अंजनी-पुत्र पवनसुत नाम । 2

३१. महावीर हनुमान

महावीर विक्रम बजरंगी । कुमति नाशक सुमति चा संगी । 3
वर्ण सुवर्ण अति सुंदर वेश । कानी कुंडल कुरळित केश । 4

हाती वज्र व ध्वजा धारिजे । खांदीं मूंज-जानवे साजे । 5
शिव अवतार, केसरीनंदन । तेज प्रताप जगी तव वन्दन । 6

विद्यावान गुणी अति चातुर । राघव काज कराया आतुर । 7
प्रभु चरित्र ऐकाया रस अति । राम लखन सीता मन वसती । 8

जरी रूप लघु, सिया दर्शनी । विकट-रूप-कपि लंका दहनी । 9
भीम रूप धरि असुरसंहारे । रामकाज सांवरले सारे । 10

आणी जडिबुटि लखन जगाया । हर्षित हरि उरि धरि तव काया । 11
रघु वदे, "किती स्तुति तव गाऊ । प्रिय मला तू भरत सम भाऊ" । 12

"सहस्र-मुख अहि यश तव गाई" । म्हणुनी, हरि आलिंगन देई । 13
शौनकादिक ब्रह्मादि मुनीश । नारद शारदेसहित अहीश । 14

यम कुबेर दिगपाल जगी हे । कवि कोविद म्हणु शकती नोहे । 15
हितगुज तू सुग्रीवे लाभले । राम मिळवुनी स्वराज्य दिधले । 16

मंत्र विभीषण तुझा ऐकला । लंकेश्वर जग प्रसिद्ध झाला । 17
सूर्य हजार युग योजन दूर । गिळला फळ ते समजुनी मधुर । 18

प्रभु ची मुद्री धरुनी मुखात । सागर कुदला नवल नच त्यात । 19
दुर्गम काम जगातिल सारे । सुगम अनुग्रह तुझ्या सहारे । 20

तू रक्षक हरि द्वारी विशेष । आज्ञेविना न मिळे प्रवेश । 21
सुखें सगळी तुज येता शरण । रक्षण तू, कां भ्यावें आपण । 22

तेज-तुझ्याने त्रिभुवन तापे । तुझ्या भयाने त्रिलोक कापे । 23
भूत पिशाच हि निकट न येती । "महावीर" जर नाव ऐकती । 24

नाशती रोग त्रास हि सगळा । जपुनि निरंतर हनुमत माळा । 25
विघ्नांतुनि हनुमान सोडवी । तन-मन कर्म ध्यान जो लावी । 26

सकळिक राम तपस्वी राजा । रत तू सकळ तयाच्या काजा । 27
आणि मनोरथ जे कुणी लावे । तेचि अमित जीवन फळ पावे । 28

चारी युगी प्रताप तव तसा । प्रकाश जगती पसरतो जसा । 29
साधु पुरुष रक्षक तू न्यारा । असुर संहारक तू हरि प्यारा । 30

"अष्ट सिद्धि नउ निधि चा दाता" । तुज वर देत जानकी माता । 31

राम लीलामृत तुझ्याच पास । सदा रहा रघुपतीचा दास । 32

भजन तुझे रामाला मिळते । जन्मोजन्मी दुःख वितळते । 33

अंत्य मुक्ति मग रघुपति धामी । जन्म परत हरि-सेवक नामी । 34

अन्य देवता मनी न धरिती । हनुमत सेवक सुसुखे करिती । 35

जळती पाप विघ्नांचा अंत । जो स्मरतो हनुमंत बळवंत । 36

जै जै जै मारुति गोसावी । श्रीगुरु सम तव कृपा असावी । 37

जो स्मरतो हे स्तोत्र शत ठाइ । पावुनि मुक्ति महा सुखी होइ । 38

पाठ करुनि "हनुमान चालीसा" । घडे सिद्धि, साक्षी गौरीसा । 39

तुलसी अक्षय हरीचा दास । नाथा! हृदयी करा मम वास । 40

दोहा

वायुसुत भयहर! कर हित, शुभकाया सुखरूप! ।
राम लखन सीता सहित, वस मम हृदि सुरभूप! ।।

♫ प-पपप धनिधप! मम गरे, गगम-म- पमग-ग ।
रे-रे रेरेरे ग-ग- ममम, धध पप मम गरेसा-सा ।।

इति

तुलसीकृत हनुमान चालीसा । मराठी मधें जसा चा तसा ।।

भारतीय सांस्कृतिक गीतमाला, मोती 189

राग भैरवी, कहरवा ताल

जै हनुमान

स्थायी

जै हनुमान जै जै, जय हनुमान, जै हनुमान महान ।
जै हनुमान सुजान, जै हनुमान तूफान ।।

♫ सां- सांरेंसां- नि ध सांनि गंरेंसां- -सां, सां- सांरेंसांनिध पधपम- - - - -म ।
सां- सांरेंसांनिध पधपम- - - - -म, प- पधपमग रेगरेसा- - - - -सा ।।

अंतरा-1

सागर लाँघन जै हनुमान, जानकी ढूंढन जै हनुमान ।
सेतु बंधन जै हनुमान, प्रणाम तुमको जय हनुमान ।।

♫ पसांसां- सांरेंसांनि निसां रेंसांरें- -रें, रें-रेंगं रेंसांसांसां ध- निरेंरेंसां-सां ।
पसांसांसां सांरेंसांनि निसां रेंसांरें- -रें, रेंरें-गं रेंसांसां- ध- निरेंरेंसां- सां ।।

अंतरा-2

लंक जरावन जै हनुमान, लखन संजीवन जै हनुमान ।
असुर निकंदन जै हनुमान, प्रणाम तुमको जय हनुमान ।।

अंतरा-3

अंजनी नंदन जै हनुमान, सब दुख भंजन जै हनुमान ।
हे जग वन्दन श्री हनुमान, प्रणाम तुमको जय हनुमान ।।

भारतीय सांस्कृतिक गीतमाला, मोती 190

भजन : राग काफी, कहरवा ताल 8 मात्रा

रामदास हनुमान

स्थायी

रघु मिलन को आया दास पवन सुत ।
शिव की है माया गंगाधर की ।
किष्किंधा के घन गिरि वन में । सुग्रीव दूत, रे ।।

♫ सानि सासारे रे ग-म- प-प मगरे सानि । सासा रे रे ग-म- प-पमपध निसां ।
निधपमग- रे- रेनि धनि पध मप । गमगप सानिसा, गरेम ।।

अंतरा-1

वाणी कपीश की, शुद्ध सुसंस्कृत । देगई रामजी को, बिसवास रे ।
सामने जो है खड़ा, राम के । राघव दास है ।।

♫ प-प धमपनि सां-, रेंगंरें सांरेंनिसांसां । नि-निनि धनिपध नि, रेंसांरेंनिध प- ।
पनिधनि प- ध- मप-, गमग पम । गमगप सानिसा गरेम ।।

अंतरा-2

वाली ने सुग्रीव की, भार्या चुरा कर है ।
राम जी के हाथ, मरण सिधारा रे ।
सुग्रीव कपि को, राज मिला । अंगद नंद है ।।

अंतरा-3

शिवजी लीन्हे, रूप कपि के । सिया खोजके, वापस लाने ।

३१. महावीर हनुमान

राम-सिया को, साथ मिलाने । दैवी रूप है ।।

भारतीय सांस्कृतिक गीतमाला, मोती 191

अमर हनुमान

स्थायी

♪ अमर तेरा हनुमान, रे रामा! परम तेरा हनुमान ।

ममम मप– मगरे–, सा रेगम–! पपप मग– रेगसा–सा ।।

अंतरा–1

जा कर लंका, सिया खोज के, लाया शुभ पैगाम ।
हो रामा! शिष्य तेरा है महान ।।

♪ सा– सासा रे–ग–, पम– ग–रे ग–, म–म– पम गरेसा– ।
सा रेगम–! प–म गरे– ग रेसा–सा ।।

अंतरा–2

ढूँढन सीता, सेतु बाँधा, मारी एक उड़ान ।
हो रामा! सेवक तेरा सुजान ।।

अंतरा–3

लखन जियायै, उड़ा हवा में, ले आया चट्टान ।
हो रामा! दास तेरा बलवान ।।

अंतरा–4

दसमुख सेना काट–छाँट के, जीत लिया संग्राम ।
हो रामा! जय जय जय हनुमान ।।

भारतीय सांस्कृतिक गीतमाला, मोती 192

राग खमाज, दादरा ताल

पवन तनय

स्थायी

राम भगत पवन पुरुष, नीति निपुण परम वीर ।
कर्म कुशल कीश वदन, स्वार्थ त्यागी चरम धीर ।।

३१. महावीर हनुमान

♫ सा-सा गगम पधग मपध, सां-सां निधम पधम ग-ग ।
नि-नि निनिनि सां-सां सांपध, सां-नि ध-म पधम ग-ग ।।

अंतरा-1

पवन तनय आंजनेय, बुद्धिशाली शक्तिमान ।
राम-लखन साथ तेरे, तुम अनुपम भक्तिमान ।।

♫ गमग मनिध सां-निसां-सां, पनिनिसां-सां निसांनिध-ध ।
सा-सा गगग म-म पधध, सांसां सांनिधम पधमग-ग ।।

अंतरा-2

गणपति सम ज्ञानवान, रवि समान कांतिमान ।
राम प्रभु हैं नाथ तेरे, तुम अतुलित बुद्धिमान ।।

अंतरा-3

कपिवर तुम रामदास, किर्तिमान पुण्यवान ।
राम रतन हाथ तेरे, गुण अगणित मूल्यावान ।।

भारतीय सांस्कृतिक गीतमाला, मोती 193

दादरा ताल

मोती के हार की कथा

स्थायी

गीत शारद ने मंजुल है गाया, साज नारद मुनि ने बजाया ।
रत्नाकर से है मंगल रचाया, रामायण को है सुंदर सजाया ।।

♫ म-ग म-म- म प-म- ग म-प-, रे-ग म-म- मध- प- मग-म- ।
रेगम-म म- म ध-प- गम-प-, रे-ग-म- म- म ध-प- मग-रे- ।।

अंतरा-1

हार मोती का अपना पियारा, हनुमत को सिया ने पिन्हाया ।
बोली, मोती का सुंदर सजाया, तेरे गल में बहुत है सुहाया ।।

♫ सां-सां नि-रें- सां धधनि- धप-म-, सांसांनिनि रें- सांध- नि- धप-म- ।
मग, म-म- म प-मम गम-प-, रेग मम म- मधध प- मग-रे- ।।

अंतरा-2

देखे हनुमान मोती के दाने, बोला इनमें भरा क्या न जाने ।

जग में जो भी अलौकिक पाया, राम के तेज की है वो माया ।।

अंतरा-3

उसने माला से मोती वो तोड़े, दाऽतों से चबा कर वो फोड़े ।

देखा अंदर क्या इनमें समाया, राम का अंग उनमें न पाया ।।

अंतरा-4

बोली सीता, रे हनुमान प्यारे! क्यों तू फोड़े हैं मोती ये सारे ।

बोला, माते! ये मनके क्या कामा, मन के अंदर न जिनके हो रामा ।।

३२. सेतु बंधन

भारतीय सांस्कृतिक गीतमाला, मोती 194

करुणा सिंधु

स्थायी

दो सागर आमने सामने ।

♫ सा- रे-मग म-गरे- ग-रेसा- ।

अंतरा-1

एक नीर की भरी है गागर, एक दया का करुणा सागर ।

दोनों गहरे चित्त लुभाने ।।

♫ सा-रे ग-प म- धप- म म-मम, रे-ग मग- रे- गरेसा- सा-सासा ।

रे-ग- ममम- प-म गरे-सा- ।।

अंतरा-2

एक रत्न का भरा भँडारा, एक गुणों का स्त्रोत अपारा ।

दोनों अचल प्रतिष्ठित जाने ।।

अंतरा-3

एक सरोत्तम, एक नरोत्तम, एक पयोधि, एक धी निधि ।

दोनों अथाह सुंदर माने ।।

भारतीय सांस्कृतिक गीतमाला, मोती 195

दो सागर

स्थायी

एक सागर गहन वहाँ है, दूजा सागर परम यहाँ है ।
हनुमत उनके बीच खड़ा है, राम प्रभु के चरण पड़ा है ।।

♬ नि-सा ग-मम- पधनि धपध म-, ग-म- पधपम पमग निसा- रे- ।
रेरेगग ममम- नि-सा रेग- म-, पधनि मम- प- मगरे निसा- रे- ।।

अंतरा-1

नीर पयोधि जल से भरा है, किरपा सागर उससे बड़ा है ।

♬ म-प निसां-सां- रेंसांनि धप- ध-, निधपम ग-रेरे गरेसा निसा- रे- ।

अंतरा-2

जल सागर में मोती बिखरे, एक सद्‌गुण का मोती खरा है ।

अंतरा-3

एक सागर ढकी है धरा, एक धरा का भार धरा है ।

अंतरा-4

एक सागर जल में डुबावे, दूजा भवजल से तरावै ।

<u>भारतीय सांस्कृतिक गीतमाला, मोती 196</u>

भजन : राग दुर्गा, दादरा ताल 6 मात्रा

सेतु बंधन

स्थायी

राम लिखो, नाम लिखो, राम लिखो, नाम रे ।

♬ ध-ध पम-, प-प मरे-, सा-सा साध-, प-म म- - ।

अंतरा-1

शिला तरे, सेतु बने, स्वेद बिंदु ढार रे ।
राम जपो, नाम रटो, तभी बने काम रे ।।

♬ म-म पध-, सां-सां सांसां-, ध-सां रें-सां ध-ध प- - ।
ध-ध पम-, प-प मरे-, सासा- धध- प-म म- - ।।

अंतरा-2

जादू भरा, महा भला, राम राम-नाम रे ।

148

काम करो, काम करो, राम को लो थाम रे ।।

अंतरा-3

राह तके, सिया वहाँ, रात दिवस जाग के ।
अँगुठी को देख देख, कहे प्रभो राम रे ।।

भारतीय सांस्कृतिक गीतमाला, मोती 197

सेतु बंधन

स्थायी

श्री राम का शुभ नाम लिख-लिख, पवन सुत शिला तरै ।
जल सेतु बंधन, सिंधु तारण, कपीश दल सेवा करै ।।
♫ सारे नि-सा ग- मग प-ध पप पप, पपप धम पनिधप मरे- ।
सारे नि-सा ग-मग, प-ध प-पप, पपप धम पनिधप मरे- ।।

अंतरा-1

जाँबवंत सुग्रीव हनुमत, राम-काज करन खटै ।
नल नील अंगद ऋष मरुत कपि, राम का शुभ नाम रटै ।।
♫ ग-मध-नि निसां-सां निरेंसांसां, नि-नि सां-सां सांसांनिरें सांधप ।
गग प-प पधनिसां पनि धपमम गग, प-प धम पनि धपम रे-सा ।।

अंतरा-2

भानु आतप तनु तपा कर, स्वेद बिंदु जल में गिरै ।
उस पूज्य पावन नीर में, शिला सेतु तारन काज करै ।।

अंतरा-3

लंका दहन, रावण हनन, सिंधु योजन दूर उड़ै ।
कपि वायुपुत्र वानर दल, सब राम जाप का मोद लुटै ।।

भारतीय सांस्कृतिक गीतमाला, मोती 198

भजन : राग आसावरी, कहरवा ताल 8 मात्रा

सेतु बंधन

स्थायी

३२. सेतु बंधन

अँसुअन जल जो अश्क बहावे, राघव का मृदु मन दरसावे ।

♫ -पमपसां धध पधमप गरेम मपधप-, -पधसांसां सां- सांसां सांगं रेंसां निसांधप ।

अंतरा-1

याद सिया की बिरहा पन में, साजन का दुखी मन तरसावे ।

♫ -म-प धप- ध- सांसांसां- रेंनि सां-, -प-पध सां- सांसां सांरेंगं रेंसांध-प- ।

अंतरा-2

उत रावण के बाग में रोता, सीता मन-तोता घबरावे ।

अंतरा-3

इत हनुमाना धीरज वाला, सागर लाँघन सेतु बनावे ।

भारतीय सांस्कृतिक गीतमाला, मोती 199

जपो राम

स्थायी

कहो राम, जपो राम, भजो राम ।

♫ सारे ग-ग, मग रे-, गरे सा-सा ।

अंतरा-1

राम-नाम है एक सहारा, एक किनारा, एक पियारा ।
राम तिहारा एक उबारा, एक उद्धारा, एक गुजारा ।
बोलो राम, गाओ राम ।।

♫ सा-रे ग-ग ग- प-म गरे-ग-, म-म मम-म-, ध-प मग-म- ।
ध-प मप-प- नि-ध पम-प-, ध-प मग-रे-, प-म गरे-सा- ।
सारे म-, गरे सा-सा ।।

अंतरा-2

राम तुम्हारे सदा पास है, राम आस में साँस-साँस में ।
राम पवित्तर एक नाम है, राम ज्ञान है, राम ध्यान है ।
बोलो राम, गाओ राम ।।

अंतरा-3

राम तुम्हारा एक ही चारा, एक ही यारा, एक ही प्यारा ।
राम तुम्हारा है जग सारा, रटो राम का जय जय कारा ।
बोलो राम, गाओ राम ।।

३३. लंका दहन

३३. लंका दहन

भारतीय सांस्कृतिक गीतमाला, मोती 200

जाओ हनुमान

स्थायी

जाओ पवन पुत्र हनुमान! विनति करत हैं तुमको राम ।

♫ सारेगरे- ममप प-म गरेग-ग! रेरेग- ममम म पमगरे सा-सा ।

अंतरा-1

सागर पार छलाँग लगाओ, आई विपदा दूर भगाओ ।

कीजो हरि का काम ।।

♫ रे-रेरे ग-ग गम-म पमगरे-, म-म- पपप- ध-प मग-म- ।

रे-ग- मग रे- सा- ।।

अंतरा-2

ढूँढो घर-घर पुर लंका में, कहाँ है सीता अब शंका में ।

खोजो रावन धाम ।।

अंतरा-3

मुंदरी धर कर तुम मुख माही, उड़ो गगन में, त्राहि त्राहि! ।

लेकर हरि का नाम ।।

अंतरा-4

केसरी नंदन! हे दुख भंजन! हे सुर नाई! हे सुखदाई! ।

राह तकत सिय राम ।।

भारतीय सांस्कृतिक गीतमाला, मोती 201

कहरवाताल 8 मात्रा

लंका दहन

स्थायी

बजायो युद्ध का डंका, जरायो मारुति लंका- - - ।

♫ धनिरेंसां- - नि-सां ध- पमंप- -, मगरेगसा- - ग-मध- नि-सां- - - ।

अंतरा-1

रावण को कहे विभिषण भाई, काहे रखै तू दार पराई ।

कपि को सौंप दे सीता, नहीं माना वो अडबंगा ।।

♫ -प-गम प- पप- निनिनिसां ध-प-, -प-ग मप-प - -निनिनि सांध-प ।

पधरें सां- - नि-सां ध- पमंप- -, मगरेग सा- -ग- म धधनि-सां- - ।।

अंतरा-2

राक्षस कपि की पूँछ जलाए, दावाग्नि को आप बुलाए ।

जलायो सोने की लंका, राम का दास ये बाँका ।।

अंतरा-3

शिव जी का अवतार सजायो, तांडव थैया नाच रचायो ।

डुबायो आग में लंका, "बचाओ!" एक है हाँका ।।

३४. छातीफाड़ हनुमान

भारतीय सांस्कृतिक गीतमाला, मोती 202

सीता-हनुमान संवाद

स्थायी

पवन वेग से, सुवन मेघ से, जाओ झट हनुमान ।

लाँघे सागर, सेना लेकर, ले आओ तुम श्री रा ऽ ऽ ऽ म ।

लाओ तुम श्री रा ऽ ऽ म ।।

♫ रेरेरे ग-ग ग-, पपप म-ग रे-, प-म- गग रेरेग-ग ।

म-म- प-पप, प-प- ध-पम, ध- प-म- गग रे- ग- - -ग ।।

मम मम गगरेग सा- - - सा ।।

अंतरा-1

रावन कहता कडवी बतियाँ, असुरी सतावे मोहे दिन रतिया ।

काँपत जियरा, धड़कत छतिया, धक धक सुबहो शाम ।

धक धक सुबहो शा ऽ ऽ म ।।

♫ सा-सासा रेरेरे- गगग- ममम-, पपध पम-प- पम गरे गगम- ।

प-पप धधप-, निनिधध पपध-, मम मम गगरे- ग-ग ।

मम मम गगरेग सा- - - सा ।।

अंतरा-2

कहता, पति तव वल्कल-धारी, राघव जोगी विपिन विहारी ।
कटुतर रसना, लाज बिसारी, करत मेरा अपमान ।
करत मेरा अपमा ऽ ऽ न ।।

अंतरा-3

इस पिंजर से मुझे छुड़ाओ, इँस संकट से मुझे बचाओ ।
रघुवर आओ, न देर लगाओ, तुमको मेरी आन ।
तुमको मेरी आ ऽ ऽ न ।।

भारतीय सांस्कृतिक गीतमाला, मोती 203

दादरा ताल

छाती फाड़ हनुमान की कथा

स्थायी

गीत शारद ने मंजुल है गाया, साज नारद मुनि ने बजाया ।
रत्नाकर से है मंगल रचाया, रामायण को है सुंदर सजाया ।।

♫ म-ग म-म- म प-म- ग म-प-, रे-ग म-म- मध- प- मग-म- ।
रेगम-म म- म ध-प- गम-प-, रे-ग-म- म- म ध-प- मग-रे- ।।

अंतरा-1

बोला सीता को दास हनुऽमाना, मेरे तन-मन के कण-कण में रामा ।
राम रस से भरी है मेरी काया, उसने छाती को फाड़ऽ दिखाया ।।

♫ सांसां नि-रें- सां ध-ध निधप-म-, सांसां निनि रेंरें सां धध निनि ध प-म- ।
म-ग मम म- मप प मग म-प-, रे-ग म-म- म ध-प- मग-रे- ।।

अंतरा-2

उसके हिरदय में राघव खड़े थे, राम आनंद में खुश बड़े थे ।
हाथ सीता के हाथऽ में बायाँ, लछमन ने धरा था कऽर दायाँ ।।

अंतरा-3

दृश्य सुंदर ये शिव अंबा देखे, पुष्प अंबर से नारऽद फेंके ।
गीत जै जै का सीता ने गाया, नाद डमरू का शंकर बजाया ।।

३५. पुष्पक विमान

३५. पुष्पक विमान

भारतीय सांस्कृतिक गीतमाला, मोती 204

पुष्पक विमान पर सियराम

स्थायी

पुष्पक विमान पर सियराम, संग में लछमन अरु हनुमान ।
धरती पर जन गाते गान, जै जै सीता, जै जै राम ।।

♫ सा–सासा रेरे–रे गग रेगम–म, प–म ग रेरेगग मग रेरेसा–सा ।
सासासा– गग रेसा रे–गम ग–ग, प– म– गरेग–, म– गरे सा–सा ।।

अंतरा–1

आसमान में यान वो भला, पवन वेग से अवध को चला ।
नारद शंकर करत प्रणाम, जै जै सीता, जै जै राम ।।

♫ प–पप–प प– नि–ध प– मप–, धधध ध–ध प– धपम ग– मप– ।
म–मप म–गरे ममग रेसा–सा, प– म– गरेग–, म– गरे सा–सा ।।

अंतरा–2

नील गगन के चाँद सितारे, हिरदय हारी नयनन प्यारे ।
चाँदनी में सागर अभिराम, जै जै सीता, जै जय राम ।।

अंतरा–3

पूर्व क्षितिज पर जब रवि उभरा, रंग गगन का हुआ सुनहरा ।
नदियाँ पर्वत विपिन ललाम, जै जै सीता, जै जय राम ।।

अंतरा–4

लोग अवध के भगत हैं बड़े, आतुर मन से राह में खड़े ।
हर लब पर हैं दो शुभ नाम, जै जै सीता, जै जय राम ।।

भारतीय सांस्कृतिक गीतमाला, मोती 205

दादरा ताल

पुष्पक विमान की कथा

स्थायी

गीत शारद ने मंजुल है गाया, साज नारद मुनि ने बजाया ।

रत्नाकर से है मंगल रचाया, रामायण को है सुंदर सजाया ।।

♫ म-ग म-म- म प-म- ग म-प-, रे-ग म-म- मध- प- मग-म- ।

रेगम-म म- म ध-प- गम-प-, रे-ग-म- म- म ध-प- मग-रे- ।।

अंतरा-1

बोला विभीषण, सुनो राम प्यारे! यान से ही गमन हैं तिहारे ।

धरती के पथ को दूर छुड़ाया, लेऽ जावेगा तुमको उड़ाया ।।

♫ सांसां निनिरेंरें, सांध- नि-ध प-म-! सां-सां नि- रें- सांधध नि- धप-म- ।

म-ग म- मम म प-म- गम-प-, रेग म-म-म मधप- मग-रे- ।।

अंतरा-2

इसमें पानी न ईंधन जलेगा, वायु के ही सहारे चलेगा ।

पुष्प सा है जो हलका बनाया, वायुयान ये पुष्पक कहाया ।।

अंतरा-3

जितने बैठेंगे इसमें प्रवासी, रूप वैसा ये लेकर निकासी ।

स्थान का नाम जो भी बताया, चला जावेगा ये बिन चलाया ।।

भारतीय सांस्कृतिक गीतमाला, मोती 206

राम घर आए

स्थायी

आज, राघव वन से आयो, सखी! घर-घर दीप जलाओ ।

♫ सानि़, सा-सासा रेरे सानि़ सारे-, रेरे! गग गग म-ग रेसासा- ।

अंतरा-1

दशरथ नंदन, चरणन बंदन, कमल नयन हरि आयो ।

सखी! मंजुल गीत सुनाओ ।।

♫ सासासासा रे-रेरे, गगगग म-गरे, गगग गमम मग रेग- ।

सारे! ग-गग म-ग रेसासा- ।।

अंतरा-2

जनक नंदिनी, अवध की रानी, हर्ष की ज्योत जगाई ।

सखी! दर्शन करने आओ ।।

३६. रामराज्य

अंतरा-3

अंजनी नंदन, सब जग वन्दन, हनुमत लीला दिखायो ।
सखी! अवध में आनंद छायो ।।

३६. रामराज्य

भारतीय सांस्कृतिक गीतमाला, मोती 207

राम को तिलक लगा

स्थायी

आज, राम को तिलक लगेगा, सखी! आनंद आनंद होगा ।
♪ सारे, म-ग रे ममम मनिधपमप-, मम! नि-धप ध-पम पमगरेसा- ।

अंतरा-1

सीता हमरी रानी बनेगी, सुंदर भूषण रंग सजेगी ।
आज, राम-का-राज बसेगा, सखी! मंगल साज बजेगा ।।
♪ सा-रे- गमग- प-म गरे-ग-, प-मग म-मम ध-प मग-म- ।
सासा, रे-रे रे ग-ग गम-म-, मम! नि-धप ध-पम पमगरेसा- ।।

अंतरा-2

सबने शोभित वसन हैं डारे, जन पद सत् जन आन पधारे ।
आज, ऋषि-मुनि मंत्र उचारे, सखी! कीर्तन गान सजेगा ।।

अंतरा-3

सप्त नदी जल सिंचन होगा, कोई न पुर में अकिंचन होगा ।
आज, स्वर्ग बिराजा होगा, सखी! राघव राज करेगा ।।

भारतीय सांस्कृतिक गीतमाला, मोती 208

दादरा ताल

राम-राज्याभिषेक

स्थायी

गीत शारद ने मंजुल है गाया, साज नारद मुनि ने बजाया ।

रत्नाकर से है मंगल रचाया, रामायण को है सुंदर सजाया ।।

♫ म-ग म-म- म प-म- ग म-प-, रे-ग म-म- मध- प- मग-म- ।

रेगम-म म- म ध-प- गम-प-, रे-ग-म- म- म ध-प- मग-रे- ।।

अंतरा-1

राम राजा अवध का महाना, राम-का-राज जनपद ने माना ।

अभिषेचित भया रामराया, आज "अवधेश" राघव कहाया ।।

♫ सां-सां नि-रें- सांधध नि- धप-म-, सां-सां नि- रें-सां धधनिनि ध प-म- ।

मगम-मम मप- म-गम-प-, रे-ग "मममम-म" ध-पप मग-रे- ।।

अंतरा-2

दाँये सुग्रीऽव चँवरऽ डुलावे, बाँये विभीषण जी चमरऽ हिलावे ।

हार मोती का सुंदर बनाया, गले सीता के रामऽ पिन्हाया ।।

अंतरा-3

सिंहासन पर जब राघव बिराजे, बजे मोदऽ के मंगऽल बाजे ।

हाथ दक्षिण गुरुऽ ने बढ़ाया, शीश राघव के किरीट चढ़ाया ।।

भारतीय सांस्कृतिक गीतमाला, मोती 209

रामराज्य

स्थायी

रामराज्य का नाम ही, जग में स्वर्ग का धाम ।

♫ सारेग-ग ग- मंधप मं-, धध प- मं-ग रे सा-सा ।

अंतरा-1

जहाँ न कोई दोष रोष हो, जन-गण मन संतोष कोश हो ।

हिरदय की सुख संपद् राम ।।

♫ सारे- ग मं-मं- ध-प मं-ग मं-, पप धध निनि नि-धप मं-ग मं- ।

पधनिसां नि- धप मं-गरे सा-सा ।।

अंतरा-2

श्रम आश्रम का सदा भोग हो, वैर भाव का नहीं रोग हो ।

भाई हो संपूरण ग्राम ।।

अंतरा-3

३७. दीपावली
जग में नारी सजे शेरनी, युवती बाला लगे मोरनी ।
घर आंगन में मंगल काम ।।

३७. दीपावली

भारतीय सांस्कृतिक गीतमाला, मोती 210
राग खमाज, तीन ताल

दीप जलाओ

स्थायी

आज खुशी के दीप जलाओ, मन अंधियारा दूर भगाओ ।
♪ रे-रे रेग- ग- म-म मप-ध-, निनि धधप-म- ध-प मग-रे ।

अंतरा-1

आई समस्या बहुत विकट है, संकट के पीछे संकट हैं ।
सब मिल जुल कर हाथ बढ़ाओ ।।
♪ सा-सा सारे-रे- गगग ममम प-, सां-निनि ध- प-म- प-धध नि- ।
निनि धध पप मम प-म गरे-सा- ।।

अंतरा-2

उत रावण था, फिर वो कंस है, अरियन का यदि करना ध्वंस है ।
राम नाम का तीर चलाओ ।।

अंतरा-3

एक सहारा है रघुराई, जग रखवारा और न कोई ।
भक्ति भजन की रीत चलाओ ।।

भारतीय सांस्कृतिक गीतमाला, मोती 211

दीपावली भजन

स्थायी

घर-घर दीप जलाओ सखी री, आज दीवाली ।
घर-घर दीप जलाओ सखी री, आज दीवाली ।
आतशबाज़ी चलाओ रे भैया, आज दीवाली ।।

♪ पप पप पनि ध पम-म मम प, मग म-प-ध- - - ।

सांसां सांसां सां-सां निध-ध धध ध, धम -मधनिरेंसांध-पम।

प-पप पनिध पम-म म मप, मग म-प-ध-पम ।।

अंतरा-1

लछमी पूजा करो रे भैया, लछमी पूजा करो रे भैया ।

मिर्‌दंग ढोल बजाओ, सखी री आज दीवाली ।।

♪ -ग-ग- गमम- मध धप पमम-, -सां-धनि सां-सांध -धनि रेंसां ध-पम ।

-पपपप पनिध पम-म, मम प मग म-प-ध- - - ।।

अंतरा-2

धन देवी की आरती मंगल, कीर्तन गान सुनाओ, सखी री ।

अंतरा-3

आज घर आयो दशरथ नंदन, अवध में आनंद छायो, सखी री ।

अंतरा-4

बाल बालिका वनिता सुंदर, रंग रंगोली सजायो, सखी री ।

भारतीय सांस्कृतिक गीतमाला, मोती 212

भजन : राग भीमपलासी

रंग रँगोली

स्थायी

नीली पीली लाल रँगोली, राधा सजावत आज निराली ।

♪ पनिसांनि धपगम प-ग मगरेसा-, सामम गमपपम पनिनि निपनिसां- ।

अंतरा-1

घनश्याम की बाजे है मुरली, ऋतु सावन की धुन मतवाली ।

खेलत गोपी आँख मिचौली ।।

♪ पपप-म प गमपप नि- पनिसां-, निनि- निसांसांसां- पनि सांनिध-प- ।

प-गंगं रें-सां- नि-निनि निध-प- ।।

अंतरा-2

देखो कितनी सुंदर प्यारी, वृंदावन में हिरदय हारी ।

मातु यशोदा नंद को बोली ।।

अंतरा–3

नाचत ठुमकत है व्रजबाला, घर–घर पर है दीपक माला ।
वृंदावन में आज दीवाली ।।

३८. रामायण

भारतीय सांस्कृतिक गीतमाला, मोती 213

भजन : राग बिलावल, कहरवा ताल 8 मात्रा

रामायण चौपाई

दोहा

राम–सिया वन को चले, लखन लला है साथ ।
मातु–पिता गृह को तजे, धन्य–धन्य रघुनाथ ।। 4275

♫ नि–नि निनि– निनि सां – – निसां– – –, निनिनि निनि– रेंसां सां– – सां ।
नि–नि निनिप पप पग– परे– – –, ग–ग परेरेरे रेसा– –सा ।।

स्थायी

चंदन तिलक सुमंगल माथे, चंदन तिलक सुमंगल माथे ।
दशरथ नंदन राम सुहाते ।
श्री राम जय राम–, जय जय रामा, जय राम–सिया राम–, जय जय रामा ।।
जय राम–सिया राम, जय राम सियाराम–, जय जय रामा ।।

♫ –ग–गप रेरेसा सानि़प़रेरे गरेसारे, –ग–गप रेरेसा सा–नि़प़रेरे गरे–सा– ।
–पगपप निसांरेंसांनिप पगग परे–सा– ।
–गग गप रेरे सासा–, नि़प़ रेरे गरे–सा–ग, गग गप रेरेसासा–, नि़प़ रेरे गरे–सा– ।।

अंतरा–1

शीश जटा कटि वल्कल धारे, कानन कुंडल नयन लुभाते ।
जय राम–सिया राम, सियाराम जय जय रामा ।।

♫ –पगप पसां– सांसां– निनिनिरें ध–प–, –गगगप रे–सासा –नि़प़रे रेगरे–सा– ।
–गग गप रेरे सासा– नि़प़ रेरे गरे–सा–, गग गप रेरे सासा– नि़प़ रेरे गरे–सा– ।।

अंतरा–2

मुख मंडल पर हास्य बिराजे, विघ्न कष्ट कछु नाहि दुखाते ।

३८. रामायण

अंतरा–3

वीर धनुर्धर धीरज धारी, संकट मोचन राम कहाते ।

अंतरा–4

राम रमैया भव की नैया, राम–नाम नर को हरसाते ।

अंतरा–5

राम सहारे, राम किनारे, राम–नाम सब दुख बिसराते ।

अंतरा–6

भीषण पाप मनुष के जेते, राम–नाम से सब छुट जाते ।

अंतरा–7

राम–सिया संग लछमन सोहे, लखन लला सब जन को भाते ।

अंतरा–8

राज काज सुख तज कर सारे, मातु–तात के बचन निभाते ।

अंतरा–9

सिया संग प्रभु वन में बिराजे, भगतन राम चरित शुभ गाते ।

अंतरा–10

वाह वाह रे दशरथ राजा! धन्य–धन्य कौशल्या माते! ।

दोहा

दीन–दयाला आप हैं, करुण कृपालु राम! ।
कौशल्या सुत, हे सखे! पाहि पाहि रे माम् ।।

♪ नि–नि निनि–नि– सां– –नि सां– – –, निनिनि निनि–रेंसां सां– –सां ।
नि–नि–निप पप–, ग– परे– – –! ग–ग परेरे रेसा सा– –सा ।।

भारतीय सांस्कृतिक गीतमाला, मोती 214

राग खमाज, कहरवा ताल 8 मात्रा

रामायण

रामायण की अमर कहानी, मुनिवर कह गए ध्यानी, रे ।
राम कथा की अमृत वाणी, सुन सुन जन भए ज्ञानी, रे ।।

♪ पधम–गग रेसा सासाग गपम–म–, गमपप पप धसां निधपम मधपमग ।
गमध धध– ध– धनिधनि पधप –, गम पप पप धसां निधपम मधपमग ।।

अंतरा–1

राम-नाम का चल कर जादू,

पाप ताप सब भागे, रे ।

पापी लुटेरा रत्नाकर भी, बन गयो बाल्मीकि आगे, रे ।।

♫ गमध निसांसां सां- निनि सांरें निसांनिध,

नि-नि निसांसां सांसां पनिसांरेंनिसां- नि-धप ।

ग-ग मध-ध- धनिधनिपध प-, गम पप पपधसां धपगम मधपमग ।।

अंतरा-2

वचन पिता का सिर पर धर के, त्यागा राज को हासी, रे ।

सौतन माँ की तृप्ति करने, बना राम वनवासी, रे ।।

अंतरा-3

सुख-दुख दोनों समान कर के, जस कहती है गीता, रे ।

साथ पति के वन को निकली, धर्मचारिणी सीता, रे ।।

भारतीय सांस्कृतिक गीतमाला, मोती 215

राम कहानी

स्थायी

सुनो जी राम कहानी, सुनो जी श्याम कहानी ।

दोनों समुंदर दोनों सुहानी, दोनों बड़ी पुरानी ।।

♫ सारे- ग- प-म गरे-म-, पमग रे- प-म गरेगसा- ।

सा-रे गम-मम प-म गरेसा-, सा-रे- गप- मगरेसा- ।।

अंतरा-1

दोनों ही नीति सिखलाती, दोनों ही प्रीति दिखलाती ।

एक मथुरा, एक अवध की, गंगा जमुना पानी ।।

♫ सा-रे ग- म-प- मगरे-ग-, रे-ग- म- प-ध- पमग-म- ।

सा-रे रेग-म-, प-म गरेरे ग-, सा-रे- गपम- गरेसा- ।।

अंतरा-2

बंधु लखन का प्रेम परम है, सुदामा मित्र अमर है ।

सीता दीन्ही त्याग निशानी, राधा प्रेम दीवानी ।।

अंतरा-3

एक में वीर कथाएँ बाँकी, एक में बाल-लीला की झाँकी ।

आदि वाल्मीकि व्यास की बानी, लावे आँख में पानी ।।

अंतरा–4

राम रखा हनुमत बलशाली, कृष्ण सखा अर्जुन धनुधारी ।
रावण कंसन दुर्योधन को, याद दिलाई नानी ।।

भारतीय सांस्कृतिक गीतमाला, मोती 216

राम रावण युद्ध

स्थायी

शर मेरे आज क्यों नाकाम हैं ।
क्या ये माजरा, किसका ये काम है ।।

♫ सासा रेरे– ग–रे ग– म–ग–रे सा– ।
रेग रे– गरेसा–, ध़ध़नि़– रे सा–नि़ सा– ।।

अंतरा–1

एक बाण में मरी ताड़का, एक बाण में बाली ।
एक बाण में गया सुबाहु, मारिच की जान निकाली ।
बाण मेरे क्यों, जात हैं खाली ।
आज ये, कैसी इम्तहान है ।।

♫ रे–ग म–म म– पम– ग–रेग–, प–म ग–रे ग– म–म– ।
प–म ग–म म– निध– पम–प–, ध–धप म– प–म गरे–ग– ।
सा–रे गम– म–, प–म ग रे–ग– ।
म–ग रे, सा–सा– ध़–नि़रे–नि़ सा– ।।

अंतरा–2

धनुर्वेद है पाया मैंने, विद्या सोलह जानी ।
शस्त्र कला सब सीखी मैंने, शास्त्र गहनता देखी ।
बाण मेरे क्यों, जात हैं खाली ।
आज ये, कैसा अज्ञान है ।।

अंतरा–3

शिव सायक मेरे तरकश में, इन्द्र धनुष बस मेरे ।

एक कटे सिर दूजा आवे, तंतर काम न आवे ।
बाण मेरे क्यों, जात हैं खाली ।
आज ये, उलझन महान है ।।

अंतरा–4

नारद आये, विभीषण बन कर ।
कहा उदर में, मारो तुम शर ।
बाण तेरा ये, जाय न खाली ।
आज ये, गूढ़ ज्ञान है ।।

भारतीय सांस्कृतिक गीतमाला, मोती 217

भजन : राग आसावरी

रावण का पछतावा

स्थायी

दया करो श्री अवध बिहारी, कृपा करो हरि सकल निहारी ।
क्षमा करो अपराध हमारे, भला करो हम शरण तिहारे ।।

♫ सामगम गसा– निसा धधनि निसा–सा–, साम– गम– मध सासाम धगमगसा ।
सामगम गसा– निसाधधनि निसा–सा–, साम– गम– मध सासाम धगमगसा ।।

अंतरा–1

भूल हुई है मुझसे भारी, मैंने की सीता की चोरी ।
सहन करो तुम प्रभु रघुराई! दया करो, हम शरण तिहारी ।।

♫ ग–म मध– नि– सांसांसां– गंनिसां –, नि–नि– नि– नि–धनि सांनि ध–म– ।
सामम गसा– निसा धध निनिसा–सा–, साम– गम– मध सासाम धगमगसा ।

अंतरा–2

रघु कुल रीति सदा चली आई, भगिनी सम हो अपर लुगाई ।
सहन करो सब सीता माई, दया करो, हम शरण तिहारी ।।

अंतरा–3

कुबेर! विभिषण मेरे भाई! जिन पर मैंने की जबराई ।
सहन करो मम हाथापाई, दया करो, हम शरण तिहारी ।।

अंतरा–4

पवन तनय! तुम परम सहाई, तुमरी मैं लाँगूल जलाई ।
सहन करो अब हनुमत साई! दया करो, हम शरण तिहारी ।।

३९. लव-कुश

भारतीय सांस्कृतिक गीतमाला, मोती 218

दादरा ताल

लव-कुश जन्म की कथा

स्थायी

गीत शारद ने मंजुल है गाया, साज नारद मुनि ने बजाया ।
रत्नाकर से है मंगल रचाया, रामायण को है सुंदर सजाया ।।
♫ म-ग म-म- म प-म- ग म-प-, रे-ग म-म- मध- प- मग-म- ।
रेगम-म म- म ध-प- गम-प-, रे-ग-म- म- म ध-प- मग-रे- ।।

अंतरा-1

देख वन में वो गर्भिऽणी नारी, पास आए सुजन वन विहारी ।
पालकी में सिया को बिठाया, मुनि बाल्मीक के मठ में लाया ।।
♫ सां-सां निन रें- सां ध-नि-ध प-म-, सां-सां नि-रें- सांधध निनि धप-म- ।
मगम- म- मप- म- गम-प-, रेग म-म-म म- धध प मग-रे- ।।

अंतरा-2

कुछ मासों में सीता बियाई, हुई जुड़वाँ वो पुत्रों की माई ।
नाम लव-कुश मुनिऽवर बताया, नाम सीता को दोनों का भाया ।।

अंतरा-3

राम के रूप दोनों सुहाते, चाँद सूरज से लव-कुश थे भाते ।
बऽच्चों को मुनि ने पढ़ाया, शास्त्र संगीत पंडित बनाया ।।

भारतीय सांस्कृतिक गीतमाला, मोती 219

गीत : कहरवा ताल 8 मात्रा

लव-कुश

स्थायी

सुना रहे हैं लव-कुश सुंदर, रामायण का कथा समुंदर ।

♫ पधनि सांनिपमं मं- -मंध निध म-गग, -गमधपरेरे सा- साध- धनिधपपप ।

अंतरा-1

ब्रह्मा बोले, नारद धाए, बाल्मीक लेखा, शारद गाए ।

मंगल पावन ये श्लोक सागर, आनंदित हैं भवानी शंकर ।।

♫ -गंगंगरें गं-गं-, -गं-गंमं गंरेंरें-, -निसांनिध निरेंरें- -निरेंगंरें निरेंसां- ।

-प-सांनि पमंमंमं -मंमंधनिध म-गग । -गमधपरेरे सा - साध-ध निधपपप ।।

अंतरा-2

अवध पुरी में रघुकुल साजा, "दो-वर" दीन्हा दशरथ राजा ।

कैकयी कुब्जा रचा कुचक्कर, भेजा वन में राम सुमंगल ।।

अंतरा-3

हरिण सुनहरा, हरण सिया का, जटायु शबरी, वध बाली का ।

लंका जारण, सेतु बंधन, लखन संजीवन, रावण भंजन ।।

अंतरा-4

लव-कुश बालक अश्व जीत कर, हारे हनुमत भरत लखन दल ।

भूप अवध का बना है राघव, हर्ष भरे हैं धरती अंबर ।।

४०. कृष्ण कुमार

<u>भारतीय सांस्कृतिक गीतमाला, मोती 220</u>

राग खमाज, कहरवा ताल

किशन चरित

स्थायी

किशन चरित की रम्य कहानी, आँखों देखी सत्य बखानी ।

नारद मुनि की वाणी ।।

♫ मंधप मंपध नि- सां-गं रेंनिरेंसां-, रें-गंरें निरेंसां- नि-ध पमंधप- ।

ग-मंमं धध प- ग-मं- ।।

अंतरा-1

आधी अँधियारी रात में आयो, बहती सरिता पार करायो ।

जमुना जी का पानी ।।

♫ नि़-सा रेसानि़-सा- ग-रे सा नि-सा-, रेरेग- म॑म॑प- ध-प म॑ग-रे- ।

गगम॑- ध- प- ग-म॑- ।।

अंतरा-2

घर-घर गोकुल माखन चोरी, गोपन के संग खोलत होरी ।

गोपी कृष्ण दीवानी ।।

अंतरा-3

मोर मुकुट तिल काजल काला, पग में पायल गल वन माला ।

मुरली धुन मस्तानी ।।

अंतरा-4

कंस को नारद मुनि बतलायो, बार-बार उस को समझायो ।

एक न उसने मानी ।।

भारतीय सांस्कृतिक गीतमाला, मोती 221

कृष्ण-जन्म

स्थायी

रात अँधेरी, बादर कारे, प्रचंड वृष्टि बरसे ।

अंतरा-1

ताल खुल गए, द्वार खुल गए, सुप्त सभी निंदर से ।

अंतरा-2

अर्ध रात में, अचेत जब थी, शाँत मथुरा नगरी ।

अंतरा-3

नन्हा कान्हा, बोला पितु से, चलिए गोकुल डगरी ।

भारतीय सांस्कृतिक गीतमाला, मोती 222

कृष्ण जन्म

स्थायी

कान्हा तेरी अचंभे की लीला रे, तुने जादू अनूठा है कीन्हा रे ।
तुने जादू अनूठा है कीन्हा रे ।।

♫ सारे ग-ग- गध-प- म ग-पध म-, गम प-प- पनि-ध- म ग-प- प- ।
मप ध-ध- धनि-ध- म ग-प- प- ।।

अंतरा-1

अँधियारी तू रात में आया, कोई भी ये जान न पाया ।
अगम परम तेरी माया रे, तुने जादू अनोखा है कीन्हा रे ।।

♫ रेगम-ध- प- सां-नि ध प-ध-, नि-ध- प- ध- नि-ध प ग-म- ।
गगग ममम पध- नि-ध- प-, गम प-प- प-न-ध- म ग-म- रे- ।।

अंतरा-2

सोये कंस के पहरे वाले, खुल गए बंदीगृह के ताले ।
छाये मेघ हैं काले रे, तुने जादू गजब सा है कीन्हा रे ।।

अंतरा-3

जमुना ने है मार्‌ग दीन्हा, शेष नाग ने छाता है कीन्हा ।
मथुरा से गोकुल आया रे, तुने जादू अजब सा है कीन्हा रे ।।

भारतीय सांस्कृतिक गीतमाला, मोती 223

किशन जनम-दिन

स्थायी

आयो री आयो, किशन जनम-दिन, आयो ।
इधर मुदित है माता जसोदा, उधर कहत है देवकी माता ।
कान्हा है, मोद जगायो ।।

♫ ग-म ध प-म-, पपप निधप मप, ग-म- ।
निनिनि सांरेंगं गं- सां-रें सांनि-ध-, निनिनि धनिसां नि- ध-पम ग-म- ।
नि-नि ध, नि-ध पग-म- ।।

अंतरा-1

आधी अंधियारी रात में आयो, सकल जगत को लीला दिखायो ।

♫ मप निनिसां-सां- रें-सा नि ध-प-, ममम पपप ध- नि-ध पग-म- ।

अंतरा–2

घोर वृष्टि में मथुरा से आयो, मातु पिता के भाग्य जगायो ।

अंतरा–3

यमुना लाँघ के गोकुल आयो, नंद का नंदन गोप कहायो ।

भारतीय सांस्कृतिक गीतमाला, मोती 224

कृष्ण-जन्म

स्थायी

स्वरदा ने सुंदर गाया है, नारद ने साज बजाया है ।
रतनाकर गीत रचाया है ।।

♫ सानि़सा- गरे सा-नि़नि़ सा-रेम ग-, गममग पम ग-रे सासा-रेम ग- ।
गगरेसासासा रे-ग मगरेसानि़ सा- ।।

अंतरा–1

उस रात अँधेरी काली में, उस लीलामय मतवाली में ।
सब सोये थे पहरे वाले, अरु खुल गए बंदी के ताले ।
श्रीकृष्ण कन्हैया आया है ।।

♫ पप मरेम मप-पम पनिधप प-, पप मगगसासाग मपगरेसानि़ सा- ।
सानि़ सा-गरे सा- नि़नि़सा- रेमग-, सानि़ सासा गरे सा-सा- नि़सा रेमग- ।
गगरेसासा सारे-गम गरेसानि़ सा- ।।

अंतरा–2

शिशु लेकर पितु निकले दैया! पथ दीन्ही है जमुना मैया ।
उस अँधियारे पल व्याकुल में, मथुरा नगरी से गोकुल में ।
श्रीकृष्ण कन्हैया आया है ।।

अंतरा–3

वसु गोकुल से लाए कन्या, जसमति माता धन्या धन्या ।
सुन शिशु रोने के सुर बाले, नृप को बोले पहरे वाले ।
श्रीकृष्ण कन्हैया आया है ।।

भारतीय सांस्कृतिक गीतमाला, मोती 225

राग काफी, कहरवा ताल 8 मात्रा

कृष्ण जनम-दिन

स्थायी

झनक झनक झन्, रैना सारी बाजे, पायल की झनकार, री ।
सखी राधा के मन प्यार, री ।।

♫ निधप निधप प-, म-निप गरे सानि, सा-रेरे ग- ममप- -म, गरे ।
सानि सा-रे- ग- मम पधनि-प, गरे ।।

अंतरा-1

जनम-दिन है आज हरि का, वृंदावन त्यौहार, री ।
गल फूलन के हार है डारे, लाल पीले रंग दार, री ।
सारी कुंज गलिन में, हरि की जै जै कार, री ।।

♫ -ममम पप नि- -निसांसां पनिसांरें रें-, -सांरेंसांनिधध मपनि- -नि सां- - - ।
-सांनि ध-धध ध- -धनि सां नि-धप, -निनि निनि- सांरें सां- -प प- ।
पप म-नि पगरे सा- -, सासा रे- ग- म- प- -म, गरे ।

अंतरा-2

मोर मुकुट है शीश पे धारे, बंसीधर गोपाल, री ।
कर में मुरली नैन हैं कारे, तिलक चंदन लाल, री ।
आज राधा से मिलने, मनवा है बेकरार, री ।।

भारतीय सांस्कृतिक गीतमाला, मोती 226

हरि ओम् हरि ओम्

स्थायी

हरि ॐ ॐ ॐ ॐ बोलो भगतों, बोलो भगतों ।
जोर से बजाओ रे मृदंग डमरू ।।

♫ गग म- म- म- म- गम पपध-, गम पपध- ।
नि-नि नि निसांनि ध पनि-ध पमग- ।।

अंतरा-1

आज है हरि के जनम की लड़ी, जनम की लड़ी,
गोपी के मन में है भीड़ बड़ी ।
बाजे गोपी के पायल, बाजे घुँघरू, हो! बाजे घुँघरू ।
जोर से बजाओ रे मृदंग डमरू ।।

♫ सां- सां सांरें- सां निसां- नि धप-, निसां- नि धप-,
नि-नि नि सांनि ध प नि-ध पम- ।
गग म-म म प-मम, धध पपम-, सां-! निनि पपध- ।
नि-नि नि निसांनि ध पनि-ध पमग- ।।

अंतरा-2

आज किशन के जनम की घड़ी, जनम की घड़ी,
भगतों के मन में उमंग चढ़ी ।
बाजे ढोलक मंजिरा, बाजे तुँबरू, हो! बाजे तुँबरू ।
जोर से बजाओ रे मृदंग डमरू ।।

भारतीय सांस्कृतिक गीतमाला, मोती 227

जनम दिन मुबारक

स्थायी

मंगल आशिष पाकर प्यारे, जुग-जुग जीते रहो ।
जनम-दिन तुम्हें मुबारक हो - -, हृदय से तुम्हें बधाई हो- - ।।

♫ ग-मम प-पप ध-धध नि-ध-, पप पप सां-नि धप- ।
ममम गग मप- धप-मप म- -, पपप प- धध- पम-ग- म- - ।।

अंतरा-1

दर्शन तुमरे शुभ कहलाते, काम सुमंगल सबको भाते ।
सुमिरण जिनके चिर रह जाते, बीते समय की याद दिलाते ।।
आज भद्र जन सब आए हैं, उनको नमन करो ।
तुम्हें सब सदा हि सुख मय हो ।।

♫ रे-रेरे गगम- धध पपग-म-, रे-रे मप-पप धधप- ग-म- ।
गगगग ममम- पप मग म-म-, रे-रे मपप प- ध-प पग-म- ।।

सा–रे ग–ग गग पम ग–रे ग–, गगग– ममप मग– ।

मग– पप धप– प मम गग म– ।।

अंतरा–2

लड्डु समोसे पेढ़े पतीसे, खाएँ–गाएँ आज खुशी से ।

पुष्प प्रेम के तुम पर बरसे, उन्हें देखने इन्द्र भी तरसे ।।

आज सुहाना दिन आया है, प्रभु के स्मरण करो ।

सब को सदा हि तुम सुख दो ।।

अंतरा–3

माता–पिता के आँख के तारे, बंधु सखा गुरु जन के प्यारे ।

किरपा मय तुम सबके दुलारे, हास्य तुम्हारे सदा सुखारे ।।

आज हमारा मन गाता है, तुम जग में अमर रहो ।

विपदा कभी न तुम पर हो ।।

भारतीय सांस्कृतिक गीतमाला, मोती 228

राग : आसावरी, कहरवाताल

लोरी गीत

स्थायी

तू सोजा रे, कृष्ण! नंद के लाला! ।

तू सुख से सो, गोपाला! ।।

♫ सानि़ सा–रे– ग–, म–ग! रे–ग सा– रे–ग– ।

म– पम ग–, गमगरेसा–! ।।

अंतरा–1

सपनों के जग में सुख है, उसमें न किसी को दुख है ।

उस दुनिया में, साथ मुझे भी लेजा । मैं संग तेरे, ब्रिजबाला! ।।

♫ पपप– प– पप धनि धम प–, पपप– प पप– धनि धप म– ।

गरे गगग– ग–, रे–ग– रेग– म– गरेसा– । म– म–प गरे–, गमगरेसा–! ।।

अंतरा–2

तू सबका मीत पियारा, सबके नैनन का तारा ।

ब्रज भूमि में, स्वर्ग बसाने, कान्हा! तूने है जादू डाला ।।

अंतरा–3

लोरी ये गाकर माता, कहती है तुझको, ताता! ।
तू सोजा रे, बिना किसी भी चिंता, राघव तुझको रखवाला ।।

४१. देवकी नंदन

भारतीय सांस्कृतिक गीतमाला, मोती229

राग आसावरी, कहरवा ताल

देवकी नंदन

स्थायी

देवकी नंदन साँवला काला, कारी अंधियारी रात में आया ।
कंस निकंदन बाल गोपाला, लीला दिखा कर मन भरमाया ।।

♫ सा–रेरे म–पप म–पसां ध–प–, मम ममप–प– ध–म प ग–रेसा ।
सा–रे रेम–पप म–प सांध–प–, म–म मप– पप धध मपग–रेसा ।।

अंतरा–1

बंदीघर के खुल गए ताले, सो गए सारे पहरे वाले ।
मूसल वर्षा बादल काले, बिजली ने घन शोर मचाया ।।

♫ सा–रे–मम प– धध निध सां–सां–, सां– सांसां रें–रें– निनिसां– रें–सां– ।
सां–रेंग गंरेंसां– गं–रेंसां– ध–प–, ममम– प– पप ध–म पग–रेसा ।।

अंतरा–2

लीला हरि की दे गई धोखे, नींद से भर गई कंस की आँखे ।
सारी रात सबको सुलवाया, मथुरा में कोई जान न पाया ।।

अंतरा–3

जल भरी जमुना मारग दीन्हा, छत्र शीश पे शेष ने कीन्हा ।
कंसअरि की देख लो माया, मथुरा से हरि गोकुल आया ।।

भारतीय सांस्कृतिक गीतमाला, मोती 230

खयाल : राग दरबारी कान्हडा, तीन ताल 16 मात्रा

देवकी नंदन

स्थायी

सूरत सुंदर मूरत मंगल, कंगन कुंतल कुंदन कुंडल ।
कटि पर सोहे, पीत पीतांबर ।।

♪ निसामम रेसानिसारेसा ध-निनि सा-सासा, म-मम प-पप निपगम रे-सासा ।
रेंरें सांसां सां-निप, पमनिपग मरे-सासा ।।

अंतरा-1

भजन है सुंदर, आरती सुंदर, वन्दन वन्दन देवकी नंदन ।
डोले धरती, डोले अंबर ।।

♪ ममप प ध-निनि सां-सांसां रेंरेंसानिसांसां, म-पप सां-निप मपनिपगम रे-सासा ।
निसांरें- रेंरेंसां-, निसांरेंसां ध-निप ।।

भारतीय सांस्कृतिक गीतमाला, मोती 231

जुग-जुग जियो

स्थायी

तुम जुग-जुग जीयो मेरे लाल, यशोदा नंद के नंद गोपाल ।
धरती से गगन पाताल, करे तेरे सुमिरन साँझ सकाल ।।

♪ मप धध धध धनि सांनि ध-ध, मप-म- ग-प म ग-म गरे-रे ।
सारेग- ग- गगग प-म-म, पम- मप गमपम ग-म गरे-रे ।।

अंतरा-1

नंद दुलारा, नैनों का तारा, मन मंदिर उजियारा ।
जीवन तेरा, लीला से घेरा, रंग भरा है घनेरा ।
सर्व जगत के तुम दिगपाल, पियारे नंद के नंद गोपाल ।।

♪ रे-ग मप-प-, म-प ध प-म-, गम प-निध पमग-म- ।
नि-धप ध-प-, रे-ग म प-म-, नि-ध पध- म गप-म- ।
रे-ग मपप प- धप मगरे-रे, गप-म- ग-प म ग-म गरे-रे ।।

अंतरा-2

दुनिया से न्यारा, प्रेम की धारा, प्रेमी जनन का प्यारा ।
कारज तेरा माया से घेरा, जादू का जस फेरा ।
सत्य जनन के तुम सत्पाल, नियारे विश्व के विश्वक पाल ।।

भारतीय सांस्कृतिक गीतमाला, मोती 232

सौ पाप

दोहा

अष्टम बालक मार कर, कंस भयो निश्चिंत ।
कहे, "अमर मैं हो गया, हो न सके मम अंत" ।।

स्थायी

सौ पापों से घड़ा भरे तो, नर भव से नरक में जाता है ।
पछता कर सत् राह धरे सो, वह पापों को धो पाता है ।।

♪ रे- ग-ग- ग- गम- पम- ग-, गग मम प- धपम ग रे-ग- म- ।
पपप- पप धध नि-ध पम- प-, गम प-प- ध- प- म-ग- रे- ।।

अंतरा-1

हरि चरणन की आके शरण में, फिर सुख से मरना आता है ।

♪ रेरे गगगग म- ध-प गमग रे-, गग मम प- धधप- म-ग- रे- ।

अंतरा-2

परे पाप के, पुण्य करम में, फिर हरि से उसका नाता है ।

अंतरा-3

हरि हो तन में हरि हो मन में, नित हरि के गुण जो गाता है ।

अंतरा-4

हरि दयालु हरि किरपालु, हर कोई हरि को भाता है ।

भारतीय सांस्कृतिक गीतमाला, मोती 233

हरि पाप को हरता है

स्थायी

रे हरि सभी, पाप को हरता है, दे के सद्गति ताप वो झरता है ।

♫ रे सारे गरे-, प-म ग रेरेग- म-, ध- प म-गरे- म-ग रे सासारे- ग- ।

अंतरा-1

आए शरण जो हरि चरणन की, आस धरे जो प्रभु दरशन की ।
उसे हरि, छत्र में धरता है ।।

♫ सा-नि़ सारेरे ग- पम गमपप ध-, नि-ध पध- नि- धप मगमम रे- ।
धप मग-, म-ग रे सासारे- ग- ।।

अंतरा-2

तोड़ के बंधन मोह पाश के, जोड़ के नाता संत जनों से ।
उसे हरि, नेह से भरता है ।।

अंतरा-3

छोड़ा तन से लोभ क्रोध को, जोड़ा मन में आत्म बोध को ।
उस पर, पुण्य उभरता है ।।

भारतीय सांस्कृतिक गीतमाला, मोती 234

श्याम कहले तू

स्थायी

दीवाने! श्याम कहले तू, राम का नाम ले ले तू ।

♫ निध-पम-! प-म गरेग- म-, प-म ग- म-ग रेसा रे- ग- ।

अंतरा-1

दिए हैं प्राण तन जिसने, उसी की शरण गह ले तू ।

♫ सारे- ग- प-म गरे गमप-, निध- प- ममग रेरे सारे ग- ।

अंतरा-2

दिए तू दुख जो दुनिया को, उन्हीं का त्रास सह ले तू ।

अंतरा-3

बनाया प्यार है जिसने, उसे अरदास कह ले तू ।

अंतरा-4

चलाता जग जो माया से, उसीका दास रह ले तू ।

४२. कृष्ण कन्हैया

भारतीय सांस्कृतिक गीतमाला, मोती 235

राग भैरवी, कहरवा ताल

कृष्ण के नाम

स्थायी

भज ले प्यारे कृष्ण के नाम, हो जाएंगे तेरे काम ।

♫ रेरे रे रेगरेसा रे-रे ग म-म, ध- प-म-ग- प-मग रे-रे ।

अंतरा-1

जब-जब संकट घिर कर आवे, बीते दिनों की याद सतावे ।

मन में जपियो राम का नाम, मिट जाएंगे दुःख तमाम ।।

♫ मम मम ग-रेरे गग मम प-प-, ध-प मग- प- ध-प मग-म- ।

सासा सा रेरेग- प-म ग रे-रे, ध- प-म-ग- प-म गरे-रे ।।

अंतरा-2

भक्त प्रलादा बालक ज्ञानी, माया हरि की उसने जानी ।

आपत में थे उसके प्राण, नरसिंह बचायो उसकी जान ।।

अंतरा-3

द्रौपदी को हरि चीर बढ़ायो, उस अबला की लाज बचायो ।

जब मुश्किल में हो इन्सान, एक सहारा राधेश्याम ।।

भारतीय सांस्कृतिक गीतमाला, मोती 236

दयालु कन्हैया

श्लोक

नाशयति हरिस्तापं विघ्नं दुःखं च पातकम् ।

तं माधवमहं वन्दे बधुं मित्रं च मातरम् ।। 231

♫ म-ममम- गरे-ग-म-, ग-म- प-म- ग रे-गम- ।

रे- रे-रेरेगम- प-म-, रे-ग- म-प- ग म-गरे- ।।

४२. कृष्ण कन्हैया

स्थायी

श्रीकृष्ण कन्हैया दयालु है, वो स्नेही सखा किरपालु है ।

♫ सानि़सा–सा सारे–सा नि़सा–रे– ग–, ग– धप मग– ममप–मग– रे– ।

अंतरा–1

इतनी बेदरदी किस बारे, होश में तू आजा प्यारे ।

चरण में शरण तू आजा उनके, हो जा तू शरधालु रे ।।

♫ गगम– प–पपध– पम ग–प–, म–प ध प– म–म– ग–प– ।

रेरेरे रे गमरे रे ग–प– मगम–, रे– ग– प– धपम–ग– रे– ।।

अंतरा–2

सरबस पाप हरेंगे तेरे, दुख हरि नास करेंगे तेरे ।

मंगल भजन तू गा उनके, हो जा तू निष्ठालु रे ।।

अंतरा–3

रट ले नाम तू साँझ सकारे, झट से काम बनेंगे तेरे ।

अवगुन कछु न छुपा उनसे, हो जा तू धरमालु रे ।।

भारतीय सांस्कृतिक गीतमाला, मोती 237

ओ कन्हैया !

स्थायी

अब तेरे सिवा कौन हमारा है कन्हैया ।

तूही सहारा है हमें, तूही बचैया ।।

♫ रेसा रे–ग रे–सा– म–ग रेसा–रे– ग मप–म– ।

प–म गरे–ग– म पम–, सा–रे गरे–सा– ।।

अंतरा–1

हिरणकशिपु जब खंबा रचाया, नरसी बन परलाद बचाया ।

ध्रुव भगत को विपद से तारा, नील गगन का तारा करैया ।।

♫ सासारेगमग रेसा प–म गरे–ग–, पपम– गग सासारे–ग गप–म– ।

सां–नि धपप ध– पमग म– प–प–, म–ग रेगग म– सा–रे गरे–सा– ।।

अंतरा–2

दसमुख जब वैदेही भगाया, राक्षस से सीता को बचाया ।

जब कुंजर को मकर धराया, तूही जल से उसे बचैया ।।

अंतरा-3

तिरणाव्रत जब आग लगाया, गोकुल पुर को तूने बचाया ।
कालिया विष जल में मिलाया, जमुना से तू उसे भगैया ।।

भारतीय सांस्कृतिक गीतमाला, मोती 238

राग रत्नाकर, कहरवा ताल 8 मात्रा

ओ कन्हैया !

स्थायी

मोहे, आवाज देके बूलाना, मेरी नैया कन्हैया चलाना ।
♫ सानि़, सा-सा-सा ग-रे- गम-प-, गम प-प- मध-प- मग-रे- ।

अंतरा-1

रथ अर्जुन का तूने चलाया, पार रेड़ा वो तूने कराया ।
मेरा बेड़ा फँसा है भँवर में, साथ मेरा है तूने निभाना ।।
♫ मप ध-ध- ध नि-सां- निध-प-, प-ध नि-नि- नि सां-नि- धप-ध- ।
रेग म-म- धप- म- गरेरे ग-, रेग म-म- म ध-प- मग-रे- ।।

अंतरा-2

पथ में तूफान आए या आँधी, द्रौपदी शाटिका तूने बाँधी ।
मेरी लोगों में उड़ती हँसी है, लाज मेरी है तूने बचाना ।।

अंतरा-3

काम दीनों के तूने कराये, गर्व हीनों के तूने गिराये ।
साँस मेरी गले में अड़ी है, नाथ! मुझको गले से लगाना ।।

भारतीय सांस्कृतिक गीतमाला, मोती 239

ओ कन्हैया !

स्थायी

पिता तुम्ही हो, तुम्ही हो मैया, तुम्ही हो बंधु, सखा कन्हैया ।
तुम्ही ज्ञान धन अर्थ संपदा, धर्म काम भव मोक्ष रचैया ।।

♫ रेग- गग- रे-, गम- म ग-रे-, गम- म प-प-, धप- मग-रे- ।
गम- प-प पप नि-ध प-मप-, नि-ध प-प मम ग-म गरे-सा- ।।

अंतरा-1

आप हमारे एक सहारे, भव सागर के निकट किनारे ।
हरे मुरारे सखे दुलारे, बीच भँवर से तुम्हें पुकारें ।
तुम्ही हो नैया तुम्ही खेवैया, पाहि सभी को सखा कन्हैया ।।

♫ रे-ग मगरेसा- म-ग रेग-म- पप म-गग रे- मगप मग-म- ।
पध- पम-ग- मम- पग-म-, नि-ध पमम प- मग- मगरेसा- ।
रेग- म ग-रे- गम- पम-ग-, म-प ध-प- म- धप- मग-रे- ।।

अंतरा-2

आज हमारे भाग्य हैं जागे, भव तारक प्रभु खड़े हैं आगे ।
तुम्हीं सहारे, तुम्ही सुखारे, अरज हमारी सुनो पियारे ।
ओ नंद छैया, मेरे रमैया, त्राहि जगत को सखा कन्हैया ।।

भारतीय सांस्कृतिक गीतमाला, मोती 240

किशन कनाई रे

स्थायी

किशन कनाई रे, डोरी से बाँधूँ तोहे ।
छुपके आइके तू माखन मटकी फोड़ी, गोपिका कहत मोहे ।।

♫ सारेग मगरे म-, म-प ध- नि-ध पम- ।
मपम पधप म- पधनि निनिसां निध, ध-पम- गम-ग रेसा- ।।

अंतरा-1

बंधा रहियो तू इत आज कन्हाई ।
गोप खेलेंगे अकेले, बोली जसोमति माई ।
माखन चोरी कान्हा तोहे न सोहे ।।

♫ गमम- ममम- प- धप म-प मग-म-,
प-प प-प-प- मग-म-, प-प धधनिध प-म- ।
म-मम प-प- ध-पम ग-म ग- रेसा- ।।

अंतरा-2

कान्हा जोर लगायो, ओखली साथ भगायो ।
अटकी दो तरु बीच, ओखली न पायो खींच ।
टूट पड़े अर्जुन के पेड़ दोनों ।।

भारतीय सांस्कृतिक गीतमाला, मोती 241

राग खमाज, कहरवा ताल

राधा दीवानी

स्थायी

मुरलीधर की मुरली है राधा, श्याम मनोहर राधारमण की ।

♫ सांसांनि-पध मग गमप ध नि-सां-, सां-गं मंमगंनिसां नि-सांसांनिसां निध ।

अंतरा-1

वृंदावन की कुंज गलिन में ।
कान्हा की मूरत राधा के मन में ।।

♫ गमधनिसांनि सां- पनिसां सांसांनिसां निध ।
सां-गं मं गं-निसां पनिसांरेंसां नि सांनि ध- ।।

अंतरा-2

नंद याशेदा गोप सुगमा, नाचत राधा संग बलरामा ।

अंतरा-3

व्रज भूमि में धुन मुरली की, अनहद मंगल जादू फेरी ।

अंतरा-4

राधा मुरली की बलिहारी, बंसीधर की बंसी प्यारी ।।

भारतीय सांस्कृतिक गीतमाला, मोती 242

खयाल : राग पूर्वी, तीन ताल 16 मात्रा

बंसीधर

स्थायी

सुंदर मंगल बंसी प्यारी, झनक झनक वीणा झनकारी ।

४२. कृष्ण कन्हैया

♫ प-म॑ग म॑धनिरें निधप- म॑धपम॑ग, पपम॑ गम॑रे ग-म॑ध म॑गरे-सा- ।

अंतरा-1

छम् छम-छम छम घुँघरू बोले, पायल रुन झुन पैंजन बाजे ।

साथ मजीरा धुन हिय हारी ।।

♫ -म- गग म॑म॑ धध धनिसांसां- निरेंसां-, -निरेंग रेंगरें सांसा निरेंसांनिध निधप- ।

-प-म॑ गम॑रेग- म॑ध निरें धनिधप- ।।

भारतीय सांस्कृतिक गीतमाला, मोती 243

कान्हा माटी खायो

स्थायी

नंद जी! आज कान्हा माटी खायो ।

मोहे, मुख में विश्व दिखायो ।

नंद जी! आज कान्हा माटी खायो ।।

♫ सा-रे ग-! रेग- म-ग- म-पध प-म- ।

मप, धप म- प-म गरे-सा- ।

सा-रे ग-! मम- प-म- रे-ग- गरेसा- ।।

अंतरा-1

मैं बोली, अपने घर लटके, दूध दधि-माखन के मटके ।

फिर क्यों माटी चखायो ।

नंद जी! आज कान्हा माटी खायो ।।

♫ ग- म-प- गमप-, निध धपध-, नि-नि निनि- सां-निध निध पपम- ।

रेग म- प-म गरे-सा- ।

सा-रे ग-! मम- प-म- रे-ग- गरेसा- ।।

अंतरा-2

बोला, माटी से ही सब आवे, माटी में ही सब मिल जावे ।

मोहे, कान्हा ज्ञान सिखायो ।

नंद जी! आज कान्हा माटी खायो ।।

अंतरा-3

देखा मैंने उसके मुख में, विश्व समाया सब है सुख में ।

मोहे, कान्हा नेहा लगायो ।
नंद जी! आज कान्हा माटी खायो ।।
अंतरा-4
कान्हा मोरा विश्वरूप है, शिशु गोपन का बाल भूप है ।
मोहे, दैवी दरस लखायो ।
नंद जी! आज कान्हा माटी खायो ।।

भारतीय सांस्कृतिक गीतमाला, मोती 244

विश्व दीदार

स्थायी
सखी! मुख में जिसके विश्व दीदार, किशन विराजे मन में हमार ।
हरि दरशन से आए खुमार, मेरो सब कुछ नंद कुमार ।।
♫ रेसा! रेग ग पमग- ध-प मप-प, गगम पम-ग- मप ध पम-म ।
गरे गमममम म- प-ध निध-ध, सां-नि- धध पम प-म गरे-रे ।।
अंतरा-1
जग कहता है कृष्ण साँवला, अंग भुलाए जग है बावला ।
अंदर देखो, यदि एक बार, रंग हरि के हैं बेशुमार ।।
♫ गम पपध- ध- रें-सां नि-धप-, नि-ध पम-ग- मम प ध-पम- ।
रे-रेरे ग-ग-, धप- मग म-म, सां-नि धप- ध- प- म-गरे-रे ।।
अंतरा-2
भद्र जनन को पास धराने, असुर जनन का नास कराने ।
आया धरा पर फिर एक बार, सुन कर आर्त जनन की पुकार ।।
अंतरा-3
कृष्ण हमारा प्राण पियारा, नंद दुलारा जग उजियारा ।
हरि को बिठाओ मन में तुमार, हरि उतारे सब दुखभार ।।

भारतीय सांस्कृतिक गीतमाला, मोती 245

ब्रह्माण्ड दर्शन

स्थायी

स्वरदा ने सुंदर गाया है, नारद ने साज बजाया है ।
रतनाकर गीत रचाया है ।।

♫ सानि़सा- गरे सा-नि़नि़ सा-रेम ग-, गममग पम ग-रे सासा-रेम ग- ।
गगरेसासासा रे-ग मगरेसानि़ सा- ।।

अंतरा-1

एक दिन कृष्ण ने कछु मुख पाया, माँ बोली, तू "हरि! क्या खाया" ।
"लो देखो माँ!" कह मुख खोला, हरि मुख में था विश्व का गोला ।।
जिसमें सब सत्य समाया है ।।

♫ पप मरे म-प प पम पनि धपप-, प- मगगसा, साग "मप! गरे सानि़सा-" ।
"सानि़ सा-गरे सा-!" नि़नि़ सासा रेमग-, सानि़ सासा गरे सा- नि़-सा सा रेमग- ।
गगरेसा सासा रे-ग मगरेसानि़ सा- ।।

अंतरा-2

नभ चँदा सूरज तारे हैं, इत जीव कीटाणुऽ सारे हैं ।
गिरि नदियाँ तरु खग प्राणी हैं, सब सृष्टिऽ ये पहिचानी है ।
श्रीकृष्ण में सर्व समाया है ।।

अंतरा-3

लख विस्मित माता चकराई, फिर बोल पड़ी जसमति माई ।
जिसे मन में हमने बसाया है, उसमें सब विश्व समाया है ।
श्रीकृष्ण में दैवी माया है ।।

४३. गोविंद

भारतीय सांस्कृतिक गीतमाला, मोती 246

गोविंद

(संस्कृत)

श्लोक

गोविन्द इति यो ज्ञातः कृष्णो विन्दति गोधनम् ।
व्रजजनाश्च गावश्च कृष्णं स्निह्यन्ति सर्वथा ।।
♫ प-प-प पप म- प-ध-, नि-ध- प-मग म-पध- ।
गगगम-रे ग-म-प- ध-प- म-ग-प म-गरे- ।।

गोविन्दो दर्शने तेषां स्वप्नेषु च हरिस्तथा ।
लोचनेषु हरिस्तेषां गोविन्दश्च स्मृतौ सदा ।।

श्रीकृष्णोऽश्रूणि नेत्रेषु बुद्धौ श्यामः सदा हि सः ।
गोविन्दो हृदि सर्वेषां कृष्णो वचसि कर्मणि ।।

गोविन्दो वन्दने तेषां केशवः पूजने च सः ।
आलापेषु स सर्वेषां मुखेषु सर्वदा हरिः ।।

भजनेषु च श्रीकृष्णः कृष्णो देवश्च कीर्तने ।
अर्चनमपि कृष्णाय गायने च हरेः स्तुतिः ।।

गृहे गृहे हरेर्मूर्तिः-हरेः कीर्तिः पदे पदे ।
प्राङ्गणे मोहनस्तेषां गोविन्दश्च वने वने ।।

जनगणेषु गोविन्दः केशवः पशुपक्षिषु ।
शब्दे शब्दे च गोविन्दो ध्वनौ ध्वनौ च केशवः ।।

पञ्भूतेषु गोविन्दो माधवस्त्रिगुणेषु च ।
त्रिभुवने च गोविन्दः कृष्ण एव कणे कणे ।।

सर्वेऽपि हृदि कृष्णस्य भक्त्या संपूरिता जनाः ।
क्षणे क्षणे दिवानक्तं सर्वे च शरणागताः ।।

भारतीय सांस्कृतिक गीतमाला, मोती 247

गोविंद

४३. गोविंद

दोहा छंद

गौ-धन की रक्षा करे, "गोविंद" उसे है नाम ।
व्रज जन प्यारे हैं उसे, सबका प्यारा श्याम ।।

सब नयनन गोविंद है, सपनन में गोविंद ।
दरशन में गोविंद है, सिमरण में गोविंद ।।

आँसू में गोविंद ही, विवेक में गोविंद ।
मुख में शुभ गोविंद है, हिरदय में गोविंद ।।

पूजन में गोविंद है, वन्दन में गोविंद ।
गायन में गोविंद है, भजनन में गोविंद ।।

कीर्तन में गोविंद है, अर्चन में गोविंद ।
अर्जन में गोविंद है, चर्चा में गोविंद ।।

घर-घर में गोविंद है, आँगन में गोविंद ।
गली-गली गोविंद है, कानन में गोविंद ।।

जन गण में गोविंद है, खग पशु में गोविंद ।
हर ध्वनि में गोविंद है, धड़कन में गोविंद ।।

भव प्रकृति गोविंद है, पँच भूत गोविंद ।
त्रिभुवन में गोविंद है, कण-कण में गोविंद ।।

सब हृद् में गोविंद है, हृद् सबका गोविंद ।
शरण सभी गोविंद को, सब सबका गोविंद ।।

भारतीय सांस्कृतिक गीतमाला, मोती 248
राग रत्नाकर, कहरवा ताल 8 मात्रा

४३. गोविंद

भज गोविंदम्
(संस्कृत)

स्थायी

ब्रह्मा त्वमेव, विष्णुस्त्वमेव, शम्भुस्त्वमेव, कृष्ण सखे! ।
सर्गस्त्वमेव, स्वर्गस्त्वमेव, सर्वं त्वमेव, कृष्ण हरे! ।।

♪ रे-रे- रेरे-रे, ग-ग-गग-ग, म-म-मम-म, प-म गरे-!
प-प-पप-प, ध-ध-धध-ध, प-प- पम-म प-म गरे-! ।।

अंतरा–1

ब्रह्मस्वरूपम्, अव्यक्तरूपम्, अचिन्तनीयं, क्लिष्टतरम् ।
कथनातीतं, स्मरणातीतं, सुगमं सुलभं कृष्ण! न ते ।।

♪ नि-धपध-नि-, ध-पमप-ध-, पम-गम-प- म-गरेसा- ।
सासारे-ग-ग, रेरेग-म-म-, पमग- रेगम- प-म! ग रे- ।।

अंतरा–2

विष्णुस्वरूपं, मानवरूपं, दृष्टिगोचरं, हर्षकरम् ।
लोचनकमलं, निर्मलविमलं, सर्वसुन्दरं, लक्ष्मीपते ।।

अंतरा–3

देवकीनन्दं, नन्दनन्दनं, राधारमणं, करुणपरम् ।
तिलकचन्दनं, जगद्वन्दनम्, भज गोविन्दं, हरे! हरे! ।।

भारतीय सांस्कृतिक गीतमाला, मोती 249

रे दुखी मन

स्थायी

रे दुखी मन, गोविंद गोविंद बोल । अंदर, नाम का अमरित घोल ।।

♪ म गरे गम-, ध-पम ग-मग रे- । ध-पम-, ग-म प ममगरे सा- ।।

अंतरा–1

सुख-दुख जग में आते-जाते, शीत उष्ण संकेत लुभाते ।
लालच, कर दे कौड़ी मोल ।।

♪ मग रेसा रेरे ग- ध-पम ग-म-, सा-रे ग-ग म-ध-प मग-रे- ।

४३. गोविंद

सा-रेग-, धप मग- म-गरे सा- ।।

अंतरा-2

जग माया में क्यों तू डूबा, द्वंद्व-भाव से क्यों नहीं ऊबा ।
आखिर, अब तो आँखे खोल ।।

अंतरा-3

जाको तारे कृष्ण कन्हैया, पार लगे उसकी भव नैया ।
मत कर, बेड़ा डाँवाडोल ।।

भारतीय सांस्कृतिक गीतमाला, मोती 250

हरि शरण

स्थायी

बात सुनो तुम शरण में आओ, जीवन को मत व्यर्थ गवाँओ ।
हरि जग पालनहारा है, भव-जल खेवनहारा है ।।

♪ रे-ग मप- मग धधप म ग-म-, सांनिध प- धध प-म गरे-ग- ।
रेरे गग ध-पमग-म- प-, गग मम ध-पमग-रे- सा- ।।

अंतरा-1

नैया तेरी बीच भँवर में, भैया! तेरी दूर डगर है ।
साथ न कोई आया है, हरि अब एक सहारा है ।। हरि जग ...

♪ ग-ग- म-म- ध-प मगग म-, ग-म-! प-प- ध-प मगग म- ।
सा-रे रे ग-ग- प-ग- म-, गग मम ध-प मग-रे- सा- ।। रेरे गग ...

अंतरा-2

जब तूफाँ में नाव है खड़ी, पीर दुखों की भीड़ है बड़ी ।
अंतिम समय पधारा है, हरि तेरा एक किनारा है ।। हरि जग ...

अंतरा-3

भवसागर में तू अकेला है, तू जाने ना ये खेला रे! ।
तज दे पाप का फेरा रे! हरि! हरि! नेक विचारा है ।। हरि जग ...

भारतीय सांस्कृतिक गीतमाला, मोती 251

गोविंद हमारा प्यारा

स्थायी

अजि अक्रुर जी, गोविंद हमारा प्यारा ।

मत भेजो उसको मथुरा ।।

♫ सानि़ सा-रेरे ग-, ग-प-म गरे-म- गसारे- ।

गग प-म- गरेम- गरेसा- ।।

अंतरा-1

ग्वाल बाल का बनवारी, गोपियन का चितहारी ।

व्रज वालों का गिरिधारी, हमरे नैनन का तारा ।।

♫ सा-नि़ सा-रे सा- रेरेग-म-, पपमम ग- रेगरे-सा- ।

रेरे ग-म- प- धपम-ग-, पपम- ग-पम ग- रे-सा- ।।

अंतरा-2

गलियन में रास रचावे, मनहारी बंसी बजावे ।

हरि सबसे नेहा लगावे, वृंदावन उसका यारा ।।

अंतरा-3

राधा के मन में समाया, निश-दिन मन को भाया ।

कण-कण में रंग जमाया, राधिका का वो है जियारा ।।

४४. कान्हा माखनचोर

भारतीय सांस्कृतिक गीतमाला, मोती 252

राग भैरवी, कहरवा ताल

कान्हा

स्थायी

कृष्णा कहो, कहो कान्हा, केशव कहो, कहो काला ।

♫ सा-नि़- सारे-, गम- ग-रे-, ग-म- पम-, गरे- ग-म- ।

अंतरा-1

गोकुल का मुरली वाला, गल में गुलाब की माला ।
मोर मुकुट सिर पर डाला, गोविंद नैन का तारा ।।
♫ ग-गम रे- गगम- गरेग-, मम प- धप-म ग- प-म- ।
रे-ग मपप धप मग म-प, ग-ध-प म-ग म- ग-रे- ।।

अंतरा-2

माखन की करता चोरी, गोपी की मटकी फोरी ।
मैया कहती मैं हारी, मुख हरि का लगता भोला ।।

अंतरा-3

गिरिधर नागर गोपाला, देवकी नंदन है प्यारा ।
राधा उसी की दीवानी, मोहन है नंद का लाला ।।

भारतीय सांस्कृतिक गीतमाला, मोती 253

श्यामसुंदर माखन चोर

स्थायी

आयो री सखी, श्याम सुंदर घर आयो ।
♫ मम प मग-, -सांनिनि निधम- पध म-म ।

अंतरा-1

माखन खावत, नेहा लगावत ।
माखन खावत, नेहा लगावत ।
कान्हा मोरे मन भायो ।। आयो री सखी ...
♫ -म-धनि सां-सांसां, -नि-सां सांधसांनिध ।
-म-धनि सांनिरेंसांसां -निसांसां सांधसांनिध ।
-नि-नि निरेंसां निधप नि-ध ।। ममध पध मग ...

अंतरा-2

छिप छिप कर सखी, जाने कब आयो । आपन खायो, खिलायो ।

अंतरा-3

ऊँची लटकी, माखन मटकी । लकुटिया मार, गिरायो ।

अंतरा-4

बोले, "माखन, मैं नहीं खायो । मुख म्हारे, लिपटायो" ।

अंतरा-5

भोली सुरतिया, खेलत लीला । मनवा मोरा, भरमायो ।

भारतीय सांस्कृतिक गीतमाला, मोती 254
राग भीमपलासी, कहरवा ताल

माखन चोर

स्थायी

मैं नहीं मैया माखन खायो, गोप हमारे मुख लिपटायो ।
मैं नहीं मैया माखन खायो ।।

♪ म- पध प-म- ग-रेग म-म-, नि-ध पध-निसां निनि धपध-म- ।
म- पध प-म- ग-रेग पमम- ।।

अंतरा-1

दहि माखन की हमें न थोड़ी, मैं क्यों करता माखन चोरी ।
तोरे मन में ये, क्योंकर आयो ।।

♪ रेरे ग-मम प- गम- नि ध-प-, ग- म- निधप- ग-रेग म-म- ।
मम पप निध प-, ध-पम गमम- ।।

अंतरा-2

मैया तू है कितनी भोरी, दिन मैं चरावत गौवन तोरी ।
मोहे वन मा, तू हि पठायो ।।

अंतरा-3

माखन मटकी भरी की भरी, मैं क्या कीन्ही माखन चोरी ।
गोपी काहे कहे मैं, माखन खायो ।।

अंतरा-4

मैं बालक छोटी कद मोरी, माखन छींको ऊँची डोरी ।
भेद मेरो जग, जान न पायो ।।

भारतीय सांस्कृतिक गीतमाला, मोती 255

गोपियन की शिकायत

स्थायी

स्वरदा ने सुंदर गाया है, नारद ने साज बजाया है ।
रतनाकर गीत रचाया है ।।

♫ सानि़सा- गरे सा-नि़नि़ सा-रेम ग-, गममग पम ग-रे सासा-रेम ग- ।
गगरेसासासा रे-ग मगरेसानि़ सा- ।।

अंतरा-1

कान्हा जब से वन जाता है, मन गोपियन का नहीं भाता है ।
उत कान्हा खेड़त वन में है, इत कान्हा डोलत मन में है ।
घट-घट में कृष्ण समाया है ।।

♫ प-मरे मम प- पम पनिधप प-, पप मगगसा साग मप गरेसानि़ सा- ।
सानि़ सा-गरे सा-नि़नि़ सासा रेम ग-, सानि़ सा-गरे सा-नि़नि़ सासा रेम ग- ।
गग रेसा सा- रे-ग मगरेसानि़ सा- ।।

अंतरा-2

कभी कान्हा की आहट आवे, बिरहा गोपियन का मन खावे ।
कभी दिन में कान्हा के सपने, कभी लगता घर आयो अपने ।
हर मन में कृष्ण समाया है ।।

अंतरा-3

सब सखीं बहाने लाई हैं, घर कृष्ण को देखन आई हैं ।
सुन मैया कान्हा को बोली, तुझे डोरी से मैं बाँधूँगी ।
पर डोरी टूटी जावे है ।।

भारतीय सांस्कृतिक गीतमाला, मोती 256

खयाल : राग देशकार, चौताल 12 मात्रा

माखन चोर

स्थायी

नैनूँ खात नंद लाल, संग सखे गोप बाल ।
बिलोती दही तड़के, जननी सुखदाऽऽऽऽई ।।

♫ सांधध ध-सां सां-सां ध-प, पगप पपध पगप गरेसा ।

साध़-सा- रेगप पधध-, गंरेंसां- सांपधसांधपगरेसा ।।

अंतरा-1

नटखट सब ब्रज गोपाल, ठुमकत नाचत धमाल ।

विविध राग मधुर ताल, बंसी सुनवाऽऽऽऽई ।।

♫ पगपप धध सांसां सांसां-सां, सांसांधसां सांरेंसांरें सांध-प ।

पधग पधध पधग पधध, सांरेंसांध- पधपगपगरेसा ।।

भारतीय सांस्कृतिक गीतमाला, मोती 257

राग भैरवी, कहरवा ताल

माखन चोर

स्थायी

मैं नहीं मैया माखन चोर, दोष लगाए काहे को ।

♫ सा- रेग म-म- प-मग म-म, प-म गम-प- म-गरे सा- ।

अंतरा-1

देखा नहीं है, किसी ने मुझको, फिर भी शिकायत है क्यों तुझको ।

ऊँगली उठा मत मेरी ओर, आँखें दिखावे काहे को ।।

♫ म-प निध- प-, निनि- ध पपम-, निनि ध पध-मम ग- प- मगरे- ।

सासारे गम- गग प-मग म-म, प-म गम-प- म-गरे सा- ।।

अंतरा-2

गोपी आवे देखन मोहे, मोर मुकुट मेरे सिर सोहे ।

गोपी सब हैं चुगली खोर, ताने मारे काहे को ।।

अंतरा-3

माखन उनका ज्यों का त्यों है, नाम लगावत मोरा क्यों हैं ।

बाँध न मैया मुझको डोर, कान तू पकड़े काहे को ।।

भारतीय सांस्कृतिक गीतमाला, मोती 258

माखन चोर

स्थायी

४४. कान्हा माखनचोर

मुख में बसा बस एक ही नाम ।

गोपी कहे कान्हा का ये काम ।।

♫ सासा रे गम– मम ध–प म प–प ।

रे–ग गम– प–ध– प– ग मम– ।।

अंतरा–1

निश–दिन मन में एक मुरतिया, ध्यान भुलावे भोली सुरतिया ।

मन में बसा जो हरि घनश्याम, मुख में आए, नाम ललाम ।।

♫ मम पध निनि ध– सां–नि धपपध–, सां–नि धप–ध– नि–ध पधगम– ।

रेरे ग मप– प– निनि धपध–ध, रेरे ग– म–प–, ध–प गम–म ।।

अंतरा–2

नजर न आवे माखन खावे, कब आवे कब जावे श्याम ।

बार–बार वो मन भरमावे, सुध–बुध खोवे गोपी तमाम ।।

अंतरा–3

कान्हा कीन्ही माखन चोरी, मैया! मोरी मटकी फोरी ।

कान्हा दिखावे फिर है कमाल, ज्यों का त्यों ही सब सामान ।।

भारतीय सांस्कृतिक गीतमाला, मोती 259

माखन चोरी

स्थायी

स्वरदा ने सुंदर गाया है, नारद ने साज बजाया है ।

रतनाकर गीत रचाया है ।।

♫ सानि़सा– गरे सा–नि़नि़ सा–रेम ग–, गममग पम ग–रे सासा–रेम ग– ।

गगरेसासासा रे–ग मगरेसानि़ सा– ।।

अंतरा–1

ग्वालों को देकर रोटी है, जब थकी गोपियाँ लेटी हैं ।

तब आए कूद के बाड़े से, सब छुप–छुपके पिछवाड़े से ।

अब सबने माखन खाना है ।।

♫ प–मरे म– प–पम पनिधप प–, पप मगसा सागमप– गरेसानि़ सा– ।

सानि़ सा–गरे सा–नि़ नि़ सा–रेम ग–, सानि़ सासा गरेसा– नि़नि़सा–रेम ग– ।

गग रेसासा- रे-गम गरेसानि़ सा- ।।

अंतरा-2

इत कृष्ण सुदामा संगी हैं, उत माखन मटकी टँगी है ।
जो मटकी ऊँची लटकी है, वो लकुटी मारे पटकी है ।
सब खाकर साफ सफाया है ।।

अंतरा-3

सब रंजित गोपी कन्हैया से, जब आती मिलने मैया से ।
कहे जसमति मैया, "मैं हारी!" उत मटकी लटकी हैं सारी ।
गोपियन की समझ न आया है ।।

भारतीय सांस्कृतिक गीतमाला, मोती 260

राग भीमपलासी

माखन चोरी

स्थायी

माखन चोरी किसका है काम, गोपी के मुख में कृष्ण का नाम ।
देखे बिना, हरि पर इलजाम, कान्हा को करती बदनाम ।।
♫ रेगमप मगरे- गरेग म प-प, धपप म गग गग रेगम ग रे-रे ।
सारेरे रेग-, रेरे गग मपम-म, प-म- ग- ममप- मगरे-रे ।।

अंतरा-1

कान्हा गोपन को संग लायो, आँख बचा कर चुप-चुप आयो ।
दूध दही मेरो माखन खायो, सपनन में मेरो घनश्याम ।।
♫ रे-रे- ग-गग म- पप ध-ध-, प-प पध- पम गग मग रे-रे- ।
प-प पध- पप प-मम ग-म-, पपपप ध- प-म- गमरे- ।।

अंतरा-2

ऊँची छींके पर थी लटकी, कान्हा फोड़ी माखन मटकी ।
आपन खायो सबन खिलायो, नजर न आयो मोहे श्याम ।।

अंतरा-3

गोपी गई मैया को बताने, नटखट की चोरी को जताने ।
वापस घर आई तो जाने, सब ज्यों का त्यों ही सामान ।।

४५. हरि घनश्याम

भारतीय सांस्कृतिक गीतमाला, मोती 261

घनश्याम

स्थायी

गर मेरे घर आए, हरि घनश्याम, सब कुछ कर दूँ, कृष्ण के नाम ।
देखूँ राह मैं चारों याम, आओ कनाई! मेरे धाम ॥

♪ साम मम मप मग, गम पमप-प, पप पध पप म-, रे-ग ग म-म ।
सामम- प-म ग गमपम प-प, प-प धपमम-! रे-ग- म-म ॥

अंतरा-1

दधि-माखन मेरे द्वारे, खाओ जी भर कर प्यारे! ।
गोप गोपिका मितर ललाम, लाओ सुदामा संग बलराम ॥

♪ धनि ध-पप म-प- ध-नि, ध-धम मध निसां धप मगम- ।
सामम मपमग- गमप मप-प, प-प धपमम- रेरे गगम-म ॥

अंतरा-2

मन मंदिर में ज्योति जगे, भगती विनय का भोग लगे ।
भजनन मेरे मुख, भगवान्! सुमिरन तेरा शुभ अभिराम ॥

अंतरा-3

चित्त हमारा तुमरे पासा, तुमरे पग की अभिलासा ।
पूरण हों मेरे अरमान, नत हिरदय से परम प्रणाम ॥

भारतीय सांस्कृतिक गीतमाला, मोती 262
राग : आसावरी कहरवा ताल

हरि चरण

स्थायी

हरि चरणन के पूज्य स्पर्श से, मिल जाए अनुदान ।

४५. हरि घनश्याम

रे मनवा, ले ले हरि का नाम ।।

♪ सानि॒ सासाग॒ग॒ रे- ग॒-म प-म ग॒-, मम म-प- मग॒रे-रे ।
सा नि॒सारे-, म- म- पम ग॒रे सा-सा ।।

अंतरा-1

हिरदय में हरि साँझ सकारे, जनम-जनम के पाप उबारे ।
सुमिरन करले पल-छिन प्यारे, खो कर अपने भान ।। रे मनवा०

♪ सारेगम प- ध॒प- ध॒-प मग॒-म-, ममप धनिध॒ प- ध॒-नि सांनि-ध॒- ।
मममम पपप- मग॒ पम ग॒-रे, म- मम पमग॒रे सा-सा ।। सा नि॒सारे- ...

अंतरा-2

पल दो पल का वास है जग में, उसमें विपदा है पग-पग में ।
गर मुक्ति की आस है मन में, गा ले हरि के गान ।। रे मनवा०

अंतरा-3

पास न आवें भय दुस्तारे, संकट भागे दूर दुखारे ।
हरि किरपा से सकल तुम्हारे, होंगे पूरण काम ।। रे मनवा०

भारतीय सांस्कृतिक गीतमाला, मोती 263

प्रभु दर्शन

स्थायी

बरनन सुंदर जाको इतनौ, रूप परम होहौ कितनौ ।
♪ रेरेरेरे ग॒-रेसा रेरे गगम-, ध॒-प मग॒ग॒ म-प- मग॒रे- ।

अंतरा -1

किरती जाकी जग तीनि माहीं, प्रीति बिखरी दुखी दीनि माहीं ।
बरतन जाको मंगल इतनौ, दरसन सुभ होहौ कितनौ ।।

♪ ममम- प-प- मग॒ रेग॒ म-म-, प-प- ध॒पम- पध॒ निध॒ प-म- ।
रेरेरेरे गग॒ रेसारेरे गगम-, ध॒ध॒पप मग॒ म-प- मग॒रे- ।।

अंतरा -2

सुमिरन जाको पुन्य लगावै, सान्ति दैके पाप भगावै ।
सपनन में निर्मल इतनौ, अपनन में होहौ कितनौ ।।

अंतरा -3

४५. हरि घनश्याम

निराकार निर्‌गुन सुभ काया, कण कण में जाकी है माया ।
रूप अलख न्यारो इतनौ, गोचर प्यारो होहौ कितनौ ।।

भारतीय सांस्कृतिक गीतमाला, मोती 264

हरि की लीला

स्थायी

रे हरि तेरी, लीला है जादू भरी ।

♫ सा नि़सा गरे-, प-मं ग रे-ग रेसा- ।

अंतरा-1

नंदलाल की बाल लीलाएँ, सबको मुग्ध करी ।
अनुपम प्यारी रम्य कथाएँ, सचमुच जादूगरी ।।

♫ ध-पप-मं प- मं-ग रेग-मं-, नि़नि़सा- रे-ग मंग- ।
सानि़सासा रे-रे- मं-ग रेसा-रे-, गगमंग रे-गरेसा- ।।

अंतरा-2

जहर पिलाने आई पूतना, अपने विष से मरी ।
गिरा तृणावर्त आसमान से, नभ तक धूल उड़ी ।।

अंतरा-3

कालीया जमुना से भगायो, शीश पे नाचे हरि ।
गोवर्धन उँगली पे उठायो, लीला है जादू खरी ।।

भारतीय सांस्कृतिक गीतमाला, मोती 265

ना बजाओ

स्थायी

ना बजाओ, ना बजाओ, बांसुरी कान्हा ।
मुरली धुन मनहारी, ना बजाओ ।।

♫ सा- रेग-म-, म- गरे-सा-, मपध- प-म- ।
रेरेग- मम धपम-ग-, म- गरे-सा- ।।

४६. नंद गोपाल

अंतरा–1

चंदा सूरज थम जाते हैं, धरती थमती मोई ।

बादल से निकली जल धारें, रुकती सुधबुध खोई ।।

ना बजाओ, ना बजाओ, ना बजाओ ...

♫ रे–ग– म–मम धप म–ग– म–, गगम– पपध– सां–नि– ।

सां–निनि ध– ममप– धध नि–नि–, सांनिध– सांनिधप म–प– ।।

म– पध–नि–, सां– निध–प–, म– गरे–सा– ।

अंतरा–2

जीव जगत के प्राणी मोहे, राजा रंक भिखारी ।

गोकुल वासी गोप गोपिका, मोहत शिशु नर नारी ।।

ना बजाओ ...

अंतरा–3

कुंभकरन की निंदिया तोड़ी, मोड़ी शिव की समाधी ।

मुनि जनन के मौन बिगाड़े, मीरा हुई दीवानी ।।

ना बजाओ ...

अंतरा–4

देव–देवता ब्रह्मा सनका, इन्द्रजगत के वासी ।

आपा खो कर मगन धुनी में, सृष्टि चक्र क्रम नासी ।।

ना बजाओ ...

४६. नंद गोपाल

भारतीय सांस्कृतिक गीतमाला, मोती 266

गोपाल कृष्ण

स्थायी

स्वरदा ने सुंदर गाया है, नारद ने साज बजाया है ।

रतनाकर गीत रचाया है ।।

♫ सानि़सा– गरे सा–नि़नि़ सा–रेम ग–, गममग पम ग–रे सासा–रेम ग– ।

४६. नंद गोपाल

गगरेसासासा रे-ग मगरेसानि़ सा- ।।

अंतरा-1

अब पाँच बरस का कान्हा है, कहे मधुबन मुझको जाना है ।
सुर बंसी मधुर बजाना है, मैं गौन से खेल रचाना है ।
सिर कान्हा मुकुट सजाया है ।।

♫ पप मरेम मपप पम पनिधप प-, पप मगगसा सागमप गरेसानि़ सा- ।
सानि़ सा-गरे सासानि़ नि़सा-रेम ग-, सानि़ सा-ग रे सा-नि़ नि़सा-रेम ग- ।
गग रेसासा- रेरेग मगरेसानि़ सा- ।।

अंतरा-2

हार गले में डाला है, काजल नैनन में काला है ।
पग में पायल कर मुरली है, अरु काँधे काली कमली है ।
सब व्रज को कान्हा भाया है ।।

अंतरा-3

बाबा को वन्दन कीन्हा है, मैया को चूमा दीन्हा है ।
"आता हूँ माते!" बोला है, शिशु ग्वाल बाल सह निकला है ।
संग माखन रोटी लाया है ।।

भारतीय सांस्कृतिक गीतमाला, मोती 267

नंदलाल गोपाल

स्थायी

आज, नंदलाल भयो गोपाल ।

♫ गम॑, ध-पम॑-ग रेसा- नि़-ग - - - ग ।

अंतरा-1

पाँच वर्ष का किशोर कान्हा, हर्ष मोद ये व्रज सब जाना ।
सखी! हाल मेरो बेहा - - - ल ।।

♫ ग-म॑ प-प प- म॑ध-प म॑-ग-, प-ध नि-सां नि- सांनि धप मधप- ।
धप-! म॑-प रेसा- नि़-ग - - - ग ।।

अंतरा-2

आज पठायो गौवन पीछे, कियो विदा मैं आँखे मीचे ।

४६. नंद गोपाल

हरि, आज भयो गोपा – – – ल ।।

अंतरा–3

खेलत वत्सन संग वन माहीं, लागत मोरा घर मन नाही ।

गोपाल भयो, नंद ला – – – ल ।।

भारतीय सांस्कृतिक गीतमाला, मोती 268

खयाल : राग मालकौंस, तीन ताल

नंदलाल

स्थायी

मोह लियो सखी मोहे नंदलाल हरि ।

नैनन कंज मुख मंडल चंद्रमा ।।

♫ सांसां निसां धम धनि सां–धनिधम गसा ।

गगम धनिसां निनिसां धनिध मगमगसा ।।

अंतरा–1

घुंघर वाले सुंदर कुंतल, गल में चंपक, मुकुंद कलियाँ ।

♫ ग–मम ध–नि– सां–सांसां गंनिसांसां, धनि सांमं गंसांधनि,

सांगंसांनिधनिसांनि धनिधमगमगसा ।

अंतरा–2

रंग कृष्ण, मुख मंडल मंगल, मोर मुकुट सिर, चंचल अँखियाँ ।

अंतरा–3

नैनन काजल, कानन कुंडल, पग में पैंजन, कृष्ण कन्हैया ।

भारतीय सांस्कृतिक गीतमाला, मोती 269

नंदलाल

स्थायी

माँ मुझे देवकी का ही, नंद ना कहो ।

मैं नंद दुलारा माँ, तुम्हारा भी हूँ ।।

♫ ग रेसा- रेरेग- म- प-, ध-प म- गरे- ।
सा रे-रे रेग-म प-, धप-म- ग रे- ।।

अंतरा-1

देवकी माता मुझको है, जनम दिया,
तुमने प्रेम से मुझको, बड़ा है किया ।
मुझे नंद गोपाला, नंद लाला कहो,
अँखियन का तारा मैं, तुम्हारा भी हूँ ।।

♫ सां-सांनि- सां-सां निनिसां- सां-, निधनि- धप-,
नि-नि ध-नि- नि धधप-, धनि- ध- पम- ।
गम- प-ध नि-ध-प-, सांनि ध-नि धप-,
मग-रेरे ग म-प- ध-, निध-प- ग म- ।।

अंतरा-2

माँ तुम्हीं ने है मुझको, सहारा दिया,
जो कुछ भी हूँ माँ मैं, तुम्हारी कृपा ।
मुझे मुरली वाला तुम, नंद ग्वाला कहो,
ममता का मारा मैं, तुम्हारा भी हूँ ।।

अंतरा-3

मथुरा से मैं आया हूँ, तुम्हारे यहाँ,
गोकुल से फिर वृंदावन, तुम्हारा कहा ।
मुझे मथुरा जाने दो, ना मत कहो,
प्यारा बेटा मैं माते! तुम्हारा भी हूँ ।।

<ins>भारतीय सांस्कृतिक गीतमाला, मोती 270</ins>

कहरवा ताल 8 मात्रा

श्याम सलोना

स्थायी

श्याम सलोना नंद गोपाला, रंग साँवला हरि ब्रज बाला ।

♫ सासाग पम-गसा सा-निध नि सा-सा-, प-प पनिपप- मम गसा गमम- ।

अंतरा-1

सिर पर मोर मुकुट है डाला, गिरिधर काली कमली वाला ।

पग में पायल गल बन माला ।।

♫ पप पध धनिनि निधनि पध धनिनि–, पपपध धनिनि– धनिपध धनिनि– ।

पप पध निसांसांसां सांनि रेंसां ध–प– ।

अंतरा–2

गौवन पाला गोकुल ग्वाला, मोहन प्यारा है मतवाला ।

दधि–माखन को चुराने वाला ।

अंतरा–3

राधे गोविंदा मुरली वाला, नंद का नंदन श्यामल काला ।

गोप गोपी का प्रिय मतवाला ।।

४७. रासलीला

भारतीय सांस्कृतिक गीतमाला, मोती 271

रास रचत गोपाल

स्थायी

रास रचत श्री गोपाल, राधा रमण नंदलाल ।

बंसी मधुर, मंद चाल, संग गोप सारे ।।

♫ गरेम गसासा सारे गनि़सासा, नि़प़नि़ सासासा रेपमगरेगसा ।

सा–सा रेगसा, मरेमम प–प, मरेरे मपप मपधपम गरे– ।।

अंतरा–1

गीत ललित सुगम ताल, तिलक भाल रंग लाल ।

मोर मुकुट, पुष्प माल, गोल नयन कारे ।।

♫ मपनि निनिनि सांसांसां रेंनिसांसां, प निनि निसांसां पनिसांरेंसां निधप ।

प–रें रेंरेंरें निसांरें निधप, मरेरे पमपप मपधपमगरे– ।।

४८. राधेश्याम

<u>भारतीय सांस्कृतिक गीतमाला, मोती 272</u>

राधा जनम-दिन

स्थायी

जनम दिन की राधा को देने बधाई, गोकुल से आए हैं कृष्ण कनाई ।

♫ सानि़- सा- सा रे-रे- रे ग़-प- मग़-रे-, सा-ग़- ग़ ग़-म- ग़- प-म- ग़रे-सा- ।

अंतरा-1

शंकर-किन्नर, तुंबर आए, आशीष मंगल, गुल बरसाये ।

कान्हा ने मुरली कमाल बजाई, जरा हँस के राधा, अदा शरमाई ।।

♫ सा-सा-रे ग़-म-म, ध़-प-म ग़-म-, नि़-ध़-प ध़-प-म, ध़ध़ प-मग़-रे- ।

सा-सा- रे ग़-म- ध़प-म- ग़म-प-, ध़प- म- ग़ रे-म-, ध़प- म-ग़रे-सा- ।।

अंतरा-2

वृंदावन में, खुशी की लड़ी है, मची सबके मन में, पुलक हड़बड़ी है ।

कान्हा की सबने, मेहर मनाई, राधा की जै जै से, रौनक जमाई ।।

अंतरा-3

ऋद्धि और सिद्धि, डुलावत चामर, खा पी रहे हैं, धनी और पामर ।

लड्डू जलेबी, पुए रस मलाई, कण-कण में देखो है, प्रीत समाई ।।

<u>भारतीय सांस्कृतिक गीतमाला, मोती 273</u>

राधा के जन्मदिन की कथा

स्थायी

स्वरदा ने सुंदर गाया है, नारद ने साज बजाया है ।

रतनाकर गीत रचाया है ।।

♫ सानि़सा- ग़रे सा-नि़नि़ सा-रेम ग़-, ग़ममग़ पम ग़-रे सासा-रेम ग़- ।

ग़ग़रेसासासा रे-ग़ मग़रेसानि़ सा- ।।

अंतरा-1

जन, वृंदावन के गाए हैं, सब देव-देवता आए हैं ।

सखी! आज मिलन है सुखदाई, बरसाने से राधा आई ।

गोकुल से कान्हा आया है ।।

♫ पप, मरेम-पप पम पनिधप प-, पप मगग सा-गमप गरेसानि़ सा- ।

सानि़! सा-ग रेसासा नि़- सासारेमग-, सानि़सा-गरे सा- नि़-सा- रेमग- ।

ग-रेसा सा- रे-गम गरेसानि़ सा- ।।

अंतरा-2

ये जनम-दिवस है राधा का, उस पुनर्जन्म की सीता का ।

श्रीकृष्ण से संगम रधिया का, गंगा से जमुना नदिया का ।

नारद ने मेल कराया है ।।

अंतरा-3

शिव नारद मुनिवर आए हैं, शुभ आशिष मंगल लाए हैं ।

श्रीकृष्ण बधाई बोला है, सब व्रज जन का मन डोला है ।

ये विधि ने खेल रचाया है ।।

भारतीय सांस्कृतिक गीतमाला, मोती 274

राग भैरवी, कहरवा ताल

राधेश्याम

स्थायी

कृष्ण कन्हैया राधेश्याम, श्रीधर तेरे रूप ललाम ।

सुंदर प्यारे तेरे नाम ।।

♫ सामम ममपमग गमपम प- - प, साममम मपमग गमप मप - - प ।

प-पध पमम- रे-गप म - - म ।।

अंतरा-1

राधा रमण सखा बलराम, शंकर विष्णु तू ही राम ।

गाओ मंगल कृष्ण के नाम ।।

♫ सां-सांरें सां-नि धध- निरेंसां - - सां, सां-सांरें सां-निध ध- निरें सां - - सां ।

धधधम मधनिसां धपम ग म - - म ।।

अंतरा-2

दे दे किरपा का वरदान, पूरे हमरे कर अरमान ।
दीन दुखी का तू भगवान ।।
अंतरा-3
गाऊँ सौ-सौ तेरे नाम, ध्याऊँ तेरे रूप तमाम ।
अनुपम सारे तेरे काम ।।

४९. मोहन माधव

भारतीय सांस्कृतिक गीतमाला, मोती 275

मोहन माधव

स्थायी
मोहन हरि घनश्याम ।
प्रभु के सुंदर नाम हैं उतने, जितने जग में मंगल काम ।।
♫ ध-पमं गरेसा पमंग-ग ।
रेरे ग- मं-मंमं नि-ध प मंमंप-, धधप- मंमं प- ध-पमं ग-ग ।।
अंतरा-1
कृष्ण कन्हैया बाल गोपाला, मुकुंद माधव नंद का लाला ।
पावन शुभ सुख धाम ।।
♫ सा-रे गप-मं- ध-प मंग-रे-, निरें-गं रें-निध सांनि ध प-प- ।
ध-पमं गरे पमं ग-ग ।।
अंतरा-2
गोकुल वाला श्यामल काला, गल बनमाला हरि ब्रज बाला ।
अमृत मय सत् नाम ।।
अंतरा-3
सब दुख हारी सब सुख कारी, मोर मुकुट धर कुंज बिहारी ।
सच्चिदानंद अभिराम ।।
अंतरा-4
गोविंद केशव बंसी बजैया, मुरली मनोहर भव खेवैया ।

अगणित शत शत नाम ।।

भारतीय सांस्कृतिक गीतमाला, मोती 276

राधा मोहन

स्थायी

राधा मोहन के संग नाचे, श्यामा की मुरली मधु बाजे ।
गोपी मोद विरा - - - जे- ।।

♫ सारेसारे म-मम प- धध निधप-, सां-निध नि- धपम- पप धनिसां- ।
सां-नि- सां-नि धपमगरेसा- ।।

अंतरा-1

चंद्र देवता, रस बरसाए । ललिता ललना रास रचाए ।
कोयल पपीहा बुलबुल गाए । कोयल गीत सुनाए- - - - ।।

♫ सां-सां सां-सांसां-, निसां रेंसांध-प- । धधधध- निनिनि- सांनि धप-प- ।
म-मप धधसां- गंगंरेंरें सांनिधप । म-पप ध-सां धपमगरेसा- ।।

अंतरा-2

इन्द्र देवता, नभ अंबर से । व्रज की रौनक देखन तरसे ।
राधा कृष्ण की बाहों में साजे । स्वर्ग की परियाँ शरम से लाजे ।।

अंतरा-3

रुद्र देवता, बोले गौरी! राधा कृष्ण की देखो जोड़ी ।
सिया राम अवतार अवध के । राधा रमण बन व्रज में बिराजे ।।

भारतीय सांस्कृतिक गीतमाला, मोती 277

राधा ग्वालिन

स्थायी

राधा ग्वालिन, कर रही मंथन ।
साथ हरि का घड़ी घड़ी चिंतन ।।

♫ सा-सा- ग-गरे, गमं पध प-मंग ।
रे-सा रेग- ग- रेग मंग रे-सासा ।।

अंतरा–1

वृंदावन में, गोप गोपिका, खेलत हैं मतवाले ।
व्रज के ग्वाले, बंसी बजा कर, खेलत खेल निराले ।
नटखट नागर, नंद का नंदन ।
मुकुन्द टटका खात है माखन ।।

♫ रे–ग–मंमं प–, मं–प ध–पमं–, रे–गग मं– पधप–मं– ।
पध नि– सां–नि–, रें–सां निसां– निध, नि–धप ध–प मंपमगरेसा– ।
सारेसारे मं–गरे, ग–मं ध– प–मंग ।
सारे–सा गगरे– ग–मं ग रे–सासा ।।

अंतरा–2

गोकुल वाला, बालक ग्वाला, मुरली मधुर बजावे ।
वृंदावन की कुंज गलिन में, सुंदर रास रचावे ।
खोये सुध–बुध, सारे व्रज जन ।
सबके मन का, होत है रंजन ।।

अंतरा–3

राधा ढूँढत, गली गलिन में, मन में छुपा जो कान्हा ।
प्रेम दीवानी, भोली राधिका, सखियाँ मारत ताना ।
प्यारा मोहन, असुरनिकंदन ।
सबके दुखों का, करता भंजन ।।

अंतरा–4

तीर पे भावन, नीर है पावन, जमुना जल है कारा ।
सिरजनहारा, आँख का तारा, राधा यशोदा दुलारा ।
पयस है प्यारा, अमुत धारा ।
पीत है श्यामा, देवकी नंदन ।।

<u>भारतीय सांस्कृतिक गीतमाला, मोती 278</u>

मोहन गीत गावे

स्थायी

मोहन गीत गावे, री मीठे मीठे ।

♫ रे-रेरे ग-ग म-प-, प नि-ध- पध- ।

अंतरा-1

छुप-छुप आवे, माखन खावे, गोपी के शिकवे, री मीठे मीठे ।

♫ रेरे गग म-म-, प-मग रे-रे-, सां-नि ध पपध-, प नि-ध- पध- ।

अंतरा-2

बंसी बजावे, राधा लजावे, गीत सुनावे, री मीठे मीठे ।

अंतरा-3

रास रचावे, शोर मचावे, नाच नचावे, री मीठे मीठे ।

अंतरा-4

रात जगावे, नींद चुरावे, सत्तपने दिखावे, री मीठे मीठे ।

<u>भारतीय सांस्कृतिक गीतमाला, मोती 279</u>

भजन : राग केदार, तीन ताल

श्याम की राधा

स्थायी

मुरली सुनत है श्याम की राधा, मोर पपीहा नाचत थैया ।

नील गगन में चाँद है आधा ।।

♫ सासाम मपप मंप सां-ध प मंपधपमरेसा, सा-म गप-प- धनिसांधप मंपधपम- ।

सां-सां सांनिध सांरें सां-ध प मंपधपमरेसा ।।

अंतरा-1

कोयल कुहू कुहू सुंदर बाँधा, सौरभ चंपक रजनी गंधा ।

वृंदावन में दंग है वसुधा ।।

♫ प-पप सांसां सांसां सां-सांसां निसांरेंसां-, सांधधध सां-सांसां धनिसांधप मंपधपम-सां-सां -निध

सांरें सां-ध प मंपधपमरेसा ।।

अंतरा-2

हिंदोले पर झूलत झूला, मोहन गोपियन गोपी बाला ।

बंसी बजावत देवकी नंदा ।।

भारतीय सांस्कृतिक गीतमाला, मोती 280

राग केदार, कहरवा ताल

बाजे मुरलिया

स्थायी

सुध-बुध खो गई श्याम की राधा ।

नंद किशोर की बाजे मुरलिया, कारी बादरिया में चाँद है आधा ।।

♫ सारे साप प- म॑प ध-प प म॑पम- ।

म-प पसां-ध प म-ध पममरेसा, सां-सां सांनिधसां रें सां-ध प म॑पम- ।।

अंतरा-1

पायल घुँघरू मोहन माला, नैनन सुंदर काजल काला ।

मोर पपीहा सुस्वर बाँधा ।।

♫ प-सांसां सांसांरेंसां निधसांरें सांनिधप, म-पप सां-धप म-धप म-रेसा ।

सां-सां सांनिधसांरे सां-धप म॑पम- ।।

अंतरा-2

शीतल मंजुल मंद पवन है, आनंदित सब नंद भवन है ।

कारी बादरिया में चाँद है आधा ।।

५०. नंद किशोर

भारतीय सांस्कृतिक गीतमाला, मोती 281

भजन : राग वृंदावनी सारंग, कहरवा ताल 8 मात्रा

नंद किशोर

स्थायी

नंद किशोर को याद करले, सुख-दुख चिंता उस पर छोड़ दे ।

♫ सां-नि पमरेनि़ सा रे - - रे मरेनि़सा, नि़नि़ सासा रे-सा- रेरे पम रे-सा सा ।

अंतरा-1

प्रभु बिन अब तेरा, कौन है कौन है ।

जरा दिल की सुन, हरि बिन दुखिया ।।

♫ मम पप निप निनि, सां-सां सां रें-सां सां ।

५०. नंद किशोर

निसां रें रें रें- सांसां, निसां रेंसां निसांनिप ।।

अंतरा-2

अरज बिना प्रभु, मौन है मौन है ।
याद करे तो, जीवन उजियारा ।।

अंतरा-3

हरि बिन क्या कुछ, और है और है ।
अरु कछु हो न हो, उस बिन नहीं चारा ।।

भारतीय सांस्कृतिक गीतमाला, मोती 282

राधा नंदकिशोर

स्थायी

खेलत राधा नंद किशोर, नंद किशोर सखि नंद किशोर ।
गोकुल वाला माखन चोर ।।

♪ मपमग म-प- निधप मम- -म , ध-नि निध-ध पम धपधसां निध-पम ।
मपमग म-प- निधपम म- -म ।।

अंतरा-1

ग्वालिन राधा, झूलत झूला, बोलत मीठे बोल ।
आनंद चारों ओर ।।

♪ -मपनिनि सां-सां- -सां-सांसां निसांनिध, -धधध धपधसां नि-ध-प-म- ।
-धधध धपधसां नि- -ध-पम ।।

अंतरा-2

बाँसुरी की धुन, सुनत गोपिका, नाचत मन का मोर । आनंद ...

अंतरा-3

गोप सुदामा अरु बलरामा, गावत सुधबुध छोड़ । आनंद ...

अंतरा-4

बांधत नटखट मातु यशोदा, टूटी जावे डोर । आनंद ...

अंतरा-5

सावन बरखा, रिमझिम बरसत, काली घटा घन घोर । आनंद ...

५१. राधाकृष्ण

<u>भारतीय सांस्कृतिक गीतमाला, मोती 283</u>

राग मालकौंस : तीन ताल 16 मात्रा

राधकृष्ण

स्थायी

दिल धड़क धड़क बोले मेरो, अजि कहने दो जो कहना हो ।
मुझे अपने दिल का कोना दो ।।

♫ धनि गंसांसां गंसांसां निधनिधम सांनिधनिधनिसां,
सांसां सांसांनिध नि- धम धधमग म- ।
गसा निसागम धध गम गमधनिसांगंसांनिधनि सां- ।।

अंतरा-1

गीत पुराना याद आता हो, दिल से दिल का नाता हो ।
अजि, बात तिहारी एक नज़र की,
फेर के मुख रुख़ यों ना दो ।।

अंतरा-2

रात गुजारी दीवाने ने, बैठ शमा पर परवाने ने ।
आज तुम्हारे साथ जलूँ मैं,
मीत को तुम दुख यों ना दो ।।

<u>भारतीय सांस्कृतिक गीतमाला, मोती 284</u>

राग आसावरी, कहरवा ताल

राधा किशन

स्थायी

बाल किशन के बालों में काले, राधा डाले बल घुँघराले ।

♫ सारेम मपप प- पमप सां ध-प- म-म- प-प- धध मपग-रेसा ।

अंतरा-1

तैल सुगंधित केश सुमंडित, फूल सुरंगित सुंदर वाले ।

♫ म-प पध-निध सां-सां सांगंनिसांसां, नि-नि निसां-सांसां निसांरेंसां ध-प- ।

अंतरा-2

लाल चमेली कोमल कलिका, गुल गुलाब के हार में डाले ।

अंतरा-3

मोर मुकुट में मोहन शोभे, राधा के मुख हास उजाले ।

भारतीय सांस्कृतिक गीतमाला, मोती 285

खयाल : राग हिंडोल, तीन ताल 16 मात्रा

राधा नाचे

स्थायी

छुमक छुमक घुँऽऽघऽरू बोऽलेऽ।

सखी रीऽ, गुत[11] राऽधाऽ कीऽ डोऽलेऽ।।

♫ सांनिधसां निधम॑- -ग-म॑ ग-सा- ।

सासाग- म॑म॑ध- सां-सांध सांम॑ध ।।

अंतरा-1

फूल जुहीऽ के, मोतियन की माऽलाऽ ।

नयनन सुरमई काऽजल काऽलाऽ ।।

♫ गगगम॑ -म॑धध सांसांसां- सां-सां- ।

सांसांगंम॑ं गंसांसांसां सां-सांसां सांधसांध ।।

भारतीय सांस्कृतिक गीतमाला, मोती 286

चटनी : राग मालकौंस, कहरवा ताल 8 मात्रा

राधा कृष्ण

स्थायी

हाय रे! अदा तोरी क़ातिल, ओऽ बरसाने की रधिया! ।

---

[11] **गुत** : चोटी, वेणी ।

६१. राधाकृष्ण

♪ –मम प पप– पध म–पप, नि– धपध–पध प ममम– ।

अंतरा–1
मुड़ मुड़ काहे को, मारे नज़रिया ।
काट करजवा को ले गई, होऽ गोरी ग्वालिन गुड़िया ।।

♪ –पप निनि सां–सां सां, सांनिरें सांनिनिधप ।
–पप पपपप ध म– पप, नि– धप ध–पधप ममम– ।।

अंतरा–2
चुप–चुप जाऊँ मैं जमुना की नदिया ।
मार कंकरिया वो फोरी, होऽ कान्हा मोरी गगरिया ।।

अंतरा–3
नट खट आयो री मोरी डगरिया ।
धरके कलाई बरजोरी, होऽ कीन्ही रार कनईया ।।

भारतीय सांस्कृतिक गीतमाला, मोती 287
राग काफी, कहरवा ताल

राधा गीत सुनाए

स्थायी
राधा गीत सुनाए री, सखी! कान्हा कहाँ है ।
♪ सा–रे– ग–म मप–मग रे, सासा! रे–ग– मगरे सा– ।

अंतरा–1
नूपुर घुँघरू पाँव में डाले, हाथ में कंगन पाए ।
बादल बरखा सावन वाले, गीत सुहाने गाए ।
ढूँढत नंद कुमार को, राधा कुंज गलिन में ।।

♪ प–पध नि– धध– सां–नि ध प–प–, म–म म प–पम ग–म– ।
प–मम गगरे– सा–रेरे ग–म–, प–म गरेसा– रे–ग– ।
सा–रेरे ग–म मप–म गरे, सासा रे–ग– मगरे सा– ।।

अंतरा–2
मोर पपीहा नाचे डोले, राधा ताल मिलाए ।
कोयल अंबुआ कूहु बोले, राधा हरि को बुलाए ।

ढूँढो री नंदलाल को, सखी कान्हा को वन में ।।

अंतरा-3

ग्वाल बाल सारे व्रज वाले, ताली साथ बजाए ।
गोपी ग्वालिन सब ब्रिजबाला, राधा को समझाए ।
हरि बिन है बेकरार री, हरि राधा के मन में ।।

भारतीय सांस्कृतिक गीतमाला, मोती 288

खयाल : राग वृदावनी सारंग, तीन ताल 16 मात्रा

कंगन खन खन

स्थायी

कंगन खन खन गूँज रचायो, सुन धुन मेरो जीया हरषायो ।

♫ पनिसांनिप मप निनि सां-नि पमरेसा-, निप़ मप़ नि़-सा- रेम पनिपमरे-सा- ।

अंतरा-1

घूँघर बोलत कुंडल डोलत, पायल छम-छम धूम मचायो ।

♫ म-पप निपनिनि सां-सांसां रें-सांसां, निसांरेंमं पंमं रेंसां निसांरें सांनिसांनिप ।

अंतरा-2

सुंदर सूरत मंगल मूरत, झाँझन झन झन धुन बजायो ।

भारतीय सांस्कृतिक गीतमाला, मोती 289

खयाल : राग भैरवी, तीन ताल 16 मात्रा

मार कंकरिया

स्थायी

मार कंकरिया फोरी गगरिया ।
भीग गई रे कान्हा, मोरी चुनरिया ।

♫ निसाग मपधपम ग-प मरेरेसा- ।
पधनि सांप नि धप, ग-प मरेरेसा- ।

अंतरा-1

५१. राधाकृष्ण

जमुना से मैं सखी, अपनी डगरिया ।
नीर नयन की न, लीन्ही खबरिया ।।

♪ धमध नि सां- सांसां, सांगंरें गंसांरेंसां- ।
सांरेंनि सांपनि ध प ग-प मरेरेसा- ।।

अंतरा-2
जमुना का नीर न, मोरी गगरिया ।
कैसी अब जाऊँ सखी, अपनी अटरिया ।।

भारतीय सांस्कृतिक गीतमाला, मोती 290

पनिया भरन

स्थायी
कैसे पनिया भरूँ मैं नन्दलाल । तोरे, पैंया परूँ मैं, गोपाल! ।।

♪ सारे गमग- मप- म- ग-रेसा-सा । मप-, ध-नि धप- म-, गरेसा-सा ।।

अंतरा-1
पनघट पर धरी मोरी कलाई, हाथ छुराऊँ कान्हा करत लराई ।
मैं तो, रो-रो कर बेहाल ।।

♪ ममपप धध निध सां-नि धप-ध-, सां-नि धपध पम निधप रेग-म- ।
म प, ध- प- मम- गरेसा-सा ।।

अंतरा-2
राह में मोरी मटकी फोरी, कहे मैं काला तू काहे गोरी ।
सखी! चूम लियो मेरो गाल ।।

अंतरा-3
मैया कहे हरि आँख का तारा, काहे लगावे शिकवे ब्रज सारा ।
राधे! लीला दिखावे मेरो लाल ।।

भारतीय सांस्कृतिक गीतमाला, मोती 291
खयाल : राग तोड़ी, तीन ताल 16 मात्रा

बरसे रंग

स्थायी

बरसे रंग, चुनरिया पर, बरसे रंग ।

♫ धमंधसां-निधमंग रेसा, रेगरेसा- सा, धमंध सां-निधमंग रेसा ।

अंतरा-1

लाल सुरख मोरी भीगी चुनरिया ।

लज कर ओढ़ी साँवरिया, रंग ।।

♫ प-प पमंग मंध सां-सां सांनिरेंसां- ।

धध धगं रेंसांसां- धनिसांनिधमंग, रेसा ।।

अंतरा-2

रंग रलित मोरी गीली चुनरिया ।

तन संग लागी साँवरिया, रंग ।।

भारतीय सांस्कृतिक गीतमाला, मोती 292

रि रधिया !

स्थायी

री रधिया, बै के मेरे कोल, बोल तू, मीठे मीठे बोल ।

♫ सा सासारे-, ग- म- प-म- ग-ग, प-म ग-, प-म- ग-रे- सा-सा ।

अंतरा-1

बंद बंद क्यों, मुख मंडल है, ओढ़ा क्यों तूने आंचल है ।

मुख से परदा खोल, राधिके, बोल तू मीठे बोल ।।

♫ रे-ग म-म प-, धप म-गग रे-, सा-रे- ग-, म-प- म-गरे सा-सा ।

धप म गगरे- म-म, प-मग-! प-म म ग-रे- सा-सा ।।

अंतरा-2

मंद मंद शीतल पुरबाई, अरज करत हैं कृष्ण कनाई ।

नीर न अँखियन डोल, राधिके, बोल तू मीठे मीठे बोल ।।

अंतरा-3

नंद नंद वृंदावन जन हैं, कुंज गलिन में नंदनवन है ।

बाजे मन का ढोल, राधिके, बोल तू मीठे मीठे बोल ।।

भारतीय सांस्कृतिक गीतमाला, मोती 293
खयाल : राग पीलू, तीन ताल 16 मात्रा

राधा

स्थायी

धक धक धरकत मोरा जिया,
आज खिलि हैं मन फुलझरियाँ ।
♪ गग गसा गमधप गरेसा निसा – – –,
नि–नि निसां सां निधप गमधपगरेनिसा ।

अंतरा–1

सावन की ये रिम झिम झरियाँ, सुमन की कलियाँ, छम-छम चुरियाँ ।
पागल मोहे पिया, करत हैं सखियाँ ।।
♪ सा–गम प– प– गमनिप गरेनिसा, गगग ग मगम– पधनि धनि धपप– ।
नि–निनि सांसां निधप, गमध प गरेनिसा ।।

५२. नटखट श्याम

भारतीय सांस्कृतिक गीतमाला, मोती 294

नटखट श्याम

स्थायी

री रधिया नटखट तोरा शाम ।
♪ सा निरेसा– गमपम गरेसानि सा–सा ।

अंतरा–1

राहें रोकत टोकत कान्हा, डारत डोरे मारत ताना ।
व्रज सारा मोहे कियो बदनाम ।।
♪ सा–रे– ग–मम प–मम रे–ग–, ग–मम प–प– ध–पम ग–रे– ।

पप म-ग- रे-रे- गरे सारेसा-सा ।।

अंतरा-2

बाँह पकड़ मोरी कीन्ही बरजोरी, कंकर मारी गगरिया फोरी ।

हार गई मैं तो का करूँ राम ।।

अंतरा-3

बाजे बाँसुरी मीठी कटारी, चीरत निरदई छतिया हमारी ।

पनघट पर सखी सु-र ललाम ।।

अंतरा-4

पीत पितांबर कमरिया कारी, मंगल रूप की लीला सारी ।

चार चाँद लगे नंद के धाम ।।

भारतीय सांस्कृतिक गीतमाला, मोती 295

राधा दीवानी

स्थायी

बजावे बंसी कान्हा, रे ताली दे सुदामा ।

देखो जी गोपी राधा, दीवानी होगई ।।

♫ सासासा रेरे ग-ग, रे रेग मं गरे-रे ।

नि़रे ग रेनि़ रे-ग-, मं-निध मंपग- ।।

अंतरा-1

बोले नंद बाबा, री सुनो जसो मैया ।

देखो री तोरी राधा, सयानी होगई ।।

♫ गग मंप ध-ध-, ध निध पप मंप- ।

नि़रे ग रेग रे-ग-, मंनि-ध मंपग- ।।

अंतरा-2

बलदाऊ भैया, हो संग में कन्हैया ।

हो गोपियों की रैना, सुहानी होगई ।।

अंतरा-3

देखे कृष्ण लीला, हो व्रज वो रंगीला ।

हरि-बलीहारी, भवानी होगई ।।

५३. मुरली वाला

भारतीय सांस्कृतिक गीतमाला, मोती 296

खयाल : राग शुद्ध सारंग, तीन ताल 16 मात्रा

किशन चंद्र

स्थायी

मोहे प्रीत लगायो किशन चंद्र ।
मोहे प्रीत लगायो, सखी री मोरा,
आनंद कंद ।
मोहे प्रीत लगायो किशन चंद्र ।।

♫ नि़सारेसारेमंपमं पनिसांनिपम रेमरे–सा प़नि़ध़ सानि़ ।
नि़सारेसारेम पमं पनिसांनिपम रेमरे–साप़, प़नि़ रे सारेमंध,
पनिरें सांनिसांरेंसांनिपमंपधपमंरेसारेमरेसानि़सा ।
नि़सारेसारेमंपमं पनिसांनिपम रेमरे–सा प़नि़ध़ सानि़ ।।

अंतरा–1

नटखट मोहन चित चोर, सखी ।
मोरे नयन मन लुभावत,
नंद का नंद ।
मोहे प्रीत लगायो किशन चंद्र ।।

♫ मंरेमंप नि–सांरें निनि नि–सां, निधनिप ।
मंरें निसांनि पमं परेमंपमंरेसा,
नि़ध़सा नि़ नि़सारेसारेमंपमंरेसारेमंपमंपनिसांनिपमंपनिसांनिरेंसांमंमंरेंसांनिसां ।
नि़सारेसारेमंपमं पनिसांनिपम रेमरे–सा प़नि़ध़ सानि़ ।।

५३. मुरली वाला

भारतीय सांस्कृतिक गीतमाला, मोती 297

राग खमाज, कहरवा ताल

राधा दीवानी

५३. मुरली वाला

स्थायी

मुरलीधर की राधा दीवानी, छेड़त मोहन कृष्ण कनाई ।

♫ सांसांनि-पध मग गमप धनि-सां-, सां-गंमं मगंनिसां नि-सां निसांनिध- ।

अंतरा-1

रास रचावे कृष्ण कन्हैया, राधा बजावे पायल छम-छम ।

♫ गमध निसांनिसां- पनिसां सांसांनिसांनिध,

सां-गं मंग-निसां पनिसांरेंसां निसां निध- ।

अंतरा-2

कमरिया लचकत बिंदिया चमके, कंगना खनकत डोलत झुमके ।

अंतरा-3

अंगना थैयाथैया मोरवा नाचे, अंबुवा कुहुकुहु कोयल बोले ।

भारतीय सांस्कृतिक गीतमाला, मोती 298

राग आसावरी, अद्भुत अनन्य अनूठा अनुप्रास[12]

मुरली वाला

स्थायी

लाल गुलाली फूल की माला, डाल गले में मुरली वाला ।

गोकुल वाला बालक ग्वाला, झूलत झूले पर ब्रिजबाला ।।

♫ सारेम मप-प- पमप सां ध-प-, म-म मप- प- धधमप ग-रेसा ।

सारेमम प-प- पमपसां ध-प-, म-मम प-प- धध मपग-रेसा ।

अंतरा-1

तिल काजल का वनमाली के, लाल गुलाबी गाल पे काला ।

♫ मम प-धध निध सांसांसां-गंनि सां-, नि-नि निसां-सां- निसांरें सां ध-प- ।

अंतरा-2

संदल[13] तिलक है मंगल लगता, श्यामलहरि के भाल पे पीला ।

---

[12] **अनोखा अनुप्रास :** विशेष बात यह है कि इस संपूर्ण गीत के सभी संज्ञा, विशेषण तथा क्रियापदों में कम से कम एक ल-अक्षर नियोजित करके अनुप्रास सिद्ध किया गया है ।

अंतरा–3

जूहीचमेली कोमल कलिका, बालों में डाले बाल गोपाला ।

अंतरा–4

जल केलि में ललिता ललना, नंद का लाला खेलत लीला ।

भारतीय सांस्कृतिक गीतमाला, मोती 299

खयाल : राग पूर्वी, तीन ताल 16 मात्रा, मध्य लय

मुरली

स्थायी

प्यारी श्याम की मुरली ।

♫ गमंग रे -सा नि- सारेग - - - मंग ।

अंतरा–1

गोपियन व्रज जन गौन दीवानी, जल बिन जस मछली ।

♫ मंमंगग मंमं धमंध सां - - सां रें-सां-सां-, निनि सांसां निध निधरेंरेंनिधमगमग ।

अंतरा–2

बजा रहा बंसी इत कान्हा, उत राधा मचली ।

५४. पूतना वध

भारतीय सांस्कृतिक गीतमाला, मोती 300

राग बिलावल, कहरवा ताल

पूतना राक्षसी

स्थायी

यशोदा माँ का स्वरूप लेके, आई मायावी पूतना ।
बाल कृष्ण को दूध पिलाके, आप मरी कुछ करे बिना ।।

---

[13] **संदल** = चंदन ।

♫ रेरे–रे रे–रे– गग–ग म–म–, प–म– ग–रे–ग म–मग– ।

ध–प म–ग रे– प–म गरे–सा–, रे–रे रेरे– रेरे मग– रेसा– ।।

अंतरा–1

मातु यशोदा, गई जब जमुना, झूले में सोया था कान्हा ।

♫ सारे गम–म–, पप मग रेरेसा–, रे–रे– रे– ग–म– ग– रे–सा– ।

अंतरा–2

विष उसका था उसी को चढ़ा, बाल किशन को छूए बिना ।

अंतरा–3

कोई हँसे या, कोई रोए, तू करता कछु कहे बिना ।

<u>भारतीय सांस्कृतिक गीतमाला, मोती 301</u>

पूतना राक्षसी

स्थायी

स्वरदा ने सुंदर गाया है, नारद ने साज बजाया है ।

रतनाकर गीत रचाया है ।।

♫ सानि़सा– गरे सा–नि़नि़ सा–रेम ग–, गममग पम ग–रे सासा–रेम ग– ।

गगरेसासासा रे–ग मगरेसानि़ सा– ।।

अंतरा–1

जब आई पूतना गोकुल में, तब कृष्ण अकेला था घर में ।

शिशु गोदी में उसने लीन्हा, स्तन विष का उसके मुख दीन्हा ।

ये चक्कर कंस चलाया है ।।

♫ पप मरेम प–पम– पनिधप प–, पप मगग सासागमप गरे सानि़ सा– ।

सानि़ सा–गरे सा– नि़नि़सा– रेमग–, सानि़ सासा गरे सासानि़– सासा रेमग– ।

ग– रेसासासा रे–ग मगरेसानि़ सा– ।।

अंतरा–2

श्रीकृष्ण ने विष उसके स्तन का, उसके तन में वापस फूंका ।

तभी असुरी ने दम तोड़ा, अरु नीचे गिर कर तन छोड़ा ।

श्रीकृष्ण प्रभु की माया है ।।

अंतरा–3

सब गोकुल में आनंद भरा, उत मथुरा में नृप कंस डरा ।
फिर भी बोला मैं नहिँ हारा, अभी दास बचे मेरे ग्यारा ।
फिर कब ये काम में आने हैं ।।

५५. वत्सासुर वध

भारतीय सांस्कृतिक गीतमाला, मोती 302

मायावी वत्सासुर

स्थायी

स्वरदा ने सुंदर गाया है, नारद ने साज बजाया है ।
रतनाकर गीत रचाया है ।।

♫ सानि़सा- गरे सा-नि़नि़ सा-रेम ग-, गममग पम ग-रे सासा-रेम ग- ।
गगरेसासासा रे-ग मगरेसानि़ सा- ।।

अंतरा-1

अनुचर कंस को बोले, मामा! अब पाँच बरस का है कान्हा ।
शिशु ग्वाला मधुबन जाता है, उत कान्हा गौन चराता है ।
अब अपनी पकड़ में आया है ।।

♫ पपमरे म-प प पमपनि, धपप-! पप मगग सासाग मप गरे सानि़सा- ।
सानि़ सा-गरे सासानि़नि़ सा-रेम ग-, सानि़ सा-गरे सा-नि़ नि़सा-रेम ग- ।
गग रेसासा- रेरेग म गरेसानि़ सा- ।।

अंतरा-2

तब नृप ने वत्सासुर भेजा, बोला प्राण कृष्ण के तू लेजा ।
बछड़ा बन कर आया वन में, कृष्ण घात है उसके मन में ।
ये असुर ही कंस सहाया है ।।

अंतरा-3

हरि पर वत्सासुर ज्यों झपटा, उसको हरि ने मारा लपटा ।
मारा टाँग पकड़ कर यों झटका, अरु धरती पर उसको पटका ।
वत्सासुर प्राण गँवाया है ।।

५६. तृणावर्त वध

भारतीय सांस्कृतिक गीतमाला, मोती 303

मायावी तृणावर्त

नारद जी उवाच

स्थायी

इन लोगों को ये क्या हुआ है, इन्हें क्यों लगी ये बद दुआ है ।

इन लोगों को, ये क्या हुआ है ।।

♫ सासा रे-मं- मं- नि़ रे- मंगरे सा-, सारे- ग- गग- ध प- मंग- रे- ।

नि़- सारे- रे-, मं ग- रेनि- सा- ।।

अंतरा-1

ईश्वर से भी नहीं ये डरते, मन में आया वही हैं करते ।

आस्तिक नास्तिक एक हुए हैं, इन्हें जिंदगी ये बस जूआ है ।

इन लोगों को, ये क्या हुआ है ।।

♫ प-गग मं- प- निध- प मंधप-, निनि रें- गं-रें- सांनि- ध मंधप- ।

ग-मंप ध-धध प-मं गरे- सा-, सारे- ग-गग- ध प- मंग- रे- ।

नि़- सारे- रे-, मं ग- रेनि- सा- ।।

अंतरा-2

पत्थर से लेते टक्कर हैं, खच्चर से ज्यादा कट्टर हैं ।

धर्म-कर्म सब नष्ट हुआ है, प्यास लगे खोदे कूँआ हैं ।

इन लोगों को, ये क्या हुआ है ।।

भारतीय सांस्कृतिक गीतमाला, मोती 304

राग : रत्नाकर, कहरवा ताल 8 मात्रा

तृणावर्त राक्षस

स्थायी

आसमान से गिरा तृणाव्रत, आसमान तक उछली धूल ।

५६. तृणावर्त वध

आसमान से श्रीहरि उतरे, आसमान के जैसे फूल ।।

♫ सा–रेग–ग ग– मप– मग–रेरे, ग–मप–प पप पधनि– सां–सां ।

ध–पम–ग म– ध–पम गगम–, ध–पम–ग रे– ग–रेनि़ सा–सां ।।

अंतरा–1

काम हरि का सबसे न्यारा, लगता सबको प्यारा है ।

कृष्ण हमारा पालन हारा, कृष्ण ही खेवनहारा है ।

जो भी उसको चला दुखाने, मूरख वो करता है भूल ।।

♫ रे–ग गग– म– पपप– प–प–, निनिध– पपम– ग–म– प– ।

सां–नि धप–ध– सां–निध प–ध–, सां–नि ध प–ममग–म– प– ।

ध– प– पपम– रेग– मम–प–, ध–पम ग– ममग– रे– सा–सा ।।

अंतरा–2

नंद का लाला जग उजियाला, सबसे लगे निराला है ।

श्याम गोपाला हिम्मत वाला, कृष्ण सखा मतवाला है ।

आई पूतना जहर पिलाने, पेट में उसके निकली शूल ।।

अंतरा–3

माया हरि की जादू से भरी, लगती विस्मयकारी है ।

कृष्ण राम हैं, कृष्ण हरि हैं, कृष्ण–कृपा हितकारी है ।

आया तृणाव्रत कृष्ण मारने, आप मरा वो मिटा समूल ।।

भारतीय सांस्कृतिक गीतमाला, मोती 305

तृणावर्त दमन

स्थायी

स्वरदा ने सुंदर गाया है, नारद ने साज बजाया है ।

रतनाकर गीत रचाया है ।।

♫ सानि़सा– गरे सा–नि़नि़ सा–रेम ग–, गममग पम ग–रे सासा–रेम ग– ।

गगरेसासासा रे–ग मगरेसानि़ सा– ।।

अंतरा–1

तिरणाऽव्रत कंस को भाता है, जो फूंक से झंझा लाता है ।

नारद ने उसको समझाया, उसको उपदेस नहीं भाया ।

५७. मायावी बकासुर

उसे कंसा ने भड़काया है ।।

♫ पपमरेमम प–प म पनिधप प–, प– मगग सा सागमप गरेसानि़ सा– ।

सानि़सासा गरे सासानि़– सासारेमग–, सानि़सा– गरेसा–नि़ नि़सा– रेमग– ।

गग रेसासा– रे– गमगरेसानि़ सा– ।।

अंतरा–2

वो राक्षस नंद के घर धाया, अरु द्वार तोड़ अंदर आया ।

जसमति से बालक छीना है, शिशु काँधे पर धर लीन्हा है ।

श्रीकृष्ण को नभ में उड़ाया है ।।

अंतरा–3

नभ में कृष्ण से राक्षस बोला, “अब तुझे गिराय करूँ चूरा” ।

तब कृष्ण दबाय गला उसका, दिखलाया तिन दैवी नुसका ।

श्रीकृष्ण तैरता आया है ।।

५७. मायावी बकासुर

भारतीय सांस्कृतिक गीतमाला, मोती 306

खयाल : राग मालकंस, तीन ताल 16 मात्रा

बकासुर बगुला

स्थायी[14]

शीतल निर्मल नील रंग का, सलिल सुंदर झील इंद्र का ।

♫ सांसांसां धमधनि सां–सां धनिध म–, गगग मधनिसांनिसां– ग–गमगसा सा– ।

अंतरा[15]

---

[14] **स्थायी तान :** शीतल निर्मल 1. साग मध निसा धनि । सानि धम गम गसा । 2गम धनि सांध निसां । धनि सांनि धम गसा 3गम धनि सांगं सांनि । धनि धम गम गसा ।।

[15] **अंतरा तान :** तट पर बगुले ध्यान लगाएँ 1. सासा गग सासा मम । गग मम गग धध । मम धध मम निनि । धध निनि धध सांसां । 2सांसां निध निनि धम । धध मग मम गसा । साग मम गम धध । मध निनि धनि

५७. मायावी बकासुर

तट पर बगुले ध्यान लगाएँ ।

सूर्य किरण में चमकत चमचम, पवन मंद में जल की लहरें ।

रात्रि समय प्रतिबिंब चंद्र का ।।

♫ गग मम धधनिनि सां-सां सांगंनिसां- ।

♫ नि-नि निनिनि नि- धनिसांनि धनिधम, गगग मधनिसांनि सां- गग गम गसासा- ।

धनिसां मंगंसां धनिसांगंसांनि धनिसांनि धनिधमगमगसा ।।

भारतीय सांस्कृतिक गीतमाला, मोती 307

नारद जी उवाच

बेसमझ बकासुर

स्थायी

इस बेसमझ को, कैसे समझाऊँ, इस नासमझ को ।

♫ रेरे ग-मपम- ग-, नि-ध पमप-ध-, पध प-मगम- रे- ।

अंतरा-1

बतलाने से, ये जाने ना, समझाने पर भी माने ना ।

कैसे सुलझाऊँ, इस नासुलझ को ।।

♫ रेरेग-म- प-, नि- धपध- नि-, धपम-प- पप म- मगरे- ग- ।

नि-ध पमप-ध-, पध प-मगम रे- ।।

अंतरा-2

हरि की माया अपनाये ना, प्रभु की काया पहचाने ना ।

कैसे दिखलाऊँ, इस नाअलखको ।।

अंतरा-3

अपने हठ से जरा हटे ना, अरथाने पर मूढ़ पटे ना ।

कैसे जतलाऊँ, इस अड़ियल को ।।

अंतरा-4

सांसां । सांनि धम गम गसा । गम धनि सां- सां- । गम धनि सां- सां- । गम धनि सां- सां- ।।

पाप करम से ये डरे ना, धरम करम में हृदय धरे ना ।
कैसे दहलाऊँ, इस नादहल को ।।

भारतीय सांस्कृतिक गीतमाला, मोती 308

बकासुर की कथा

स्थायी

स्वरदा ने सुंदर गाया है, नारद ने साज बजाया है ।
रतनाकर गीत रचाया है ।।

♫ सानि़सा- गरे सा-नि़नि़ सा-रेम ग-, गममग पम ग-रे सासा-रेम ग- ।
गगरेसासासा रे-ग मगरेसानि़ सा- ।।

अंतरा-1

श्री कृष्ण का गुरुकुल में आना, उस दुष्ट कंस ने जब जाना ।
"बकासुर! तुम जाओ, अरु काट कृष्ण का सिर लाओ ।
अब, कृष्ण पास में आया है" ।।

♫ प-मरेम म पपपम पनि धपप-, पप मगग सा-ग मप गरे सानि़सा- ।
सानि़ साग-, रेसा-नि़नि़! सासा रेमग-, सानि़ सा-ग रे-सा नि़- सासा रेमग- ।
गग, रेसासा रे-ग म- गरेसानि़ सा- ।।

अंतरा-2

कंसराज को नारद बोले, नृप! बार-बार क्यों ये रोले ।
यों पाप घड़ा क्यों भरते हो, नृप! आत्मघात क्यों करते हो ।
पर, बात वो मान न पाया है ।।

अंतरा-3

झील किनारे बकासुर है, हरि कोऽ हनने को अति आतुर है ।
ज्यों ही हरि पर बगुला झपटा, चोंच फाड़ कर हरि ने पटका ।
उस, कंस ने दास गँवाया है ।।

५८. मायावी अघासुर

भारतीय सांस्कृतिक गीतमाला, मोती 309

अघासुर की कथा

स्थायी

स्वरदा ने सुंदर गाया है, नारद ने साज बजाया है ।
रतनाकर गीत रचाया है ।।

♫ सानि़सा- गरे सा-नि़नि़ सा-रेम ग-, गममग पम ग-रे सासा-रेम ग- ।
गगरेसासासा रे-ग मगरेसानि़ सा- ।।

अंतरा-1

श्रीकृष्ण बकासुर को मारा, फिर भी वो कंस नहीं हारा ।
तब कहा, "अघासुर! तुम जाओ, अरु बाल कृष्ण को ले आओ ।।
अब कृष्ण का मुत्यु आया है" ।।

♫ प-मरेम मप-पम पनि धपप-, पप मग गसा सागम पगरे सानि़सा- ।
सानि़ साग-, "रेसा-नि़नि़! सासा रेमग-, सानि़ सा-ग रे-सा नि़- सा- रेमग- ।
गग रेसासा सा रे-गम गरेसानि़ सा-" ।।

अंतरा-2

मुख फाड़े पथ में लेटा है, जस घड़ियाली का बेटा है ।
श्रीकृष्ण को अजगर निगल गया, अरु बोला, "अब मैं सफल भया ।
नभ वाणी को झूठलाया है" ।।

अंतरा-3

मुनिवर ने कृष्ण को दी आज्ञा, दीर्घ देह करने की प्रज्ञा ।
फिर कृष्ण ने दीर्घा की काया, अरु पेट फाड़ बाहर आया ।
उस कंस ने दास गँवाया है ।।

५९. गोवर्धनधारी

भारतीय सांस्कृतिक गीतमाला, मोती 310

राग : भीमपलासी

(इन्द्र)

स्थायी

५९. गोवर्धनधारी

हरि पग में आकर एकबार, कृष्ण लीला का देख दीदार ।

इन्द्र पे जिन को था एतबार, आज उन्हीं की कृष्ण मदार ।।

♫ रेरे रेरे रेग रेसारेरे गगम–म, ध–प पम– ग– प–म गरे–रे ।

रे–रे रे रेग मरे ग– पमग–ग, ध–प मग– प– प–म गरे–रे ।।

अंतरा–1

भाग में जिन दुर्भाग लिखा है, आप में जिनको पाप दिखा है ।

हो न सका जिनका कोई यार, हुआ है उनको कृष्ण से प्यार ।।

♫ सां–नि नि निनि धपसां–नि धप– ध–, सांनि ध पपध– नि–ध पम– प– ।

रे– रे रेरेग रेसारे– गग म–म, धप– प ममग– प–म ग रे–रे ।।

अंतरा–2

भाई न बंधु पास हैं जिनके, प्राण उदास भये हैं जिनसे ।

जिनको मिला न किसी का प्यार, उन्हें चाहिये कृष्ण का प्यार ।।

अंतरा–3

भवसागर में जो डूबा है, माया चक्कर से ऊबा है ।

जिसे दुखाता है संसार, उसे कृष्ण का है आधार ।।

अंतरा–4

जीवन जिनका लाड़ प्यार में, दिन हैं गुजरे दोस यार में ।

जिनका बसा है खुश घरदार, वो भी चाहते कृष्ण कुमार ।।

भारतीय सांस्कृतिक गीतमाला, मोती 311

गिरिधर

स्थायी

गिरिधर! मुरली का सुर प्यारा ।

राधा होत दीवानी, आभारी व्रज सारा ।।

♫ रेगसारे! गमग– रे सासा रे–ग– ।

म–म– प–म गरे–म–, प–म–ग– रेसा रे–ग– ।।

अंतरा–1

दुखियन को देता है हृष्टि, सुख से भरता सृष्टि ।

प्यासन की तू पयस की धारा, निर्बल का आधारा ।।

५९. गोवर्धनधारी

♬ रेरेगग म- प-म- ग- रे-रे-, निनि ध- पपम- प-प- ।

रे-रेरे ग- म- पपम ग रे-रे-, प-म गग रेसारे-ग- ।।

अंतरा-2

अंधन की तू अंतर् दृष्टि, माता सम है प्यारा ।

बेनजर को देत नजारा, मझधार में किनारा ।।

भारतीय सांस्कृतिक गीतमाला, मोती 312

ओ गिरिधारी !

स्थायी

मोरी बिगड़ी बनादो बनवारी, तोरी किरपा अनूठी, गिरिधारी! ।

♬ सारे- ममम पम-प- सांधपमप-, मप सांधप मप-ध-, धपमगम-! ।

अंतरा-1

दाता तुम हो कृष्ण मुरारी, गोविंद माधव कुंज विहारी ।

लीला तुमरी सब जग जानत, शंकर-किन्नर, गात हरि! ।।

♬ म-प- धध नि- सां-सां सांनि-सां-, नि-निनि सां-सांसां निसांरें सांनिधप- ।

सा-रे- ममम- पप मप सां-धप, म-पप ध-पम, प-म गम-! ।।

अंतरा-2

राधा रमण हरि, बिरज बिहारी, दुष्ट दमन को तू अवतारी ।

तू सुखकारी भद्र जनन का, दीन दयाला राम हरि ।।

भारतीय सांस्कृतिक गीतमाला, मोती 313

राग : यमन कल्याण, कहरवा ताल

हे गिरिधारी

स्थायी

हे गिरिधारी! कुंज विहारी! हरि बनवारी! तारो हमें ।

♬ नि़- रेगमं-मं-! ध-प मंग-मं-! गग मंमंप-प-! नि-ध पमं- ।

अंतरा-1

कृपा से प्यारे, पाहि मुरारे! शरण तिहारी, लीजो हमें ।

♫ सारे- रे ग-ग-, प-मं गरे-ग-! धधप मंग-मं-, नि-ध पमं- ।

अंतरा-2

नैन के तारे! हिया पुकारे, चरण तिहारे, दीजो हमें ।

अंतरा-3

दरस तुम्हारे परम सुखारे! पार किनारे, कीजो हमें ।

भारतीय सांस्कृतिक गीतमाला, मोती 314

राग : भैरवी, कहरवा ताल

गोवर्धन

स्थायी

गोवर्धन को उठाए हरि, देखो देखो जी लीला खरी ।

उँगली पर धरे, वो समूचा गिरी, और बजाए मीठी बाँसुरी ।।

♫ सासा- मम म गध-प गम- - - - -, मम ग-ध म ग-म गरे- - - - - ।

निसारे- ध- धप- नि सारे-ध धप-, नि- सारे-ग मप- पगम- - - - - ।।

अंतरा-1

मथुरा के परे पास में, मधुबन की हरी घास में ।

गोप गोपी लगे खेल में, श्री हरि थे सखा साथ में ।

मूसला वर्षा कड़ी, जब अचानक गिरि ।

व्रज में चिंता भयानक पड़ी । गोवर्धन को उठाए हरि ।।

♫ सांसांनि- रें सांध- निध म- - - - -, मधगग म धग- मग रें- - - - - ।

सांसां नि-रें सांध- निध म- - - - -, म धग- म धग- मग रे- - - - - ।

नि-सारे.रे-ध धप- नि- सारे-ध- धप- ।

नि- सा रे-ग मप-प- गम- - - - - । सासा- मम म गध-प गम- - - - - ।।

अंतरा-2

व्रज वासी खड़े आस में, थे बड़े आज विश्वास में ।

सब खड़े थे गिरि के तले, सब ने आशा धरी मन में ।

चाहे जितनी बुरी, व्रज में बारिश गिरी ।

सबको दुख से बचाए हरि । गोवर्धन को उठाए हरि ।।

अंतरा-3

इन्द्र भगवान् जब थक गए, बरसा कर बादल अक गए ।
शक्र हार गए आखरी, झट से वर्षा फिर बंद करी ।
बोले तेरी खरी, होवे जै जै हरि ।
तेरी लीला है जादू भरी । गोवर्धन को उठाए हरि ।।

भारतीय सांस्कृतिक गीतमाला, मोती 315

राग : भैरवी, कहरवा ताल 8 मात्रा

गोवर्धनधारी

स्थायी

गोवर्धन उठाए हरि, देखो देखो जी लीला खरी ।
उँगली पर धरे, वो समूचा गिरी, और बजाए मिठी बाँसुरी ।।

♫ सा- सासाध- पध-प- गम- - - -, पप म-प- प ध-प- गम- - - ।
निनिसा- ग- रेसा- नि निसा-ग- रेसा-, सा- सासा-ध- पम- पगम- - - ।।

अन्तरा-1

मथुरा के परे पास में, मधुबन की हरी घास में ।
गोप गोपी सगे, खेल में जब लगे, साथ में थे सखा श्री हरि ।
मूसला वर्षा अचानक गिरी, व्रज में चिंता भयानक पड़ी ।।

♫ सांसांनि- सां- निध- नि-ध म- - -, मम गग म- मग- म-ग सा- - - ।
गम प-सां निप-, गम प- सां- निप-, गम प- प- मग- म- गसा- - - ।
सा-सा सा-ध- धप-ग- मप- - - -, प- प म-ध- पम-प- मग- - - ।।

अन्तरा-2

व्रज वासी खड़े आस में, थे बड़े आज विश्वास में ।
सब गिरि के तले, लगे सुख से गले, सबने मन में थी आशा धरी ।
चाहे जितनी भी बारिश गिरी, दुख में सबको बचाए हरि ।।

अन्तरा-3

इन्द्र भगवान जब थक गए, बरसा कर बादल अक गए ।
शक्र हार गए, शरमिंदा भये, झट से वर्षा फिर बंद करी ।
बोले तेरी हो जै जै हरि, तेरी लीला है जादू भरी ।।

५९. गोवर्धनधारी

उँगली पर धरे, तू समूचा गिरी, और बजाए मिठी बाँसुरी ।।**

** इस अंतिम पंक्ति में -तू समूचा गिरी- गाना है)

भारतीय सांस्कृतिक गीतमाला, मोती 316

गोवर्धनधारी

स्थायी

स्वरदा ने सुंदर गाया है, नारद ने साज बजाया है ।

रतनाकर गीत रचाया है ।।

♫ सानि़सा- गरे सा-नि़नि़ सा-रेम ग-, गममग पम ग-रे सासा-रेम ग- ।

गगरेसासासा रे-ग मगरेसानि़ सा- ।।

अंतरा-1

सुन कृष्णकीर्ति के सब चर्चे, सुर इन्द्र चिढ़ा ईर्ष्याऽ करके ।

विश्वास इन्द्र पर था जिनको, श्रीकृष्ण पे ममता है उनको ।

यह, बात वो समझ न पाया है ।।

♫ पप मरेमप-प पम पनि धपप-, पप मगग साग- मपगरे सानि़सा- ।

सानि़सा-ग रे-सा नि़नि़ सा- रेमग-, सानि़सा-ग रे सासानि़ सा- रेमग- ।

गग, रेसासा सा रेरेग म गरेसानि़ सा- ।।

अंतरा-2

तब इन्द्र करी वर्षा भारी, बही वृंदावन बस्ती सारी ।

व्रज जन सब बोले कान्हा रे! अब हमको तूही बचाना रे ।

हरि, गिरि ऊँगली पे उठाया है ।।

अंतरा-3

जन गौअन गोवर्धन के तले, सुख शाँत खड़े थे रात ढले ।

फिर इन्द्र ने वर्षा बंद करी, बोला तेरी जय जयकार हरिऽ।

तेरी, लीला अद्भुत माया है ।।

भारतीय सांस्कृतिक गीतमाला, मोती 317

गिरिधारी

५९. गोवर्धनधारी

स्थायी

तुम संकट मोचक गिरिधारी ।

♫ सारे ग–गग म–मम पमरे–ग– ।

अंतरा–1

मन चंचल पर तुम निगरानी, जग सागर तुम पानी ।

घट–घट वासी विश्व विहारी, सुख कारी दुख हारी ।।

♫ सासा रे–गग मम पम गरेग–म–, पप म–गग रेग म–म– ।

निनि धध प–म– रे–ग मप–प–, सासा रे–ग– पम रे–ग– ।।

अंतरा–2

दीनन के रक्षक प्रतिहारी, राधा रमण बनवारी ।

मुरलीधर हरि कुंज बिहारी, लीला गजब तिहारी ।।

अंतरा–3

तुम ही नैया खेवन हारे, तुम हमरे रखवारे ।

गोवर्धन प्रभु कृष्ण मुरारे, हम तुमरे बलिहारी ।।

भारतीय सांस्कृतिक गीतमाला, मोती 318

राग खमाज, कहरवा ताल

गिरिधर की दीवानी

स्थायी

गिरिधर की है राधा दीवानी, श्यामल हरि व्रज बंसीधर की ।

♫ सांसांनिनि पध मग गमप धनि–सां–, सां–गंमं गंगं निसां नि–सां–निसां निध ।।

अंतरा–1

वृंदावन की कुंज गलिन में,

कान्हा की मूरत राधा के मन में ।

♫ गमधनिसांनि सां– पनिसां सांसांनिसां निध,

सां–गं मं गं–निसां पनिसांरेंसां नि सांनि ध– ।

अंतरा–2

मधुबन के सब गोकुल वासी, पागल निस दिन राधाकिशन में ।

अंतरा–3

भोर में राधा लावत मंथन, खावत नटखट माखन छुपके ।

६०. कालिया मर्दन

भारतीय सांस्कृतिक गीतमाला, मोती 319

राग खमाज, कहरवा ताल 8 मात्रा

सुनो रे प्रभु!

स्थायी

सुनो रे प्रभु! मूक पशु की पुकार ।
बेजुबान का दुखिया है संसार ।।

♫ पम गरे गसा-! रे-म मप- ध निध - - प ।

अंतरा-1

पापी नर के मगज़ में विष है,
दिन-रात करत अपकार, सुनो रे प्रभु! ।

♫ म-मप निनि नि- सांसांसां सां रेंनि सां-,
निनि ध-म पनिनि धधप - - - - - प, पम गरे गसा-! ।

अंतरा-2

बोझ वहावत तेज़ भगावत,
कोड़ों की बौछार, सुनो रे प्रभु! ।

अंतरा-3

क्रूर कसाई रुधिर बहावत,
कतल करत बेशुमार, सुनो रे प्रभु! ।

अंतरा-4

छल बल खल से अधम सतावत,
मारात्मक अविचार, सुनो रे प्रभु! ।

भारतीय सांस्कृतिक गीतमाला, मोती 320

मत जा जमुना के तीर

स्थायी

६०. कालिया मर्दन

मत जा, मत जा, जमुना के तीर, कान्हा! कारो, जमुना को नीर ।

♪ निध प–, निध प–, मग–रे– ग म–, धप–! ग–प–, धपम– ग म–म ।

अंतरा–1

विष बाधा से बछड़े गैया, प्राण खो रहे, का करें दैया ।
देखो रोये जमुना मैया, उत मत जा तू किशन कन्हैया ।
सब हिरदय में उठती है पीर ॥

♪ मग रे–ग– म– धपम– ग–प–, नि–ध प– निध–, नि– धप ग–म– ।
प–ध– नि–सां–, रेंसांनि– ध–प–, पप धध नि– सां–, रें–सां निध–प– ।
रेरे गगमम प– धपम– ग–म–म ॥

अंतरा–2

सुंदर अपना ब्रिंदाबन है, प्राण पियारे व्रज के जन हैं ।
साफ सनेहल सबके मन हैं, कालिया दीन्हा दुख घन है ।
रोये सबके मन का कीर ॥

अंतरा–3

व्रज को अब भगवान् बचाये, नर पशु पक्षी सब तरसाये ।
व्रज पर हैं अब संकट छाये, मोरा जी निश–दिन घबराये ।
मोरे मन, उलझन की भीर ॥

भारतीय सांस्कृतिक गीतमाला, मोती 321
खयाल : राग दरबारी कान्हड़ा, तीन ताल 16 मात्रा

जमुना के तीर

स्थायी

कान्हा जमुना के तीर, पानी में अकेले न जैयो ।
कारो जमुना को नीर ॥

♪ निसाम– रेसानिसारेसा ध–निनि सा–सा–, म–म– प– पपनिपग म रे–सा– ।
रे–सा– निपमपनिप ग–गम रे–सा– ॥

अंतरा

बंसी की धून बजाओ, प्रेम दुलारा राग सुनाओ ।
बाँवरा मोरे मन का कीर ॥

६०. कालिया मर्दन

♫ म-प प ध-नि निसां - - - रेंरेंसांनिसां-, निसांरें रेंरें-सां- निसांरेंसां धनिप- ।

मपसां- निप मपनिप ग - - म रे-सा- ।।

भारतीय सांस्कृतिक गीतमाला, मोती 322

नाचे मोरा कान्हा

स्थायी

नाचे मोरा कान्हा, घुँघरू बाजे छुम्मा छुम्मा ।

उत नाचे श्यामा, हो इत राधा घुम्मा घुम्मा ।।

♫ रेसा रेग म-म-, पमग रेग मम- मम- ।

धप मग म-म-, ग धप मग गम- गम- ।।

अंतरा-1

कालिया के शीश पे कान्हा, लीला देखे सारा जमाना ।

बाजे मुरलिया,

हो कान्हा मन भावे, रे देदो प्यारा चुम्मा चुम्मा ।

♫ सा-रेग- म- ध-प म ग-म-, सां-नि ध-नि- सां-नि धप-म- ।

रेसा रेगप-म-,

सा रेसा- रेग सा-रे, ग धप मम गप- गम- ।।

अंतरा-2

झन् झन छेड़े नारद वीणा, डम् डम डमरू शंकर कीन्हा ।

बोले पायलिया,

हो राधा गीत गावे, रे नाचे व्रज झुम्मा झुम्मा ।।

भारतीय सांस्कृतिक गीतमाला, मोती 333

कालियामर्दन

स्थायी

कालिया के शीश पे नाचे, कान्हा कृष्ण कनाई ।

♫ नि़-रे-ग- मं- नि-ध प मं-प-, ध-प- मं-ग रेग-मं- ।

अंतरा-1

239

कालकूट से नील भयो पर, धीरज नाहीं छोड़े ।

खुशी जगाई हरि की मुरली, बाजत जस शहनाई ।।

♫ ग-म॑प-म॑ ग- ध-प म॑ग- रेरे, सा-रेरे ग-म॑- ध-प- ।

नि़-रे रेग-म॑- गग रे- गगम॑-, नि-धप म॑म॑ गरेग-म॑- ।।

अंतरा-2

पाँव में घुँघरू छम-छम बोले, व्रज जन के मन डोले ।

माता-पिता के हिरदय पिघले, राधा नृत्य नचाई ।।

अंतरा-3

गोप सुदामा ताली बजावे, गोपी तान सजावे ।

वृंदावन में नंदनवन की, शोभा है उतराई ।।

अंतरा-4

नारद शंकर नभ से देखे, पुष्प हरि पर फेंके ।

बोले, लीला अनुपम तेरी, तुझको लाख बधाई ।।

भारतीय सांस्कृतिक गीतमाला, मोती 334

कालिया मर्दन

स्थायी

स्वरदा ने सुंदर गाया है, नारद ने साज बजाया है ।

रतनाकर गीत रचाया है ।।

♫ सानि़सा- गरे सा-नि़नि़ सा-रेम ग-, गममग पम ग-रे सासा-रेम ग- ।

गगरेसासासा रे-ग मगरेसानि़ सा- ।।

अंतरा-1

सुन वृंदावन की कीर्तिऽ रे, जो स्वर्ग से बढ़िया धरती रे ।

मन कंस के आग लगी भारी, बोला उनकी मरने की बारी ।

अरु भेजा अहि कालीया है ।।

♫ पप मरेमपप पम पनिधप प-, पप मगग सा सागमप गरेसानि़ सा- ।

सानि़ सा-ग रे सा-नि़ नि़सा- रेमग-, सानि़ सासागरे सासानि़- सा- रेमग- ।

गग रेसासा- रेरे गमगरेसानि़ सा- ।।

अंतरा-2

जमुना के दह में कालीया, छुप कर जा बैठा है मिऽयाँ ।
वो जल में जहर मिलाया है, गौअन को मरण दिलाया है ।
सब व्रज के जनन डराया है ।।

अंतरा–3

उस दह में कूदा कान्हा है, गौअन के प्राण बचाना है ।
जब कृष्ण ने विषधर दरकाया, तब शरण में आया कालीया ।
जमुना से अहि को भगाया है ।।

६१. केशिनीषूदन

भारतीय सांस्कृतिक गीतमाला, मोती 335

केशिनिषूदन गोविंद

स्थायी

स्वरदा ने सुंदर गाया है, नारद ने साज बजाया है ।
रतनाकर गीत रचाया है । हरिहर गोविंद कहाया है ।।

♫ सानि़सा– गरे सा–नि़नि़ सा–रेम ग–, गममग पम ग–रे सासा–रेम ग– ।
गगरेसासासा रे–ग मगरेसानि़ सा– । गगरेसासासा रे–ग मगरेसानि़ सा– ।।

अंतरा–1

बोला कंस, कृष्ण में वह क्या है, उँगली पर गिरि को उठाया है ।
मुनि नारद बोले माखन का, यह जादू है सब गौअन का ।
दधि दूध से ये बल आया है ।
हरिहर गोविंद कहाया है ।।

♫ पप मरेम, प–प पम पनि धप प–, पपमग गसा साग म पगरेसानि़ सा– ।
सानि़ सा–गरे सा–नि़– सा–रेम ग–, सानि़ सा–गरे सा– नि़नि़ सा–रेम ग– ।
गग रेसासा सा रे– गम गरेसानि़ सा– ।।

अंतरा–2

कहा कंस ने केशी! तुम जाओ, सब गौअन उनकी ले आओ ।
केशी ने गौएँ हरण करी, जन बोले तू हि बचा, रे हरि! ।
गौअन का तूही सहाया है ।

हरिहर गोविंद कहाया है ।।

अंतरा-3

हरि मुरली मधुर बजायो रे, गौअन ने इशारा पायो रे ।
दौड़ी केशी पर गौ सारी, छाती उसकी गौ ने फाड़ी ।
हरि व्रज के धन को बचाया है ।
हरिहर गोविंद कहाया है ।।

६२. कंस निकंदन

भारतीय सांस्कृतिक गीतमाला, मोती 336

मत जा कान्हा

स्थायी

स्वरदा ने सुंदर गाया है, नारद ने साज बजाया है ।
रतनाकर गीत रचाया है ।।

♫ सानि़सा- गरे सा-नि़नि़ सा-रेम ग-, गममग पम ग-रे सासा-रेम ग- ।
गगरेसासासा रे-ग मगरेसानि़ सा- ।।

अंतरा-1

जब कंस के मंत्री थे हारे, यम पुर को पहुँचे बेचारे ।
वो बोला, अक्रूर जी! जाओ, तुम कृष्ण को मथुरा ले आओ ।
मैंने क्रीड़ा खेल रचाया है ।।

♫ पप मरेम म प-पम पनि धपप-, पप मग गसा सागमप गरेसानि़सा- ।
सानि़ सा-गरे, सा-नि़नि़ सा-! रेमग-, सानि़ सा-ग रे सासानि़- सा- रेमग- ।
गग रेसासा- रे-ग मगरेसानि़ सा- ।।

अंतरा-2

जब नंद को अक्रूर जी बोले, हैं विधि ने दरवाजे खोले ।
मथुरा में लगना मेला है, उत मल्ल युद्ध का खेला है ।
मैं कृष्ण को लेने आया हूँ ।।

अंतरा-3

"मत जा कान्हा" बोली मैया, अब मथुरा मरघट है दैया! ।
"माँ! जाने दे," काहे चिंता, मोहे बुला रही दूजी माता ।
अब मरना कंस का आया है ।।

भारतीय सांस्कृतिक गीतमाला, मोती 337
गीत : राग भीमपलासी

मोहे जाने दे

स्थायी

जाने दे मोहे मथुरा मैया, संग मेरे बलदाऊ भैया ।
♪ पमपनि सां निधपमप गगगम गरेसा–, पनि सागरे– सासाप-गम गरेसा– ।

अंतरा–1

वृंदावन है स्वर्ग समाना, मथुरा मरघट बनी है दैया ।
मत जा कंस के पास कन्हैया ।।
♪ प–प–निमप गम पनिसां सांगंरेंसां–, निनिसांमं गंरेंसांसां पनिसां सां निधप– ।
पप गं गंरेंरें सां– नि–निनि ध–प– ।।

अंतरा–2

दही माखन है वृंदावन में, गोप गोपिका ग्वाले गैया ।
मत जा मत जा पडूँ मैं पैंया ।।

अंतरा–3

सत् चित् आनंद अपने मन में, मथुरा बनी है मौत की शैया ।
जमुना के तू पार न जैंया ।।

६३. योगेश्वर श्रीकृष्ण

भारतीय सांस्कृतिक गीतमाला, मोती 338

योगेश्वर वंदना

(संस्कृत)

६३. योगेश्वर श्रीकृष्ण

श्लोक छंद

कृष्णो माता-पिता बन्धुर्गुरुर्ज्ञातः सखा तथा ।
कृष्णं योगेश्वरं पुण्यं पूज्यं वन्दे जगद्गुरुम् ।। 1

कृष्णेन ना समो दाता भूतो न च भविष्यति ।
कृष्णाय वासुदेवाय राधावराय वन्दना ।। 2

कृष्णात्-हि जायते सर्वं कृष्णात्सर्वं समाप्यते ।
कृष्णस्य करुणां प्राप्य श्रद्धालुर्न निमज्जति ।। 3

कृष्णे मनश्च चित्तञ्च बुद्धिर्निवेशिता हि स्यात् ।
कृष्ण! कृष्ण! नु कृष्णेति तस्माद्व्रज मनः सदा ।। 4
जपतात्कृष्ण कृष्णेति वचसा मनसा तथा ।
एकाग्रेण हरिं ध्यात्वा तरसि भवसागरम् ।।

भारतीय सांस्कृतिक गीतमाला, मोती 339

राग यमन, कहरवा ताल

योगेश्वर वन्दना

स्थायी

जन गण वन्दन करते हैं तुमको, देवकी नंदन कहते हैं तुमको ।
देवकी नंदन जय जय जय हो ।

♫ निनि पप रे-सासा गगग मं निधप-, गपगप पधमंप निधप प रेरे सा-।

अंतरा-1

नाथ! जगत के तारक तुम हो, विघ्न विनाशक, माधव जय हो ।

♫ प-ग गपप निध सां-सांसां निरें सां-, निरेंग रेंसांनिधप, गमंधप रेरे सा- ।

अंतरा-2

भक्ति योग है दीन्हा तुमने, भगत सखा प्रभु, झोली भर दो ।

अंतरा-3

कर्मयोग योगेश्वर तुमसे, पार्थ सारथी, तारण कर दो ।

भारतीय सांस्कृतिक गीतमाला, मोती 340

राग : मालकंस, कहरवा ताल 8 मात्रा

योगेश्वर वन्दना

स्थायी

स्वरदा ने मंजुल गाया है, नारद ने साज बजाया है ।
रतनाकर गीत सजाया है ।।

♫ ममगम गसा निसाधनि सा-म- म-, म-गम गसा निसाध नि-सा-म- म-।
निनिनि-निनि नि-नि निधनिसांनि धम ।।

अंतरा-1

मंगल वन्दन योगेश्वर को, जिसने दीन्ही गीता है ।
अनुपम तुमरा प्रेम है प्रभु जी! तन मन हमरा जीता है ।।

♫ ग-मम ध-निनि सां-सांगंनि सां-, निनिनि नि नि-नि- धनिसांनि धम- - - ।
गगमम धधनि- सां-सां सां गंनि सां-! निनि निनि निनिनिध धनिसांनि धमगसा ।।

अंतरा-2

हिरदय अर्पण राधावर को, सुंदर रास रचाता है ।
गोप गोपिका व्रज बलिहारा, मुरली मधुर बजाता है ।।

अंतरा-3

मटकी फोड़े, माखन खावे, "मैं नहीं खायो" कहता है ।
मुख खोले तो विश्व दीदारा, मुग्ध जसोदा माता है ।।

६४. अध्यात्म ज्ञान

भारतीय सांस्कृतिक गीतमाला, मोती 341

आत्मा

(संस्कृत)

क आत्मा परमात्मा को जन्म किं मरणं च किम् ।
प्राग्जन्म का गतिः कृष्ण गतिः का मरणोत्तरा ।।

♫ रे- ग-मप धपम-गम- प-, नि-ध प- मगरे- म ग- ।

६४. अध्यात्म ज्ञान

ग-ग-ग म- पम-, ग-रे-! गग- रे- गमग-रेसा- ।।

आत्मा देहे तथा ज्ञेयो यथा बिम्बं हि दर्पणे ।
चुम्बके चुम्बकत्वं च यन्त्रे विद्युत्प्रवाहवत् ।।

गुरुत्वाकर्षणं भूमौ द्रवत्वं च जले यथा ।
सात्त्विकेषु सदाचार उपाधिर्व्यवसायिनाम् ।।

ब्रह्मैव परमात्मा स ईश्वरः परमेश्वरः ।
ईशः प्रभुर्जगद्धर्ता येन सृष्टमिदं जगत् ।।

देही ब्रह्मैव देहस्थः चिदात्मा पुरुषस्तथा ।
आत्मा स एव क्षेत्रज्ञो जीवः प्राणश्च चेतना ।।

देहेन देहिनो योगो भूतस्य जन्म कथ्यते ।
वियोगो देहिनस्तस्मात्-उच्यते मरणं तथा ।।

मृत्योरेकस्य भूतस्य जायते जन्म नूतनम् ।
देहाद्देहं सदा देही नूनं भ्रम्यति चक्रवत् ।।

मृत्युर्नास्ति विना जन्म विना मृत्युं न जन्म च ।
जन्ममृत्यू पृथक् ना हि द्वंद्वमेकं मतं बुधैः ।।

जन्ममरणयोर्द्वंद्वं पृष्ठद्वयस्य नाणकम् ।
रहस्यमात्मनः स्पष्टं यो जानाति स पण्डितः ।।

भारतीय सांस्कृतिक गीतमाला, मोती 342

राग : यमन कल्याण, कहरवा ताल 8 मात्रा

अक्षर आत्मा

स्थायी

अक्षर ये आतमा है, देही अमर है जाना ।
अक्षय अनादि अजर है, पावन ये आतमा है ।।

♫ ग-रेरे सा- नि़-रेग- ग-, गमंप- पमंमं ग- रे-सा- ।
नि़-रेरे रेग-ग मंधप मं-, प-मंमं ग- प-मंगरे सा- ।।

अंतरा-1

वस्त्रों को त्याज्य नित जैसे, मानव ये त्यागता है ।
देही भी देह नित वैसे, जर्जर को छोड़ता है ।
इसमें भला क्यों रोना, जीवन की भंगिमा है ।।

♫ ग-मं- प- निध- पप मं-प-, ग-मंमं प- ध-पमं- ग- ।
नि़-रे- ग- मं-प धध मं-प-, ध-पप मं- ध-पमं- ग- ।
सासारे- गमं- प- मं-ग-, प-मंमं ग- प-मंगरे सा- ।।

अंतरा-2

शस्त्रों से नहीं ये कटता, अग्नि से नहीं है जलता ।
पानी में नहीं ये गलता, वायु से नहीं है सूखता ।
अविनाशी सही है जाना, जैसा ये आसमाँ है ।।

♫ ग-मं- प- निध- प- मंमंप-, ग-मं- प- पमं- ग- रेरेसा- ।
नि़-रे- ग- मंप- ध- मंमंप-, ध-प- मं- गमं- प- पमंग- ।
सासारे-ग- मंमं- प- मं-ग-, प-मंग रे- प-मंगरे सा- ।।

अंतरा-3

देही सभी में बसता, कण-कण है इसी से बनता ।
जीवन की ये है ज्योति, चेतन है इसी से प्रति ।
इसको ही ब्रह्म है जाना, ये है परम परमात्मा ।।

भारतीय सांस्कृतिक गीतमाला, मोती 343

राग : प्रमाती, दादरा ताल

अविनाशी

स्थायी

अजर अमर अविनाशी, अक्षर हरि व्रजवासी ।

♫ ममम गमम पमगमप-, ध-पम गग मगरेगरेसा ।

अंतरा-1

अचरज सेती निहारत, सुंदर जग नर नारी ।
भव भग चक्र चलावत, श्रीधर घट-घट वासी ।।

♫ रेरेरेरे गरेग मपमगरे, ध-पप मम गरे गमप- ।
धध पप मगरे गमधपम, धधपम गग मग रेगरेसा ।।

अंतरा-2

भगतन भीड़ लगावत, दरसन के अभिलासी ।
गिरिधर पावन कीन्हे, गोकुल मथुरा कासी ।।

अंतरा–3

छम् छम् पायल बाजत, ग्वालिन रधिया दासी ।
छर छर मंथन लावत, माखन दधि घट रासी ।।

अंतरा–4

घूम फिर कर जग आए, जनम लाख चौरासी ।
कहीं न ऐसा मीत मिला, भव चक्कर जो नासी ।।

भारतीय सांस्कृतिक गीतमाला, मोती 344

दादरा ताल

आतमा

स्थायी

आतमा ही, सखे! ब्रह्म जाना, जो निराकार निर्गुण अमर है ।
♫ धृ–निसा रे–, सानि़–! ध़–नि़ सा–रे–, सा– रेग–म–प म–गग मगरे सा– ।

अंतरा–1

कटे ना किसी शस्त्र से ये, मिटे ना किसी अस्त्र से ये ।
जले ना किसी आग से ये, न मारे कोई भी जहर है ।।
♫ सांनि– सां– निध– नि–ध प– म–, सां–नि ध– निधप नि–ध प– म– ।
रेग– म– पम– ग–रे ग– म–, सा– रे–ग– मपम– ग– मगरे सा– ।।

अंतरा–2

देह देही का है गूढ़ नाता, आतमा ये न आता न जाता ।
जन्म यौवन जरा देह पाता, आतमा है ये जाना अजर है ।।

अंतरा–3

वर्णनातीत जाना है देही, मौन साक्षी है नौ द्वार गेही ।
सब दिलों मे बसा ये सनेही, न ये है इधर ना उधर है ।।

भारतीय सांस्कृतिक गीतमाला, मोती 345

राग : यमन कल्याण

आत्मा ब्रह्म

स्थायी

अरे! ब्रह्म ही अव्ययी आतमा है ।

♫ ऩिरे-! ग-मं ग- प-मंग- मंपमंगरे सा- ।

अंतरा-1

किसी शस्त्र से ना कटे आतमा ये, कभी आयु से ना घटे आतमा ये ।

सनातन अनादि, कहा आतमा ये ।।

♫ ऩिसा- रे-सा रे- ग- रेसा- रे-गरे- ग-, धप- मं-ग मं- प- मंग- रे-गमं- प- ।

सारे-ग- मंप-ध-, पग- मंपमंगरे सा- ।।

अंतरा-2

किसी आग से ना जले आतमा ये, कभी पानी से ना गले आतमा ये ।

अनश्वर अजन्मा, अजर आतमा ये ।।

अंतरा-3

किसी दर्द से ना दुखे आतमा ये, कभी वायु से ना सूखे आतमा ये ।

करे ना मरे ये, अमर आतमा है ।।

अंतरा-4

किसी से नहीं है जुड़ा आतमा ये, किसी से नहीं है जुदा आतमा ये ।

न तेरा न मेरा, सर्वदम आतमा है ।।

६५. ब्रह्मज्ञान

भारतीय सांस्कृतिक गीतमाला, मोती 346

भजन : राग रत्नाकर, कहरवा ताल 8 मात्रा

स्थायी दोहा, अंतरा फटका

ब्रह्मज्ञान

स्थायी

ब्रह्म ज्ञान की है जहाँ, अंतरंग में चाव ।

वही ज्ञान की प्यास है, अज्ञान से बचाव ।।

♫ सां–नि ध–प ध– नि– सांरें–, सां–निध–प ध– नि–नि ।

निध– प–म ग– रे–ग म–, नि–ध–प म– गम–म ।।

अंतरा–1

जिसे अहिंसा परम धर्म है, सुशीलता का लगाव है ।

गुरु सेवा है, पवित्रता है, तन मन पर भी दबाव है ।।

♫ सारे– गम–ग– धपम ग–रे ग–, धप–मग– म– गम–प म– ।

सारे ग–म– प–, धप–मग– रे–, सासा रेरे मग म– पम–ग म– ।।

अंतरा–2

विषय वासना जिसे परे हैं, दंभ दर्प का न घाव है ।

जन्म–मृत्यु में, जरा रोग में, दुःख दोष का सुझाव है ।।

अंतरा–3

पुत्र पत्नी में, धन–दौलत में, ममत्वता का न भाव है ।

पाया प्रिय हो या अप्रिय हो, समत्वता का ही ठाँव है ।।

अंतरा–4

अनम्रता का नशा न जिसमें, अनन्य हरि में सुभाव है ।

भीड़ भाड़ में अनासक्ति है, असंगति में खिंचाव है ।।

अंतरा–5

तत्त्वज्ञान से अर्थ देख कर, आत्मज्ञान का प्रभाव है ।

ज्ञान यही है, जिसके होते, अज्ञान का फिर अभाव है ।।

भारतीय सांस्कृतिक गीतमाला, मोती 347

ब्रह्मज्ञान

स्थायी

स्वरदा ने सुंदर गाया है, नारद ने साज बजाया है ।

रतनाकर गीत रचाया है ।।

♫ सानि़सा– गरे सा–नि़नि़ सा–रेम ग–, गममग पम ग–रे सासा–रेम ग– ।

गगरेसासासा रे–ग मगरेसानि़ सा– ।।

अंतरा–1

जो ज्ञानी कहते अक्षर है, अविनाशी शाश्वत चिर स्थिर है ।

सब गोचर हैं, जिसके दिन में, अरु निश में अगोचर हैं फिर से ।
वह बह्म सनातन जाना है ।।

♫ प- मरेम- पपपम पनिधप प-, पपमगगसा सागमप गरे सानि़ सा- ।
सानि़ सा-गरे सा-, नि़नि़सा- रेम ग-, सानि़ सासा ग रेसा-नि़नि़ सा- रेम ग- ।
गग रेसासा सारे-गम गरेसानि़ सा- ।।

अंतरा-2

जिस जग में आनी-जानी है, वह ब्रह्म गतिऽ भी मानी है ।
जित जाकर लौटन नाही है, सत् परम धाम मम ताही है ।
मम भगतों ने वो पाया है ।।

अंतरा-3

जो यज्ञ दान तप का फल है, उससे पावन ज्ञान का बल है ।
वह ज्ञानी नर कहलाया है, वह मम शरणन को पाया है ।
जो मम चरणन में आया है ।।

भारतीय सांस्कृतिक गीतमाला, मोती 348

आत्म दर्शन

स्थायी

आतमा छूना सीखो- - -, उसे परमातमा में देखो ।

♫ सा-रेग- म-ग रे-सा- - -, सासा रेरेग-गम- ग रे-सा- ।

अंतरा-1

तन मन से वो परे है, नैनन से पट धरे है ।
प्राणी का प्राण वो है- - -, तुम हिरदय में उसको देखो ।।

♫ सासा रेरे ग म- गरे- सा-, प-मग रे मम गरे- सा- ।
रे-ग- म ध-प म- ग- - -, सासा रेरेग- ग म-ग रे-सा- ।।

अंतरा-2

धूली जो मन चढ़ी है, झटको, घड़ी खड़ी है ।
भीतर स्वयं जली है, तुम ज्योति परम वो देखो ।।

अंतरा-3

ज्ञानी भी थक गए हैं, अनुसंधान अक गए हैं ।

मस्तिष्क रुक गए हैं, तुम उसे आइने में देखो ।।

भारतीय सांस्कृतिक गीतमाला, मोती 349

राग रत्नाकर, कहरवा ताल 8 मात्रा

अहंकार

स्थायी

अहंकार का यह पाप मेरा, मेरी, साँस-साँस से, झरने दे ।
प्रभु! मेरी सभ्यता, खोगई है, अभिमान को मेरे, गिरने दे ।।

♫ सारे-ग-ग ग- गग ध-प मग-, मप, ध-ध ध-ध ध-, सांनिधप ध- ।
मप! ध-ध ध-धध-, नि-सांरें सां-, रेगम-म म प-म-, गरेनि़- सा- ।।

अंतरा-1

भगत प्रलाद ने, तोहे पुकारा, भागा-भागा तू आया ।
दंभ असुर का तूने गिराया, हिरनकशप का घात कराया ।
गुमान मेरा जो है, क्रोध भरा, उसे, अंदर घुटकर, मरने दे ।।

♫ ममम मप-प प-, धनि- धप-म-, पध- प-ध- सां- निध- ।
सांनि धपप म- नि-ध पम-ग-, गगगगगग म- ध-प मग-रे- ।
रेग-ग गग- ग ग-, ध-प मग-, सारे, ग-गग गगमप, गरेनि़- सा- ।।

अंतरा-2

पतिव्रता[16] ने, नाम तिहारा, रो-रो कर प्रभु, जभी बुलाया ।
लंकेसर संहार कराया, सीता को बंदी से छुड़ाया ।
नस-नस में भरा ये, गर्व मेरा, हर, स्वेद बिंदु से ढहने दे ।।

अंतरा-3

मथुरा व्रज का, वो हत्यारा, पापी कंस भी, तूने हराया ।
रात आधी में, गोकुल आया, व्रज के जनन को, तूने उबारा ।
हरि! आज मेरा दुख, कहने दे, हर, आँसू आँसू में, बहने दे ।।

---

[16] **पतिव्रता** : अहल्या, शबरी, द्रौपदी, मीरा ।

६६. माया

भारतीय सांस्कृतिक गीतमाला, मोती 350

माया

स्थायी

कण-कण में जो भरी है माया, जग जिसमें भरमाया ।
जानो उसको कौन है करता, श्रीधर नाम है उसका ।।
♫ सासा रेरे ग- प- गम- ग रे-सा-, रेरे गमप- मगरे-म- ।
प-सां- निनिध- नि-ध प ममप-, ग-गग म-प म गरेसा- ।।

अंतरा-1

सूरज में जो भरी रोशनी, चाँद में जो चाँदनी ।
ओम् प्रणव का ध्वनि अंबर में, बना तरल है पानी ।
बोलो ये सब काम है किसका, श्रीधर नाम है उसका ।।
♫ प-पप ध- नि- सांनि- ध-पम-, प-प ध- नि- सांनिधप- ।
सां-नि धपप म- पध नि-धप म-, गम- पपप ध- प-म- ।
सा-रे- ग- मम प म ग रेरेम-, ग-गग म-प म गरेसा- ।।

अंतरा-2

जाप ताप से बने तपस्वी, बल वाले बलशाली ।
तेज चमक से जलती अग्नी, बने ज्ञान से ज्ञानी ।
बोलो ये सब काम है किसका, श्रीधर नाम है उसका ।।

अंतरा-3

बने धर्म से नर धर्मात्मा, कर्म योग से योगी ।
सदाचार से बने सयाना, नर जग में उपयोगी ।
बोलो ये सब देन है किसकी, श्रीधर नाम है उसका ।।

भारतीय सांस्कृतिक गीतमाला, मोती 351

६६. माया

पूर्णमिदम्

श्लोक

इदं पूर्णं च तत्पूर्णं पूर्णे पूर्णं विलीयते ।
पूर्णात्पूर्णमृणं कृत्वा शेषं पूर्णैव विद्यते ।। 948

♫ सांनि- धनि- सां नि-ध-प-, ध-प- म-प- गम-पम- ।
रे-ग-म-ग-पम- ग-रे-, ग-म- प-म-ग रे-गसा- ।।

स्थायी

पूर्ण ये भी है, वो भी पूर्ण है, पूर्ण से मिलता सो पूर्ण है ।
पूर्ण से निकला अगर पूर्ण तो, बाकी बचेगा सो पूर्ण है ।।

♫ रे-रे रेग रे सा-, रेग रे गमग रे-, सा-सा सा रेरेग- प म-ग रे- ।
म-म म पपप- धधनि ध-प म-, म-प धप-म- ग रे-ग सा- ।।

अंतरा-1

मूल शून्य ही ब्रह्म खर्व है, शून्य से निकला ये सर्व है ।
शून्य नाम ही व्योम पूर्ण है, शून्य से मिल कर ये शून्य है ।।

♫ सां-नि ध-नि ध- सां-नि ध-प म-, ध-ध ध पपम- ध प-म ग- ।
रे-ग म-म म- प-म ग-रे ग-, रे-रे रे गग मम ग रे-ग सा- ।।

अंतरा-2

भूत पाँच, गुण तीन हैं कहे, अष्ट वर्ग से ये पूर्ण है ।
पूर्ण ऊर्ध्व अरु मध्य पूर्ण है, अंत में जाकर ये शून्य है ।।

अंतरा-3

आत्म पूर्ण है परमात्म है वही, पूर्ण से मिल कर ये पूर्ण है ।
ये भी पूर्ण और पूर्ण वही है, शून्य से मिल कर ये शून्य है ।।

अंतरा-4

प्राण प्राणियों में सब जिसने, डाली धड़कन हर दिल में ।
साँस-साँस में पूर्ण रहे वो, बिन जिसके सब अपूर्ण है ।।

अंतरा-5

कण-कण में एक ईश सना है, शून्य से बढ़ कर विश्व बना ।
जड़ चेतन सब भव्य सृष्टि में, अगम्य होकर भी गम्य है ।।

श्लोक

इदं शून्यं च तच्छून्यं शून्याच्छुन्यं हि जायते ।

६७. आत्मशाँति-विश्वशाँति
शून्ये शून्यं समायुज्य पूर्णं शून्यं हि वर्तते ।। 949
♪ रेग- म-म- प म-ग-रे-, प-म-ग-रे- म ग-रेसा- ।
रे-रे- ग-ग- मप-म-ग-, प-म- ग-रे- म रे-गसा- ।।

६७. आत्मशाँति-विश्वशाँति

भारतीय सांस्कृतिक गीतमाला, मोती 352

शान्ति पाठ

दोहा छंद

सबसे सुंदर शाँति है, शाँति नित्य निष्काम ।
शाँति ओम् शिव ब्रह्म है, शाँति धर्म का काम ।।

शाँति में सामर्थ्य है, शाँति में है तेज ।
शाँति देत संतोष है, शाँति सुखों की सेज ।।

दया क्षमा उपकार का, शाँति एक आधार ।
सदाचार का मूल है, शाँति स्वर्ग का द्वार ।।

शस्त्र-अस्त्र बल विश्व के, ढाल तीर तलवार ।
शाँति-शस्त्र के सामने, सब जाते हैं हार ।।

मानवता के धर्म का, अशाँति में अपमान ।
शाँतिपूर्ण प्रस्ताव में, सबको है सम्मान ।।

विश्वशाँति अनिवार्य है, सर्व भूत पर प्रेम ।
मूक जीव पर हो दया, योग सभी का क्षेम ।।

विधान विधि का शाँति है, सबसे पुण्य महान ।
निकला मुख से ब्रह्म के, करने जग कल्याण ।।

गीता रामायण कथा, वेद वाक्य पुराण ।
ऋषि-मुनि लाए शाँति का, परम पूज्य पैगाम ।।

"अखिल जगत में शाँति हो, सर्वभूत सुखभाग ।

६७. आत्मशाँति-विश्वशाँति

नर पशु पक्षी विश्व में, कोई न हो अभाग ।। 3

"परम अहिंसा धर्म है, तन मन से सब काम ।
सब विध सरबस शाँति से, विश्व होत सुरधाम ।।

"विश्व शाँति की क्रांति हो, शाँति सत्य सत् नाम ।
सबके तन मन शाँति हो, शाँति से हो काम ।।

"वचन कर्म में शाँति हो, शाँति सीता राम ।
हर हिरदय में शाँति हो, शाँति राधे श्याम" ।।

भारतीय सांस्कृतिक छन्दमाला, मोती 353

शान्तिपाठ
(संस्कृत)

श्लोक छन्द

♪ सा-सा-सासासारे-ग-रे-, ग-गग-म- पम-ग-रे- ।
रे-रे-रे-रे-रेम-ग-रे-, म-मम- ग-रेग- रेसा- ।।

शान्तिर्विधिविधानञ्च वेदवाक्यं सनातनम् ।
यत्साक्षात्काररूपेण सुश्रुतं ब्रह्मणो मुखात् ।।

वदन्ति वेदशास्त्राणि गीतोपनिषदस्तथा ।
वदतो रामकृष्णौ च वदन्ति च महर्षयः ।।

व्यभिचारञ्च लोलुप्त्वं स्तेयं पापञ्च वर्जयेत् ।
योगं त्यागं परार्थञ्च व्रतं पुण्यं समाचरेत् ।।

सर्वविश्वे भवेच्छान्तिः सर्वभूतेषु सर्वदा ।
सर्वत्र प्राणिमात्रेषु पादपेषु च पक्षिषु ।।

अहिंसा परमो धर्मो वचसा मनसा तथा ।
कृत्वा कर्माणि शान्त्या हि विश्वं स्वर्गः सुखं भवेत् ।।

भारतीय सांस्कृतिक गीतमाला, मोती 354

शान्ति पाठ

श्लोक

सर्वत्र सर्वदा शान्तिः स्नेहः सत्त्वं सुखं भवेत् ।

अहिंसा न्यायनीतिश्च सर्वभूतेषु सन्ततम् ।।

♫ ग-गग ग-गरे- म-ग-, म-म- प-प- ध-प- मप- ।

गरे-ग- म-मध-प-म-, ग-गग-म-प म-रेग- ।।

स्थायी

सब विश्व में सब विध शाँति हो, सबके मुख में नित शाँति ओम् ।

सब विश्व में सब विध शाँति ओम् ।।

♫ सानि़ सा-ग रे सासा नि़नि़ सा-रेम ग-, गममग पम गग रेसा सा-रेम ग-ग ।

गग गरेसासा सा सारे गम गरेसानि़ सा-सा ।।

अंतरा-1

सबके दिल में सद्भाव बसे, सबके लब पर सत्नाम रहे ।

सबको सब भूत से प्रीति हो, सब जगत में अमन की क्रांति हो ।।

♫ पपमरे मम प- पमपनिध पप-, पपमग गसा साग मपगरेसा नि़सा- ।

गममग पम ग-रे सा सा-रेम ग-, गग गरेसा सा सारेग म गरेसानि़ सा- ।।

अंतरा-2

सब पुत्र सुपुत्र निरोगी हों, सब कन्या सुशीला धन्या हों ।

सबको धन धान्य निवास मिले, सबके मुख पर सुख की काँति हो ।।

अंतरा-3

कहीं ऊँच नीच का नाम न हो, अन्याय अधर्म से काम न हो ।

सब जग में कोई न दुखिया हो, सब त्रिभुवन स्वर्ग की भाँति हो ।।

भारतीय सांस्कृतिक गीतमाला, मोती 355

शाँति

राग : रत्नाकर, 8 मात्रा

स्थायी

६७. आत्मशाँति-विश्वशाँति

निश-दिन तन में शाँति हो, लड़ने का नहिँ काम ।
जन गण मन में क्रांति हो, शाँति जगत कल्याण ।।

♫ सानि़ सासा गरे सानि़ सा-रेम ग-, गममग पम गरे सा-सा ।
सासा रेरे गग म- प-मग रे-, प-म गरेरे गरेसा-सा ।।

अंतरा-1

ऋषि गुरु ज्ञानी लाए हैं, शाँति का पैगाम ।
शाँति ब्रह्म अरु सत्य है, शाँति है भगवान ।।

♫ रेरे गग म-प- म-ग म-, प-म- ग- रे-ग-ग ।
प-म गग रेरे ग-रे म-, प-मग रे- गरेसा-सा ।।

अंतरा-2

शाँति प्रेम है प्यार भी, शाँति पुण्य का नाम ।
शाँति स्नेह की सादगी, शाँति है वरदान ।।

अंतरा-3

शाँति कला अनिवार्य है, शाँति चैन का धाम ।
शाँति गुणों में श्रेष्ठ है, शाँति आत्म का ज्ञान ।।

अंतरा-4

शाँति धर्म का कर्म है, शाँति है सत् नाम ।
शाँति ध्येय का श्रेय है, शाँति है अभियान ।।

अंतरा-5

शाँति लाभ का बीज है, शाँति सीताराम ।
शाँति त्राण की चीज है, शाँति राधेश्याम ।।

अंतरा-6

शाँति शाँति शाँति हो, शाँति चारों याम ।
शाँति सर्वत्र शाँति हो, शाँति स्वर्ग का यान ।।

भारतीय सांस्कृतिक गीतमाला, मोती 356

शाँति शाँति शाँति ओम्

पद

शाँति सर्वदा, शाँति सर्वथा, शाँति सर्वगा, शाँति ओम् ।

६७. आत्मशाँति-विश्वशाँति

जन गण शाँति, त्रिभुवन शाँति, भूत चराचर, शाँति ओम् ।।

♪ सा-रे ग-रेसा-, रे-ग म-गरे-, ग-म प-मग-, प-म ग- ।
गरे गम प-प-, धपमग म-म-, निध पम-मम, प-म ग- ।।

स्थायी

शाँति शाँति, शाँति ओम् ।
मेरे मन में, तेरे मन में, सबके मन में, शाँति हो ।
जग में शाँति, नभ में शाँति, शाँति शाँति, शाँति ओम् ।।
शाँति शाँति, शाँति ओम् ।।

♪ म-प ध-प-, ध-प-म- ।
सांनि धप ध-, नि-ध पम प-, धधप मग म-, प-म ग- ।
रेरे ग- म-म-, धप म- प-प-, निध प-ध-, प-म ग- ।।
म-प ध-प-, ध-प- म- ।।

अंतरा-1

जो मिला है उसमें तृप्ति, मान लेना कर्म है ।
जिस किसी को ना मिला हो, बाँट लेना धर्म है ।।
जो भी दिन हो वो खुशी से, काट लेना वृत्ति हो ।
तन में शाँति, मन में शाँति, लब पे शाँति, शाँति हो ।।
शाँति शाँति, शाँति ओम् ।।

♪ सा- रेग- म- पमग रे-सा-, सा-रे ग-म- ध-प म- ।
पप पध- नि- सां- निध- प-, नि-ध प-म- ग-रे सा- ।।
सा- रे गग म- प- मग- रे-, ग-म प-म- ध-प म- ।
पप प ध-नि-, सांनि ध- प-ध-, पप म ग-म-, ग-रे सा- ।।
म-प ध-प-, ध-प- म- ।।

अंतरा-2

स्त्री पुरुष या मूक प्राणी, पेड़ पत्ते फूल हों ।
जीव सारे, लिंग सारे, एक सभी का मूल है ।।
भूत सबके पँच ही हैं, गुण सभी के तीन ही ।
एक सबका ईश, चाहे, रूप भाँति-भाँति हों ।।
शाँति शाँति, शाँति ओम् ।।

अंतरा-3

भिन्न भाषा अगर जानी, मधुर मुख में वाणी हो ।

६७. आत्मशाँति-विश्वशाँति

भीन्न चाहे वेश उसका, या अलादा देश हो ।।
एक दाना, एक पानी, एक धरती सबकी है ।
अखिल जग में एकता की, क्रांति क्रांति क्रांति हो ।।
शाँति शाँति शाँति ओम् ।।

<u>भारतीय सांस्कृतिक गीतमाला, मोती 357</u>

शाँति पाठ

स्थायी

स्वरदा ने सुंदर गाया है, नारद ने साज बजाया है ।
रतनाकर गीत रचाया है ।।

♫ सानि़सां- गरे सा-नि़नि़ सा-रेम ग-, गममग पम ग-रे सासा-रेम ग- ।
गगरेसासासा रे-ग मगरेसानि़ सा- ।।

अंतरा-1

हर दिल में शाँतिऽ शाँतिऽ हो, हर मन में शाँतिऽ शाँतिऽ हो ।
हर नर में शाँतिऽ शाँतिऽ हो, सब जग में शाँतिऽ शाँतिऽ हो ।
यह शाँतिऽ का शुभ नारा है ।।

♫ पप मरे म- प-पम पनिधप प-, पप मग गसा सागमप गरेसानि़ सा- ।
सानि़ सासा गरे सा-नि़- सा-रेम ग-, सानि़ सासा गरे सा-नि़- सा-रेम ग- ।
गग रेसासा- रे- गम गरेसानि़ सा- ।।

अंतरा-2

सब मुख में मीठी बानी हो, किसी नैनन में ना पानी हो ।
हर महिला जग में रानी हो, हर नर किरपा का दानी हो ।
यह शाँतिऽ अमृत धारा है ।।

अंतरा-3

सब तनुषा मनसा शाँतिऽ हो, सद् वचसा सहसा शाँतिऽ हो ।
सब जग में सब विधि शाँतिऽ हो, सच बंधु-भाव की क्रांतिऽ हो ।
यह शाँतिऽ दूत पुकारा है ।।

<u>भारतीय सांस्कृतिक गीतमाला, मोती 358</u>

६७. आत्मशाँति-विश्वशाँति

राग रत्नाकर, कहरवा ताल 8 मात्रा

देहि मां शरणम्

(संस्कृत)

स्थायी

केशव माधव देहि शरणं, निरन्तरं मे हृदि तव स्मरणम् ।

♫ म-धप म-गरे गधप- गगम-, नि॒ध-पम- प- सांनि॒ धप रेगम- ।

अंतरा-1

अमलं विमलं ते मुखकमलं, याचयामि ते स्पर्ष्टुं चरणम् ।

♫ सासारे- गगम- ध- पमगगम-, सा-रेग-प म- नि॒-धप रेगम- ।

अंतरा-2

त्वत्तो कोऽपि नह्युपकरणम्, अस्माकं भवसागरतरणम् ।

अंतरा-3

त्वमेव मे खलु भवभयहरणं, प्रभो सुखं मे भवतु मरणम् ।

भारतीय सांस्कृतिक गीतमाला, मोती 359

सत्यमेव जयते

स्थायी

सत्यमेवो हि जयते नानृतं, सत्यं ऋतम् अमृतम् ।

सत्यं शिवं सुंदरम् ।।

♫ सा-रेग॒-म- प मग॒रे- ध॒-पम-, सां-नि॒- ध॒प- ध॒-पम- ।

सां-नि॒- ध॒प- ध॒-पम- ।।

अंतरा-1

सत्य ब्रह्म है, सत्य आत्म है, सत्य कर्म परम् ।

सत्यं शुभं मंगलम् ।।

♫ सा-सा रे-ग॒ म-, प-म ग॒-रे सा-, सा-रे म-ग॒ मप- ।

सां-नि॒- ध॒प- ध॒-पम- ।।

अंतरा-2

सत्य अर्थ है, सत्य धर्म है, सत्य मोक्ष स्वयम् ।

सत्यं परं भूषणम् ।।

अंतरा-3

सत्य नित्य है, सत्य प्रीत्य है, सत्य कृत्य वरम् ।

सत्यं सदा वन्दितम् ।।

६८. वसुधैव कुटुंबकम्

भारतीय सांस्कृतिक गीतमाला, मोती 360

राग भैरवी, कहरवा ताल

वसुधैव कुटुम्बकम्

श्लोक

सहचलेम सम्मिल्यागच्छत शाँतिप्रेमिणः ।

सहजीवेम सर्वे च वर्धेमहि च वै वयम् ।।

♫ मममम-म ग-प-म-प-मग- रे-गम-पम- ।

धधप-म-ग रे-ग म-, ध-प-मग- रे ग- रेसा- ।।

स्थायी

सब लोग जहाँ के भाई हैं, सब एक ही पथ के राही हैं,

"वसुधैव कुटुंब" सचाई है ।

सब एक जगत के वासी हैं, सब की ये वसुधा माई है,

सब एक ही कुल के सगाई हैं ।।

♫ सानि़ सा-ग रेसा- नि़- सा-रेम ग-, गम मगप म गग रेसा सा-रेम ग-,

"गगगरेसासा सारे-ग" मगरेसानि़ सा- ।

सानि़ सा-ग रेसासा नि़सा सा-रेगसारे ग-, गम मग प मग-रेसा सा-रेम ग-,

गग गरेसासा सा सारे ग मगरेसानि़ सा- ।।

अंतरा-1

सब वेदों की ये वाणी है, सब शुभ वचनों की राणी है ।

बस एक हमारी भूमि है, अरु एक हमारा स्वामी है ।

बस एक सभी का साँई है ।।

६८. वसुधैव कुटुंबकम्

♪ पप मरेम- प- पम पनिधप प-, पप मग गसासाग म प गरेसानि सा- ।
सानि सा-ग रेसा-नि- सा-रेम ग-, गम मगप मग-रेसा सा-रेम ग- ।
गग गरेसासा सारे- गम गरेसानि सा- ।।

अंतरा-2

सब जगत का एक ही ज्ञानी है, और एक ही अंतर्यामी है ।
बस एक हमारा दाता है, अरु एक हमारा विधाता है ।
बस एक सभी का सहाई है ।।

अंतरा-3

ऋषिमुनियों कीऽ ये बखानी है, और सबसे परम कहानी है ।
"बस एक हमारा कर्ता है, जिसने जग रीत बनाई है ।
उसने भव प्रीत बसाई है" ।।

भारतीय सांस्कृतिक गीतमाला, मोती 361
राग रत्नाकर, दादरा ताल 6 मात्रा

वसुधैव कुटुम्बकम्

स्थायी

इस दुनिया में सारे हैं भाई, वसुधैव कुटुंबऽ की नाई ।
ये वसुधा सभी की है माई, एक कुल के सभी हैं सगाई ।।
♪ रेग ममम- म प-म- ग रे-ग-, सारेग-ग- गप-म- ग रे-सा- ।
ग मप-प- पनि- ध- प म-प-, निध पप प- मग- प- मग-रे- ।।

अंतरा-1

सब वेदों की अमृत की वाणी, शुभ वचनों की जानी है राणी ।
सारी भूमि का है एक स्वामी, सारी दुनिया का है एक साईं ।।
♪ रेग म-म- म ध-पप म ग-प-, गम पपप- प ध-प- म ग-रे- ।
सा-रे ग-ग- ग ध- प-म रे-ग-, म-प धधध- नि ध- प-म ग-रे- ।।

अंतरा-2

एक सबका हमारा है दाता, एक सबका हमारा विधाता ।
इस संसार का एक ज्ञाता, एक जानो सभी का सहाई ।।

६९. भूत दया

अंतरा-3

ऋषि-मुनियों की ये है बखानी, सबसे पावन यही है कहानी ।
रीत दुनिया की जिसने बनाई, प्रीत भव में उसी ने बसाई ।।

६९. भूत दया

भारतीय सांस्कृतिक गीतमाला, मोती 362

भूत दया

स्थायी

सबसे मेरा रहे प्रेम नाता, दृष्टि, ऐसी मुझे देना दाता ।
♪ सा-रे ग-म- पम- ग-रे ग-म-, धध, प-म- गम- प-म ग-रे- ।

अंतरा-1

चाहे जाने वो हमको पराया, द्वेष उसके हो मन में समाया ।
जानूँ उसको भी मैं बंधु भ्राता, बुद्धि, ऐसी मुझे देना दाता ।।
♪ प-ध नि-नि- नि सां-नि धप-ध-, प-ध नि-नि- नि सां- नि धप-ध- ।
रेग- म-म- म प- म-ग रे-ग-, गम, प-म- गम- प-म ग-रे- ।।

अंतरा-2

कोई कमजोर हो दीन दुखिया, जिसकी सुनसान बीरान दुनिया ।
उसके कँधे से कँधा लगाना, शक्ति, इतनी मुझे देना दाता ।।

अंतरा-3

हर प्राणी से हो मेरी माया, हर भाई बने मेरा भाया ।
हर माता लगे मेरी माता, प्रीति, ऐसी मुझे देना दाता ।।

अंतरा-4

तेरी किरपा की हो मुझ पे छाया, तेरी सेवा में हो मेरी काया ।
मैं रहूँ तेरे गुन गुनगुनाता, भक्ति, ऐसी मुझे देना दाता ।।

७०. वेद वाणी

भारतीय सांस्कृतिक गीतमाला, मोती 363

वेद वाणी

स्थायी
जो काम सबका तुम्हें पियारा, जहाँ को वापस वो प्यार दो ।
♪ रे ध-प ममप- गप- धप-म-, रेग- म प-म- प म-ग रे- ।

अंतरा-1
विचार वाणी में हो अहिंसा, प्रयोग में हो कभी न हिंसा ।
जो दोष उनका तुम्हें चुभाता, वही न तुझमें दीदार हो ।।
♪ रेग-म प-म- प ध- निध-प-, धनि-सां नि- ध- पध- नि ध-प- ।
म प-ध पमग- मप- धपमग-, गम- प मगरे- पम-ग रे- ।।

अंतरा-2
न हो जियारा कभी उदासा, रहो प्रभु के चरण में दासा ।
जो कर्म उनका तुम्हें गिराता, जगत में प्यारे! वो ना करो ।।

अंतरा-3
सदाचार की सदा हो भासा, भगत जनन को तुम्ही से आसा ।
जो बोल उनका तुम्हें दुखारा, किसी को प्यारे! वो ना कहो ।।

अंतरा-4
अधर्म का जो करे विनासा, वो कार्य तेरा बने विलासा ।
जो धर्म शाँति दया सिखाता, वो राह सत् की स्वीकार हो ।।

अंतरा-5
धरती अंबर तेरा निबासा, दिशाएँ चारों तेरा लिबासा ।
जो जाप मुख में तुम्हें सुहाता, वो नाम हरि का सदा जपो ।।

७१. अहिंसा

भारतीय सांस्कृतिक गीतमाला, मोती 364

अहिंसा परमो धर्मः

श्लोक

अहिंसा परमो धर्मो हिंसा हीना कृतिर्मता ।

अहिंसा कर्म भद्राणां हिंसा कर्म तु पापिनाम् ।।

♫ गम-म- पपप- म-प-, ध-प म-ग- रेग-पम- ।

रेग-म- प-म ग-म-प-, नि-ध- प-प प ध-पम- ।।

स्थायी

अहिंसा, विधि का विधान है ।

♫ साग-रे-, ऩिसा ऩिध़ ऩिसागरे सा- ।

अंतरा-1

दया क्षमा शम, किरपा शान्ति, घन तन मन वाणी में प्रीति ।

श्रद्धा निष्ठा भक्ति नीति, जानो, ये ज्ञान है ।।

♫ ऩिसा- रेसा- ऩिध़, ऩिऩिसा- ग-रे-, गग मम पप ध-प- म- ग-म- ।

गमपम गमगरे गमपम गरेसा-, ऩिसाऩिध़, ऩि सागरे सा- ।।

अंतरा-2

ईर्ष्या हठ शठ, कलि मल भ्राँति, दंभ दर्प मद छल बल भीति ।

जोर जबर अवमान अनीति, हिंसा, अज्ञान है ।।

अंतरा-3

अपना पराया जहाँ न कोई, राम-कृष्ण सबको सुखदाई ।

वसुधा ये एक कुटुंब भाँति, सारे, समान हैं ।।

अंतरा-4

निश-दिन मुख में जप ले हरि हरि! याद प्रभु की आवे घड़ी घड़ी ।

समाधान नित सरबस तृप्ति, सुख का, निधान है ।।

७२. सांख्य योग

भारतीय सांस्कृतिक गीतमाला, मोती 365

साङ्ख्य निरूपण

स्थायी

स्वरदा ने सुंदर गाया है, नारद ने साज बजाया है ।
रतनाकर गीत रचाया है ।।

♫ सानि़सा- गरे सा-नि़नि़ सा-रेम ग-, गममग पम ग-रे सासा-रेम ग- ।
गगरेसासासा रे-ग मगरेसानि़ सा- ।।

अंतरा-1

अविनाशी आत्मा अऽक्षर है, वो अजर अमर अविकारी है ।
ना कटे न वह आग से जले, ना सूख सके, ना जल से गले ।
ये देही नित्य कहाया है ।।

♫ पपमरेम- प-पम पनिधप प-, प- मगग सासाग मपगरेसानि़ सा- ।
सानि़ साग- रे सासा नि़-सा रे- मग-, सानि़ सा-ग रेसा-, नि़- सासा रे मग- ।
ग- रेसासा- रे-ग मगरेसानि़ सा- ।।

अंतरा-2

नर तज कर वस्त्र पुराने ज्यों, ये आत्मा पहने नूतन त्यों ।
आगत का जाना निश्चित है, आना गत का निर्धारित है ।
फिर रोने की बात हि क्या है ।।

अंतरा-3

तुम लाभ-हानि को सम करके, सुख-दुख दोनों ही सम धरके ।
फिर जीओगे तो राज मिले, या मर कर प्यारा स्वर्ग मिले ।
यह योग सांख्य कहलाया है ।।

भारतीय सांस्कृतिक गीतमाला, मोती 366

अस्तित्व अनस्तित्व

स्थायी

न तुम नहीं थे, न मैं नहीं था, न ये न जन थे, पहले भी ।
न तुम न होगे, न मैं न हूँगा, न ये न होंगे, आगे भी ।। 1

♫ रे ग- मपम गरे, सा रे- गमग रे-, सा रे- रे गग मप, मगरे सा- ।
रे ग- प म-गरे, सा रे- ग मगरे-, सा रे- रे ग-मप, मगरे सा- ।।

अंतरा-1

हुआ तू भी था, हुआ मैं भी था, ये लोग सारे हो गए ।
होगा तू भी, हूँगा मैं भी, ये सर्व होंगे, आगे भी ।। 2

♫ मप- ध- प म-, गम- प- म ग-, सा रे-रे ग-मप-, मगरे सा- ।
नि़-सा रे- रे-, प-म ग-रे-, सा रे-रे ग-मप-, मगरे सा- ।।

अंतरा-

सांख्य धान का योग यही है, वही कर्म का भोग है ।
अमर आतमा कहत लोग हैं, जनम-मरण के धागे भी ।।

भारतीय सांस्कृतिक गीतमाला, मोती 367

राग रत्नाकर, कहरवा ताल 8 मात्रा

वर्ण व्यवस्था

स्थायी

व्यवस्था गुण पर, की करतार, बिना कछु ऊँच नीच विचार ।

♫ ध़नि़साध़- नि़नि़ सासा, रे- सारेगग, धप- मग- ध-प म-ग मरे-रे ।

अंतरा-1

गुण कर्मों से वर्ण चार हैं, हेतु जाति का है बेकार ।
स्वभाव पर ही सब निर्भर है, यहाँ पर कोई नहीं लाचार ।।

♫ नि़ध़ नि़सा- सा- म-ग रे-सा रे-, प-म ग-रे ग- म- ध-पप ।
रेरे-रे गग म- धप म-गग म-, निध- पप- निध पम- गमरे-रे ।।

अंतरा-2

रथ के रश्मि अश्व सारथी, चक्र अंग हैं अभिन्न चार ।

७३. कर्मयोग

एक देह के अंग चार हैं, एक को तीन का आधार ।।

अंतरा-3

जाति पाती में नर भरमाया, वर्ण जनम का फल फरमाया ।
जाति है स्वार्थ्य का आविष्कार, वर्ण पर गुण का हि अधिकार ।।

अंतरा-4

वर्ण चार से जग उजियारा, भूत प्राणी में भाईचारा ।
मिटाय जाति का अंधकार, करिए आपस में अब प्यार ।।

७३. कर्मयोग

भारतीय सांस्कृतिक गीतमाला, मोती 368

निष्काम बुद्धि

स्थायी

बिन माँगे ही मोती मिलते, माँगे मिले ना भीख रे ।
बिना कामना कर्म करना, अर्जुन प्यारे! सीख रे ।।

♪ गरे सारे- ग- ध-प मगरे-, गम पध- ध- प-म ग- ।
गम- प-पप- ध-प मगम-, सा-सासा रे-ग-! प-म ग- ।।

अंतरा-1

जो करणीयं सो करना है, सुकर्म करते मरना है ।
सुख-दुख दोनों एकसे धरे, सब कुछ सहना, ठीक रे ।।

♪ ग- मपध-ध- नि- धपम- प-, धप-म गगमप- धपमग म- ।
रेरे गग म-प- ध-पम- गम-, सासा रेरे गगम-, प-म ग- ।।

अंतरा-2

कर्मभूमि ही धर्मभूमि है, लाभ समाना हानि है ।
पावन ऐसी भावना लिए, हार में भी, जीत रे ।।

अंतरा-3

रण में जब क्षत्रिय खड़ा हो, धर्म युद्ध जब आन पड़ा हो ।
न शत्रु कोई, ना ही मीत है, यही नीति की, रीत रे ।।

७३. कर्मयोग

भारतीय सांस्कृतिक गीतमाला, मोती 369
राग रत्नाकर, कहरवा ताल 8 मात्रा

चल अकेला

स्थायी

दूर डगर, पग चलना है, भव पार करन नहीं बेड़ा रे ।
♪ नि-ध पधध, पम गगम- प-, सारे ग-ग गगग मप मगमग रे- ।

अंतरा-1

आया अकेला, राही अकेला, बाद अकेला जाना है ।
आर अकेला, पार अकेला, चल अकेला फेरा रे ।।
♪ ग-रे सारे-ग-, ध-प मग-म-, नि-ध पध-नि धपमग म- ।
ग-रे सारे-ग-, ध-प मग- म-, धप मग-प- मगमग रे- ।।

अंतरा-2

पथ में अंधेरा, डर बहुतेरा, मोह माय से घेरा है ।
नश्वर जग में जब डेरा है, हरि सहारा तेरा रे ।।

भारतीय सांस्कृतिक गीतमाला, मोती 370

कर्मयोग

स्थायी

तेरा, कार्य मात्र अधिकार, रे ।
♪ साप-, सां-नि ध-नि मगपमगरे, सा- ।

अंतरा-1

फल हेतु को मन से तज के, सुख मय फिर संसार, रे ।
♪ सारे ग-म- म- निध प- मम प-, सांसां निध पप मगपमगरे, सा- ।

अंतरा-2

सुख दुःखन को तन से हटा के, दूर भगा अंधकार, रे ।

अंतरा-3

जीत-हार को समान कर के, हलका कर मन भार, रे ।

७३. कर्मयोग

अंतरा–4

जनम मरण के भव चक्कर से, कर ले बेड़ा पार, रे ।

भारतीय सांस्कृतिक गीतमाला, मोती 371

कर्मयोग का निरूपण

स्थायी

स्वरदा ने सुंदर गाया है, नारद ने साज बजाया है ।
रतनाकर गीत रचाया है ।।

♪ सानि॒सा– ग॒रे सा–नि॒नि॒ सा–रेम ग॒–, ग॒मम ग॒ पम ग॒–रे सासा–रेम ग॒– ।
ग॒ग॒रेसासासा रे–ग॒ मग॒रेसानि॒ सा– ।।

अंतरा–1

गुण करवाते हैं कर्म सभी, नहिँ कर्म बिना है कोई कभी ।
मैं कर्ता हूँ जो कहता है, वो भूल समझ में रहता है ।
सब तीन गुणों की माया है ।।

♪ पप मरेम–प– पम प॒नि॒ध पप–, पप मग॒ग॒ सासाग॒ मप ग॒रेसा नि॒सा– ।
सानि॒ सा–ग॒रे सा– नि॒– सासारेम ग॒–, सानि॒ सा–ग॒ रेसासा नि॒– सासारेम ग॒– ।
ग॒ग॒ रेसासा सारे– ग॒म ग॒रेसानि॒ सा– ।।

अंतरा–2

मन पर काबू जिस नर का है, तन पर जो करता निग्रह है ।
जो धर्म जानता स्वकर्म को, नर कर्म योग का ज्ञानी वो ।
तब कर्मयोगी कहलाया है ।।

अंतरा–3

सब ईर्ष्या तज कर मत्पर जो, सब बंध मुक्त है तत्पर वो ।
फल आशा तज कर कर्म करे, जो मेरे मत को अनुसारे ।
वह कर्म योग का ज्ञाता है ।।

भारतीय सांस्कृतिक गीतमाला, मोती 372

राग रत्नाकर, कहरवा ताल 8 मात्रा

७३. कर्मयोग

निष्कामना[17]

स्थायी

फल की आशा तज कर करना, कर्म वही निष्काम सही ।

♫ मम म म-म- पप पप पपप-, नि-ध पध- नि-ध-प मग- ।

अंतरा-1

मीन धरन बक ध्यान जतावे, स्वाँग वो जाना योग नहीं ।

♫ ग-ग गगग गग रे-रे रेरे-रे-, ग-ग ग म-म- ध-प मग- ।

अंतरा-2

लहू चूसन धुन गीत सुनावे, मच्छर भिन् भिन् राग नहीं ।

अंतरा-3

प्यास बुझावन आस लगावे, पपीहे का तप त्याग नहीं ।

अंतरा-4

मीत लभन को ज्योत जगावे, जुगनूँ चमक सच आग नहीं ।

अंतरा-5

दूध दुहन को दाना देवे, ग्वाले का वो दान नहीं ।

भारतीय सांस्कृतिक गीतमाला, मोती 373

बोले सत्नाम

स्थायी

ज्याहि विध होवे काम, ताहि विध धाम ।

♫ पप मम गम प-प, पम गरे सा-सा ।

अंतरा-1

सद्गुण देता मन की शुद्धि, पुण्य करन की सात्विक बुद्धि ।

ऋद्धि सिद्धि दे, बोले सत्नाम ।।

♫ नि़नि़ध़नि़ सा-सा- रेरे ग- म-म-, प-म गरेग म- ध-पम ग-म- ।

---

[17] शिव प्रसाद जी के गीत से संकल्पित ।

नि-ध प-ध म-, पम गरेसा-सा ।।

अंतरा-2

गुण राजस में शान सुहानी, अहंकार हठ मान खुमारी ।

दंभ दर्प अरु, आत्मगुमान ।।

अंतरा-3

तामस गुण में भरा अंधेरा, काम क्रोध मद मत्सर माया ।

अज्ञानी को, नरक में स्थान ।।

अंतरा-4

पाप ताप सब भार हराने, भवसागर दुख पार कराने ।

निश-दिन जपियो, हरि! हरि! नाम ।।

भारतीय सांस्कृतिक गीतमाला, मोती 374

गज़ल : ताल कवाली

काम निष्काम

स्थायी

करले, काम सखे! निष्काम । बोले, राधावर घनश्याम ।।

♪ ऩिसागरे, म-ग रेसा-! ऩि-सा-सा । रे-ग-, ध-प-मम गप-म-म ।।

अंतरा-1

दान धरम तू नाना कीन्हे, कीन्हे यज्ञ तमाम ।

आस फलों की तजी न तूने, कारज सकल सकाम ।।

♪ ऩि-सा रेगग म- पधनिध पधम-, ग-म नि-ध पम-म ।

सा-रे गम- म- धप- म ग-रे-, ध-पप ममग पम-म ।।

अंतरा-2

वस्त्र गेरुए तन पर डारे, मन कोयले समान ।

माथे चंदन, जटा पसारी, मस्तक में अज्ञान ।।

अंतरा-3

कृष्ण बतायो सदाचार का, मार्ग योग महान ।

आस छोड़ कर, रहे सदा तू, परमार्थ सत्यकाम ।।

७३. कर्मयोग

भारतीय सांस्कृतिक गीतमाला, मोती 375
राग : बंजारा, तीन ताल

अर्जुन संदेह

स्थायी

बोला अर्जुन, हे गिरिधारी! नहीं समझे हम बात तिहारी ।
कहे पार्थ को श्री बनवारी, सुनो पार्थ! तुम कही हमारी ।।

♪ सा-रे म-मम, ध- पमप-ध-! सांरें सांधप! धध सांध- पम-प- ।
सारे- म-म म- ध- पमरे-म-, पम- प-प पप मरे- मरे-सा- ।।

अंतरा-1

मनु को कैसे योग कहा था? आदि युग में मनु वहाँ था ।
कथन लगे मुझको अविचारी, नवे नवेले तुम अवतारी ।।

♪ सासा रे- म-म- प-म रेम- प-? प-म- रेरे म- पध- पम- रे- ।
सासासा सारे- ममप- रेमप-ध-, सांनि- पध-म- पप ममरे-सा- ।।

अंतरा-2

जनम बहुत है हुए तिहारे, जनम अनेकों हुए हमारे ।
हम जाने सब कथा तुमारी, तुम ना जानो एक हमारी ।।

अंतरा-3

कैसे गुरु जन पर शर मारूँ, बांधव मरण के घाट उतारूँ ।
लगे न मुझको यह हितकारी, होता है मुझको दुख भारी ।।

अंतरा-4

देह नशे, देही अबिनासी, करता फेरी लख चौरासी ।
नर ज्यों वस्त्र पुराण उतारी, कहे पार्थ को विश्वनिहारी ।।

अंतरा-5

मोती सीप में, नभ में बिजुरी, शीत चाँद में, सूरज में नूरी ।
रंग मोर में, कोयल कारी, कौन करत है, रचना सारी ।।

अंतरा-6

जग ये जो भी है मनहारी, सुंदर चमक लगे सुखकारी ।
कण-कण में है बिभूति मेरी, कहे पार्थ को कृष्ण मुरारी ।।

७३. कर्मयोग

भारतीय सांस्कृतिक गीतमाला, मोती 376
दादरा ताल

धर्म रक्षक

स्थायी

यदा यदा हि धर्म की, हानि होती है यहाँ ।
हरि धरा पे आन कर, जहाँ बसाते है नया ।।

♪ साप- धम- प ग-म प-, नि-ध प-ध म- पध- ।
रेम- धप- म प-ध पप, मप- धप-म ग- मरे- ।।

अंतरा-1

हिरणकशिपु को नृसिंह विष्णु ने, गोद में अपनी लिटा लिया ।
भक्त प्रलाद के पापी बाप को, मार्ग स्वर्ग का दिखा दिया ।।

♪ रेगगगगग म- धपम ग-प म-, नि-ध प धनिध- पम- गप- ।
ग-म पध-ध ध- सां-नि ध-प ध-, प-म ग-रे ग- पम- गरे- ।।

अंतरा-2

बाल कृष्ण ने, पापी कंस को, एक चुटकी में गिरा दिया ।
अग्रसेन के, दुष्ट पुत्र को, भवसागर से उठा लिया ।।

अंतरा-3

योगेश्वर ने, कुरुक्षेत्र पर, धर्म-कर्म का ज्ञान दिया ।
भगत पार्थ को, योग सिखा कर, दुर्योधन को मिटा दिया ।।

भारतीय सांस्कृतिक गीतमाला, मोती 377

कर्म फल

स्थायी

जैसा जो करता है, भरता है ।
कोई हँस के, कोई रोते, रोते मरता है ।।

♪ सां-ध प गरेसारे प-, गरेगप ध- ।
गरे गग प-, धसां धपध-, सां-ध- पधपगरे सा- ।।

अंतरा-1

नौ द्वारों का महल मिला है, बिन भाड़े से काम चला है ।
कोई निंदें भरता है, कोई सेवा करता है ।।

♫ सारे ग–प– प– गपध निधप ध–, सांसां नि–ध– प– ग–प गरे– सा– ।
सारे ग–ग– पपध– सां–, सां–ध– पधप– धपगरे– सा– ।।

अंतरा–2

उच्च योनि में जनम मिला है, पहना नर नारी चोला है ।
कोई तस्करी करता है, कोई पाप से डरता है ।।

अंतरा–3

काम क्रोध मद मत्सर माया, पाप-पुण्य सब देह ने पाया ।
कोई नास्तिक मरता है, कोई नाम सिमरता है ।।

भारतीय सांस्कृतिक गीतमाला, मोती 378

भव चक्र

पद

किसी का जीवन सुखों से भरा, किसी को गम तड़पाता है ।
कोई चैन की निंदिया सोता, कोई रात भर रोता है ।।

♫ साप– प पधमप धनि– सां– निध–, पम– ग रेरे गम–ग–रे सा– ।
प–ध निध प– मगरे– ग–म–, ग–म– प–म ममप मगरे सा– ।।

स्थायी

ये भव चक्कर का फेरा है । सब, कर्म फलों ने घेरा है ।।

♫ सानि़ सासा रे–गग म– प–मग रे– । गग, म–म मप– म– पमगरे सा– ।।

अंतरा–1

बीज बबूल के जब हों बोये, उगे न आम न केले ।
सब, तीन गुणों की माया है ।।

♫ सा–रे गमम म– गम प– मगरे–, सारे– ग म–ग रे सा–रे– ।
सासा, रे–ग मप– म– पमगरे सा– ।।

अंतरा–2

नींद चैन की कोई सोता, कहीं चिंता का डेरा ।
सब, तीन गुणों की माया है ।।

अंतरा–3

किसी का जीवन सुखों से भरा, कहीं दुखन का बसेरा ।
सब, तीन गुणों की माया है ।।

अंतरा–4

जो करता है, सो भरता है, ये कर्म फलों का खेला ।
सब, तीन गुणों की माया है ।।

<u>भारतीय सांस्कृतिक गीतमाला, मोती 379</u>

भाग्य

स्थायी

भज ले नाम हरि का बंदे, खाते में पुण्य जमाता है ।
जनम–जनम के दुख बिसराता, सारे पाप जलाता है ।।

♫ सारे प- म-म पम- ग- म-प-, ग-म- म- प-प मपमगरे सा- ।
सारेग मपप म- गग ममप-प-, ग-म- प-प मपमगरे सा- ।।

अंतरा–1

किसी का जीवन सुखों से भरा, किसी को दुख तड़पाता है ।
जैसी जिसकी करनी होती, वैसा ही फल आता है ।।

♫ साप- प पधमप धनि- सां- निध-, पम- ग रेरे गम-ग-रे सा- ।
प-ध निधप- मगरे- ग-म-, ग-म- प- मम- पमगरे सा- ।।

अंतरा–2

कोई रात की निंदिया खोता, कोई चैन से सोता है ।
बीज पाप के जो बोता है, पुण्य नहीं चख पाता है ।।

अंतरा–3

सत् कर्मों से पुण्य कमाता, सुख उस पर बरसाता है ।
पाप करम से पुण्य जलाता, उसको गम तरसाता है ।।

<u>भारतीय सांस्कृतिक गीतमाला, मोती 380</u>

राग भैरवी, कहरवा ताल

आत्म निग्रह

स्थायी

रोक ले मन को सदा, सोहि करम निष्काम का ।

♫ प–म प– गम ग– रेसा–, सारे गमप म–गग–रे सा– ।

अंतरा–1

वासना मन से हटा कर, त्याग दे अभिमान को ।
त्याग बुद्धि के बिना, कृष्ण को नहीं भाएगा ।।

♫ सा–रेग– मम ध– पम– मम, प–ध नि– सांनि–ध–प म– ।
म–प ध–नि– ध– पम–, रे–ग म– पम– ग–रेसा– ।।

अंतरा–2

मैल तन मन से सफा कर, सादगी से काम ले ।
मन का दर्पण साफ हो, तो प्रभु दिख जा़गा ।।

अंतरा–3

स्वार्थ को कर के परे, कार्य कर परमार्थ का ।
कर्म यदि निष्काम हो, तो प्रभु मिल पाएगा ।।

भारतीय सांस्कृतिक गीतमाला, मोती 381

जगत की माया

स्थायी

जानिये, इस दुनिया की माया ।

♫ सा–रेग–, पम पमग– रे– गरेसा– ।

अंतरा–1

जैसा जिसने दर पाया है, वैसी उसकी काया ।
तीन गुणन का खेल ये सारा, देख के मन भरमाया ।।

♫ सा–रे– गगम– धध प–म– प–, सां–नि– धधप– म–प– ।
सा–रे रेगग म– प–म ग रे–सा–, ध–प म– गग रेरेगरेसा– ।।

अंतरा–2

मोर पंख से रंग सजाता, सूरज दिन चमकाता ।
पंछी कोयल कुहू गाता, अश्व घास है खाता ।।

अंतरा–3

फूल कमल का जल में खिलता, चाँद गगन में सुहाता ।
मीन अंभ में, खग अंबर में, वन में शेर है राजा ।।

अंतरा-4

ममता माँ को, राम जुबाँ को, शिशु है गोद सुखाता ।
ऊँट रेत में, शस्य खेत में, बीज विश्व उगाया ।।

भारतीय सांस्कृतिक गीतमाला, मोती 382

निष्काम कर्म

स्थायी

स्वरदा ने सुंदर गाया है, नारद ने साज बजाया है ।
रतनाकर गीत रचाया है ।।

♫ सानि़सा- गरे सा-नि़नि़ सा-रेम ग-, गममग पम ग-रे सासा-रेम ग- ।
गगरेसासासा रे-ग मगरेसानि़ सा- ।।

अंतरा-1

उपनिषदों का ये कहना है, सब फल की आशा तजना है ।
निरपेक्ष करम का परम महा, निष्काम करम का योग कहा ।
वह सुख-शाँतिऽ चिर लाया है ।।

♫ पपमरेम- प- पम पनिधप प-, पप मग गसा सागमप गरेसानि़ सा- ।
सानि़सा-ग रेसासा नि़- सासारे मग-, सानि़सा-ग रेसासा नि़- सा-रे मग- ।
गग रेसा सा-रे- गम गरेसानि़ सा- ।।

अंतरा-2

जो राग-द्वेष को छोड़ परे, मन बस में कर जो कर्म करे ।
जो काम क्रोध को छोड़ परे, निष्काम-भावना धर्म करे ।
योगी निष्काम कहाया है ।।

अंतरा-3

सब विषय मनोरथ छोड़ परे, नित निर्ममता से जो विचरे ।
नर ब्राह्मी स्थिति को अपनाके, यदि अंत्य काल में भी पाके ।
उसने निर्वाण मिलाया है ।।

७४. धर्म

भारतीय सांस्कृतिक गीतमाला, मोती 383

धरम बिन

स्थायी

धरम बिन जीवन है बेकाम ।

♪ मगम गरे– ध–पम ग– मगरे-रे ।

अंतरा-1

सदाचार है जीवन जिसका, धर्मपुत्र कहलाता है ।
आदर्श चरित उस धर्मवीर का, इतिहास निरंतर गाता है ।
करम बिन जीवन है नाकाम ।।

♪ सानि–सा–ग रे– प–मग रेगम–, ध–पम–ग मपमगमग रे– ।
म–प–प पधध निध सां–निध–प ध–, सांसांनि–ध पध–पम पमगम रे– ।
मगम गरे– ध–पम ग– मगरे-रे ।।

अंतरा-2

धर्मक्षेत्र है जीवन जिसका, धर्मराज कहलाता है ।
धर्म दान उस धर्मशील का, याद चिरंतन आता है ।
परम इति जीवन है निष्काम ।।

अंतरा-3

दुराचार है जीवन जिसका, धर्मभ्रष्ट कहलाता है ।
बदनाम नाम उस धर्महीन का, इतिहास हमेशा रोता है ।
शरम बिन जीवन है बदनाम ।।

भारतीय सांस्कृतिक गीतमाला, मोती 384

सत् धर्म

स्थायी

आदि सनातन, धर्म चिरंतन, सब दुनिया में, सच्चा है ।
परधर्मों में, भरी खामियाँ, एक हमारा, अच्छा है ।।
♫ सां-नि धप-धध, नि-ध पम-पप, मम गरेग- म-, ग-रे- सा- ।
सासारे-ग- म-, धप- म-गरे-, म-ग रेग-म-, ग-रे- सा- ।।

अंतरा-1

अधूरा सही, जो पाया है, वही सहारा, अच्छा है ।
साथ जनम के, जो आया है, वही हमारा, सच्चा है ।।
♫ सारे-ग- रेसा-, नि़- सा-रे- ग-, पम- गरे-सा-, रे-ग- म- ।
नि-ध पमम प-, नि- ध-प- म-, धप- मग-म-, ग-रे- सा- ।।

अंतरा-2

कोई कह दे, धर्म आपका, फलाँ फलाँ से, नीचा है ।
प्रभु ने दिया, जो है प्रेम से, वही तो असली, ऊँचा है ।।

अंतरा-3

चाहे न्यून हो, धर्म हमारा, पर धर्मों से, बढ़िया है ।
स्वधर्म में तो, मौत भी भली, धर्म पराया, नीचा है ।।

भारतीय सांस्कृतिक गीतमाला, मोती 385

धर्म विलाप

स्थायी

सुनो रे सखे, धरम का आर्त विलाप ।
♫ सानि़ सा गरे-, गगग ग प-म गरे-रे ।

अंतरा-1

फूट-फूट कर रुदन ये इसका, दम घुटने का सुनो रे सिसका ।
पुण्य के सिर पर पाप चढ़ा है, दंभ से, अनीति का है मिलाप ।।
♫ सा-रे ग-ग गग रेगम प मगरे-, सासा रेरेग- म- पम- ग रेरेग- ।
ग-ग ग मम मम ध-प पग- म-, ध-प म-, गग-म प- म गरे-रे ।।

अंतरा-2

अपमानित सम्मान झुका है, सदाचार का काम रुका है ।

अनाचार सब ओर बढ़ा है, जन गण तन-मन में संताप ।।

अंतरा-3

सत् के माथे दाग लगा है, पग-पग पर दिन-रात दगा है ।

प्रश्न गहन अब आन पड़ा है, कैसे नष्ट करें ये पाप ।।

भारतीय सांस्कृतिक गीतमाला, मोती 386

राग भैरवी, कहरवा ताल

प्रभु बताओ

स्थायी

प्रभु बताओ दुखी जहाँ का, अजीब खेला क्यों है रचाया ।

ये शोर दुखियों की आतमा का, कहो प्रभु जी क्यों है मचाया ।।

♫ साप- पपधमप पधनिसां निध- प-, गम-ध पमगसा सानिध- निसारेगग- ।

सा प-प पधमप प धनिसांनिध- प-, गम- धपमगसा सानिध- निसा-सा- ।।

अंतरा-1

यहाँ न कोई किसी का भाई, न दोसती में कहीं सचाई ।

ये हाल जीने का इस जहाँ में, बताओ प्रभु जी क्यों है बनाया ।।

♫ गम- म ध-नि- सांसां- सां निरेसां-, नि नि-निसां- सां- निसांरें सांध-प- ।

प प-प पधमप प धनिसां निध- प-, गम-ध पमगसा सानि ध- निसारेगग- ।।

अंतरा-2

कहीं लड़ाई या बेवफाई, मगर भलाई न दे दिखाई ।

बेहाल आँसू पीना जहाँ में, बतादो प्रभु जी क्यों है सनाया ।।

अंतरा-3

कहीं बुराई कहीं दुहाई, कहीं जुदाई कहीं रुलाई ।

ये साज रोने का इस जहाँ में, न जाने प्रभु जी क्यों है बजाया ।।

७५. ज्ञान-अज्ञान

भारतीय सांस्कृतिक गीतमाला, मोती 387

अज्ञान

स्थायी

मैं ही एक सयाना, बाकी, दुनिया उल्लू की पट्ठी ।

♪ सा– रे– ग–ग मग–रे–, सा–सा, रेरेरे– ग–ग– प– म–म– ।

अंतरा–1

मैं बलशाली, सबसे जाली । मैं हूँ ज्ञानी, बड़ा तूफानी ।
दुनिया वालों की सत्ती पर, होगी मेरी अट्ठी ।।

♪ सा– सासारे–रे–, गमग– म–म–। प– ध– नि–ध–, निध– पम–प– ।
मगरे– सा–रे– ग– म–म– म–, रे–ग– म–प– म–म– ।।

अंतरा–2

मुझमें बुद्धि, मुझमें सिद्धि । होगी मेरी, निश–दिन वृद्धि ।
चोर फरेबों की है टोली, करली मैंने कट्ठी ।।

अंतरा–3

मैं हूँ नास्तिक, मन का मालिक । मुझको कुछ भी नहीं अनैतिक ।
कोई मेरा भेद न जाने, बंधी मेरी मुट्ठी ।।

अंतरा–4

दुष्ट बुद्धि ये क्यों हैं आते । भद्र जनों को जो तरसाते ।
या प्रभु! इसको दो सद्बुद्धि, या हो इनकी छुट्टी ।।

भारतीय सांस्कृतिक गीतमाला, मोती 388

जाहि विध बुद्धि

दोहा

नैनन नाही रोशनी, क्या दरपण का काम ।

बंजर कृषि की जोतनी, मेहनत सब बेकाम ।।

♫ म-मम प-प- ध-पध-, नि- धधपप मग म-म ।
ध-पम गग ग- म-गम-, सासारेरे गग म-ग-ग ।।

स्थायी

जाहि विध बुद्धि, ताहि विध काम ।

♫ सारे गग म-म-, पम गरे सा- ।

अंतरा-1

द्यू मंडल बिच जाको डेरो, ताको करत प्रनाम ।

♫ रे- ग-मम मम प-मग रेगम-, म-प- मगरे गसा- ।

अंतरा-2

धरती पर जब मारे फेरो, कोई न हेरो नाम ।

अंतरा-3

हिरदय जाके बिखरो नेरो, का रावन का राम ।

भारतीय सांस्कृतिक गीतमाला, मोती 389

खयाल : राग पूर्वी

आत्मश्लाघ

स्थायी

मधुर बैन तू बोल, बजा मत झूठ अहम के ढोल ।

♫ पधमं पगम ग- गमंपधपमंगमंगमग-, मंरेग मंप मंधप पधमं पमं गमग- ।

अंतरा-1

ऋषि-मुनि संतन राह दिखावत, रे बंदे बंद नैन तू खोल ।

♫ मंमं गग मं-धमंध सां-सां सांनिरें सांसां,
नि निरेंगंरेंसांनि धपप धमंपमं ग- मग-ग ।

अंतरा-2

सद् गुरु बचनन ज्ञान सिखावत, कर मत टालम् टोल ।

अंतरा-3

कोह मोह छल दंभ बनावत, जीवन मिट्टी मोल ।

७५. ज्ञान-अज्ञान

भारतीय सांस्कृतिक गीतमाला, मोती 390

कहाँ से लोग आते हैं

स्थायी

कहाँ से लोग आते हैं, जहाँ में दुष्ट ये सारे ।
करें तो क्या करें इनका, यहाँ के लोग बेचारे ।।

♪ मग- रे- म-ग- रे-सारे ग-, पम- ग- प-म ग- रे-सा- ।
रेग- म- नि- धप- ममप-, मग- रे- म-ग रे-गरेसा- ।।

अंतरा-1

सताने साधु जन गण को, सयाने लोग पावन को ।
दीवाने कंस रावण से, असुर ये कुमति के मारे ।
जहाँ में क्यों कर आते हैं, ये पापी हृदय के कारे ।।

♪ सानिसारे- म-ग रेसा रेग म-, पम-ग- म-ग रे-सासा रे- ।
सारे-ग- म-प ध-निध प-, सांनिध प- निधप म- प-ध- ।
पम- प- म- ग- रे-ग- म-, प म-ग- ममग रे- गरेसा- ।।

अंतरा-2

चुराने अनघ सीता को, भगाने जगत माता को ।
सभा में आर्त द्रौपदी की, लुटाने लाज भाभी की ।
न जाने क्यों ये आते हैं, कलंकी कुल के ये सारे ।।

अंतरा-3

लड़ाने भाई-भाई से, लुटाने घर तबाही से ।
शकुऽनिऽ की फरेबी से, मिटाने कुल खराबी से ।
बचा रे, ओ हरि प्यारे! हमारे नैन के तारे! ।।

भारतीय सांस्कृतिक गीतमाला, मोती 391
खयाल : राग पूर्वी, तीन ताल 16 मात्रा

सुवचन

स्थायी

सुन ले सच्चे बोल, रे बंदे! मत हो डाँवा डोल ।
रे बंदे! सुन ले सच्चे बोल ।।

♫ सानि़ सा रे-ग- म-म, प म-ग-! धप म- गरेसानि़ सा- ।
म गरेसा-! गग रे सा-नि़- सा- ।।

अंतरा-1

बोल हैं सच्चे प्रेम-भाव के, सुन कर अखियाँ खोल ।
रे बंदे! सुन ले सच्चे बोल ।।

♫ ग-ग ग म-म- ध-प म-ग रे-, निनि धप गमप- म- ।
म गरेसा-! गग रे सा-नि़- सा- ।।

अंतरा-2

बचनन मीठे झूठ रसन के, कर दे कौड़ी मोल ।
रे बंदे! सुन ले सच्चे बोल ।।

अंतरा-3

बैरी तेरे राह गलत पर, देंगे तुझको डोल ।
रे बंदे! सुन ले सच्चे बोल ।।

भारतीय सांस्कृतिक गीतमाला, मोती 392

प्रेम से काम लो

स्थायी

प्रेम से लोगे काम अगर तुम, नाम अमर जग में होगा ।
छल कपटों से बात चले ना, फल देगा तुमको सोगा ।।

♫ सा-सा सा रे-रे- ग-म गरेसा रे-, ध-प मगग मम प- मगरे- ।
निनि धपम- प- ग-म पम- ग-, धप म-ग- रेगम- गरेसा- ।।

अंतरा-1

ऋषि-मुनि गुरु कह रहे हैं ज्ञानी, सब वेदों की यही है बानी ।
प्रेम से होगे नम्र अगर तुम, स्थान परम जग में होगा ।
नाम अमर जग में होगा ।।

♫ पम गम पप पप धनिसां नि ध-प-, पम गमप- प- धनिसां नि ध-प- ।

सा-सा सा रे-रे- ग-म गरेसा रेरे, ध-प मगग मम प- मगरे- ।

ध-प मगग रेरे म- गरेसा- ।।

अंतरा-2

जो करना है सो भरना है, इस भव सागर से तरना है ।

प्रेम का दोगे दान अगर तुम, साध्य सकल सुख में होगा ।

नाम अमर जग में होगा ।।

अंतरा-3

पाप-पुण्य से धो लो, प्यारे! मधुर वचन को मन में धारे ।

प्रेम से लोगे नाम अगर तुम, काम सकल पल में होगा ।

नाम अमर जग में होगा ।।

७६. धर्म युद्ध

भारतीय सांस्कृतिक गीतमाला, मोती 393

नीति-युद्ध

स्थायी

धरम समर में, परम करम में,

अमर हों प्राण तिहारे, ओऽऽऽ वीर जवान हमारे ।

नहीं भरम हो, कसी कमर हो, लड़ने नीतिनुसारे ।

ओऽऽऽ तीर कमान तुम्हारे ।।

♫ सानि़सा रेगरे सा-, रेगम गरेसा रे-,

पमग रे म-ग रेसा-रे-, निधपम ध-प मग-रे मग-रेसा ।

सारे- गमग रे-, गम- पमग रे-, गमप- नि-धपम-प- ।

निधपम ध-प मग-रे मग-रेसा ।।

अंतरा-1

यहाँ नहीं है जीत की बाजी, न हार में कोई नाराजी ।

लाभ-हानि सब समान माने, बढ़ना आगे प्यारे ।

ओऽऽऽ वीर जवान हमारे ।।

♫ सारे- गम- ग- प-म ग म-प-, नि ध-प म- प-ध- निधप-म- ।
सा-रे ग-म गरे गम-प मगरे-, गमप- निधप- मपम- ।
निधपम ध-प मग-रे मग-रेसा ।।

अंतरा-2

यहाँ न शत्रु किसी का कोई, हम आपस में सभी हैं भाई ।
नीति अनीति की है लड़ाई, सुख-दुख दोनों बिसारे ।
ओऽऽऽ वीर जवान हमारे ।।

अंतरा-3

किसी नियम को न कोई तोड़े, अनुशासन को न कोई छोड़े ।
त्याग तुम्हारा पथ दरसावे, जग में नाम उबारे ।
ओऽऽऽ वीर जवान हमारे ।।

अंतरा-4

नये जगत को राह दिखाओ, सदाचार की ज्योति जगाओ ।
भूमि पर आदर्श बसाके, बनो गगन में सितारे ।
ओऽऽ वीर जवान हमारे ।।

७७ अवतार

भारतीय सांस्कृतिक गीतमाला, मोती 394

अवतार

स्थायी

अधर्म का संहार करने, प्रभु लेते अवतार हैं ।
♫ निरे-ग प- ध-प-मं गरेग-, पध नि-ध- पमंग-रे सा- ।

अंतरा-1

एक तरफ ये पांडव सेना, हाथ नियम से बंधे हैं ।
ओर दूसरी कौरव बंदे, नीति नियम के अंधे हैं ।
सत् असत् के घोर समर में, असत् की निश्चित हार है ।।
♫ सा-नि सारेरे रे- ग-रेनि सा-रे-, रे-रे रेगमं ग- मंपप- मं- ।
ध-प मं-गरे- ग-मंप मं-ग-, रे-रे रेगमं ग- मं-प- मं- ।
गग गगग रे- ग-मं मंमंमं मं-, धधध नि ध-पमं ग-रे सा- ।।

अंतरा–2

दया क्षमा का कार्य इधर है, साथ किशन भगवान हैं ।
भोग हवस अधिकार उधर है, धरम नाम बदनाम है ।
छल कलि–मल के दोष दंश से, व्याकुल जब संसार है ।।

अंतरा–3

सागर किरपा का इस बाजू, सूरज ज्ञान प्रकाश है ।
मृत्यु भरा सागर उस बाजू, सदाचार का नाश है ।
दुराचार जब छाता जग में, तमस् मय अंधःकार है ।।

भारतीय सांस्कृतिक गीतमाला, मोती 395

आँखे खोल

स्थायी

बंद आँखे खोल, रे बंदे! मत हो डाँवाडोल ।
♫ नि–ध प–म॑– ध–, प म॑–ग–! पम॑ ग म॑–ग–रे– सा– ।

अंतरा–1

कार्य कर्म का मेरु खड़ा है, बीच राह में ध्येय अड़ा है ।
कर्दम में मत रोल, रे बंदे! सुनले प्यारे बोल ।।
♫ सा–रे ग–ग ग– म॑–प म॑ग– म॑–, नि–ध प–म॑ प– ध–प म॑ग– रे– ।
सा–रेरे ग– म॑म॑ प–, ध पम॑ग–! पम॑ग रे–ग– सा– ।।

अंतरा–2

पंडित बन कर ज्ञान दे रहा, गलत बात पर ध्यान दे रहा ।
तेरी नाव है डाँवाडोल, रे बंदे! सुनियो न्यारे बोल ।।

अंतरा–3

सूरज नूतन देख चढ़ा है, आतप चारों ओर बढ़ा है ।
ये है घड़ी अनमोल, रे बंदे! सुनियो म्हारे बोल ।।

भारतीय सांस्कृतिक गीतमाला, मोती 396

धर्म रक्षा

७७ अवतार

स्थायी

जब-जब ग्लानि हुई धरम की, युग-युग हानि हुई करम की ।
प्रभु जी लेते तब अवतारा, फिर सुख मय करने संसारा ।।

♪ सासा रेरे ग-रे- गप- मगग रे-, गग मम धप- मप- निनिध प- ।
रेरे ग- म-प- मम गगरे-रे-, सासा रेरे गग ममप- मरेगरेसा- ।।

अंतरा-1

अंत दुष्ट जनों का कीन्हा, संत जनन को रक्षण दीन्हा ।
स्थापन कीन्हा सत् आचारा, जब त्राहि! त्राहि! था जग सारा ।।

♪ सांसां सां-सां सांरें- सां- निधप-, नि-नि निनि- सां- नि-धध प-म- ।
रे-रेरे ग-म- पप मगमगरे-, सासा रे-ग- म-ग- प- मग रे-सा- ।।

अंतरा-2

ध्रुव बालक अनुनय कीन्हे, बाल प्रलाद सतायो असुर ने ।
द्रौपदी ने जब हरि पुकारा, दुखी भगत जब हाथ पसारा ।।

अंतरा-3

देव जनों को अमृत दीन्हे, विष हलाहल शिवजी पीने ।
रावण ने कीन्हा अविचारा, संकट से हरि जगत उबारा ।।

भारतीय सांस्कृतिक गीतमाला, मोती 397

निष्काम योगी

स्थायी

बं-दा..., योगी वही है जाना.. । अरे! ज्ञानी वही है माना.. ।।

♪ पमग-, प-म गरे- सा- रे-ग- । सासा! ध-प मप- म- गरेसा- ।।

अंतरा-1

तैल समाना जब संसारी, अलिप्त भव-जल से, मझधारी ।
उसने, भव तर जाना ।।

♪ सां-नि धप-ध- धध प-म-प-, सांसां-नि धध पप नि, धपम-प- ।
सासाध-, पप मम गरेसा- ।।

अंतरा-2

इच्छा फल की जिसने त्यागी, काम वासना मन से भागी ।
उसने, योग है जाना ।।

अंतरा–3

कर्म में जिसने अकर्म देखा, अकर्म से ही कर्म को सीखा ।
उसने, जग पहिचा–ना ..।।

<u>भारतीय सांस्कृतिक गीतमाला, मोती 398</u>

पर हित

स्थायी

अगर पथ ये तू अपना ले, तो ऋण अपने चुका देगा ।
अहम अपना रुका दे तो, तू दुनिया को झुका देगा ।।

♫ सासासा रेरे ग– प मगरे– सा–, ध धध पमप– गम– प–ध– ।
सांसांरें सांनिध– निध– पम ग–, सा सासारे– ग– पमग रेगसा– ।।

अंतरा–1

पर हित में हि भलाई है, सेवा धर्म कहाई है ।
करम तेरा अमर होगा, जगत में तू सुहावेगा ।।

♫ मम पप ध– ध सांनिधपध म–, ध–प– म–म मगरे–गरे सा– ।
सासासा रेग– पमग रेगसा–, धधध प– म– पमगरेगसा– ।।

अंतरा–2

जग माया का मेला है, तीन गुणों का खेला है ।
अगर मन को तू रोक सका, तो अघ सारे रुका देगा ।।

अंतरा–3

प्रभु चरणों में सहारा ले, सहज भव का किनारा है ।
अगर दुख तू मिटा देगा, तो सुख सारे लुटावेगा ।।

७८. बुद्धि योग

<u>भारतीय सांस्कृतिक गीतमाला, मोती 399</u>

बुद्धि योग

स्थायी

आसमान से पानी बरसे, बहता जावे भिन्न पथों से ।

धार नदी की बन कर, आखिर, सागर में हि समाए ।।

♫ रे-गम-म म- प-म- गगरे-, सासासा- रे-ग- प-म गरे- ग- ।

ध-ध पम- म- गग मम, प-मम, प-मग रे- ग मगरेसा- ।।

अंतरा-1

ज्ञान मार्ग से, कर्म योग से, भक्ति मार्ग से, बुद्धि योग से ।

एक ही श्रेय कमाए, आखिर, एक ही ध्येय सधाए ।।

♫ सा-रे ग-रे ग-, प-म ग-रे ग-, म-प ध-प म-, प-म ग-रे सा- ।

सा-सा सा रे-रे रेग-म-, प-मम, प-म ग म-ग मगरेसा- ।।

अंतरा-2

नाम राम का, जाप श्याम का, जाना सुमिरन परम काम का ।

राह परम मिल जाए, आखिर, हरि चरणन में आए ।।

अंतरा-3

नाम कमाया, मान मिलाया, दान धरम कर पाप घटाया ।

राजा रंक भिकारी, आखिर, गोद भूमि की पाए ।।

भारतीय सांस्कृतिक गीतमाला, मोती 400

असतो मा सद्गमय

स्थायी

असतो मा सद्गमय, तमसो मा ज्योतिर्गमय ।

यहि हमारी प्रार्थना, प्रभो! हमारी याचना ।।

♫ सासासा- रे- ग-गगग-, रेरेग- म- ध-प-मगरे- ।

धप- मग-रे- ग-रेम-, धप-! मग-रे- ग-रेसा- ।।

अंतरा-1

मन नियमित हो, क्रोध रहित हो, शाँति सहित हो, आतमा - - - ।

अघ विरहित हो, राग विवर्जित, रहे हमारी साधना - - - - ।।

♫ सासा रेरेगग म-, ध-प मगग म-, प-प पधप म-, ग-रेसा- - - ।

सासा रेरेगम म-, ध-प मग-मम, रेग- मप-म- ग-रेसा- ।।

अंतरा-2

ज्ञानार्जित हो, ध्यानांकित हो, प्रिय परम परमातमा ।

जन हित रत हो, द्वंद्व विवर्जित, रहे हमारी भावना ।।

अंतरा-3

मल निर्गत हो, मन निर्मल हो, सर्व दुखों का खातमा ।
सम मति युत हो, पाप विवर्जित, रहे हमारी कामना ।।

भारतीय सांस्कृतिक गीतमाला, मोती 401

योग (हिंदी)

स्थायी

है, नाम इसी का यो...ग, तू, जान इसी को योग ।
♫ सानि़, सा-रे रेग- म- पमगरेसा, रेसा, रे-रे गमग रेसा रे- - - - रे ।

अंतरा-1

तन निर्मल हो, मन निश्चल हो,
दूर हों सुख के भो...ग । है, नाम इसी का योग ।।
♫ सानि़ सा-रेरे ग-, रेग म-गरे सा-,
म-म म पम गरे सा- - सा, रे-, रे-रे गपम गरे सा- ।।

अंतरा-2

नर निर्भय हो, दृढ़ निश्चय हो,
संयम का उपयोग । है, नाम इसी का योग ।।

अंतरा-3

स्थल प्रशाँत हो, चित नितांत हो,
सत् जन का संजोग । है, नाम इसी का योग ।।

अंतरा-4

कोई न अपना, न ही पराया,
सम जाने सब लोग । है, नाम इसी का योग ।।

अंतरा-5

पूर्ण अहिंसा, तन मन वच से,
कोह रहे ना सोग । है, नाम इसी का योग ।।

अंतरा-6

फल की कामना, विषय वासना,
ना हों ये सब रोग । है, नाम इसी का योग ।।

भारतीय सांस्कृतिक गीतमाला, मोती 402

योग

(संस्कृत)

स्थायी

विद्धि त्वं, एतद्धि योगम्..। त्वं, जानीहि योगम् ।।

♫ रे–म ग–, प–म–ग– रे–ग– । म–, प–मग– रे–सा– ।।

अंतरा–1

निर्मलतनुषा, निश्चलमनसा ।

विग्रहनिग्रहणम्..। त्वं, जानीहि योगम्..।।

♫ रे–सासारेरेग–, प–ममगगरे– ।

सा–रेगम–गरेसा– । म–, प–मग– रे–सा– ।।

अंतरा–2

निर्भयभवनं, निश्चयकरणम् ।

सुखबन्धनत्यजनम् । त्वं, जानीहि योगम्..।।

अंतरा–3

प्रशान्तस्थानं, नितान्तध्यानम् ।

सज्जनसंयोगम् । त्वं, जानीहि योगम्..।।

अंतरा–4

परजनभजनं, यद्वत् स्वजनम् ।

जनगणपरिचरणम् । त्वं, जानीहि योगम्..।।

अंतरा–5

न विषयग्रहणं, धनसंग्रहणम् ।

न क्रोधरागमदम् । त्वं, जानीहि योगम्..।।

भारतीय सांस्कृतिक गीतमाला, मोती 403

दादरा ताल

जिंदगी

७८. बुद्धि योग

स्थायी

तू बखेड़े में ना दिल लगाना, जिंदगी का अकेला सफर है ।

♪ ध़– निसा–रे– सा नि़– ध़– निसा–रे–, सा–रेग़– म– पम–ग़– मग़रे सा– ।

अंतरा-1

रात दिन वो तेरा है सहारा, एक वो ही तेरा है किनारा ।
ये जीवन सफर है सुहाना, तू हरि का दीवाना अगर है ।।

♪ सां–नि ध– नि– धप– नि– धप-म–, सां–नि ध– नि– धप– नि– धप-म– ।
रे ग़–म– पम– ग़– रेग़–म–, सा– रेग़– म– पम–ग़– मग़रे सा– ।।

अंतरा-2

नाम, पापों को तेरे जलाता, पुण्य भागों में तेरे लगाता ।
ये तरीका सदियों पुराना, हरि ने बताया अमर है ।।

अंतरा-3

लोग सारे हैं मतलब के भाई, प्रीत में है न कोई सचाई ।
ये जहर से भरा है जमाना, किसी को न कोई कदर है ।।

भारतीय सांस्कृतिक गीतमाला, मोती 404

चंचल मन

स्थायी

मन चंचल जस जल की धारा, बही बही जावे जिधर उतारा ।

♪ रेरे ग़–मम पप मग़ रे– ग़–म–, पध़ पध़ मग़रे– ममम ग़रे–सा– ।

अंतरा-1

पहल करे ना उचित विचारा, फिर पछतावे सतत बिचारा ।

♪ ममप धनि़– ध़– सांसांनि धप-ध़–, पध़ नि़धपमप– ममम ग़रे–सा– ।

अंतरा-2

रोका तिन जितना बहुतेरा, अड़ियल सा उतना हि बतेरा ।

अंतरा-3

पवन समाना अधीर अपारा, भटके यूँ जस मेघ अवारा ।

७९. भक्तियोग

भारतीय सांस्कृतिक गीतमाला, मोती 405

गीत : राग बिलावल, तीन ताल 16 मात्रा

कृष्ण भक्ति

स्थायी

आज चलो हम सब मिल गाएँ, कृष्ण के सुंदर नाम सुनाएँ ।

♫ सां-ध पमग मरे गम पग मरेसा-, सागम रे गपनिनि सां-रें सांनिधप- ।

अंतरा-1

केशव माधव भाते सबको, देवकी नंदन मन भरमाए ।

♫ प-पप ध-निनि सां-सां- रेंरेंसां-, सांगंमंगं रेंसांधप गम पगमरेसा- ।

अंतरा-2

पावन गायन गाते तुमरो, गिरिधर हमको सब मिल जाए ।

अंतरा-3

जहरी दुनिया लोग लुटेरे, राम तेरा है सहारा ।

भारतीय सांस्कृतिक गीतमाला, मोती 406

कीर्जन : राग खमाज, कहरवा ताल 8 मात्रा

भज हरि रामा

स्थायी

भज हरि रामा, भज हरि कृष्णा, जै जै भाग्य विधाता ।।

♫ सारे सानि़ सा-सा-, सारे सानि़ सासासा-, ग- ग- रे-सा नि़रे-सा- ।।

अंतरा-1

राजा राघव, कान्हा माधव । राजा राघव, कान्हा माधव ।

जै जै जै सुख दाता ।।

♫ प-नि- सां-सांसां, -निपमग म-मम, निपनि- सां-सांसां -सां-सांनि निरेंसांनिधप ।

ग- ग- रे- सानि़ रे-सा- ।।

अंतरा-2

सीता वल्लभ, राधा सौरभ, जै जै जीवन त्राता ।।

अंतरा–3

कौसल नंदन, गोकुल वन्दन, जै जै जै जगनाथा ।।

भारतीय सांस्कृतिक गीतमाला, मोती 407

आरती : कहरवा ताल 8 मात्रा

राम कृष्ण शिव

स्थायी

निस दिन राम कृष्ण शिव गाओ,
राम कृष्ण शिव राम कृष्ण शिव,
राम कृष्ण शिव गाओ, निस दिन ।

♫ सागम मप ध–म प–म गसा ग–म–,
ध–ध ध–ध निनि ध–ध प–ध मप,
ध–म प–म गसा ग–म–, साग मप ।

अंतरा–1

रघुपति राघव राजा श्री राम, जानकी जीवन सीता राम राम ।
राम राम हरे राम, हरे कृष्ण हरे राम ।।

♫ सांसांसांसां निसांधनि सां–सां सांगं, नि–निनि नि–धम नि–नि– नि–।
ध– धम पम पग, साग मध पप म– ।।

अंतरा–2

भजु मन मेरे, राधे श्याम, निश–दिन गा रे, राधे श्याम ।
राधे श्याम राधे श्याम, हरे कृष्ण हरे राम ।।

अंतरा–3

भोले शंकर हरि घनश्याम, शंभु सदाशिव भज सियाराम ।
शिव नाम शिव नाम, हरे कृष्ण हरे राम ।।

भारतीय सांस्कृतिक गीतमाला, मोती 408

भजन : राग रत्नाकर, कहरवा ताल 8 मात्रा

७९. भक्तियोग

राम नाम जाप

स्थायी चौपाई, अंतरा दोहा

स्थायी

जप जप राम नाम शत बारी, पार सरत भव सागर तोय ।

♫ सानि़ सारे ग–रे प–म गरे सा–रे–, प–म गरेरे गम गरेसानि़ सा–सा ।

अंतरा–1

काम विषय मल धोय के, राम राम कहि कोय ।

मन सुमिरन में खोय के, नाम काम का होय ।। 274

♫ सा–रे रेगग मम प–म प–, म–प म–ग रेग म–म ।

पप ममगग रेसा रे–ग रे–, म–ग रे–सा नि़– सा–सा ।।

अंतरा–2

दान दिया दिल खोल के, बिन भीतर से रोय ।

सद् बुद्धि का दान वो, काम ज्ञान का होय ।। 275

अंतरा–3

जपन तपन मन मोड़ के, सर्व दिशा से तोड़ ।

एक चित्त को जोड़ के, जाप ध्यान का होय ।। 276

भारतीय सांस्कृतिक गीतमाला, मोती 409

भजन : राग रत्नाकर, कहरवा ताल 8 मात्रा

रे हरि! पाहि माम्

स्थायी

रे हरि तुम, सबसे करुण जग माँही ।

♫ सा नि़ध़ नि़सा–, रेरेरे गमग रेसा नि़–सा– ।

अंतरा–1

ना कोई अपना, ना ही पराया, सभी जगत पर तेरा साया ।

साधु संतन, अरु दुखी दीनन, तेरे चरणन माँही ।

रे हरि हम, तेरे भगत, पाहि! पाहि! ।।

♫ रे– सारे गगम–, प– म गरे–म–, पम– गमम पप सां–निध प–ध– ।

सां–नि– ध–पप, मम पप ध–पप, ध–प– ममगग रे–सा– ।

सा नि़ध़ नि़सा-, रे-रे गमग, रेसा! नि़-सा-! ।।

अंतरा-2

नारी नर हम बालक बूढ़े, सामने खड़े हाथ को जोड़े ।
आस लगाए, प्यास बुझाने, तेरा दरशन चाही ।
रे हरि अब, कोई हमें डर नाही ।।

अंतरा-3

नैया भव-जल पार करायो, दासन की तू इक छन माँही ।
लीला तेरी, सबसे न्यारी, तूने जग को दिखायी ।
रे हरि हम, तेरी डगर के राही ।।

<u>भारतीय सांस्कृतिक गीतमाला, मोती 410</u>

भजन : राग रत्नाकर, कहरवा ताल 8 मात्रा

प्रभु! तेरी लीला

स्थायी

रे प्रभु! तूने, लीला है जग में भरी ।
♫ रे सारे! गरे-, प-म ग रेरे- ग रेसा- ।

अंतरा-1

सत्य अहिंसा मन वाणी में, दया क्षमा शाँति प्राणी में ।
जगत पर, तेरी है किरपा बड़ी ।।
♫ म-ग रेग-म- धप म-ग- म-, सांनि- धप- म-गरे ग-म- म- ।
ममप मग, प-म ग ममग- रेसा- ।।

अंतरा-2

कीर्ति मेधा ही नारी में, आग चमक चिनगारी में ।
जगत का, कण-कण तू है, हरि! ।।

अंतरा-3

सदाचार का मार्ग दिखायो, निर्ममता निर्मोह सिखायो ।
तेरे ही, पग में मुक्ति खरी ।।

भारतीय सांस्कृतिक गीतमाला, मोती 411

भजन : राग रत्नाकर, कहरवा ताल 8 मात्रा

प्रभु! तेरे उपकार

स्थायी

हरि रे तेरे, मंगल हैं उपकार ।

♫ गम प मग-, ध-पम ग- मगरे-रे ।

अंतरा-1

सबसे पावन, मन के भावन, पुण्य लगावन आप हैं ।
सुख के आवन, दुख के जावन । तुम ही हो आधार ।।

♫ सासासा रे-रेरे-, गग ग- प-मग-, प-प धनि-धप- सां-नि ध- ।
पप प म-गग-, रेरे रे ग-मम- । धप म प- मगरे-रे ।।

अंतरा-2

ब्रह्म परम हैं, धाम चरम हैं, पूज्य सनातन आप हैं ।
निर्मल पायस, प्रेम सुधारस । गंगा की तुम धार ।।

अंतरा-3

नारद शारद, गान स्तुति के, गाते मुनिवर व्यास हैं ।
भजत जनन सब, सिमरत निश-दिन । तेरे ही आभार ।।

भारतीय सांस्कृतिक गीतमाला, मोती 412

भक्ति योग

स्थायी

जो आवे प्रभु जी! शरण तिहार, आतमा उसका बस में आवे ।
तुम अंरतर्यामी, कृष्ण हरि! ।।

♫ सानि़ सा-गरे सास नि़-! सासारे मग-ग, गममग पमग- रेसा सा- रेमग- ।
मग रे-सासारे-गम, गरेसा नि़सा-! ।।

अंतरा-1

जो पावे प्रभु चरन तिहार, उसको प्यार है प्राप्त तिहार ।

तुम सरबस ज्ञानी, कृष्ण हरि! ।।

♫ गम मगपम गरे सासारे गम-म, गममग पमग रेसा-रे मग- ।

गग रेसासासा रे-गम, गरेसा निसा-! ।।

अंतरा-2

जो गावे प्रभु भजन तिहार, आश्रय हर दम उसे तिहार ।

तुम तन के स्वामी, कृष्ण हरि! ।।

भारतीय सांस्कृतिक गीतमाला, मोती 413

भजन : राग जोगिया, कहरवा ताल 8 मात्रा

हरि दर्शन

स्थायी

दरशन दीजो हरि मेरे सपनन में ।

चरणों की दासी मैं उदासी मेरे मन में ।।

♫ पनीधप मध पम गप मगरेरे सा- ।

पनीध प मध प मगप मग रेरे सा- ।।

अंतरा-1

आकर कान्हा बंसी सुनाना, जौनसा सुर कहेगी बाँसुरिया ।

आन पडूँ मैं तुमरी शरणा, तन मन अरपण तुझे साँवरिया ।।

♫ सा-सारे म-म- मपग गमपप-, मधधध- धध पमम धपममग- ।

म-प धसां- सां- निसांनि- धधप-, पनी धप मधपम मप मगरेरेसा ।।

अंतरा-2

ना तुम श्यामा देर लगाना, मैं तुमरे दरस बिन बाँवरिया ।

जाऊँ जब मैं जल को जमुना, आना फोड़न मेरी गगरिया ।।

अंतरा-3

पाकर तेरा नेह ललामा, गोपी करे तेरी चाकरिया ।

गाते सुनते तुमरे भजना, भगतन चाहत तेरी चदरिया ।।

भारतीय सांस्कृतिक गीतमाला, मोती 414

७९. भक्तियोग

भजन : राग रत्नाकर, कहरवा ताल 8 मात्रा

प्रभु दर्शन

स्थायी

बरनन सुंदर जाको इतनौ, रूप परम होहौ कितनौ ।

♫ रेरेरेरे ग-रेसा रेरे गगम-, ध-प मगग म-प- मगरे- ।

अंतरा -1

किरती जाकी जग तीनि माहीं, प्रीति बिखरी दुखी दीनि माहीं ।

बरतन जाको मंगल इतनौ, दरसन सुभ होहौ कितनौ ।।

♫ मम‍म- प-प- मग रेग म-म-, प-प- धपम- पध नि़ध प-म- ।

रेरेरेरे गग रेसारेरे गगम-, धधपप मग म-प- मगरे- ।।

अंतरा -2

सुमिरन जाको पुन्य लगावै, सान्ति दैके पाप भगावै ।

सपनन में निर्‌मल इतनौ, अपनन में होहौ कितनौ ।।

अंतरा -3

निराकार निर्‌गुन सुभ काया, कन कन में जाकी है माया ।

रूप अलख न्यारो इतनौ, गोचर प्यारो होहौ कितनौ ।।

भारतीय सांस्कृतिक गीतमाला, मोती 415

राग : दरबारी, तीन ताल 16 मात्रा

हरि के बिना

स्थायी

हरि के बिना, नाही रे सुख जग माही ।

राम भगत के पितु और माई, और न दाता कोई ।।

अंतरा-1

राम पिता अरु राम ही माता, राम ही है सुखदाई ।

अंतरा-2

राम हमारा एक सहारा, राम! हमें तू त्राहि ।

अंतरा-3

राम नियारा, राम पियारा, राम! हमे पाहि पाही! ।

भारतीय सांस्कृतिक गीतमाला, मोती 416

भजन : राग रत्नाकर, कहरवा ताल 8 मात्रा

हरि नाम

स्थायी

कहो हरि का नाम, जीवन बीते रे ।

♫ गम- पध- प- म-ग, रे-गम प-मग रे- - - ।

अंतरा-1

शस्त्रधारी जब राम हरि हैं, वहाँ दुखों का नाम नहीं है ।

छोड़ हरि पर भार, रक्षक हैं तेरे ।।

♫ सा-रेग-ग गग ध-प मग- म-, सांनि- धप- ध- नि-ध पम- प- ।

ग-म पध- पप म-ग, रे-गम प- मगरे- ।।

अंतरा-2

जिस कण में रोशनी भरी है, उस कण की चेतना हरि हैं ।

जोड़ हरि से प्यार, ईश्वर हैं तेरे ।।

अंतरा-3

भव सागर के बीच खड़ा है, घिर घिर संकट आन पड़ा है ।

सौंप हरि को नाव, केवट हैं तेरे ।।

भारतीय सांस्कृतिक गीतमाला, मोती 417

राग : रासडा, कहरवा ताल

भगत परलाद

स्थायी

हरि हरि! रटिया भगत परलादा, नरसिंघ बना, जग रखवारा ।

♫ रेग रेग! सारेग- ममम गमप-ध-, निधप-ध पम-, मम गपम-म- ।

अंतरा-1

हिरणकशप ने खंबा रचाया, बाल प्रलाद कु उसमें दबाया ।

बोला, दिखा दे मोहे अब, को है सहारा ।।

♫ ममममगमम प- नि-ध पध-नि-, सां-नि धप-ध ध निधप धप-प- ।

सा-रे, गरे- रे- सारे गग, म- ग पम-म- ।।

अंतरा-2

हाथ जोड़ कर खड़ा भगत था, श्रीधर व्यापा तीन जगत था ।
छन मा प्रकट भया सुन कर, आरत पुकारा ।।

अंतरा-3

श्रीहरि केसरी रूप धराया, हिरणकशप कु अंक लिटाया ।
चीरा नख से उदर असुर का, हरि सुर पियारा ।।

भारतीय सांस्कृतिक गीतमाला, मोती 418

खयाल : राग पूरिया, तीन ताल 16 मात्रा

पार करो मेरी नैया

स्थायी

पार करो मेरी भव नैया,
तार करो मेरा अंबे मैया ।

♪ गमंधमंगरेगमंग रेसा- निसारेसा नि ध निरेसा-,
मं-ग मंगरे सासा निरेंनिध मंधमंग ।

अंतरा-1

लुट गई मेरी प्रेम की नगरी, नाथ न आए दैया दैया! ।

♪ मंमं गग मं-ध- मंधसांसां सां निरेंसां-,
निरेंनि ध मंधमंग मंरेगमं गमंधमंगरेसा- ।

अंतरा-2

लगती सूनी गाँव की डगरी, राह तकूँ मैं आवे सैंया ।

भारतीय सांस्कृतिक गीतमाला, मोती 419

राग : बरहंस

तू ही हमारा

स्थायी

७९. भक्तियोग

तू ही हमारा परम सहारा, माता गुरवर तात पियारा ।

♫ रे- ग मग-रे- सासासा रेग-म-, प-म- गगरेरे म-ग रेग-सा- ।

अंतरा-1

एक आतमा कण-कण घेरा, तू ही हमरा कृष्ण! जियारा ।

♫ सा-रे ग-गग- मम पम ग-रे-, प- म गरे-रे- म-ग! रेग-सा- ।

अंतरा-2

पाँच भूत की धरती सारी, तीन गुणन में है नर नारी ।

अंतरा-3

चंद्र सूर्य तारे सब तू ही, तू ही भव-जल तूहि किनारा ।

अंतरा-4

पर्वत सरिता वन तरु तूही, सब विध तेरा तंत्र बिखेरा ।

भारतीय सांस्कृतिक गीतमाला, मोती 420

राम ही श्याम

स्थायी

प्रभु! राम बनो या श्याम बनो, अवतार तुम्हारा प्यारा है ।
संग सिया हो या राधा हो, हरि! काम तुम्हारा न्यारा है ।।

♫ सानि़! सा-रे गम- गरे सा-रे गरे-, गगम-प मग-रेसा सा-रेग रे- ।
म-प मग- रेसा रे- गमगरे सा-, सासा! रे-ग मप-म- गरेसानि़ सा- ।।

अंतरा-1

भव दुस्तर के हर दुष्कर में, प्रभु! तुमरा एक सहारा है ।
जब नांव भँवर में डगमग हो, हरि! तू ही एक किनारा है ।।

♫ पप म-रेरे म- पप नि-धध प-, गम! पपम- ग-रे सारे-ग- म- ।
सासा रे-ग गमग रे- सासारेरे ग-, सारे! ग- म- प-म गरे-सानि़ सा- ।।

अंतरा-2

संग किसी का हो या ना हो, प्रभु! तुमरा प्यार अपारा है ।
जिसके मन में शुभ नाम बसा, हरि! तुमने उसे उबारा है ।।

अंतरा-3

किरपा राघव या कृष्ण करे, प्रभु! भाग्य महान हमारा है ।
मुख राम कहे या श्याम कहे, हरि! हर विध नाम तुम्हारा है ।।

७९. भक्तियोग

भारतीय सांस्कृतिक गीतमाला, मोती 421

भजन : राग रत्नाकर, कहरवा ताल 8 मात्रा

प्रभु के काम

स्थायी

अद्भुत जितने काम जगत के, मंगल उतने नाम तिहारे ।

♪ ग-रेरे गगम- ध-प मगग म-, नि-धप ममप- ध-प मग-म- ।

अंतरा –1

कोई कहे गोविंद, कंस निकंदन । कोई कहे मोहन, कालियामर्दन ।
दीन दयाला, हे जगपाला! पाहि हमको, हरे मुरारे ! ।।

♪ गरे सारे ग-म-म, ध-प मग-मम । निध पम प-धध, सां-निधप-धध ।
प-म गरे-ग-, प- मगरे-ग-! सा-रे- गगम-, ध-प मग-म-! ।।

अंतरा –2

मुकुंद माधव, मुरली मनोहर । कोई कहे यादव, गोवर्धन-धर ।
श्यामल सुंदर, हे योगेश्वर! भगत जन भये शरण तिहारे ।।

अंतरा –3

देवकी नंदन, कृष्ण दमोदर । मीरा के प्रभु, गिरिधर नागर ।
कोई कहे केशव, हे दुख भंजन! निश-दिन करना काज हमारे ।।

भारतीय सांस्कृतिक गीतमाला, मोती 422

भजन : राग रत्नाकर, कहरवा ताल 8 मात्रा

भगवत् प्राप्ति

स्थायी

तू स्वामी त्रिभुवन का - - - - - ।

♪ ग- म-गरे गगरेसा रे- - गरे- ।

अंतरा–1

मिलेगा न तू वेदार्जन से, दानार्पण से, पूजार्चन से ।
तू प्यासा चिंतन का - - - - ।।

♪ ग-म-ग- रे ग- म-प-मम ग-, रे-ग-मम प-, प-मगमग रे- ।

ग- म-गरे ग-रेसा रे- - गरे- ।।

अंतरा-2

करे पार तू भवसागर से, सब संकट से, हर मुश्किल से ।

अरदासा जीवन का - - - - ।।

अंतरा-3

हमें ध्येय तू तनसा-मनसा, ईश्वर प्यारा मन मंदिर का ।

तू प्यासा सुमिरन का - - - - ।।

भारतीय सांस्कृतिक गीतमाला, मोती 423

कीर्तन : कहरवा ताल 8 मात्रा

हरि हरि बोल

हरि हरि बोल, हरि हरि बोल ।

राधे मुकुंऽद माऽधव हरि हरि बोल ।।

♫ सांसां सांसां सां - - सां, निध निसां सां- ।

मग मध-नि सां-निध मध मग म- ।

अंतरा-1

गोऽपाल गोऽपाल हरि हरि बोल । गोऽविंद गोऽविंद हरि हरि बोल ।

आऽनंद आऽनंद जय जय बोल । गोपाल गोविंद आनंद बोल ।

राधे मुकुंऽद माऽधव हरि हरि बोल ।।

♫ ध-धध ध-धध पम पनि ध- । नि-निनि नि-निनि धम धनि नि - - - ।

सां-सांसां सां-सांसां निध निसां सां - - - । रें-रें-रें रें-रें-रें सांनिसांरें सां- ।

मग मध-नि सां-निध मध मग म- ।।

अंतरा-2

गिरिधारी गिरिधारी हरि हरि बोल, वनमाली वनमाली हरि हरि बोल ।

बनवारी बनवारी जय जय बोल, गोपाल गोविंद आनंद बोल ।

राधे मुकुंऽद माऽधव हरि हरि बोल ।।

अंतरा-3

कान्हा तेरी अचंभे की लीला हो, कान्हा तेरी अनूठी ही माया, हो ।

सखे! कान्हा की राधे की जय जय बोल, गोपाल गोविंद आनंद बोल ।

राधे मुकुंऽद माऽधव हरि हरि बोल ।।

भारतीय सांस्कृतिक गीतमाला, मोती 424

भजन : राग रत्नाकर, कहरवा ताल 8 मात्रा

हरि भक्ति

श्लोक

यस्मात्प्रमोदते लोको लोकात्प्रमोदते च यः ।
प्रीतिशान्तिर्धृतिर्युक्तो स हि हरेः प्रियो नरः ।। 1152

स्थायी

हरि के बिना बिरथा जनम रे, निज बल भव-जल कौन तरे ।

♫ सानि़ सा रेरे- - गगरे- गमग रे- -, मम पप धप मम प-म गरे- - - ।

अंतरा-1

काम क्रोध मद काम न आवे, जौबन रौनक साथ न जावे ।
नौका अध बिच टूट पड़े ।।

♫ सा-रे ग-ग गग ध-प म ग-रे-, नि-धप ध-पम प-म ग रे-ग- ।
म-म- पप धध प-म गरे- - - ।।

अंतरा-2

राम नाम बिन जीवन सूना, नास्तिक-भाव लगावे चूना ।
भाग करम सब रूठ खड़े ।।

भारतीय सांस्कृतिक गीतमाला, मोती 425

हरि सुमिरन

स्थायी

हरि सुमिरन दे, मन को धीर ।

♫ सारे सानि़सासा रे-, मम गरे सा-सा ।

अंतरा-1

कार्य भार जब, तन को सतावे, मन उलझन की भीर ।

७९. भक्तियोग

♪ म-म प-प पप, मप ध पम-ग-, धध पमपप मग रे-रे ।

अंतरा-2
हाथ में बेड़ी, भाग्य रुलावे, पाँव पड़े जंजीर ।

अंतरा-3
कपट जगत का, समझ न आवे, रोये मन का कीर ।

अंतरा-4
राम नाम की, नाव तरावे, भव सागर का तीर ।

भारतीय सांस्कृतिक गीतमाला, मोती 426

भजन : राग रत्नाकर, कहरवा ताल 8 मात्रा

हरि कृपा

स्थायी
कृष्ण-कृपा चाही जिसने, जीवन हरि के सहारे है ।
नैया उसकी भवसागर में, लगती पार किनारे है ।।

♪ रे-सा रेरे- ग-रे- गगम-, प-पप धध नि धप-ध- नि- ।
सां-नि- धपध- निनिध-पप म-, गगम- ध-प मग-मग रे- ।।

अंतरा-1
छोड़े जिसने क्रोध खेद सब, सुख-दुख एक बनाये हैं ।
भोग लोभ रज सब कुछ त्यागे, आता हरि के दुआरे है ।।

♪ म-म- पपप- ध-प म-म मम, गग मम प-प सांनिध- प- ।
सां-नि ध-प धध निनि धप ध-म-, ग-म- धध प मग-मग रे- ।।

अंतरा-2
जोड़ ले मन में भाव भक्ति का, हरि नयनन के तारे हैं ।
पाप ताप सब उसके भागे, श्रीधर कष्ट उबारे हैं ।।

अंतरा-3
हाथ हरि के जिसकी डोरी, हरि उसके रखवारे हैं ।
ऋद्धि सिद्धि नित चमर डुलावे, उस पर साँझ सकारे हैं ।।

८०. भक्ति भाव

भारतीय सांस्कृतिक गीतमाला, मोती 427

भजन : राग रत्नाकर, कहरवा ताल 8 मात्रा

दीन दयाल

स्थायी

प्रभु जी तुम, दीनन पर किरपाल ।

♫ रेग म पम-, ध-पम गप मगरे- ।

अंतरा-1

भवसागर जल गहन घनेरो, बेड़ा पार निकाल ।

♫ सासारे-गप मग निधप धनि-ध-, प-म- ग-म गरे- ।

अंतरा-2

शबरी द्रुपदी ध्रुव परलादा, अर्जुन जब बेहाल ।

अंतरा-3

जहँ जहँ संकट तहँ अवतारो, हिरदय परम विशाल ।

८०. भक्ति भाव

भारतीय सांस्कृतिक गीतमाला, मोती 428

राग खमाज, कहरवा ताल 8 मात्रा

भक्ति-भाव

स्थायी

भक्ति-भाव की जीवन कुंजी, भगत जन जिन पाई है ।

♫ मपनि सां-सां सां- रें-सांनि ध-प-, गमम पप धसां नि-ध प- ।

अंतरा-1

हरि दरशन की पावन पूँजी, उन भगतन ने कमाई है ।

♫ गम पपपप प- सांनिध प-प-, गग ममपप प पधसांनिध प- - - ।

अंतरा-2

दुख देता वो नहीं किसी को, उद्विग्न किसी से नाही है ।

अंतरा–3

भगत प्रभु का वही है प्यारा, हरि किरपा तिन पाई है ।

भारतीय सांस्कृतिक गीतमाला, मोती 429

राग रत्नाकर, कहरवा ताल 8 मात्रा

प्रभु प्रेम

स्थायी

प्रभु से प्रेम पाने का, तरीका ये सुहाना है ।
हरि से प्रीत का सलीका, विनय से सिर झुकाना है ।।

♫ रेगम रे– गमरे ग–म– प–, धप–म– ग– पमगमग रे– ।
धप– म– सां–नि ध– पपध–, पमम ग– प– मगमग– रे– ।।

अंतरा–1

दुखे ना जिससे नर कोई, सुखी हो जिससे हर कोई ।
सभी को यार करना ही, हरि से प्यार करना है ।।

♫ रेधप म– गगरे गग म–प–, धप– म– गमरे मग प–म– ।
रेगम रे– ग–म रेगम– प–, धप– म– ग–प मगमग रे– ।।

अंतरा–2

अगर चंगा कहे कोई, बहुत निंदा करे कोई ।
सदा उपकार करना ही, हरि से प्यार करना है ।।

अंतरा–3

न जिसमें बैर है कोई, न जिसको गैर है कोई ।
सदा सुविचार करना ही, हरि से प्यार करना है ।।

भारतीय सांस्कृतिक गीतमाला, मोती 430

राग रत्नाकर

हरि भगत

स्थायी

हर दम जो नाम जपता, प्यारा वो है हरि का ।
निष्काम काम करता, उसका हरि पियारा, पियारा ।।
♫ सा- रे- ग प-म गगरे-, प-म- ग म- धप- म- ।
नि-ध-प ध-प ममग-, रे-ग- मप- मग-रे, गरे-सा- ।।

अंतरा-1

मन में विरक्ति जागी, सब वासनाएँ त्यागी,
जिसको न दुख है जग से, न किसी को दुख है उससे ।
ऐसा भगत निराला, प्यारा हरि को सबसे,
निश-दिन जो याद रखता, उसका हरि किनारा, किनारा ।।
♫ म- प- धनि-ध प-ध-, मम प-धनि-ध प-ध-,
ग-म- प ध- प मम ग-, रे गम- प धप म गगम- ।
ध-प- ममम गम-प-, ध-प- मग- रे गगम-,
निनि धध प ध-प ममग-, रे-ग- मप- मग-रे, गरे-सा ।।

अंतरा-2

हरि ओम्-ओम् माला, दर्शनकी दिल में ज्वाला,
जिसने वहम भगाया, विश्वास है जगाया ।
ऐसा भला पुजारी, पावन खरा है सबसे,
जिसको भजन सुखाता, उसका हरि जियारा, जियारा ।।

अंतरा-3

सुंदर स्वभाव जिसका, निर्मल हृदय है गहरा,
जिसको न क्रोध कोई, ईर्ष्या है जिसने खोई ।
ऐसा मनुष महाना, मंगल वही है सबसे,
दूसरों का दुख दुखाता, उसका सही विचारा, विचारा ।।

अंतरा-4

तन मन से तम हटाया, दूसरों से गम बँटाया,
सद्भाव है तरीका, आधार है हरि का ।
ऐसा भगत सयाना, न्यारा जगत में सबसे,
दुनिया का जो दुलारा, उसका हरि सहारा, सहारा ।।

भारतीय सांस्कृतिक गीतमाला, मोती 431

प्रिय भगत

दोहा छन्द

स्थायी

भगत सदा संतुष्ट वो, जिसका निश्चय ढीठ ।
तन मन से मुझमें लगा, वो है मेरा मीत ।।

♫ रेरेरे रेग- म-प-म प-, धधध- प-मग म-म ।
रेरे गग म- पपध- पध-, प- म- प-मग रे-रे ।।

अंतरा-1

किसी को न जिससे व्यथा, न जो किसी से व्यथित ।
हर्ष दुखों से जो परे, उससे मुझको प्रीत ।।

♫ रेरे- ग- ग ममप- मप-, ध ध- पम- ग मग-ग ।
रे-रे गम- प- ध- पध-, पपम- पपमग रे-रे ।।

अंतरा-2

जिसे न धन की चाह है, और स्पृहा न तनिक ।
शुद्ध उदासी भक्त वो, करता मुझसे प्रीत ।।

अंतरा-3

जो न सुखों का लालची, राग-क्रोध अतीत ।
सम सुख-दुख में भक्त जो, उसकी सच्ची प्रीत ।।

अंतरा-4

शत्रु मित्र कोई कहे, अपमान किया अगणीत ।
रंज नहीं कोई जिसे, न्यारी उसकी रीत ।।

अंतरा-5

जो न किसी का शत्रु है, सबको कहता मीत ।
जो उसको बैरी कहे, उससे भी है प्रीत ।।

अंतरा-6

दुख देते जो काम हैं, उनसे रहे अतीत ।
लाभ-हानि सब एक हों, सदा उसी की जीत ।।

अंतरा-7

हर दम जपता नाम जो, गाता मेरे गीत ।
गान भजन मेरे जिसे, कर्ण मधुर संगीत ।।

अंतरा–8

अमृत मय इस धर्म की, जिसके मन में आस ।
श्रद्धा वाला भक्त वो, मेरा है प्रिय खास ।।

भारतीय सांस्कृतिक गीतमाला, मोती 432

नाम जाप

स्थायी

नाम जपो भवतु, हृदि च मुखे ।

♫ सां–ध पम– गमरे–, पम ग मरे– ।

अंतरा–1

पदारविन्दं, सच्चिदानन्दं, आनन्दकन्दं, भज गोविन्दम् ।
नाम हरेरवतु, दुःखसुखे ।।

♫ सारे–गरे–ग–, रेगम–ग–रे–, गप–धप–ग–, धप मगम–रे– ।
सां–ध पम–गमरे–, पमगमरे– ।।

अंतरा–2

गिरिधरकृष्णं, देवकीनन्दं, राधारमणं, भज हि मुकुन्दम् ।
नाम सदा स्मरणे, भवतु सखे ।।

अंतरा–3

शेषशायिनं, सकलमङ्गलं, असुरमर्दनं, भज हरि कृष्णम् ।
नाथहरिर्हरतु, क्लेशदुःखे ।।

भारतीय सांस्कृतिक गीतमाला, मोती 433

भजन : राग रत्नाकर, कहरवा ताल 8 मात्रा

गोविंद नारायण वासुदेव

स्थायी

गोविंद नारायण वासुदेव, श्रीकृष्ण श्रीराम श्रीसत्य साँई ।
किसी को पुकारो सब नाम एक, भजलो या गाओ, ओ मेरे भाई! ।।
♫ सा–सा–सा सा–सा–ऩिऩि रे–साऩि–ध़–, रे–रे–रे ग–म–म ग–प–म ग–रे– ।
सासा– रे– गरे–सा– रेग प–म ग–रे–, ममम– ग रे–ग–, ध– प–म ग–रे! ।।

अंतरा–1

आनंद दाता जग के विधाता, तू भाग्य देता, सुदर्शन कन्हाई ।
किसी को पुकारो सब नाम एक, भजलो या गालो, ओ मेरे भाई! ।।
♫ नि–ध–प ध–नि– धध प– मग–प–, ध– प–म ग–रे, सारे–गग मग–रे– ।
सासा– रे– गरे–सा– रेग प–म ग–रे–, ममम– ग रे–ग–, ध– प–म ग–रे! ।।

अंतरा–2

हे विघ्न हारी, हे चक्रधारी, हे ब्रह्म विष्णु शंकर गोसाई ।
प्रभुऽ रूप दरसाता है अनेक, भजलो या गा लो, ओ मेरे भाई! ।।

अंतरा–3

श्री लक्ष्मी माता सीता राधा, काली भवानी गायत्री माई ।
जपलो या तपलो सब काम नेक, भजलो या गालो, ओ मेरे भाई! ।।

भारतीय सांस्कृतिक गीतमाला, मोती 434

सोऽहं सोऽहम्

स्थायी

सोऽहं सोऽहं शंभु शिवोऽहम्, सचिदानन्द घन ब्रह्म अहम् ।
♫ सा–सा सा–सा रे–रे रेरे–रे–, गगग–मम धप– प–म गरे– ।

अंतरा–1

एक मुझे बस हरि मिल जाये, तन मन धन कछु, मम न इदम् ।
♫ ग–ग गम– मम धप मग म–प–, गग मम पप मम, गप म गरे– ।

अंतरा–2

प्रकृति–पुरुष हैं जगत पसारा, हरि इक मेरा, मम न इदम् ।

अंतरा–3

पँच भूत अरु तीन गुणों का, खेल है सारा, मम न इदम् ।

अंतरा–4

माता-पिता सुत भाई दारा, छोड़ के जाना, मम न इदम् ।

अंतरा-5

निस दिन भजले "हरि" मन मेरे, "इदं न मम!" भज, मम न इदम् ।

भारतीय सांस्कृतिक गीतमाला, मोती 435

भजन : राग भूपाली, कहरवा ताल 8 मात्रा

नाम जप

स्थायी

नाम जपन करले, तन मन से ।

सुख-दुख घड़ी हरि हरि मन भज ले ।।

♫ सां-ध पगरे सारे प-, गरे गप ध-, गग गरे गप धसां धसां धप गरे सा- ।

अंतरा-1

मन में भर ले पूजन कर ले, अंदर राम का सुमिरन धर ले ।

♫ गग ग- पप ध- सां-सांसां सांरे सां-, ध-धध सां-रें रें सांरेंगंरें सांध प- ।

अंतरा-2

जिसके मुखमें राम बसा है, जीवन मानो वही भला है ।

अंतरा-3

जिसने सुखमें नाम लिया है, दीपक जानो वहीं जला है ।

अंतरा-4

दुनिया में हैं लोग लुटेरे, राम तेरा रखवारा ।

भारतीय सांस्कृतिक गीतमाला, मोती 436

भजन : राग रत्नाकर, कहरवा ताल 8 मात्रा

भद्रता

श्लोक

भद्रं श्रुणोमि कर्णाभ्यां भद्रं वाक्यं मुखेन च ।

भद्रं पश्यामि चक्षुर्भ्यां भद्रेच्छां मनसा सदा ।।

♫ सा–रे– गम–ग रे–सा–रे–, रे–ग– म–प– मग–रे ग– ।
ग–म– प–ध–प म–ग–म–, नि–ध–प– गमग– रेसा– ।।

स्थायी

भद्र सुनूँ मैं, भद्र देखूँ मैं, भद्र गहूँ मैं, भद्र कहूँ ।

♫ नि़–सा रेग– रे–, प–म ग–रे ग–, ध–प मग– रे–, प–म गम– ।

अंतरा–1

संत जनन का, दुखी दीनन का, अकिंचनों का, हाथ धरूँ, मैं ।
धरती माँ का, जन्म दाती का, ज्ञान देवी! आभारी रहूँ ।।

♫ सा–रे गमम म–, रेग म–पप प–, धप–मग– रे–, ध–प मग–, म– ।
गरेसा– रे– ग–, म–ग रे–सा रे–, ग–ग म–प! ध–प–म गम– ।।

अंतरा–2

प्रभु चरणन में, शुभ सुमिरण में, सदा शरण में, दास रहूँ, मैं ।
नित्य करम से, सत्य धरम से, नम्र हृदय से, क्लेश सहूँ ।।

अंतरा–3

तन निर्‌मल से, मन निर्‌मम से, धन निर्‌धन को, दान करूँ, मैं ।
नाम प्रभु के, काम प्रभु के, अर्‌पण मम मैं, प्राण करूँ ।।

भारतीय सांस्कृतिक गीतमाला, मोती 437

भजन : राग रत्नाकर, कहरवा ताल 8 मात्रा

सुंदराष्टक

स्थायी

आरती सुंदर, कथा है सुंदर, भजन है सुंदर, पूजन सुंदर ।
प्रसाद सुंदर, स्मरण है सुंदर, लक्ष्मीपति का व्रत है सुंदर ।।

♫ सा–रेग म–मम, पम– ग म–मम, धपम ग रे–रेरे, रे–गप म–मम ।
सारे–ग म–मम, पमग रे ग–गग, सा–रेमप– म– धप मग म–मम ।

अंतरा–1

सूरत सुंदर, मूरत सुंदर, वदन है सुंदर, बदन है सुंदर ।
कान हैं सुंदर, नाक है सुंदर, लक्ष्मीपति का तन मन सुंदर ।।

♫ सां–निध प–धध, नि–धप ध–धध, धपम ग म–मम, पमग रे प–मम ।

सा-रे ग म-मम, रे-ग प म-मम, सा-रेमप- म- धप मग म-मम ।।

अंतरा-2

कुण्डल सुंदर, कुन्तल सुंदर, मुकुट है सुंदर, भृकुटी है सुंदर ।
केश हैं सुंदर, वेश है सुंदर, लक्ष्मीपति का रूप है सुंदर ।।

अंतरा-3

चक्र है सुंदर, गदा है सुंदर, पद्म है सुंदर, शंख है सुंदर ।
वस्त्र हैं सुंदर, शस्त्र हैं सुंदर, लक्ष्मीपति के भूषण सुंदर ।।

अंतरा-4

प्रभाव सुंदर, स्वभाव सुंदर, दर्श है सुंदर, स्पर्श है सुंदर ।
गेह है सुंदर, नेह है सुंदर, लक्ष्मीपति का देह है सुंदर ।।

अंतरा-5

अंबर सुंदर, धरती सुंदर, चन्द्र है सुंदर, सूर्य है सुंदर ।
नदियाँ सुंदर, पर्वत सुंदर, लक्ष्मीपति का जगत है सुंदर ।।

अंतरा-6

नारद सुंदर, किन्नर सुंदर, तुंबर सुंदर, गरुड़ है सुंदर ।
गोप हैं सुंदर, दास हैं सुंदर, लक्ष्मीपति के भगत हैं सुंदर ।।

अंतरा-7

विष्णु है सुंदर, विभु है सुंदर, हरि है सुंदर, प्रभु है सुंदर ।
राम है सुंदर, श्याम है सुंदर, लक्ष्मीपति के नाम हैं सुंदर ।।

भारतीय सांस्कृतिक गीतमाला, मोती 438

श्रीकृष्ण स्मरणाष्टकम्

(संस्कृत)

श्लोक छंद

पठेद्यः प्रातरुत्थाय स्तोत्रं कृष्णाष्टकं शुभम् ।
धौतः स सर्वपापेभ्यो विष्णुलोको हि धाम तम् ।।

♫ रेग-ग- ग-गमं-प-मं-, ग-मं- प-ध-पमं- गमं- ।
ग-मं- प- मं-गरे-ग-मं-, ग-मंप-मं- ग रे-नि़ सा- ।।

स्तोत्रं-1

८०. भक्ति भाव

प्रभाते चिन्तयेत्कृष्णं मोहनं स्नानमार्जने ।
प्रार्थनायां च गोविन्दं पावनं करुणाकरम् ।। 1

स्तोत्रं-2

अध्ययने स्मरेन्नित्यं योगेश्वरं जगद्गुरुम् ।
क्रीडने बालगोपालं कार्यकाले जनार्दनम् ।। 2

स्तोत्रं-3

विश्रामे द्वारिकानाथं चिन्तनं वन्दनं हरिम् ।
शयने श्रीधरं ध्यायेत्-निर्विकारं निरञ्जनम् ।। 3

स्तोत्रं-4

प्रवासे सर्वज्ञातारं नृसिंहं सर्वव्यापिनम् ।
पार्थसारथिनं युद्धे रक्षकं चतुराननम् ।। 4

स्तोत्रं-5

उपनयनकाले च पीताम्बरं मनोहरम् ।
विवाहे भाग्यदातारं श्रीपतिं पुरुषोत्तमम् ।। 5

स्तोत्रं-6

मोदे दामोदरं ध्यायेद्-विष्णुं सकलमङ्गलम् ।
दु:खे च परमानन्दं मुरारिं परमेश्वरम् ।। 6

स्तोत्रं-7

सङ्कटे च चतुर्बाहुं नारायणं गदाधरम् ।
चक्रपाणिं हृषीकेशं सर्वकाले सुदर्शनम् ।। 7

स्तोत्रं-8

जन्मदिने स्मरेत्पूज्यं पूजयेद्विश्ववन्दितम् ।
अन्तकाले स्मरेद्देवं देवदेवं सनातनम् ।। 8

श्लोक:

स्मरणाष्टकमेतद्धि पठेद्रत्नाकरस्य य: ।
सर्वकाले शुभं तस्य भवेत्कृष्णानुकम्पया ।।

भारतीय सांस्कृतिक गीतमाला, मोती 439
राग : बिलावल, कहरवा ताल

हे कृष्ण!

(संस्कृत)

स्थायी

कमलनयन! सरसिजमुख! त्वम्, रविशशिकुण्डल! परमसुखम् ।

♫ सासासारेगग! रेसारेगरेग! म-, धपमगम-पप! धपमगरे- ।

अंतरा-1

योगेश्वर! त्वं ब्रह्म परं, त्राहि प्रभो! मे विश्वमिदम् ।

♫ सा-रे-गग! म- रे-ग मप-, ध-प मग-! प- ग-मगरे- ।

अंतरा-2

कृताञ्जलिस्त्वां वन्देऽहं, नाशय मे त्वं सर्वदुःखम् ।

अंतरा-3

नाम कृष्ण! ते मनोहरं, विन्दामि हृदि तव स्मरणम् ।

भारतीय सांस्कृतिक गीतमाला, मोती 440

दादरा ताल

कृष्ण का नाम

स्थायी

कृष्ण का नाम मन का लुभाना, बड़ा मंगल है सुंदर सुहाना ।

♫ सा-सा रे- रे-रे ग- रे- सारे-ग-, गम ध-पप म ग-पप मग-रे- ।

अंतरा-1

कृष्ण गोविंद गोपाल काला, विष्णु स्वानंद आनंद कान्हा ।
नंद का नंद बाँसुरी वाला, देवकी और यशोदा का लाला ।।

♫ ध-ध प-ध-ध म-प-म ग-रे-, रे-ग म-म-म प-म-ग रे-ग- ।
सा-ऩि सा- रे-रे ग-म-ग रे-ग-, नि-धप- म- गम-प- म ग-रे- ।।

अंतरा-2

श्रीहरि श्याम राधा का प्यारा, बलदाऊ सुदामा दुलारा ।
गोप गोपी के नैनों का तारा, ब्रज वासी जनों का जियारा ।।

अंतरा-3

कंस चाणूर मर्दन मुरारी, कालिया धेनुका पूतनारि ।
दीन बंधु पिता मित्र माता, पार्थ का सारथी योग दाता ।।

भारतीय सांस्कृतिक गीतमाला, मोती 441

राग जंगला : तीन ताल

जनार्दन

स्थायी

बरज किए तू सब विषयन को, बैठ जनार्दन कृष्ण-चरण में ।
♫ सारेग मग- रे- गम पमगग रे-, प-म गम-मम ध-प मगरे सा- ।

अंतरा-1

इधर-उधर ना चित्त लगाना, एक महामन कृष्ण परम है ।
♫ निनिनि सांसांसां सां- नि-ध पम-प-, म-ग रेग-मम ग-ग मगरे सा- ।

अंतरा-2

जनम-जनम के पाप मिटावे, नित्य सनातन सत्य धरम है ।

अंतरा-3

सफल सकल तू खा फल मीठे, आस बिना निष्काम करम है ।

८१. भवचक्र

भारतीय सांस्कृतिक गीतमाला, मोती 442

भवचक्र

स्थायी दोहा, अंतरा चौपाई

स्थायी

भवसागर के चक्र से, कुल चौरासी लाख ।
बचने की तू फिक्र से, तन-मन बंधन राख ।।
♫ ममम-पप प- ध-प ध-, पप ध-प-म- ग-ग ।
रेरेरे- ग- ग- प-म ग-, रेरे रेरे म-गरे सा-सा ।।

८१. भवचक्र

अंतरा-1

राम! राम! नित नाम जपाए, प्यास बुझत बिनु कूप खुदाए ।
कर्म छुटत नित हरि गुन गाए, पंथ कटत बिनु पाँव थकाये ।
मन के अंदर झाँक ।।

♪ सा-रे! ग-ग! गग प-म गरे-ग-, प-प मगग मम प-म गरे-ग- ।
म-म पपप पप धध निनि ध-प, सांनि धपप मम ध-प पग-म- ।
रेरे रे म-गरे सा-सा ।।

अंतरा-2

नाम जपन बिनु मन न सुखावे, राम रतन बिनु तन न सुहावे ।
ध्यान मनन से चित हरषावे, ज्ञान परम यह, सुख बरसावे ।
जप का फल तू चाख ।।

अंतरा-3

कर्म किया बिनु आस लगाए, आप डूबे ना और डुबावे ।
उतार कलमष, पुण्य चढ़ावे, जनम-जनम के दुख बिसरावे ।
सुन ले बात मनाक्[18] ।।

भारतीय सांस्कृतिक गीतमाला, मोती 443

दुनिया का खेला

स्थायी

झूठा है दुनिया का खेला, रे! जग चार दिनों का मेला ।
♪ सां-धप ग- रेगरे- प- गरेसा-, ग-! रेसा रे-ग पध- प- गरेसा- ।

अंतरा-1

आवा गमन चुरासी फेरा, पँच भूत ने जग है घेरा ।
बंधु भाई कोई न तेरा, तू, चार जनों में अकेला ।।
♪ सा-रे- गगग पध-प- ग-रे, ग-प प-प प- सांसां सां- रे-सां- ।
गं-रें- सां-रें- सां-ध प म-ध-, म-, ग-ग पध- प गरे-सा- ।।

---

[18] मनाक् (संस्कृत) = जरा सी, थोडी सी ।

अंतरा-2

सत् रज तम नौ द्वार के अंदर, पवन अनल जल धरती अंबर ।
चमड़ी काली गोरी ऊपर, ये, चार छनों का झमेला ।।

अंतरा-3

सुनो भई साधो! सद्‌गुरु वाणी, नित्य गति है आनी-जानी ।
सुमिर हरि को निश-दिन प्राणी! तू, चारों याम की बेला ।।

८२. श्रद्धा

भारतीय सांस्कृतिक गीतमाला, मोती 444

श्रद्धा

स्थायी

प्रभु, श्रद्धा- से- मिल जा-वे- - - ।
♫ सारे-, प-म- ग- रेम गरेसा- - - ।

अंतरा-1

कोना-कोना जब हिरदय का, कण-कण अंकुर बने विनय का ।
सत् चित, आनंद आनंद पावे ।।
♫ सा-रे- ग-म- पप ममगरे म-, निनि धध प-मम गम- पमम ग- ।
सासा रेरे, प-मग रे-मग रे-सा- ।।

अंतरा-2

गंगा धारा निर्‌मल मन की, स्नेह सरिता शुभ सद् गुन की ।
भव-जल, जब अम्‌रित बन जावे ।।

अंतरा-3

भक्ति-भावना ज्योति जगा के, एक चित्त मन, कछु न सतावे ।
तन में, मन मंदिर बन जावे ।।

भारतीय सांस्कृतिक गीतमाला, मोती 454

भजन : राग बिलावल, कहरवा ताल 8 मात्रा

८२. श्रद्धा

श्रद्धा

स्थायी

सुख-दुख में हरि बोल, रे! तोहे हरि उबारे ।

♫ रेरे रेरे ग- मप म-ग, रे-! रेग- धप मग-रे- ।

अंतरा-1

बीच भँवर में, नैया तोरी, जल कारो है, नदिया गहरी ।

मत कर डाँवाडोल, रे! तोहे हरि सँभारे ।।

♫ ध़-नि़ सारेरे रे-, प-मग रे-ग-, सारे ग-म- म-, धपमग ममम- ।

रेरे रेरे ग-मपम-ग, रे-! रेग- धप मग-रे- ।।

अंतरा-2

चार दिनों की, जीवन फेरी, दिन डरावत, रात अँधेरी ।

निश-दिन हरि हरि बोल, रे! तोहे हरि सहारे ।।

अंतरा-3

चंचल गुण की, काया तेरी, विषय वासना, माया फेरी ।

तन मन से हरि बोल, रे! तोहे हरि उधारे ।।

भारतीय सांस्कृतिक गीतमाला, मोती 446

गीत : राग रत्नाकर, कहरवा ताल 8 मात्रा

आर्यमति

स्थायी

जो करना है काम हमें वो, तेरे नाम से करना है ।

साथ हमारे नाथ सदा हैं, मन में धीरज धरना है ।।

यत् करणीयम् तत् करणीयम्, कार्यपथे जागरणीयम् ।

यत् करणीयम् सत् करणीयम्, इति आर्यमते! आदरणीयम् ।।

♫ सा- नि़सारे- रे- ग-रे सानि़- सा-, रे-ग म-म म- धपमग म- ।

ध-प मग-म- प-म गरे- सा-, सासा रे ग-गग पमगरे सा- ।।

सा- रेगम-म- ध- पमग-म-, नि-धपध- नि-धपम-प- ।

सा- रेगम-म- ध- पमग-म-, गरे सा-सासारे-! म-गगरेनि़सा- ।।

अंतरा–1

जब से तेरा नाम साथ है, न सूनी कोई रात है ।
जब से डोरी तेरे हाथ है, न डर की कोई बात है ।।

♫ सासा सा रे–ग– प–म ग–रे ग–, म प–ध प–म– ध–प म– ।
पप प प–प– ध–प म–ग म–, सा रेरे ग प–मग रे–नि़ सा– ।।

अंतरा–2

आज न कल का भी गम सताये, न कल की चिन्ता कोई है ।
चिंतामणी सब कहते जिसको, प्रभु की माया सो ही है ।।

अंतरा–3

भवसागर के दुख आगर से, हँस मुख हमको तरना है ।
परमादर से नेहा करके, जीवन में सुख भरना है ।।

अंतरा–4

नूतन दम से कदम कदम से, आगे आगे बढ़ना है ।
बिना वहम से धरम करम से, जागे जागे चलना है ।।

अंतरा–5

घर आँगन से हर साजन से, आज हमें ये कहना है ।
सखे! कसम से, प्रेम परम से, कुटुंब वसुधा करना है ।।

भारतीय सांस्कृतिक गीतमाला, मोती 447

भजन : राग विलावल, कहरवा ताल 8 मात्रा

तस्मै नमः

स्थायी

हर सुख लमहा, हर दुख लमहा, नाम प्रभु का लीजिये ।
तस्मै नमः, तस्मै नमः, गान हरि का गाइये ।।

♫ धध धध पमग–, पप पप मगरे–, सा–सा सारे– ग– प–मग– ।
ध–प– ममग–, प–म– गगरे–, सा–सा सारे– ग– प–मग– ।।

अंतरा–1

निस दिन तनहा, पल–छिन तनहा, ध्यान प्रभु का कीजिए ।
तस्मै नमः, तस्मै नमः, गान हरि का गाइये ।।

♪ सासा सासा रेगम–, पप मम गगरे–, ध–प मप– म– ग–रेसा– ।
ध–प– ममग–, प–म– गगरे–, सा–सा सारे– ग– प–मग– ।।

अंतरा–2
हर पल पनहा, जोड़ के मनवा, याद प्रभु को कीजिए ।
तस्मै नमः, तस्मै नमः, गान हरि का गाइये ।।

अंतरा–3
सुबहो सुबहो, पुनः पुनः, नाम प्रभु के गाइये ।
तस्मै नमः, तस्मै नमः, गान हरि का गाइये ।।

८३. योग सिद्धि

भारतीय सांस्कृतिक गीतमाला, मोती 448

योग सिद्धि

स्थायी
अनुकूलबुद्धिर्ददाति सिद्धिम्, विनाशसमये विपरीतबुद्धिम् ।
ये तो जुग–जुग की है रीति ।।

♪ नि़रेगरेसा–सा–सारेग रे–रे–, रेग–मपपप– धपम–गरे–रे– ।
सा नि़ सासा रेरे ग– रे– सा–सा– ।।

अंतरा–1
भाग जगेगा, उसे सुबद्धि, विनाश काले विपरीत बुद्धि ।
बंदे! करले हरि से प्रीति ।।

♪ सा–नि़ सारे–रे–, गप– मग–रे–, नि़सा–रे गम– मगरे–ग म–म– ।
ध–प–! गगम गग– रे– सा–सा– ।।

अंतरा–2
उसे किसी से नहीं है भीति, जिसकी हरि चलावे किश्ती ।
बंदे! प्रीत हरि को भाती ।।

अंतरा–3
जिसके मति में नहीं है भ्रांति, उसके मन में सदा है शाँति ।
बंदे! बाजी उसी ने जीती ।।

अंतरा-4

खोज हरि किरपा की कुंजी, तुझे मिलेगी अपार पूँजी ।

बंदे! राम नाम के मोती ।।

भारतीय सांस्कृतिक गीतमाला, मोती 449

हरि भक्ति

स्थायी

हरि के प्यार में अंधा है, अमर वो मर के बंदा है ।

हरिऽ पर सौंप दें सारा, वो, कच्चे धागे बंधा है ।।

♫ सारे- ग- प-म ग रे-ग- म-, पपध म- पध प म-गरे सा- ।

सारे- गग- प-म ग- म-प-, ध, प-म- प-म ग-रे- सा- ।।

अंतरा-1

प्यार हरि का जो पाता है, आप ही खींचा जाता है ।

हरि नयनन का बन कर तारा, वो, गुलशन में मकरंदा है ।।

♫ सा-रे गरे- म- प- मगरे- म-, ध-प म प-ध- प-म प- ।

पप ममगग म- पप मग रे-म-, रे, पपमम ग ममग-रे- सा- ।।

अंतरा-2

नाम हरि का जो गाता है, भगत हरि को भाता है ।

रस मय उसकी जीवन धारा, वो, अमृत पी कर जिंदा है ।।

अंतरा-3

हरि चरणन में जो आता है, भव तारण का ज्ञाता है ।

सुख मय उसका है जग सारा, वो, हर जन गण का नंदा है ।।

अंतरा-4

साबुन मल मल खूब नहाया, तीरथ चारों फिर कर आया ।

हरि शरणन में जो नहीं आया, वो, गंगा नहाय गंदा है ।।

भारतीय सांस्कृतिक गीतमाला, मोती 450

खयाल : राग बिहाग, तीन ताल 16 मात्रा

हरि सुमिरन

स्थायी

नैनन में तुमरी मूरतिया, मन में डोले तव सूरतिया ।
सुमिरन में बीते दिन रतिया ।।

♫ सा–गम प– निनिसां– निधनिपमंगमग, गमप गम गरेसा– नि़प़ नि़–सासासा– ।
सानि़साम गम पनिपमं गम गरेसा– ।।

अंतरा–1

कछु न शोरबा ना कटु बतिया, भव सागर हो अमृत पनिया ।

♫ मग म प–पनि– सां– सांसां निरेंसां–, पनि सांगंगरें सांनि पमंगम गरेसा– ।

अंतरा–2

स्नेह प्यार में गुजरें सदियाँ, गंगा जल सी बहती नदिया ।

८४. प्रणव

भारतीय सांस्कृतिक गीतमाला, मोती 451

भजन : राग दरबारी कान्हड़ा, कहरवा ताल 8 मात्रा

प्रणव

पद

गुरुदेव! गुरुदेव! गुरुदेव !

♫ सानि़सा–! रेगरे–! गगम–!

स्थायी

मेरे प्रभु प्रणव आनंदा, कृपा तेरी शुभ सच्चिदानंदा ।

♫ सानि़सारे साध़– ध़नि़नि़ रे–सा–सा–, मम– मप– पप पमपनिपगमरेसा ।

अंतरा–1

रूप सुमंगल त्रिशूल धारी, छवि निरंजन सुंदर सारी ।
उबारियो, बचाइयो, दुआ दीजो, शिव जगदानंदा ।।

♫ म–प पनिध–निनि सांसां–सां रें निसां–, निनिसांरें रेंरें–सांसां सांनिरेंसां ध–निप ।
परें–रेंरें– – –, रेंरेंसांरेंमंगं– – –, मपसां सांसां– पप पमपनिपगमरेसा ।।

८४. प्रणव

अंतरा-2
अरुण वसन तव शुचि नारंगी, गल माला रुद्राक्ष की लंबी ।
उबारियो, बचाइयो, दुआ दीजो, गुरु परमानंदा ।।

अंतरा-3
मृग छाला पर बैठा जोगी, राह दिखावे जग उपयोगी ।
उबारियो, बचाइयो, दुआ दीजो, प्रभु आनंदकंदा ।।

भारतीय सांस्कृतिक गीतमाला, मोती 452

हरि नाम जाप

स्थायी
जब जावेगा छोड़ बखेड़ा, साथ न होगा हाथी घोड़ा ।

♪ सासा रे–ग–ग– प–म गम–रे–, सा–रे रे ग–ग– प–मग रे–सा– ।

अंतरा-1
चल तू लुटाता प्रेम खजाना, रटता चल तू माधव नामा ।
जग को कहने दे दीवाना, राम नाम तू जप ले थोड़ा ।।

♪ मम म– पप–प– नि–ध पम–प–, सांसांनि– धध प– नि–धप म–प– ।
मप म– पपप– नि– धपम–प–, सा–रे ग–ग ग– पम ग–रे–सा– ।।

अंतरा-2
जन सेवा का उठाय बीड़ा, मिट जावेगी तेरी पीड़ा ।
हरि किरपालु नाथ हमारा, आएगा वो, भागा दौड़ा ।।

अंतरा-3
फेर न ले तू, अपना मुखड़ा, मत कर तू मुख, उखड़ा उखड़ा ।
हरि हर लेंगे तेरा दुखड़ा, मिट जाएगा, सारा झगड़ा ।।

अंतरा-4
भज ले तू श्री राम रमैया, जप ले निश-दिन कृष्ण कन्हैया ।
भव से पार करेंगे नैया, विश्वास रहे, मन में जोड़ा ।।

भारतीय सांस्कृतिक गीतमाला, मोती 453

८४. प्रणव

एक देह दो नाम

स्थायी

राम मनोहर दशरथ नंदन, गोकुल वाला हरि घनश्याम ।
एक देह के दो-दो नाम ।।

♪ सा-सा सारे-रेरे गरेगग म-गरे, ग-गग म-म- गप मगम-म ।
सा-सा रे-रे ग- प- मग रे-रे ।।

अंतरा-1

नर अवतारी देवकी नंदन, साधु रक्षक, दुष्ट निकंदन ।
नर-नारायण वो भगवान, एक रूप में दो-दो काम ।।

♪ सासा रेरेग-ग- म-पध नि-धप, नि-ध- प-पप, सांनि धप-मम ।
पप-म-ग-रेरे म- गगरे-रे, सा-सा रे-रे ग- प- मग रे-रे ।।

अंतरा-2

कर्म योग जो कहे जमाना, सांख्य योग उसको ही माना ।
राह वही दो हैं अंजाम, एक योग में दो-दो ज्ञान ।।

अंतरा-3

बेटी किसी की कही है माता, किसी का बेटा किसी का पिता ।
उसी धूप से बनती छाँव, एक द्वंद्व में दो-दो भाव ।।

अंतरा-4

राम रमैया कृष्ण कन्हैया, उभय उबारे भव से नैया ।
श्याम कहो हरि बोलो राम, एक शब्द में दो-दो नाम ।।

भारतीय सांस्कृतिक गीतमाला, मोती 454

जप ले नाम

स्थायी

जप ले नाम तू निशदिन बंदे, छोड़ बखेड़ा जाना है ।
अरे, बुलावा कब आजावे, कल को किसने जाना है ।।

♪ सासा रे- ग-म म पमगरे म-म-, रे-ग मप-मग ध-प- म- ।
निध-, पम-ग- मम ग-रे-म-, पप मग रेगम- पमगरे सा- ।।

८४. प्रणव

अंतरा-1

हर दम नाम हो जिसके मुख में, अंत न उसका होगा दुख में ।
जीवन उसका सदा हि सुख में, बंदा वो ही सयाना है ।।

♫ सासा रेरे ग-म ग- ममप- मग रे-, ध-प म गगम- ग-म- पप म- ।
नि-धप ममप- गम- प मग रे-, प-मग रे- म पम-गरे सा- ।।

अंतरा-2

अंतकाल जिसका सुमिरण में, जीता उसने स्वर्ग मरण में ।
हरि चरणों में, वो जीता है, योगी वो ही महाना है ।।

अंतरा-3

काम करे जा राम नाम से, निष्काम कर्म करो तन मन से ।
योग सदीयों पुराना है, राग अमर का तराना है ।।

भारतीय सांस्कृतिक गीतमाला, मोती 455

हरि हरि

स्थायी

मन में मूरत, मुख में ना - - म ।

♫ सासा रे- ग-रेसा, मम गरे सा- - सा ।

अंतरा-1

चंचल मन पे बंधन दीन्हा, तन के अंदर संयम कीन्हा ।
निश-दिन हरि जप चारों या - - म ।
सुंदर सूरत हरि घनश्या - - म ।।

♫ सा-सासा रेरे ग- प-मग रे-म-, मम गरे म-मम प-मग म-प- ।
धध पप मम गग प-मग रे- - - ।
सा-रेरे ग-रेसा मम गरेसा- - सा ।।

अंतरा-2

संत जनन के संग मुकामा, अंग बिभूति चंदन माला ।
मुख में घड़ी घड़ी हरि गुण गा - - न ।
अंत में मिलता स्वर्ग का धा - - म ।।

अंतरा-3

८४. प्रणव

अंबर से भूमि पर आया, नंद का नंदन मंगल काया ।
वन्दन शिर सष्टांग प्रणा – – म ।
तुझ पर अर्पण हमरे प्रा – – ण ।।

भारतीय सांस्कृतिक गीतमाला, मोती 456

मंगल हरि

स्थायी

मंगल हरि काम तेरा, परम धाम है – – ।
♪ प–मग रे ग म–ग रे ग –, पमग रे–ग सा– ।

अंतरा–1

सुंदर शुभ शाँत सुभग छवि, तेरी सुखारी ।
कोटि कोटि संत करें, वन्दना तिहा – – – री ।
गिरिधर गोविंद तेरा, मधुर नाम है – – ।।
♪ म–गरे गग प–म गगग गरे–, प–म गरे–म– ।
नि–ध प–ध नि–ध पम–, प–मग रे ग – – म– ।
पपपप प–म–ग रे ग –, पमग रे–ग सा– – ।।

अंतरा–2

स्वर्ग से बढ़ के पवित्र प्रभु! तेरा ठिकाना ।
भक्ति–भाव से हि मिले, अमर ऐसा मुका – – – मा ।
चरणन में आके तेरे–, सब ललाम है – – ।।

अंतरा–3

हिरदय का एक छोटा कोना, तेरा है धामा ।
भगतन के मन में ए–क बसा, तेरा है ना – – – मा ।
लाख लाख कृष्ण तुझे, शत शत प्रणाम हैं – – ।।

८५. विभूति योग

भारतीय सांस्कृतिक गीतमाला, मोती 457

विभूति विस्तार

स्थायी

जानता जो चराचर विभूति मेरी, सच्चिदानंद निष्ठा उसी की खरी ।

♫ सा-नि़सा- सा- गरे-ग- गरे-ग- मप-, सां-निध-प-म प-ध- पम- ग- रेसा- ।

अंतरा-1

यज्ञ की आहुति मैं स्वधा अर्चना, चार वेदों में गायी प्रणव मंत्रणा ।

योगीभिर्ध्यानगम्या मैं आराधना, चक्रधारी कनाई मुरारी हरि ।।

♫ सा-सा रे- ग-मग- रे- गम- प-मग-, नि-ध प-म- ग म-प- मपम ग-रेसा- ।

सा-रेग-ग-गम-ग- रे ग-म-पम-, सां-निध-प- मप-ध- पम-ग- रेसा- ।।

अंतरा-2

बंधु भाई सखा स्नेही माता-पिता, जन्म-मृत्यु अमरता का मैं देवता ।

चाँद सूरज सितारों में तेजस्विता, चेतना प्रकृति में है मैंने भरी ।।

अंतरा-3

आसमाँ से धरा तक भुवन तीन में, जो भी दैवी है शक्ति मेरी देन है ।

जो भी मेरे धरम का रजामंद है, मेरे बिभूति की परखन उसी ने करी ।।

भारतीय सांस्कृतिक गीतमाला, मोती 458

भजन राग बिलावल, कहरवा ताल 8 मात्रा

विभूति योग

स्थायी

भँवर ये, तेरी विभूति ने घेरा, जहाँ भी जो अमर है, वो तेरा ।

♫ गरेग म-, ध-प मग-म ग रेम-, धप- म- ध- पमग म-, ग रेम- ।

अंतरा-1

सब हृदयों में बसा आतमा, आदि अंत और मध्य जीवों का ।

आदित्यों में महाविष्णु तू, चाँद गगन में सूर्य सितारा ।
जगत में, जो भी अजब है, वो तेरा ।।
♫ रेरे गगम– म– धप– म–गरे–, सा–रे ग–ग गग प–म गरे– सा– ।
सा–रे–ग– ग– पम–ग–रे ग–, ध–प मगग म– ग–म गरे–सा– ।
गरेग म–, ध–प मगग म, ग रेम– ।।

अंतरा–2

तू रुद्रों में शिव शंकर है, यक्ष गणों में धन कुबेर है ।
सेनापति तू स्कंद सुरों का, बृहस्पति तू बेद अपारा ।
भुवन में, जो भी अलग है, वो तेरा ।।

अंतरा–3

व्यास मनीषी मुनिजनों में, महर्षियों में भृगु तुझे कहा ।
तपस्वी नारद देवर्षि तू, अर्जुन तू है पांडव प्यारा ।
भगतों में, जो भी परम है, वो तेरा ।।

भारतीय सांस्कृतिक गीतमाला, मोती 459

भजन : राग रत्नाकर, कहरवा ताल 8 मात्रा

प्रभु का धाम

स्थायी

प्रभु जी! किसमें रहते तुम, बताओ श्रवण प्यासे हम ।
प्रभोः भोः! कुत्र निवससि त्वं, वदतु मां, ज्ञातुमिच्छामि ।।
♫ मगम रे–! धपम गगम– प–, सांनिधप– मगरे ग–म– रे– ।
सानि़सा रे–! प–म गगरेग म–, पमग रे–, प–मग–रे–सा– ।।

अंतरा–1

जहाँ पर नाद ब्रह्मा का, जहाँ पर राग सरगम का ।
वहाँ पर स्थान है मेरा, अरेऽहं "तत्र तिष्ठामि" ।।
♫ धप– मग– रे–ग म–ग– प–, मग– रेरे– ग–म पपमग रे– ।
सानि़ सासा– म–ग रे– ग–म–, निध–! प–, "ग–ग म–रे–सा–" ।।

अंतरा–2

जहाँ पर है दिलों में गम, जहाँ पर बेदिली है कम ।

८५. विभूति योग

वहाँ पर वास है मेरा, सुनोऽहं "तत्र विष्ठामि" ।।

अंतरा-3
जहाँ पर पाप का नहीं दम, जहाँ पर पुण्य है हरदम ।
वहाँ आधार है मेरा, सखेऽहं "भद्ररक्षामि" ।।

अंतरा-4
कहीं ना धाम है ऐसा, कोई ना नाम है ऐसा ।
जहाँ ना वास है मेरा, सदा "सर्वत्र गच्छामि" ।।

भारतीय सांस्कृतिक गीतमाला, मोती 460
भजन : राग रत्नाकर, कहरवा ताल 8 मात्रा

हरि हिरदय में

स्थायी
हरि, जिसमें रहते हैं, वो तेरे हृदय का कोना है ।
♪ रेसा, रेरेरे- गरेगप म-, ध पमग- पपप म गमगम रे- - ।

अंतरा-1
मंदिर मंदिर बसी है मूर्ति, धाम तीरथ की बनी है कीर्ति ।
फिरता क्यों मारा, मारा, दुनिया में ।
हरि, जिसमें मिलते हैं, वो ये, एक ठिकाना है ।।
♪ म-गम प-मग मप- ध प-म-, ध-प मगग म- पध- नि ध-प- ।
पधनि- सां- निधप-, ध-प-, मगमग रे- ।
रेसा, रेरेरे- ग- पमग-, ध- प-, मगप मगमगम रे- ।।

अंतरा-2
वेद पुराण में लिखी है माया, रात दिन पढ़ी कुछ नहीं पाया ।
फिर, भी क्यों भागा, भागा, फिरता दुनिया में ।
अरेऽ समय बिताने का, ये तो, एक बहाना है ।।

अंतरा-3
साधु संतन दिखा गए हैं, मार्ग मुक्ति का सिखा गए हैं ।
तू! अंदर झाँक जरा, बैठा, बैठा चिंतन में ।
जीवन जीने का, ये ही, नेक निशाना है ।।

८६. ज्ञान योग

भारतीय सांस्कृतिक गीतमाला, मोती 461

भजन : राग रत्नाकर, कहरवा ताल 8 मात्रा

आभा

स्थायी

यदि, चमके गगन में सूर्य हजार, हरि! उज्ज्वल उनसे, रूप तिहार ।

♫ रेसा, गगग ममम प- ध-प मग-, सासा! रे-रेरे गगम-, प-म गरे- ।

अंतरा-1

प्राण प्राण में ज्योत तिहारी, तेज भरी है सृष्टि सारी ।

बचा न कोई जग अंधियार, हरि! अनुपम तेरा रूप निखार ।।

♫ रे-ग म-म म- ध-प मप-ध-, सांनि धप- ध- निधप- मप- ।

सागं- ग म-प- धप मगरे-रे, सासा! रेरेरेरे ग-म- प-म गरे- ।।

अंतरा-2

विश्वरूप ये देह तिहारा, अद्‌भुत दैवी साक्षात्कारा ।

देख के उसका परम दीदार, हरि! चकाचौंध हैं नयन हमार ।।

अंतरा-3

आभा तेरी गजब निराली, शोभा तेरी जग उजियाली ।

चाँद सितारे शरण तिहार, हरि! गदगद दुनिया दृश्य निहार ।।

अंतरा-4

किरपा हो प्रभु, हे बनवारी, राधा रमण हरि, कुंज बिहारी! ।

कृष्ण मुरारि, सुख करतार! हरि! हम तुमरे भगतन बलिहार ।।

८६. ज्ञान योग

भारतीय सांस्कृतिक गीतमाला, मोती 462

भजन : राग खमाज, तीन ताल 16 मात्रा

ज्ञान योग

स्थायी

८६. ज्ञान योग

एक से दूजा दीप जलाओ, परंपरा की रीत चलाओ ।

♫ सांनिसां सां पधमग गमप धसांनिसां-, गंगं-मंगं- निसां पनिसां सांसांनिसांनिध ।

अंतरा-1

मन अंधियारा दूर भगाओ, चाँद जीवन में चार लगाओ ।

♫ मग मधनि-सां- पनिसां रेंनिसांनिध, सां-गं मंगंगं निसां पनिसां सांसांनिसांनिध ।

अंतरा-2

जगमग आभा तन में जगाओ, ज्ञान ज्योति मन से न बुझाओ ।

भारतीय सांस्कृतिक गीतमाला, मोती 463

जन्म-मरण चक्र

स्थायी

ऐसी ये दासताँ है, जो ना कभी रुकी है ।
जानी जहाँ खतम है, होती शुरू वहीं है ।।

♫ म-प- म ग-मप- ध-, प- नि- धप- धप- म- ।
गम- पध- पधध नि-, ध-प- मप- मगरे सा- ।।

अंतरा-1

लंबी सहस्त्र जुग की, ब्रह्मा की रात जानी ।
उतनी ही दिन की लंबी, यात्रा पुनः कही है ।।

♫ सा-रे- गग-ग मम प-, नि-ध- प ध-प म-प- ।
पपम- ग रेरे ग म-प-, ध-प- मप- मगरे सा- ।।

अंतरा-2

दिन में ये भूत प्यारे, होते हैं व्यक्त सारे ।
अव्यक्त फिर निशा में, जीवन मरण यही है ।।

अंतरा-3

ब्रह्मा है प्राण दाता, वो ही है मुक्ति देता ।
"भगवन्! तू हमको पाहि," ये प्रार्थना सही है ।।

८७. पुरुष-प्रकृति

८७. पुरुष-प्रकृति

भारतीय सांस्कृतिक गीतमाला, मोती 464

भजन : राग मालकंस, कहरवा ताल 8 मात्रा

नर-नारायण

स्थायी

जग अलग-अलग कहता दोनों, जो अलग कहत उसे रहने दो ।

♫ मम- गमग सानिसा धनिसा- म-म-, म- -गमग सानिसा धनि सा-म- म- ।

अंतरा-1

बचपन के हैं दोनों साथी, भव सागर में, बिछुड़े हैं ।

कृष्ण सुदामा रूप अलग हैं, नर नारायण, एक हि हैं ।।

♫ -गगमम ध- नि- -सां-सां गंनिसां-, -निनि नि-निनि निध, -धनिसांनि ध-म- ।

-धनिसां गंगं-गंसां- सांमंगं सांनिनि सां-, -सांमं मंगंगंसां निध, -धनिसां नि धम ।।

अंतरा-2

आर है गोकुल पार मथुरा, दोनों जमुना तीर पे हैं ।

राधा सखी है सखा सुदामा, सखी सखा सब, एक हि हैं ।।

अंतरा-3

रंक सुदामा राजा हरि हैं, केवल मौखिक, अंतर है ।

अंतर तन का, नहीं है मन का, दो तन दो मन, एक ही हैं ।।

भारतीय सांस्कृतिक गीतमाला, मोती 465

पुरुष-प्रकृति

स्थायी

हरि पुरुष है, हरि प्रकृति, हरि परमेश्वर, हरि की जै – – – ।

हरि ब्रह्म है, हरि आत्म है, धर्म सनातन, हरि ही है – – – ।।

♫ निध- निसासा सा-, गरे- सा-निसा-, गप मगम-गरे, गम- ग रे- – – ।

गरे- ग-म प-, धप- म-ग म-, प-म गरे-गग, रेसा- नि सा- – – ।।

८७. पुरुष-प्रकृति

अंतरा-1

राम हरि है, धाम परम है, राधे श्यामा, हरि की जै – – – ।
हरि है सावन, हरि मन भावन, कर्म जो पावन, हरि ही है – – – ॥

♪ सा–नि॒ सारे– रे–, म–ग रेगग म–, ध–प म–म मम, पम– ग प – – – ।
रेरे रे– ग–गग, पम गग म–मम, प–म ग रे–गग, रेसा– नि॒ सा– – – ॥

अंतरा-2

अमृत धारा, हरि पियारा, हरि जियारा, हरि की जै – – – ।
हरि सहारा, हरि किनारा, स्वर्ग महत्तम, हरि ही है – – – ॥

अंतरा-3

हरि है नैया, हरि खेवैया, हरि कन्हैया, हरि की जै – – – ।
हरि है मैया, हरि रमैया, सत् चित आनंद, हरि ही है – – – ॥

भारतीय सांस्कृतिक गीतमाला, मोती 466

प्रकृति

स्थायी

सीता है प्रकृति माँ, ताता है पुरुष रामा ।
दोनों मिलाके, पूर्ण सृष्टि है ॥

♪ नि॒ध॒– नि॒ सा–सारे– ग–, रे–ग ग मंधप मं–ग– ।
ग–मं– पध–प, मं–ग रे–सा नि॒– ॥

अंतरा-1

पाँचों भूतों की माया, गुण तीन को मिलाया ।
समझे उसी की, दिव्य दृष्टि है ॥

♪ ग–मं– पध– प मं–ग–, मंप ध–नि सां– निध–प– ।
गगमं– पध– प, मं–ग रे–सा नि॒– ॥

अंतरा-2

जाने गुणों को कर्ता, बाकी जो सब अकर्ता ।
जाने उसी पे, पुण्य वृष्टि है ॥

अंतरा-3

ये प्रकृति है काया, देही है पुरुष माया ।
बूझे उसी की, तीक्ष्ण बुद्धि है ॥

भारतीय सांस्कृतिक गीतमाला, मोती 467

द्वंद्व भाव का निरूपण

स्थायी

स्वरदा ने सुंदर गाया है, नारद ने साज बजाया है ।
रतनाकर गीत रचाया है ।।

♫ सानि़सा- गरे सा-नि़नि़ सा-रेम ग-, गममग पम ग-रे सासा-रेम ग- ।
गगरेसासासा रे-ग मगरेसानि़ सा- ।।

अंतरा-1

भव जिस भ्रम ने भरमाया है, वह द्वंद्वों की सब माया है ।
कहीं धूप कहीं पर छाया है, कहीं राग-द्वेष का साया है ।
कण-कण में द्वंद्व समाया है ।।

♫ पप मरे मम प- पमपनिधप प-, पप मगगसा साग मप गरेसानि़ सा- ।
सानि़ सा-ग रेसा- नि़नि़ सा-रेम ग-, सानि़ सा-ग रे-सा नि़- सा-रेम ग- ।
गग रेसा सा- रे-ग मगरेसानि़ सा- ।।

अंतरा-2

कहीं शीत उष्ण कहीं सुख-दुख है, कहीं पूर्ण शून्य तुक बेतुक है ।
जो जन्म-मृत्यु का फेरा है, वो पाप-पुण्य ने घेरा है ।
सब भेद ये द्वंद्व कहाया है ।।

अंतरा-3

पुरुष-प्रकृतिऽ क्षर-अक्षर है, अरु जरा यौवन स्थिर अस्थिर है ।
जो सब द्वंद्वों में तटस्थ है, भव उसने जीता समस्त है ।
सब द्वंद्व-भाव कहलाया है ।।

भारतीय सांस्कृतिक गीतमाला, मोती 468

प्रकृति-पुरुष

स्थायी

चला चली का ये जग मेला, पुरुष-प्रकृति का है खेला ।

यथा भाग्य हो झेला ।।

♬ सांध- पग- रे- सा- रेरे ग-म-, सांधप ग-रेसा- ध- प- गरेसा- ।
धप- ग-म ग- रे-सा- ।।

अंतरा-1

नौ द्वारों का देह रचाया, प्रकृति की ये है सब माया ।
चालक उसका भूत चेतना, पुरुष बना है अकेला ।।

♬ ग- रे-ग- प- ध-सां धप-ध-, सां-रेंग रें- सां- रें- सांसां रें-सां- ।
ध-पप गगम- ध-प ग-मग-, धधध मग- म गरे-सा- ।।

अंतरा-2

पाँच तत्त्व में तीन गुणों से, हाड माँस का खड़ा है पुतला ।
रंग रूप ऊपर से सुंदर, जीवन उसमें डाला ।।

अंतरा-3

चार दिनों का समय जहाँ में, बाद बुलावा मिले वहाँ से ।
पुरुष नगर को छोड़ेगा जब, आए अंतिम बेला ।।

अंतरा-4

क्या तू लाया साथ वहाँ से, जावेगा क्या साथ यहाँ से ।
आया वैसा जावेगा जब, होगा अंत झमेला ।।

८८. विश्वरूप दर्शन

भारतीय सांस्कृतिक गीतमाला, मोती 469

गीत : राग कल्याण, कहरवा ताल 8 मात्रा

विश्ववृक्ष

स्थायी

विश्ववृक्ष ये ब्रह्मरूप है, मायावी अवतारी ।
मोह जाल सी जड़ में उसकी, अटके जन संसारी ।।

♬ नि़-रेग-ग ग- मं-धप-मं ग-, रे-ग-मं- गरेग-मं- ।
ध-प मं-प ध- निध प- मंमंप-, धपमं- गग रे-सा-नि़- ।।

अंतरा-1

जड़ ऊपर है, डारें नीचे, पत्ते वेद की वाणी ।
अविनाशी इस विश्वतरु का, भेद जानते ज्ञानी ।।
गुह्य वृक्ष का तुम ये जानो, कहते गहन विचारी ।
इस बरगद के अंग-अंग में, विषय विविध अविकारी ।।

♫ सारे ग-गग ग-, ध-पमं ग-मं-, नि-ध- प-मं प ध-नि- ।
सांनिध-प- मंमं ध-पमंग- मं-, ध-प मं-धप- मं-ग- ।।
नि़-रे ग-ग ग- मंमं ध- पमंग-, रेगमं- गगग रेग-मं- ।
धध पमंपप ध- नि-ध प-मं प-, धपमं धपमं गरेसा-नि़- ।।

अंतरा-2

मूल में इसके आदि पुरुष है, पुरुषोत्तम गिरिधारी ।
शाखाओं के योनि रूप से, जनी है जनता सारी ।।
तीन गुणों के माया जल से, बढ़ती दल फुलवारी ।
सांसारिक ये पेड़ अव्ययी, देता फल भवकारी ।।

अंतरा-3

कर्म के लिए कारण जानो, द्रुम है बिखरा भारी ।
फल मोहक में मन ललचाता, रस मादक भ्रमकारी ।।
"काटो बंधन, मन में लेकर, अनासक्ति की आरी ।
असंग से भव पार करोगे," बोले कृष्ण मुरारी ।।

भारतीय सांस्कृतिक गीतमाला, मोती 470

भजन : राग रत्नाकर, कहरवा ताल 8 मात्रा

विराट रूप

छन्द दोहा

स्थायी

दिव्य रूप प्रभु! आपका, विस्मय पूर्ण अपार ।
दै के दरसन कीजिए, जीवन सफल हमार ।।

♫ रे-ग म-म मम प-मप-, नि-धप ध-नि धप-प ।
नि- ध- पपमम प-मग-, रे-रेरे गगम पम-म ।।

अंतरा -1

गल में माला दिव्य हैं, कंचन मोती हार ।

रवि शशि कुंडल कान में, सिर पर मुकुट तिहार ।।

♫ रेरे ग- म-म- प-म प-, नि-धप ध-निध प-प ।

निनि धध प-मम प-म ग-, रेरे रेरे गगम पम-म ।।

अंतरा -2

नाना कर पद नेत्र हैं, मुख में दाँत विशाल ।

गदा चक्र धनु हाथ में, शंख पद्म तलवार ।।

अंतरा -3

अंग वस्त्र जरी तार के, जिनमें रंग हजार ।

कटि पीतांबर से सजा, सोहे रूप निखार ।।

अंतरा -4

प्रभा आपकी की प्रखर है, सूर्य सहस्त्र समान ।

दिव्य देव के देह में, त्रिभुवन का दीदार ।।

अंतरा -5

न आदि न मध्य न अंत है, अद्भुत सुर करतार ।

हरि को लाख प्रणाम हैं, नत सिर बारंबार ।।

अंतरा -6

ऋषि-मुनि सुर सब नेह में, विस्मित दृश्य निहार ।

ब्रह्म विष्णु शिव काय में, रूप विराट तिहार ।।

भारतीय सांस्कृतिक गीतमाला, मोती 471

भजन : राग रत्नाकर, कहरवा ताल 8 मात्रा

दैवी रूप

स्थायी

दैया रे दैया! रूप तेरा दैवी, देखो रे भैया! विश्वरूप हरि ।

♫ रे-रे रे ग-म-! प-म गरे- ग-म- - -, धप- म गरे-! ग-मप-म गरे- - - - ।

अंतरा-1

महा काल सा देह धरा है, प्रलय आग सा घोर करा है ।

तेरी, रंग भरी दीप्ति, देखो रे भैया! उग्र भयो है हरि ।।

♫ मग- रे-ग म- ध-प मग- म-, पपप सां-नि ध- सांनि धप- ध- ।

मप-, ध-प मग- रे-ग-, धप- म गरे-! म-ग मप- म गरे- - - ।।

अंतरा-2

संत जनन का त्राण करेगा, दुष्ट जनन के प्राण हरेगा ।
तेरे, अंग परम शक्ति, देखो रे भैया! रुद्र भयो है हरि ।।

अंतरा-3

पाप करम का ध्वांत पड़ा है, विष्णु ने अवतार धरा है ।
तेरी, रण में जै पक्की, बोलो रे भैया! धन्यवाद! हरि ।।

भारतीय सांस्कृतिक छन्दमाला, मोती 472

तोटक छन्द[19]

।। ऽ, ।। ऽ, ।। ऽ, ।। ऽ

(विराट रूप-1)

स्थायी

प्रभु! रूप विराट अनंत किया, किस कारण से यह धारण है ।
यह रूप लखे सब विश्व डरा, अति विस्मय का यह दर्शन है ।।

♫ सानि़! सा-ग रेसा-नि़ नि़सा-रे मग-, गग रेसासासा रे- गम गरेसानि़ सा- ।
सानि़ सा-ग रेसा- नि़नि़ सा-रे मग-, गग रेसासासा रे- गम गरेसानि़ सा- ।।

अंतरा-1

तुमने गल में मणि कांचन के, पहने शुभ हार सुगंध भरे ।
तुमने वस्त्र पितांबर पहने, कर चक्र गदा असि शंख धरे ।।

♫ पपमरे मम प- पम पनिधप प-, पपमग गसा सागम पगरेसा नि़सा- ।
सानि़सा- ग-रे सानि़-सासा रेमग-, गग रेसासा सारे- गम गरेसा नि़सा- ।।

अंतरा-2

तव आग भरा यह देह सखे! जिसमें बहु आनन दंत दिखे ।

---

[19] ♫ **तोटक छन्द :** इस बारह वर्ण, 16 मात्रा वाले छन्द के चरणों में चार स गण आते हैं । अर्थात् दो लघु और एक गुरु वर्ण की पुनरावृत्ति होती है । इसका लक्षण सूत्र ।। ऽ, ।। ऽ, ।। ऽ, ।। ऽ इस प्रकार होता है । इसके पदान्त में विराम होता है । इस छन्द के अन्त में ज गण (लघु-गुरु-लघु) या त गण (गुरु-गुरु-लघु) नहीं आने के कारण यह छन्द चौपाइयाँ सजा कर तीनताल या कहरवा ताल में गाने बजाने के लिए योग्य है ।

कर पाद अनेक विशाल जिसे, हरि! रूप बड़े विकराल दिसे ।।

अंतरा-3

तुमरे मुख में कटते नर हैं, कुछ दंतन में अटके सर हैं ।

सब वीरों को तुम काट रहे, उनका तुम शोणित चाट रहे ।।

अंतरा-4

भगवान! मुझे तव रूप बड़ा, लगता धरती नभ तेज भरा ।

तुमने रतनाकर! आज धरा, महिमा मय विष्वक् रूप खरा ।।

८९. संसार वृक्ष

भारतीय सांस्कृतिक गीतमाला, मोती 473

संसार वृक्ष

स्थायी

स्वरदा ने सुंदर गाया है, नारद ने साज बजाया है ।

रतनाकर गीत रचाया है ।।

♫ सानि़सा- गरे सा-नि़नि़ सा-रेम ग-, गममग पम ग-रे सासा-रेम ग- ।

गगरेसासासा रे-ग मगरेसानि़ सा- ।।

अंतरा-1

पुरुष मूल; प्रकृति डारें है, दल पर्ण वेद वच सारे हैं ।

इसमें परमातमा रहते हैं, सब ज्ञानी जन ये कहते हैं ।

यह ऊर्ध्वमूल कहलाया है ।।

♫ पपम रेमम; प-पम पनिधप प-, पप मगग सा-ग मप गरेसानि़ सा- ।

सानि़सा- गरेसा-नि़नि़ सासारेम ग-, सानि़ सा-गरे सासा नि़- सासारेम ग- ।

गग रेसासारे-रे गमगरेसानि़ सा- ।।

अंतरा-2

गुण जल से दल इसके बढ़ते, जन कर्म बंध में हैं पड़ते ।

ये कर्म बंध रज राशिऽ हैं, तरु रहस्य मय अविनाशी ये ।

संसार वृक्ष कहलाया है ।।

अंतरा-3

८९. संसार वृक्ष

गोचर इसका है मूल नहीं, न अग्र न मध्य भी दिखे कहीं ।
भू मंडल में शाखा बिखरीं, जग में माया इसकी है भरी ।
यह वृक्ष सनातन जाना है ।।

भारतीय सांस्कृतिक गीतमाला, मोती 474

उग्र रूप

स्थायी

आज गजब हरि! तूने करा, उग्र रूप ये, क्यों है धरा ।
♫ सा-सा रेगग मम! प-म गरे- - -, ध-प म-ग रे-, म- ग रेसा- ।

अंतरा-1

दुनिया से न्यारा हरि! तेरा ये हिसाब ।
मायावी है काम तेरा, लीला बेहिसाब ।
आज इरादा हरि! क्या है तेरा, विश्व रूप ये, क्यों है धरा ।।
♫ रेरेरे रे गम गरे! पप- म गरे-रे,
मम्म ग रे-ग मप-, ध-प म-गरे-रे ।
सासा रेगरे गम-! प- म गरे- - -, ध-प म-ग रे-, म- ग रेसा- ।।

अंतरा-2

दैवी ये दीदार प्रभु! तेरा लाजवाब ।
जादू का ये तेरी कोई, नहीं है जवाब ।
आज जगत हरि! तूने भरा, विराट तन ये, क्यों है धरा ।।

अंतरा-3

जो भी तेरा हेतु हरि! तू है कामयाब ।
पापियों का काम तूने, किया है खराब ।
आज कहर हरि! तूने करा, घोर रूप ये, क्यों है धरा ।।

भारतीय सांस्कृतिक गीतमाला, मोती 475

भजन : राग रत्नाकर, कहरवा ताल 8 मात्रा

महाकाल

स्थायी

महाकाल की, लगी है आग ।

♫ रेग-प-म ग-, पम- ग रे-रे ।

अंतरा -1

रूप भयानक, धरा हुआ है, उग्र गुणों से, भरा हुआ है ।
विशाल आँखे, लंबे हाथ, असुर न कोई जावे भाग ।।

♫ रे-रे रेग-गग, पध- पम- ग-, म-म मप- प-, निध- पध- म- ।
रेरे-रे ग-म-, ध-पम ग-ग, रेरेरे ग म-ग- प-मग रे-रे ।।

अंतरा -2

महाचंडी का, ये अवतारा, अरियन का, करने संहारा ।
यम का फंदा, यहाँ गिरा है, आज डसें जहरीले नाग ।।

अंतरा -3

रुद्र रूप ये, शिव शंकर का, तांडव नाचे, ध्वनि अंबर का ।
प्रचंड गर्जन, हिरदय भंजक, प्रलय काल का, छिड़ा है राग ।।

भारतीय सांस्कृतिक गीतमाला, मोती 476

विश्वरूप दर्शन

स्थायी

स्वरदा ने सुंदर गाया है, नारद ने साज बजाया है ।
रतनाकर गीत रचाया है ।।

♫ सानि़सा- गरे सा-नि़नि़ सा-रेम ग-, गममग पम ग-रे सासा-रेम ग- ।
गगरेसासासा रे-ग मगरेसानि़ सा- ।।

अंतरा-1

प्रभु! विराट वाला रूप तेरा, लख कर हिरदय आनंद भरा ।
तव सूर्य हजारों सम आभा, जिसने ब्रह्मांड ये है घेरा ।
वह त्रिभुवन को चमकाया है ।।

♫ पप! मरे-म प-पम पनिध पप-, पप मग गसासाग मपगरेसा नि़सा- ।

सानि़ सा-ग रेसा-नि़- सासा रेमग-, सानि़सा- गरेसा-नि़ नि़ सा- रेमग- ।

गग रेसासासा रे- गमगरेसानि़ सा- ।।

अंतरा-2

रवि चंदा हैं नैनन जिसके, शत शत हैं वदन दशन उसके ।

तू मुकुट गदा है चक्र धरा, तव देह अग्नि से पूर्ण भरा ।

यह देख जगत चकराया है ।।

अंतरा-3

तू नर वीरों को काट रहा, तू जिह्वाओं से चाट रहा ।

यह उग्र रूप जो धारण है, बतलादे प्रभु! क्या कारण है ।

क्यों विश्वरूप दरसाया है ।।

९०. गुणमाया

भारतीय सांस्कृतिक गीतमाला, मोती 477

गुण लीला

स्थायी

जगत ये, लीला गुणों की सारी, माया कण-कण पर जिन डारी ।

गुण हैं चीज जनम से भारी, भजु मन नारायण अवतारी ।।

♫ पमग रेम- - -, प-म गरे- म- गरेसा-, रेगरे- गग मम पप धप ग-म- ।

गग म- प-प पधध नि- धपम-, रेरे गग प-म-गग पमगरेसा- ।।

अंतरा-1

जन्म स्थान हैं मेघ घनेरे, गर्जन शोर बतेरे ।

बादर कारे, घोर अंधेरे, मेचक भय दुस्तारे ।

फिर भी बिजुरी चम चम गोरी, जय जय, माधव कृष्ण मुरारि ।।

♫ सा-रे ग-ग ग- म-ग रेसा-रे-, ग-गग म-ग मप-म- ।

नि-धप म-प-, नि-ध पम-प-, प-मग मम ग-मरे-ग- ।

सासा रे- गगम- पम पम ग-म-, धनि धप, म-गग प-म गरे-सा- ।।

अंतरा-2

गगन मंडल में टिमटिम तारे, लाख हजार बिखेरे ।

दाग लगा है चाँद के मुखड़े, सुंदर शकल बिगाड़े ।

फिर भी प्यारी चाँद चकोरी, जय जय, दामोदर गिरिधारि ।।

अंतरा-3

जन्म गेह है कीचड़ गारा, कर्दम झील किनारा ।
पद्म पुष्प की पंकज क्यारी, दुर्गम दलदल भारी ।
फिर भी शोभा कमल की न्यारी, जय जय, पद्मनाभ मनहारी ।।

अंतरा-4

ग्वाल बाल कान्हा व्रज वासी, नटखट विपिन विहारी ।
रंग साँवला, माखन चोरी, हाथ रंग पिचकारी ।
फिर भी राधा श्याम दीवानी, जय जय, राधेश्याम! तिहारी ।।

भारतीय सांस्कृतिक गीतमाला, मोती 478

गुण माया

स्थायी

स्वरदा ने सुंदर गाया है, नारद ने साज बजाया है ।
रतनाकर गीत रचाया है ।।

♫ सानि़सा- गरे सा-नि़नि़ सा-रेम ग-, गममग पम ग-रे सासा-रेम ग- ।
गगरेसासासा रे-ग मगरेसानि़ सा- ।।

अंतरा-1

सत् रज तम प्रकृति के गुण हैं, देही के तीनों बंधन हैं ।
प्रकृति को सगुणा जाना है, पर आत्मा निर्गुण माना है ।
यह ब्रह्मज्ञान कहलाया है ।।

♫ पप मरे मम प-पम पनि धप प-, प-मग गसा सागमप गरेसानि़ सा- ।
सानि़सासा गरे सासानि़- सा-रेम ग-, सानि़ सा-गरे सा-नि़नि़ सा-रेम ग- ।
गग रेसासारे-रे गमगरेसानि़ सा- ।।

अंतरा-2

सद् गुण निर्मल सुख देता है, रज तृष्णा राग लगाता है ।
तम मायावी मोहक गुण है, दुख आलस का ये कारण है ।
यह गुण वर्णन बतलाया है ।।

अंतरा-3

१०. गुणमाया

सत् ज्ञान उदय, रज लोभ करे; तम से नर का अज्ञान बढ़े ।
ना भूत न विभु कुछ करता है, गुण से दूजा नहिँ कर्ता है ।
ये तीन गुणों की माया है ।।

भारतीय सांस्कृतिक गीतमाला, मोती 479

राग : धुनी, तीन ताल

निर्गुण दर्शन

स्थायी

निर्गुण का दर्शन मुश्किल है, सगुण श्रीकृष्ण को मन से भज ले ।।
♫ म-गरे ग- प-मग रे-ऩिसा- रे-, ममम प-मग म- गग रे- साऩि सा- ।।

अंतरा-1

ब्रह्म है निर्गुण निराकार है, अजर अचल है, निर्विकार है ।
कृष्ण सगुण सही साकार है, सदय सुखद सुमन है, समझ ले ।।
♫ ऩि-ऩि ऩि सा-सासा रेग-म-ग रे-, ममम गगग म-, प-मग-रे सा- ।
सा-सा ऩिसासा रेरे- ग-ग-ग म-, ममम गगग मगरे ग-, रेगरे सा- ।।

अंतरा-2

माधव से तू प्रीत जला ले, मद मत्सर राग तन से भगा ।
ध्यान तू हरि सुमिरन में लगा, काम कोह विषय आस तज दे ।।

भारतीय सांस्कृतिक गीतमाला, मोती 480

निर्गुण ब्रह्म

स्थायी

रे हरि तेरा निर्गुण ब्रह्म बसेरा ।
♫ सा ऩिसा धऩि- रे-साऩि सा-ग रेऩि-सा- ।

अंतरा-1

तीन रंग के पँच अंग में, चलाचली के द्वंद्व-भाव से ।
भरमाया जग सारा । रे हरि सखे! झेल बखेड़ा मेरा ।।
♫ धऩि रे-ऩि सा- ग-रे ऩि-रे सा-, रे-गपम- ग- प-प म-ग रे- ।

९०. गुणमाया

गगम-ग- रेसा नि़-रे- । सा नि़सा ध़नि़! रे-सा नि़सा-गरे नि़-सा- ।।

अंतरा-2

सुख दुःखन के राग-द्वेष में, जरा यवन के नित्य दोष से ।
भगत तेरा नहीं हारा । रे हरि, तूही आज अकेला मेरा ।।

अंतरा-3

पाप-पुण्य के महा युद्ध में, हिरस हवस के घोर भँवर से ।
तूने जगत उबारा । रे हरि, तूही एक सहारा मेरा ।।

भारतीय सांस्कृतिक गीतमाला, मोती 481

सद्‌गुण

स्थायी

काहे रिझावत नाहक तन मन, जहाँ सद् गुण नहीं ।
♫ सानि़ सारे-रेरे ग-रेसा नि़नि़ सासा, गप- मग रेग रेसा- ।

अंतरा-1

काम न आवे दौलत शौकत, रजस् तमस् गुण तोहे सतावत ।
काहे भटकत निश-दिन इत उत, जहाँ सत् जन नहीं ।।
♫ नि़-रे ग म-म- ध-पम ग-मम, रेरेरे गगग मम ध-प मग-रेरे ।
नि़-सा- रेरेरेरे गरे सानि़ सासा रेरे, गप- मग रेग रेसा- ।।

अंतरा-2

तेरा कछु नहीं जो तू समझत, साथ न जावे जो भी कमावत ।
काहे वहाँ पर धन की चाहत, जहाँ सद् धन नहीं ।।

अंतरा-3

नाम प्रभु के कभी न लीन्हे, काम हरि के नाम न कीन्हे ।
काहे जीवन व्यर्थ बितावत, जहाँ सत् चित् नहीं ।।

भारतीय सांस्कृतिक गीतमाला, मोती 482

तीन गुणों की माया

स्थायी

९०. गुणमाया

तीन गुणों की माया सारी, नाम उसीका प्रकृति है- - - ।

♫ नि-सां निध- प- नि-धप म॑-प-, ग-प म॑ग- रे- सा-रेरे ग- - - ।

अंतरा-1

चाँद सा मुखड़ा, मृग सी आँखें, इन्द्रियाँ दस, सुंदर हैं ।

पाँच भूतों का खेल ये सारा, नाम उसीका विकृति है- - - ।।

♫ नि़-रे ग म॑म॑प-, म॑ध पम॑ प-ग-, रे-गम॑- म॑म॑, ध-पम॑ ग- ।

नि-सां निध- प- नि-ध प म॑-प-, ग-प म॑-ग रे- सा-रेरे ग- - - ।।

अंतरा-2

कृष्ण है काला, गोरी राधा, प्रेम की मूर्ति, मंगल है ।

दो द्वंद्वों का मेल है न्यारा, मुरली मनोहर आकृति है ।।

अंतरा-3

आदि ब्रह्म है, मध्य विष्णु है, अंत करैया, शंकर है ।

सृष्टिचक्र का शाश्वत फेरा, ब्रह्म-विष्णु-शिव प्रभृति है ।।

<u>भारतीय सांस्कृतिक गीतमाला, मोती 483</u>

सद्‌गुण

स्थायी

सद्‌गुरु, सद्‌गुण से मिल जावे ।

♫ सा-नि़ध़, रेरेसानि़ ध़- नि़ध़ नि़-सा- ।

अंतरा-1

शुद्ध शुभ्र शुचि सुंदर सद्‌गुण, सुख साधन कहलावे ।

शाश्वत शीतल शाँत शुगुन शुभ, सत्य शिवं दिखलावे ।

अरे सुनो, सद्‌गुण तन को सुहावे ।।

♫ सा-सा रे-रे गग प-मग रे-सासा, सासा रे-गग पधग-म- ।

ध-पम ग-मम प-म गमम पप, ध-प मग- मगरे-सा- ।

रेसा नि़ध़, रे-सानि़ सासा नि़ ध़नि़-सा- ।।

अंतरा-2

संत समागम स्वर्ग समाना, सावन के सम जाना ।

सदाचार सत्धर्म सनातन, सुंदर सुख सोपाना ।

सद्‌गुण, सत्त्व शील दरसावे ।।

अंतरा–3

सद्‌गुण जन गण मन को भावे, भव के पाप छुड़ावे ।
आओ सद्‌गुणी के गुण गाएँ, सद्‌गुण के ऋण ध्याएँ ।
सद्‌गुण, जनम–जनम को सुखावे ।।

अंतरा–4

राम नाम सत्‌नाम कहावे, नेह लगावे सुभागा ।
राधे के संग श्यामा आवे, सोने में है सुहागा ।
निश–दिन, राम–कृष्ण मन गावे ।।

९१. गीता सार

<u>भारतीय सांस्कृतिक गीतमाला, मोती 484</u>

गीता सार

स्थायी

क्या लाया तू साथ अपने, क्या ले जाना साथ है ।
नाम हरि का जप ले बंदे, चार दिनों की बात है ।।
♫ सां– धपगरे सारे ग–प गरेसा–, सा– रे– ग–प– ध–सां ध– ।
सां–ध पगरे सा– रेरे ग– प–प–, सां–ध पगप– गरे सा–रे सा– ।।

अंतरा–1

नाम रस का पी ले प्याला, मन को तेरे भाएगा ।
रस में उसके डूब जा फिर, क्या है दिन क्या रात है ।।
♫ सा–सा रेरे ग– प– प ध–नि–, सांसां रें गंगंरें– सां–रेंसां– ।
धध प– गगरे– प–ग रे– सासा, रे– ग पप ग– सा–रे सा– ।।

अंतरा–2

आसमाँ से इस धरा तक, सब हरि का राज है ।
शरण उसकी आ चरण में, वो दयालु मात है ।।

अंतरा–3

त्याग सारा ये झमेला, छोड़ जाना विवश है ।
हाथ उसका थाम ले रे, तू अकेला, तात! है ।।

१२. शबरी मिलनी

१२. शबरी मिलनी

भारतीय सांस्कृतिक गीतमाला, मोती 485

शबरी-श्रीराम मिलन

थायी

आए श्री हरी, आज मेरे घर आए ।

♫ रेग म- गरे-, म-ग रेरे- गरे सानि़सा- ।

अंतरा-1

छोड़के घर, सखी! वन में पधारे, लछिमन को संग लाए ।

♫ प-पप पध, पध-! निध प मम- म-, पमगरे रे- गरे नि़सा-।

अंतरा-2

आकर कुटिया में, राम प्रभु ने, मेरे भाग्य जगाए ।

अंतरा-3

बेर जो चख-चख, दीन्हे मैंने, जूठे मेरे फल खाए ।

अंतरा-4

पंपा के वन रम्य बहुत हैं, उनके मन को भाए ।

भारतीय सांस्कृतिक गीतमाला, मोती 486

शबरी भीलनी

स्थायी

पंपा सर है महा सुख दाई, नीर है नीला देत दिखाई ।
शीतल मंद पवन पुरबाई, पश्चिम तीर चले रघुराई ।।

♫ ग-मं- पप प पमं- गग मं-प-, ध-ध ध नि-नि- रें-सां निध-नि- ।
ध-धध नि-ध पमंमं धपमं-ग-, रे-रेरे ग-ग गमं- मंधपमंग- ।।

अंतरा-1

फूल कमल के झील में नीले, जल लहरों पर डग मग डोले ।

भँवरे उन पर गूँजर बोले, यहाँ सृष्टि हरषाऽऽईऽऽ ।।

♫ नि़-रे गमंमं मं- ध-प मं ग-मं-, धध धधनि- धध निसां निध प-मं- ।

धपमं- गग गग प-मग रे-रे-, सारे- ग-ग मंधपमं - - ग - - ।।

अंतरा-2

दूर किनारे शबरी की नीकी, पर्ण कुटी दिखती भीलनी की ।

शबरी बेर है तोड़के लाई, निश-दिन राम दुहाऽऽईऽ ।।

भारतीय सांस्कृतिक गीतमाला, मोती 487

भजन : राग बहार, कहरवा ताल 8 मात्रा

शबरी

स्थायी

मोहे हरि दरशन की आास लगी, चातक जैसी प्यास लगी ।

♫ धनि सांसां निपमप गम नि-ध निसां-, सां-सांसां निपमप ग-ग मरेसा ।

अंतरा-1

राम चंद्र मोहे दरस दिलादो, किरपा का मोहे पयस पिलादो ।

राघव जी मोसे नैन मिलादो, पल भर ही सही, कोई बात नहीं ।।

♫ प-प प मप गम निनिध निसां-सां-, निनिनि- सां- सांसां नि-सांसां निसांनिध ।

गंगंमं- रें- सांसां निनिध धनि-सां -, सांसां निप म पग मम नि-ध निसां- ।।

अीतरा-2

नंद लाल हरि राह दिखादो, जीवन की मोहे चाह दिलादो ।

माधव मोहे चैन दिलादो, क्षण भर ही सही, कोई बात नहीं ।।

अीतरा-3

नाम मनोहर मन में बसादो, प्रीय सखे मोरा काज करादो ।

बाँसुरी की मोहे बैन सुनादो, एक सुर ही सही, कोई बात नहीं ।।

भारतीय सांस्कृतिक गीतमाला, मोती 488

शबरी के बेर

स्थायी

शबरी हरि को बेर खिलाती ।
चख-चख उनमें नेह मिलाती, शबरी हरि को बेर खिलाती ।।

♪ सासारे- गग म- पमग मगरेसा- ।
पप पप ममग- ध-प मगरेग-, सासारे- गग म- पमग मगरेसा- ।।

अंतरा-1

भक्ति भाव रस भीने मीठे, राघव खाते बेर वे जूठे ।
भोली भीलनी प्रेम रसीले, फल में माँ की याद दिलाती ।।

♪ सा-रे ग-ग गग म-म प-प-, म-मम प-प- ध-प म ग-म- ।
प-प धधध- सां-नि ध-प-ध-, धध प- म- ग- प-म गरेगसा- ।।

अंतरा-2

बात लखनवा समझ न पाए, राघव जूठे फल क्यों खाए ।
वन में बेर के ढेर पड़े हैं, मगर राम को ममता भाती ।।

अंतरा-3

बैठी राघव के चरणन में, आज प्रमोदित है वह मन में ।
शबरी पति का शाप सिमर कर, पूर्व जनम का पाप मिटाती ।।

भारतीय सांस्कृतिक गीतमाला, मोती 489

शबरी की अमृत प्रीति

स्थायी

नाम हरि का डगरी डगरी, पंपा वन में शबरी ।

♪ सा-सा सारे- रे- गगम- गमप-, नि-ध- पप म- गरेसा- ।

अंतरा-1

कर में धर चंगेरी नीकी, दरसन प्यासी राघव जी की ।
लौटी जब कुटिया में शबरी, राम आ रहे उसे न खबरी ।।

♪ मम प- धध नि-सांनिध- प-ध-, निनिनिनि ध-प- ध-पम ग- म- ।
सा-रे- गग ममप म- गगरे-, सा-सा सा-रेरे- गप- म गरेसा- ।।

अंतरा-2

देख श्रीराम को, हरसाई, आशिष मंगल वह बरसाई ।
गिरी चरण में भीलनी शबरी, आज उबारे उसे नरहरि ।।

अंतरा-3

चख कर बेर निजी मुख सेती, मीठे राघव जी को देती ।
जूठे बेर खिलाई शबरी, अमृत प्रीति जिनमें गहरी ।।

भारतीय सांस्कृतिक गीतमाला, मोती 490

भजन : राग रत्नाकर, कहरवा ताल 8 मात्रा

शबरी उद्धार

स्थायी

छूके तेरे पग, रघुनाथ! मनोरथ सिद्ध भए ।

♪ सानि॒ सा-सा- ग॒रे, सानि॒सा-सा! रेग॒-रेसा- म-ग॒ रेसा- ।

अंतरा-1

निश-दिन हरि की ध्याई मूरत, कभी न देखी जिसकी सूरत ।
आज, तेरे दरस भए, मेरे सारे ताप गए ।।

♪ सासा रेरे ग॒ग म- ध-प- म-मम, ग॒म- प ध-प- ममम- प-पप ।
मम, ध-प- ममग॒ रेग॒-, रेग॒ रे-सा- म-ग॒ रेसा- ।।

अंतरा-2

झूठे बेर हरि खाए मीठे, चखे लखनवा, सुच्चे खट्टे ।
आज, मोहे ध्यान भए, मेरे सारे पाप गए ।।

अंतरा-3

गत जनम के मूढ़ मति के, काम मेरे अरु श्राप पति के ।
आज, राम उबार दिये, मेरे सारे शाप गए ।।

भारतीय सांस्कृतिक गीतमाला, मोती 491

शबरी राम संवाद

स्थायी

सीता बिन घर कैसे जाऊँ, माता को मैं क्या बतलाऊँ ।

♪ ध॒नि॒सा- सासा रेरे म-ग॒रे सा-रे, ग॒-म- म- ग॒- मग॒ रेग॒सा- ।

अंतरा-1

बिना सिया के अवध को जाना, मुझको लगता मरण समाना ।
बिन पत्नी क्या मुख दिखलाऊँ ।।

♪ रेग- मग- रे- ममम ग म-म-, पपम- गगरे- गगग गम-म- ।
धध पम- ग- गग मगरेगसा- ।।

अंतरा–2
पूछेंगे जन माता मेरी, कहाँ गयी है सीता तेरी ।
उन सबको मैं क्या समझाऊँ ।।

अंतरा–3
जीवन सूना बिन सीता के, हाल क्या मेरी मन मीता के ।
निश-दिन व्याकुल मैं अकुलाऊँ ।।

अंतरा–4
घोर पाप है पत्नी खोना, मुझे शाप ये किसने दीन्हा ।
बिरहा मन कैसे बहलाऊँ ।।

९३. पुंजिकस्थला देवी

भारतीय सांस्कृतिक गीतमाला, मोती 492
तिलाना : कहरवा ताल 8 मात्रा

पुंजिकस्थला देवी

स्थायी

तूम तन नन नन दीम्, तदारे दानी ।
नित न देरे ना, तदारे तदारे दानी ।
तूम तन नन नन दीम्, तदारे दानी ।

अंतरा–1
शंख नाद कराहिं शिव, अनहद छंद तरंग ।
भोले शंकर नाचिबे, बाजे डमरू संग ।
तदारे दानी, तूम तन नन नन दीम्, तदारे दानी ।।

अंतरा–2
ध ध कित्, ध ध कित्, तकित् तका कित् ।

तांडव नृत्य दिखावैं, ता दीम् त दीम् दीम् ।
त दीम् तन नन नन, भूमंडल सब दंग, तदारे दानी ।।

१४. अहल्या देवी

भारतीय सांस्कृतिक गीतमाला, मोती 493

अहल्योद्धार

स्थायी

प्रभु विनय सुनो देवा, उद्धार करो मेरा ।

♫ सारे गपप पध– पगप–, ग–प–प धप– पमग– ।

अंतरा–1

मेरी जान फँसी दुख में, आवाज नहीं मुख में ।
हिरदय से पुकारूँ में, इन्तजार करूँ तेरा ।।

♫ गरे सा–रे रेग– पप ध–, सां–रें–सां निध– पप ध– ।
धपमम रे सारे–ग– म–, गगप–प पध– पमग– ।।

अंतरा–2

एक शाप की माया है, शिला बनी काया है ।
इक स्पर्श की है आसा, हरि! हस्त लगे तेरा ।।

अंतरा–3

कब आओगे, रामा! जपु निश–दिन तव नामा ।
मन में बस तू ही है, मैं नाम भजूँ तेरा ।।

भारतीय सांस्कृतिक गीतमाला, मोती 494

खयाल : राग जोगिया

अहल्या देवी तपस्या

स्थायी

बिन आँसू मन रोये, मोरा दुख जग जान न पाए ।

♫ पनि धपमध पम गपमगरेरेसा–, पनिधप मध पम गप म गरेरेसा– ।

९५. अनसूया देवी

अंतरा
जीवन नैया उसी किनारे, भँवर गहन है, दूर किनारे ।
केवट काहे देर लगावे, मोहे भव तरसाए ।।

♫ सा–सारे म–म– मपग गमपप–, मधध धधध धप, म–ध पम–ग– ।
म–पध सां–सां– निसांनि निध–प–, पनिधप मध पमगपमगरेरेसा– ।।

भारतीय सांस्कृतिक गीतमाला, मोती 495

अहल्या उद्धार

स्थायी
तेरे चरण के छूते, मुक्ति मुझे मिली है ।
श्री राम तेरी किरपा, किस्मत मेरी खिली है ।।

♫ सा–म– पधध नि ध–प–, म–म– पध– पम– ग– ।
ग– म–प ध–प मगरे–, रे–गग मप– मगरे सा– ।।

अंतरा–1
पत्थर बनी पड़ी थी, मेरी घड़ी अड़ी थी ।
पावन तेरे चरण से, बद किस्मती टली है ।।

♫ म–मम पध– पमग म–, म–प– धनि धप– म– ।
सा–रेरे गम– पमग रे–, गग म–पम– गरे– सा– ।।

अंतरा–2
पुलकित मेरा बदन है, मंगल हुआ है जीवन ।
अमृत बना हलाहल, दुष्कर घड़ी ढली है ।।

अंतरा–3
फिर से मेरा जनम ये, निर्मल मेरे करम हैं ।
कहे राम से अहल्या, करुणा तेरी भली है ।।

९५. अनसूया देवी

भारतीय सांस्कृतिक गीतमाला, मोती 496

९५. देवी मंदोदरी
दादरा ताल

अनसूया देवी

स्थायी

गीत शारद ने मंजुल है गाया, साज नारद मुनि ने बजाया ।
रत्नाकर से है मंगल रचाया, रामायण को है सुंदर सजाया ।।

♪ म-ग म-म- म प-म- ग म-प-, रे-ग म-म- मध- प- मग-म- ।
रेगम-म म- म ध-प- गम-प-, रे-ग-म- म- म ध-प- मग-रे- ।।

अंतरा-1

जबसे लौटा भरत था अयोध्या, उसकी यादें चुभी सुबह संध्या ।
बोले राघव, चलें दूर भैया! जहाँ घर की सतावे न माया ।।

♪ सां-सां नि-रें- सांधध नि- धप-म-, सां-सां नि-रें- सांध- निनिध प-म ।
मग म-म-, मप- म-ग म-प-! रेग- मम म- मध-प- म ग-रे- ।।

अंतरा-2

चलते-चलते थके तीनों भारे, आए अत्री मुनिऽवर के द्वारे ।
अनसूया मुनिऽवर की जाया, धर्म नारी का सिय को सिखाया ।।

अंतरा-3

"पत्नी भर्ता की है पऽरछाया, सदा तुमरी उसी पर हो माया ।
घोर दुख भी कभी घिर के आया, पर नर हो सदा ही पराया" ।।

९६. देवी मंदोदरी

भारतीय सांस्कृतिक गीतमाला, मोती 497

दादरा ताल

मंदोदरी की कथा

स्थायी

गीत शारद ने मंजुल है गाया, साज नारद मुनि ने बजाया ।
रत्नाकर से है मंगल रचाया, रामायण को है सुंदर सजाया ।।

♪ म-ग म-म- म प-म- ग म-प-, रे-ग म-म- मध- प- मग-म- ।

९६. देवी मंदोदरी

रेगम-म म- म ध-प- गम-प-, रे-ग-म- म- म ध-प- मग-रे- ।।

अंतरा-1

देवी मंदोदरी पूज्य नारी, पत्नी रावन की आस्तिऽक भारी ।
सुन रावन है सीता को लाया, शोर मंदोदरी ने मचाया ।।

♫ सांसां नि-रें-सांध- नि-ध प-म-, सांसां नि-रेंरें सां ध-नि-ध प-म- ।
मग म-मम म प-म- ग म-प-, रे-ग म-म-मध- प- मग-रे- ।।

अंतरा-2

उसने रावन का कारज आलोचा, "पर नारी को छूना है ओछा ।
तूने अन्याय घोरऽ किया है, अपने सिर पर तू पातक लिया है ।।

अंतरा-3

"राम विष्णुऽ का है अऽवतारा, सीता लक्ष्मी का रूपऽ है न्यारा ।
देवी अबला को क्यों तू सताया, छोड़ दे तू सिया को," बताया ।।

भारतीय सांस्कृतिक गीतमाला, मोती 198

दादरा ताल

देवी मंदोदरी

स्थायी

बोला, विभीषण सुनो मेरी भाभी, फटी आज है दसमुख की नाभि ।

♫ सानि़, सासासासा गरे- सा-नि़ सा-रे-, सारे ग-ग- ग पपमग ग रे-सा- ।

अंतरा-1

होनी मुक्ति है आज सिया की, सिया होवेगी आज पिया की ।
होगा राघव ने चाहा है जो भी ।।

♫ मप ध-ध- ध- नि-ध पम- प-, पध नि-नि-नि सां-नि- धप- म- ।
सारे ग-गग ग प-म- ग रे- सा- ।।

अंतरा-2

अब न लंका में अँधेर होगा, नर निर्दोष ना तंग होगा ।
कोई गुंडा न होगा, न लोभी ।।

अंतरा-3

कोई अबला न अब दुख में रोये, बच्चा भूखा न अब कोई सोये ।

मिली हमको है किसमत की चाभी ।।

९७. महारानी पद्मावती

भारतीय सांस्कृतिक गीतमाला, मोती 499

राणी पद्मावती

स्थायी

राजस्थान की पावन देवी, रानी पद्मावती ।
वो तो, नारी जगत महान थी ।
जिसे, सानी कोई न थी ।।

♫ सां-रेंसांसां-सां ध सां-रेंसां सां-सांनि, निरेंसांनि, धपगमपनि- - - - ।
ध प, म-म- ममप मनिप-म ग- - - - ।
सासा, ध-ध-प धपनिध पम- - - - - - ।।

अंतरा-1

जग मेसुंदर, नारी अनुपम, नैतिक उसकी बुद्धि ।
धर्मचारिणी वह तो नारी, सीता जैसी सती ।। जिसे ...

♫ धध ध- ध-धध, ध-ध- निनिनिप, पनिपम गगपम म- - - म- - - ।
सां-रें सां-सांसांध सांसां रेंसां सां-सांनि, निरेंसांनि धपगम पनि- - - - ।। धप...

अंतरा-2

पतिव्रता वह, नीति निपुण थी, राजस्थान की शान थी ।
लक्ष्मी का अवतार धरा पर, मेवाड़ की जान थी ।। जिसे ...

भारतीय सांस्कृतिक गीतमाला, मोती 500

महाराणी पद्मावती
(मराठी)

स्थायी

राजस्थानी, देवी पावन, राणी पद्मावती ।

श्री लक्ष्मीचे प्रतिरूप ती, जशी, दूजी न कोणीं ।।

♫ सां-रेंसांसां-सांध, सां-रेंसां सां-सांनि, निरेंसांनि, धपगमपनि- - - - ।

धप, म-म- ममप मनिप-म ग- - - - ।

सासा, ध-ध-प धपनिध पम- - - - - - ।।

अंतरा-1

पतिव्रता ती सुशील अनुपम, जगतीं सुंदर नारी ।

तिची कीर्ति त्रिभुवन गामी, जशी अन्य न कोणीं ।।

♫ धध ध- ध-धध, ध-ध- निनिनिप, **पनिपम गगपम म- - - म- - - ।**

सां-रें सां-सांसांध सांसां रेंसां सां-सांनि, निरेंसांनि धपगम पनि- - - - ।। धप...

अंतरा-2

दीनकरुण ती, नीति निपुण ती, प्रजाप्रिय ती माता ।

तिची माया ममता न्यारी, तशी धन्य न कोणीं ।।

९८. भक्त मीरा बाई

भारतीय सांस्कृतिक गीतमाला, मोती 501

खयाल : राग तोड़ी, तीन ताल 16 मात्रा

भक्त मीरा

स्थायी

मीरा पी गई बिस का प्याला, ना हुई उईमा ना भई पीरा ।

केसब की सब लीला ।।

♫ ऩिध़ऩि- सा- सासा रेग गमं रेगरेसा, ग - मंप धधमंग ग- गमं रेगरेसा ।

ग-मंध सां- निधधनिसांरेंगंरेंसांनिधपमंगरेगरेसा ।।

अंतरा-1

राणा जी से नाता तोरा, जग जन से मीरा मुख मोरा ।

मोहन संग मन जोड़ा ।।

♫ धमंमंग मं- ध- धनिसांसां- निरेंसां-, निध निनि सां- सां-सांरें गंरें सांनिसांनिध ।

ध-धगं रेंसां सांसां धनिसांरेंगंरेंसांनिधपमंगरेगरेसा ।।

अंतरा–2

राधावर का नाम पियारा, गाई निश–दिन हरि हरि मीरा ।
हँस कर जीवन छोड़ा ।।

९९. राजमाता जिजाबाई

भारतीय सांस्कृतिक गीतमाला, मोती 502

वीरांगना जिजाबाई

(मराठी)

स्थायी

ती जिजा बाई वाघीण, जहरी नागीण, करी संगीण, मराठा जात । 1
ती नार पक्या बांध्याची, अच्छया खांद्यांची, कच्च्या कांद्यांशीं, भाकरी खात । 2
तू तिला देऊं नको आट, लाऊं नको नाट, लावेल तुझी वाट, करील ती घात । 3
अरे गड्या, शहाची दार, धोरणी नार, लढा लढणार., शिवाची मात । 4

भारतीय सांस्कृतिक गीतमाला, मोती 503

लावणी[20]

वीरांगना जिजाबाई

(मराठी)

स्थायी

ती जिजा बाई वाघीण, जहरी नागीण, करी संगीण, मराठा जात । 1
ती नार पक्या बांध्याची, अच्छया खांद्यांची, कच्च्या कांद्यांशीं, भाकरी खात । 2
तू तिला देऊं नको आट, लाऊं नको नाट, लावेल तुझी वाट, करील ती घात । 3
अरे गड्या, शहाची दार, धोरणी नार, लढा लढणार., शिवाची मात । 4

---

[20] **लावणी (मराठी) :** मराठी लावण्य रचना जो काव्य-संगीत-नृत्य मनोरम सादर करती है वह लावणी.

१९. राजमाता जिजाबाई

भारतीय सांस्कृतिक गीतमाला, मोती 504
कीर्तन : राग भैरवी, कहरवा ताल

जिजा माता
(मराठी)

स्थायी

माता म्हणा, म्हणा आई । मैया म्हणा, तिला माई ।
अंबा म्हणा, म्हणा अम्मा । जननी म्हणा, ती पुण्याई ।।

♪ ग-म- पम-, गरे- ग-म- । प-म- गरे-, पम- ग-म- ।
सारे- गम-, पम- ग-म- । पमम- गरे- म ग-रे-सा- ।।

अंतरा-1

केला पुत्र तिने राजा, गाउनी मंगल अंगाई ।
माता पूज्य मराठ्यांची, देवी तीच जिजाबाई ।।

♪ सारे- ग-ग मप- म-प-, सां-निध नि-धध प-ग-म- ।
सारे- ग-ग मप-म-प, ध-प- म-ग मग-रे-सा- ।।

अंतरा-2

अगम अगाध तिची माया, प्रेमळ सदा सुखी छाया ।
जननी कुणास ती आजी, पत्नी सुता सखी ताई ।।

अंतरा-3

गौरी कौसल्या सीता, यशोमती भारतमाता ।
झाशीची राणी लक्ष्मी, धन्य धन्य पन्नादाई ।।

भारतीय सांस्कृतिक गीतमाला, मोती 505
छंद : चौपाई

जिजाबाई का स्वर्गवास

स्थायी

हमें छोड़ ना जाओ, माता! ।

हिरदय हमरा है कलपाता ।।

अंतरा-1

छिना गया है छत्र पिता का, बिरहा हम से सहा न जाता ।

अंतरा-2

स्वराज्य का तुम सूत्र पिरोया, आगे यश दे, हमें विधाता ।

अंतरा-3

महाराष्ट्र में दुःख समाया, वियोग में मन सबका रोता ।

अंतरा-4

स्वप्न आप का पूर्ण करेंगे, हमें शक्ति दें, शिवजी दाता ।।

१००. महारानी सईबाई

भारतीय सांस्कृतिक गीतमाला, मोती 506

लावणी

वीरांगना सईबाई

(मराठी)

बाळपणी ती जुळली नाती, नवी संपदा आली हाती ।
जन्मोजन्मी माझी होती, ह्या जन्मीही इथे पुन्हा ती ।
ह्याला नशीब म्हणती ।। 1
दैवाची ही किमया भारी, तीच घडविते माया सारी ।
फलदायी ती व सुखकारी, चैतन्याला उजळविणारी ।
देवा पुढची पणती ।। 2
मंद ज्योत ती स्वतः जळते, मंगळ आभा ती झळझळते ।
दर्शन प्रभुचे ज्याने फळते, ती प्रियदर्शिनी हे मग कळते ।
भाग्यलक्ष्मि कण-कण ती ।। 3
ती राधा ती सीता गौरी, ती मीता ती सजणी नौरी ।
सौभाग्यवती ती अर्धांगिनी, ऋद्धि-सिद्धि डुलवित चौरी ।
स्तुति-स्तोत्र गुणगुणती ।।

१०१. वीरांगना लक्ष्मीबाई

भारतीय सांस्कृतिक गीतमाला, मोती 507

झाँसी की रानी

स्थायी
जै जै बोल जै जै बोल, जै जै बोल जै जै बोल ।
जै जै बोल जै जै बोल, जै जै बो- - - ल ॥

अंतरा–1
मर्दानी वह झाँसी वाली, वीर मराठा रानी ।
कूद पड़ी वो गढ़ के तट से, पराक्रमी तूफानी ।
शत्रु देखता सुन्न रह गया, दीन्हा पीछा छो- - ड़ ॥ जै जै बोल ...

अंतरा–2
बोली झाँसी मैं ना दूँगी, प्राण भले ही जाए ।
अँगैरज़ों की एक ना चली, कुछ भी कर ना पाए ।
रणचंडी बन टूट पड़ी वो, विद्युत गति को जो- - ड़ ॥ जै जै बोल ...

अंतरा–3
दुश्मन उसको पकड़ न पाते, भौचक सब रह जाते ।
कभी यहाँ पर, कभी वहाँ वो, लीला समझ न पाते ।
पवन वेग से घोड़ा उसका, दौड़े मन की तौ- - र ॥ जै जै बोल ...

अंतरा–4
जो भी उससे लड़ने आता, उसे चटाती धूल ।
अँगेज़ों की गोली बरसे, भारतियों के फूल ।
वंदन वंदन देवी! तुझको, तन मन कर को जो- - ड़ ॥

१०२. साँई

भारतीय सांस्कृतिक गीतमाला, मोती 508

१०२. साँई

जाको राखे साँई

स्थायी

जाको राखे कृष्ण कन्हाई, ताको मार सके ना कोई ।

♪ सागमरे गपनि– सां–रें सांनिधप–, सां–धप मगम रेगम पग मरेसा– ।

अंतरा–1

काहे प्रभु से, करे लड़ाई, कृष्ण जगत के एक हैं साँई ।

♪ ग–प– धध नि–, सांसां– सांरें–सां–, सां–ध पमग मरे गमप ग मरेसा– ।

अंतरा–2

छल बल तज के, संयम धर के, सोच जरा मन में हरजाई! ।

अंतरा–3

निर्मल मन से, निश्चल तन से, बात सुनो रे मेरे भाई! ।

अंतरा–4

भला देख ले, कहाँ है प्यारे! श्रीधर हैं सबके सुखदाई ।

भारतीय सांस्कृतिक गीतमाला, मोती 509

शिरडी वाले

स्थायी

शिरडी वाले सलाम, साई बाबा प्रणाम,

साई बाबा प्रणाम ।

भजूँ मैं तेरे नाम, तू ही है राम और शाम, ओ साई ।।

म–धम मध– गम – – – – – म–, म–नि– धनि– धसांनि – – – – धम,

म–नि– धनि– धसांनि – – – – नि– ।

सांसां सांरें सांनिधप मप ग – – – – प –,

नि–निध ध पप ग म – – म म – ग–, म म – – – – – म –

अंतरा–1.

तू खुदा साई राम, तुझ पे हम कुरबान ।

तुझको लाख प्रणाम, मेरे साई राम ।।

सां – – रेंसांनि धनि सां– – – – – सां–, सांसां सांरें सांनि धपनि – – – – नि–

१०३. श्री दत्तात्रय

धध धप पमप मग- - - - ग- -, नि-निध ध -पमम- - - - - म-

अंतरा-2.

जगत में एक महान, गाएं तेरे गुण गान।
शिरडी परम धाम, मेरे साई राम।।

अंतरा-3.

देदो प्रभु वरदान, साई हैं भगवान।
गा लो श्री गुण गान, मेरे साई राम।।

भारतीय सांस्कृतिक गीतमाला, मोती 510

सत्य साई बाबा

स्थायी

साई नाथा सत्य साई बाबा, पालन करता तू जग सारा ।

-ध-ध पधम- गरेग पग रे-सा-, -म-मम मपगम- ध पग मपधप- ।

अंतरा-1.

साई हमारा एक सहारा, निश दिन पाहि मम संसारा ।

-म-प धरें-सां- -ध-नि सांध-प-, - ध- धध प-म- - गरे गपगरेसा -

अंतरा-2.

भाई हमारा अरु रखवारा, दूर करेगा सब अँधियारा ।

अंतरा-3.

साई हमारा एक किनारा, जा के अँधेरा जग उजियारा ।

१०३. श्री दत्तात्रय

भारतीय सांस्कृतिक गीतमाला, मोती 511

भजन : कहरवाताल 8 मात्रा

दत्त गुरु

स्थायी

१०४. गुरु कृपा

दत्त गुरु मेरा, जय जय हो ।

दत्ता दिगंबर, शिव शिव ओम् । दत्ता दिगंबर, शिव शिव ओम्, बोलो ।

सद्‌गुरु मेरा, जय जय हो ।।

♫ मप पम पधधप, पध पम म- - - ।

निनि- निनि-निनि, सांरें सांनि ध-पम । निनि- निनि-निनि, सांरें सांनि ध-, धध ।

मपपम पधधप, पध पम म- - - ।।

अंतरा-1

मुख माँगे दान देता, सब से न्यारा न्यारा ।

जग में जिस का बोल बाला, हर हर ओम् ।

आहा! तीन मुखी सत् नाम कहो ।।

♫ गग गग म-म पप, नि- ध पम म-म- ।

नि- नि नि- नि नि-नि निनि, सांरें सांनि ध- ।

पप! मपप मपध धप पधप मम- - - ।।

अंतरा-2

दुख करे दूर सारे, सब से प्यारा प्यारा ।

सबसे ऊँचे नाम वाला, हर हर ओम् ।

आहा! दीन दुखी भगवान् कहो ।।

अंतरा-3

सुख देता ढेर सारे, दत्तात्रय मेरा ।

हम पर उसने जादू डारा, हर हर ओम् ।

१०४. गुरु कृपा

भारतीय सांस्कृतिक गीतमाला, मोती 512

गुरु

स्थायी

ब्रह्म गुरु अरु विष्णु गुरु, शंभु सदाशिव गुरु ही हैं ।

आत्म गुरु परमात्म गुरु, बिना गुरु भव अपार है ।।

♫ सा-ऩि सारे- गग रे-सा ऩिसा-, प-म गरे-गग मप- म ग- ।

ध-प मग- मपध-प मग-, रेग- मप- धध पम-ग रे- ।।

अंतरा–1

राम गुरु है, श्याम गुरु है, गुरु सरस्वती माता ।
निर्विकार गुरु, निरंकार गुरु, गुरु ज्ञान का दाता ।
गाओ गुरु गुण, ध्याओ गुरु ऋण, पार भँवर का गुरु ही है ।।

♫ सा–रे गरे– सा–, रे–ग रेग– म–, गम– पध–पम ग–म– ।
ग–मप–प पप, नि॒ध–प–प पप, मप– नि॒–ध प– ग–म– ।
ग–म– पप पप, ध–प– मम मम, ग–रे पपप ध– पम– ग रे– ।।

अंतरा–2

ज्ञान सिखाए, राह दिखाए, गुरु मन का उजियाला ।
भाग्य जगाए, पुण्य लगाए, गुरु सत् का प्रतिपाला ।
छाँव गुरु है, नाव गुरु है, तार भँवर का गुरु ही है ।।

अंतरा–3

तन सब गुरु का, मन सब गुरु का, कण–कण अर्पण काया ।
भान गुरु से, मान गुरु से, गुरु चरणों की माया ।
भाई गुरु है, माई गुरु है, सार भव का गुरु ही है ।।

१०५. नारद मुनि

भारतीय सांस्कृतिक गीतमाला, मोती 513

नारद जी की अमृत वाणी

स्थायी

मुनिवर! अमृत वाणी तोरी । रे, मनहर अद्भुत वीणा तोरी ।।

♫ गमपम–! ध–पम ग–रे गम– । रे, मपमग पपमग रे–ग पम– ।।

अंतरा–1

नारद शारद ज्ञान की गंगा, अंध पंगु बधिर जड़ गूँगा ।
निर्मल, नीर स्नान करी ।। मुनिवर!

♫ सा–नि़ध़ रे–नि़सा– रे–ग प म–म–, ध–प म–ग रेरेरे गम प–म– ।
ध–पप, ग–रे ग–म पम– ।। गमपम...

अंतरा–2

सरबस ज्ञानी अंतर्यामी, जन हित कारण त्रिभुवन गामी ।

निर्भय, धर्म दान करी ।। मुनिवर!

अंतरा–3

राम कृष्ण शिव सब अवलंबा, कारज तोरा जुग-जुग लंबा ।

निस्पृह, सर्व कर्म करी ।। मुनिवर!

अंतरा–4

नारायण नारायण नारा, बार-बार मुख करत उचारा ।

तन्मय, अविरत गान करी ।। मुनिवर!

भारतीय सांस्कृतिक गीतमाला, मोती 514

राग : मालकंस, कहरवा ताल 8 मात्रा

श्री नारद वन्दना

स्थायी

स्वरदा ने मंजुल गाया है, नारद ने साज बजाया है ।

रतनाकर गीत सजाया है ।।

♫ ममगम गसा निसाधनि सा–म– म–, म–गम गसा निसाध नि–सा–म– म–।

निनिनि–निनि नि–नि निधनिसांनि धम ।।

अंतरा–1

सर्वगामी श्री नारद मुनि हैं, सर्वज्ञानी सुख दाता हैं ।

जन हित हेतु भ्रमण विशारद, शुभ संदेशा लाता है ।।

♫ ग–मध–नि सां– सां–सांसां गंनि सां–, नि–निनि–नि निध धनिसांनि धम– – – ।

गग मम ध–नि– सांसांसां सांगंनिसांसां, निनि नि–नि–निध धनिसांनि धमगसा ।।

अंतरा–2

नारद जी की वीणा वाणी, जन का मन हरषाणी है ।

नादब्रह्म का अनहद स्वर वो, मन का दुख बिसराता है ।।

अंतरा–3

मुनिवर शत शत वन्दन तुमको, तुम सत् के रखवारे हो ।

दुर्जन के तू काज बिगाड़े, सत् जन का तू त्राता है ।।

भारतीय सांस्कृतिक गीतमाला, मोती 515

नारद जी की वीणा

स्थायी

नारद जी की सुंदर वीणा, कान पड़त मनवा हर लीन्हा ।

♫ सारेमम प- प- पमपसां ध-प-, म-म मपप पपध- मप ग-रेसा- ।

अंतरा-1

स्वर्ग से धरती तक मनहारी, नारायण की प्रीत पियारी ।

सुर गण सारे जन संसारी, हर हिरदय है मोहित कीन्हा ।।

♫ म-प प धधनिध सांसां सांसांगंनिसां-, नि-नि-निनि नि- निसांरें सांध-प- ।

सारे मम प-प- पम पसांध-प-, मम ममपप प- ध-मप ग-रेसा ।।

अंतरा-2

शारद सुरवर सब बलिहारी, शुभ संदेश है नित हितकारी ।

हिरदय का हर कोना-कोना, सप्त सुरों से पुनीत कीन्हा ।।

१०६. वाल्मीक मुनि

भारतीय सांस्कृतिक गीतमाला, मोती 516

भजन : राग जोगिया, कहरवा ताल 8 मात्रा

वाल्मीकि स्तवन

स्थायी

हे हरि चरित ग्रंथ दाता, स्तवन हमरे लीजियो ।

लीजियो वन्दन हमारे, ज्ञान हमको दीजियो ।

उद्धार हमरा किजियो ।।

♫ रे- सारे- ममम प-म रे-सा- -, रेमम पधप- म-रेसा- ।

म-पध- सां-रेंरें सांनिधप-, म-ध प-म- प-मरे- ।

सा-सा-रे ममप- ध-पम- ।।

अंतरा-1

कविता का अवतार तुम्हीं हो, राम-कथा करतार तुम्हीं हो ।

तुलसी का सुविचार तुम्हीं हो, ज्ञान का भँडार हो ।।

♫ ममप- ध- सांसांरें-सां निध- प-, म-प पध- सांसां-रें-सां निध- प- ।

ममप- ध- सांसां-ध-प मरे- सा-, सा-रे म- मरेरे सा- ।।

अंतरा-2

गद्य पद्य पद शरण तिहारे, कवि कोकिल गण चरण तिहारे ।
शारद का वरदान तुम्हीं हो, कुदरत का अनुदान हो ।।

अंतरा-3

ऋषि-मुनि को अनुराग है तुमसे, विद्या अमर चिराग है तुमसे ।
तुमरे तप से राग हमारे, मुनि! तुम्हें आभार हो ।।

भारतीय सांस्कृतिक गीतमाला, मोती 517

राग : मालकंस, कहरवा ताल 8 मात्रा

श्री वाल्मीक वन्दना

स्थायी

स्वरदा ने मंजुल गाया है, नारद ने साज बजाया है ।
रतनाकर गीत सजाया है ।।

♫ ममगम गसा निसाधनि सा-म- म-, म-गम गसा निसाध नि-सा-म- म-।
निनिनि-निनि नि-नि निधनिसांनि धम ।।

अंतरा-1

रामायण के आदि रचेता, कविवर वाल्मीक ज्ञानी हैं ।
राम चरित का अमर समुंदर, मुनिवर मधुर बनाया है ।।

♫ ग-म-धध नि- सां-सां सांगंनिसां-, निनिनिनि नि-निध धनिसांनि धम- - - ।
ग-म मधध नि- सांसांसां सांगंनिसांसां, निनिनिनि निनिनि नि-नि धधनिसांनि धमगसा।।

अंतरा-2

अलंकार की उत्तम शैली, नौ रस छन्द बनाया है ।
ब्रह्माजी का आशिष पा कर, आदि श्लोक रचाया है ।।

अंतरा-3

वन्दन वन्दन गुरुवर तुमको, गिरापतिऽ तुम कवीश हो ।
शारद का वरदान है तुमको, श्री गणेश की माया है ।।

भारतीय सांस्कृतिक गीतमाला, मोती 518

१०६. वाल्मीक मुनि

भजन : राग खमाज, दादरा ताल 6 मात्रा

महर्षि वाल्मीकि

स्थायी

मनन मगन, सुमिरन रत, नयन मूँदे, भूले भान ।
जाप चलत, पाप जलत, राम राम, रटत नाम ।।
♪ सासासा गगम, पधगम पध, सांसांसां निधम, पधम ग-ग ।
नि-नि निनिनि, सां-सां सांपध, सां-नि ध-म, पधम ग-ग ।।

अंतरा-1

भव विराग, वीतराग, चरम याग, परम त्याग ।
कर्म विरत, ध्यान निरत, नित्य घटत, पुण्य काम ।।
♪ गम गमनिध, सां-निसां-सां, पनिनि सां-सां, निसांनि ध-ध ।
सा-सा गगग, म-म पधध, सांसांसां निधम, पधम ग-ग ।।

अंतरा-2

रव निवांत, पूर्ण शाँत, मन नितांत, विगत भ्रांत ।
ध्येय अटल, हेतु सुफल, शून्य विलीन, पूज्य धाम ।।

भारतीय सांस्कृतिक गीतमाला, मोती 519

वाल्मीकीय योगवासिष्ठ

दोहा

कहा योगवासिष्ठ में, ब्रह्मज्ञान उपदेश ।
प्रश्नोत्तर गुरु ने दिये, राघव के निःशेष ।। 902
♪ सारे- ग-गग-म-ग म-, म-गरे-ग मपम-म ।
प-प-पप पप ध- पध-, प-मग म- प-म-म ।।

स्थायी

गुरुवर, राम को योग सिखायो, ब्रह्म मार्ग दिखा- - -यो- - - ।
♪ रेगमग-, प-म ग म-ग रेग-म-, प-म ग-रे गरे- - -सा- - - ।

अंतरा-1

वसिष्ठ से राघव ने पूछा, ब्रह्म शब्द का, अर्थ समूचा ।
आत्म ब्रह्म का, अनहद नाता, पुरुष प्राणदा, प्रकृति माता ।

गुरुवर, राम को ज्ञान बतायो ।।

♫ रे-गम प- प-धप म- ग-म-, प-म ग-रे ग-, म-म गम-म- ।
ग-ग ग-ग ग-, रेरेरेरे ग-म-, रेगम गरेग-, म-गरे ग-म- ।
सारेगम-, प-म ग म-ग रेगरे- - - सा- - - ।।

अंतरा-2

विश्व अनादि, अनंत सारा, विश्व किसी ने, नहीं बनाया ।
चक्र ये भौतिक, परिवर्तन का, जल सागर पर, जलतरंग सा ।
गुरुवर, राम को राह बतायो ।।

अंतरा-3

अस्थि युक्त ये, रक्त माँस का, देह बना है, पँच भूत का ।
पुरुष प्रकृति, मेल से हुआ, खेल यहाँ का, भव का पसारा ।
गुरुवर, राम को शास्त्र बतायो ।।

अंतरा-4

ब्रह्म शून्य है, आत्म शून्य है, शून्य से निकला, सो भी शून्य है ।
ब्रह्म सत्य है, सत्य पूर्ण है, पूर्ण से निकला, सो भी पूर्ण है ।
गुरुवर, राम को गणित बतायो ।।

१०७. व्यास मुनि

भारतीय सांस्कृतिक गीतमाला, मोती 520

पृथ्वी छन्द:[21]

। ऽ।, ।। ऽ, । ऽ।, ।। ऽ, । ऽ ऽ, । ऽ

---

[21] ♫ **पृथ्वी छन्द :** इस वृत्त के चरण में 17 वर्ण और 24 मात्रा होती हैं । इसमें ज स ज स य गण आते हैं, अन्त में लघु गुरु वर्ण । इसका लक्षण सूत्र । ऽ।, ।। ऽ, । ऽ।, ।। ऽ, । ऽ ऽ, । ऽ होता है । इसमें 8-9 वर्ण पर यति विकल्प से आता है । प्रस्तुत पद्य मप-धपमग- गम-पमगरे- सारे- मगरे सा- इस प्रकार गाया बजाया जा सकता है ।

▶ लक्षण गीत : ✍ **दोहा॰** **मत्त चौबीस से सजा, ज स ज स य, ल ग से अंत ।**
सत्रह वर्ण, सुवर्ण सा, सुंदर "पृथ्वी" छंद ।।

१०७. व्यास मुनि

♫ मप- धपमग-, गम-पमगरे-, सारे- मगरे सा-

(व्यासवन्दनम्)

महाकविवरो रविर्मतिमयो मुने व्यास त्वम् ।
त्वया विरचितं गुरो सुललितं बृहद्वाङ्मयम् ।। 1
तथा च लिखितं सनातनकृतं महाभारतम् ।
करोमि नमनं प्रभुं परमव्यासद्वैपायनम् ।। 2

भारतीय सांस्कृतिक गीतमाला, मोती 521

व्यासस्तोत्रम्

(संस्कृत)

श्लोक छंद

कृष्णद्वैपायनः कृष्णो वेदव्यासेति संज्ञितः ।
ज्ञानी विशालबुद्धिश्च व्यासो ज्ञातो महामुनिः ।। 59

♫ म-मम-म-मग- प-म- प-पप-धध म-गम- ।
रे-रे- गम-पम-ग-रे- रे-ग- म-प- धप-गम- ।।

पाराशरश्च कालेयो व्यासः सूतगुरुस्तथा ।
सङ्कलितानि व्यासेन शास्त्राणि दर्शनानि च ।। 60

ऋतं कृतं हि व्यासेन वाङ्मयं सार्वभौमिकम् ।
वेदपुराणवेदाङ्गसाहित्यममरं ध्रुवम् ।। 1

मुनिना लिखितं विश्वं यद्विश्वे समुपस्थितम् ।
व्यासज्ञातं जगत्कृत्स्नं कृतं च सार्वलौकिकम् ।। 62

भारतं भारते गीता व्यासेन लिखिता पुरा ।
गीतायामद्भुतः पुण्यः संवादः कृष्णपार्थयोः ।। 63

गीताया यः सदाचारम्-अनुसरति मानवः ।
कृष्णभक्तश्च विद्वान्स सर्वपापाद्विमुच्यते ।। 64

भारतीय सांस्कृतिक गीतमाला, मोती 522

राग : मालकंस, कहरवा ताल 8 मात्रा

श्री व्यास वन्दना

स्थायी

स्वरदा ने मंजुल गाया है, नारद ने साज बजाया है ।
रतनाकर गीत सजाया है ।।

♫ ममगम गसा निसाधनि सा-म- म-, म-गम गसा निसाध नि-सा-म- म-।
निनिनि-निनि नि-नि निधनिसांनि धम ।।

अंतरा-1

व्यास मुनीश्वर विशाल बुद्धि, परम ज्ञान का सागर है ।
नभ के चंदा सूरज के सम, व्यास अमर्त्य कहाया है ।।

♫ ग-म मध-निनि सांसां-सां गंनिसां-, निनिनि नि-नि निध धनिसांनि धम- - - ।
गग म- ध-नि- सां-सांसां गंनि सांसां, नि-नि निनि-नि नि-नि धधनिसांनि धमगसा ।।

अंतरा-2

धन्य-धन्य है भारत माता, वेद व्यास सा पूत उसे ।
आशिष तुम पर है गणपति का, व्यास महर्षि! नमन तुम्हें ।।

अंतरा-3

कृष्णद्वैपायन कविवर की, वाणी सुधा रस अमृत है ।
भगत ये प्यासा ज्ञान पान का, गीत तिहारे गाया है ।।

१०८. भरद्धाज मुनि

भारतीय सांस्कृतिक गीतमाला, मोती 523

दादरा ताल

भरद्धाज मुनि की कथा

स्थायी

गीत शारद ने मंजुल है गाया, साज नारद मुनि ने बजाया ।
रत्नाकर से है मंगल रचाया, रामायण को है सुंदर सजाया ।।

♫ म-ग म-म- म प-म- ग म-प-, रे-ग म-म- मध- प- मग-म- ।

रेगम-म म- म ध-प- गम-प-, रे-ग-म- म- म ध-प- मग-रे- ।।

अंतरा-1

शिष्य बाल्मीक मुनि का सयाना, था भरद्वाज गुण का खजाना ।
मंत्र राघव को मुनिवर सिखाया, अग्नि आयुध का तंत्र दिखाया ।।

♫ सांसां नि-रें-सां धध नि- धप-म-, सां सांनिनिरें-सां धध नि- धप-म- ।
म-ग म-म- म पपमम गम-प-, रेग- म-म- म ध-पप मग-रे- ।।

अंतरा-2

ब्रह्म ब्रह्माण्ड के सूत्र सारे, विश्व निर्माण के मूल भारे ।
सृष्टि चक्कर निरंतर बताया, कर्म सिद्धान्त का गुर[22] सुनाया ।।

अंतरा-3

राम बोला, मुनिऽवर पियारे! स्थान को[23] है जहाँ पर हमारे ।
वास का हो प्रयोजन समाया; नाम "चित्रकूऽट" मुनिवर बताया ।।

१०९. शरभंग मुनि

भारतीय सांस्कृतिक गीतमाला, मोती 524

दादरा ताल

शरभंग मुनि की कथा

स्थायी

गीत शारद ने मंजुल है गाया, साज नारद मुनि ने बजाया ।
रत्नाकर से है मंगल रचाया, रामायण को है सुंदर सजाया ।।

♫ म-ग म-म- म प-म- ग म-प-, रे-ग म-म- मध- प- मग-म- ।
रेगम-म म- म ध-प- गम-प-, रे-ग-म- म- म ध-प- मग-रे- ।।

अंतरा-1

---

[22] गुर = अत्यंत अच्छी युक्ति, अमोघ साधन, गुरुमंत्र ।

[23] को = कौनसा ।

कहके अत्री मुनिऽ को विदाई, चले दंडक की राह रघुराई ।
राम शरभंग मुनिऽ पास आया, शीश अपना मुनिऽ को झुकाया ।।
♫ सां-सां नि-रें- सांध- नि- ध-प-म-, सांसां नि-रेंरें सां ध-ध निधप-म- ।
म-ग मम‍म- मप- म-ग म-प-, रे-ग मम‍म- मध- प- मग-रे- ।।

अंतरा-2

बड़ा प्रख्यात संत शरभंगा, मुनि मंडल का नेता था चंगा ।
उसने राघव को पासऽ बिठाया, उसको असुरों से लड़ने ढिठाया ।।

अंतरा-3

बोला, सुतीक्ष्ण मुनि से मिलोगे, उनसे आशीष उपदेस लोगे ।
इतना कह कर मुनिऽ गद्गदाया, उसने राघव गले से लगाया ।।

११०. सुतीक्ष्ण मुनि

भारतीय सांस्कृतिक गीतमाला, मोती 525

दादरा ताल

सुतीक्ष्ण मुनि की कथा

स्थायी

गीत शारद ने मंजुल है गाया, साज नारद मुनि ने बजाया ।
रत्नाकर से है मंगल रचाया, रामायण को है सुंदर सजाया ।।
♫ म-ग म-म- म प-म- ग म-प-, रे-ग म-म- मध- प- मग-म- ।
रेगम-म म- म ध-प- गम-प-, रे-ग-म- म- म ध-प- मग-रे- ।।

अंतरा-1

मिला राघव सुतीक्ष्णा मुनिऽ से, शस्त्र ज्ञानी अनुऽपम गुणी से ।
बोला, दंडक बचाने मैं आया, शरभंगा से संदेस लाया ।।
♫ सांसां नि-रें- सांध-नि- धप-म-, सांसां नि-रें- सांध-निनि धप- म- ।
मग, म-मम मप-म- ग म-प-, रेगम-म- म ध-प-म ग-रे- ।।

अंतरा-2

मुनि बोले, तेरा आज आना, शुभ लक्षण ये है मैंने माना ।

असुरों का है दंडक में साया, मुनियन को बचाने तू आया ।।

अंतरा-3

होती जब-जब है सद् धर्म ग्लानिऽ, जग में आता है तब बागबानी ।
इतना कह कर अखंड-शर-भाथा, राम लखन के कर में थमाया ।।

१११. महर्षि पतंजलि

भारतीय सांस्कृतिक गीतमाला, मोती 526

अथ योगानुशासनम्
(संस्कृत)

स्थायी

चित्तवृत्तिनिरोधो हि ज्ञातं योगानुसाधनम् ।
स्वरूपसमवस्थानम् । अथ योगानुशासनम् ।।
♫ ग-गग-ग-गरे-म- ग-, म-म- म-म-पम-गरे- ।
मप-पपधप-म-प- । मग रे-सा-रेग-मग- ।।

अंतरा-1

निर्ममता च निष्कामो निग्रहश्च तटस्थता ।
क्लेशो न क्लिष्टकार्येषु न प्रीतिः प्रियकर्मसु ।।
इति योगस्य पालनम् । मतं योगानुशासनम् ।।
♫ म-मममम- ग म-प-म-, प-मगम- निधपम- ।
प-म- ग रे-सारे-म-ग-, नि ध-प- मगम-पम- ।।
मग म-प-ध प-मप- । मग- रे-सा-रेग-मग- ।।

अंतरा-2

समं सुखञ्च दुःखञ्च लाभालाभौ जयाजयौ ।
समत्वं शत्रुमित्रेषु तथा मानापमानयोः ।।
इति योगस्य लक्षणम् । मतं योगानुशासनम् ।।

अंतरा-3

प्रीतिदयाक्षमायुक्तः क्रोधलोभविवर्जितः ।
यस्मान्नोद्विजते कोऽपि किञ्चिन्नोद्विजते च यम् ।।

इति योगस्य धारणम् । मतं योगानुशासनम् ।।

अंतरा–4

निस्स्पृहो निर्ममो युक्तो निर्विषादो निरामयः ।
विहीनः कर्तृभावेन निष्ठो भक्तो विना रजः ।।
इति योगस्य साधनम् । मतं योगानुशासनम् ।।

अंतरा–5

निर्मलो निरहङ्कारः शोकदोषविवर्जितः ।
आत्मयुक्तो घृणामुक्तः स्थिरमतिर्मनोबलः ।।
इति योगस्य चालनम् । मतं योगानुशासनम् ।।

अंतरा–6

अनिकेतो ब्रह्मचारी निरासक्तो निरङ्कुशः ।
संयतात्मा मिताहारी निर्दुःखः शान्तमानसः ।।
इति योगस्य वाहनम् । मतं योगानुशासनम् ।।

११२. गुरु नानक

भारतीय सांस्कृतिक गीतमाला, मोती 527

राग : आसावरी, कहरवा ताल 8 मात्रा

गुरुवाणी

स्थायी

अमृत वाणी, देन सबद की, आदिगुरु को, वाहेगुरु की।

♫ पमपसां ध–पधमप, गरेम मपप प–, पधसां रेंसांरेंगं रेंसां, सांनिरें सांध– प– ।

अंतरा–1

"दीपा मेरा एकु नामु," सीख ले बंदे, बात शुरु की।।

♫ पमप– ध–पध सां–सां– रेंनिसां–, प–प ध सां–सां– सांरेंगं रेंसांध– प– ।

अंतरा–2

"ऐहु मेरा एकु आधारु," पीयुश बानी, बाबेगुरु की।

अंतरा–3

"अंजन माही निरंजन रहिये, ऐहु योगु," बोले गुरु जी।

अंतरा–4

"नानक दुखिया सब संसारु," सुनो भई साधो, बात गुरु की।

११३. गुरु रामदास

<u>भारतीय सांस्कृतिक गीतमाला, मोती 528</u>

(मराठी)

भुजंगप्रयात छंद

। ऽ ऽ, । ऽ ऽ, । ऽ ऽ, । ऽ ऽ

मनाचे श्लोक षष्टक

♫ सारे-! ग–मप- म–ग रे–म- गरे-सा-

गुरो! साधना द्याल माझ्या मनाला, लिहूं शब्द जो नारदश्री म्हणाला ।
शिवाजी नृपाची सुसंगीत गाथा, यथासांग लीला लिहायास, नाथा! ।। 1 ।।
समर्था! मला द्याल आशीष, देवा! समाधान माझ्या मनी पूर्ण ठेवा ।
लिहू मी मराठीत, भावार्थ साधा, नसावी मनाला अहंकार बाधा ।। 2 ।।
समर्था! अशी शक्ति द्यावी मनाला, न जेणे कधीं कष्ट व्हावे कुणाला ।
सदा नम्र भावे लिहूं मी लिखाणें, सुखीचित्त वाचोनि व्हावे शहाणे ।। 3 ।।
गुरो! बुद्धि ऐसी मनाला ठसावी, मला स्फूर्ति ताजी सदा ही असावी ।
मनी शांति अत्यंत माझ्या बसावी, कधीही मनी भ्रांति माझ्या नसावी ।। 4 ।।
समर्था! मला द्याल छंदांत गोडी, तथा वाद्य संगीत रागांत थोडी ।
मला चांगली शब्द संपत्ति द्यावी, कधी तूट जेणेकरोनी न व्हावी ।। 5 ।।
समर्था! मला दान सौभाग्य द्यावे, विना विघ्न हे काम सिद्धीस जावे ।
प्रभूची कृपादृष्टि आम्हां असावी, सदा शारदा मा खुशीने हसावी ।। 6 ।।

११४. वीर राजपूत लोग

<u>भारतीय सांस्कृतिक गीतमाला, मोती 529</u>

राजस्थान चे वीर राजपूत

(मराठी)

११५. महाराजा बाप्पा रावल

स्थायी

राजस्थानी, वीरांची ही, कर्मकहाणी, गहन असे ।
लेखी वाणी, ती लिहिण्याला, क्षुद्र असे ।।

♪ रे-ध-प-ध-, म-प-ध- म-, प-धपम-ग-, रेगग गरे- ।
रे-ध- ग-रे-, सा- रेरेग-सा-, रेगम गरे- ।। रे-ध-प-ध-,

अंतरा-1

निधड्या वीरांच्या रक्ताने, जी रणभूमि लाल असे ।
चित्रण करण्या, रंग वेगळा, उचित नसे ।। राजस्थानी, ...

♪ ममध- नि-ध-रें- सां-नि-ध-, सां- निधप-ध- नि-ध पम- ।
रे-धध पपध-, म-प ध-पम-, गगम गरे- ।। रे-ध-प-ध-,

अंतरा-2

संकटकाळी देशभक्त जो, प्रण आपुला दान करी ।
ते ऋण त्याचे, आम्हीं विसरूं, कधीं कसें ।।

अंतरा-3

हिंदुभूमि ची सेवा जे नर, एक मनाने नित्य करीं ।
आपण त्यांचे, ते गुण गावें, स्तोत्र जसें ।।

११५. महाराजा बाप्पा रावल

भारतीय सांस्कृतिक गीतमाला, मोती 530
दादरा ताल

बापा रावळ

(मराठी)

स्थायी

स्वाऽतंत्र्याचे तू पेरले बी, आणि केली अमर ती प्रणाली ।

♪ मगम-म-म प- म-गम- प-, मप ध-ध- निसां- नि- धप-म-।

अंतरा-1

बाप्पा! वीरांचा तू वीर होता, राणा संगाचा आदर्श नेता ।
तुझी संग्राम गाथा निराळी, आई अंगाई रूपें म्हणाली ।।

११५. महाराजा बाप्पा रावल

♫ सांसां! नि-सां-नि ध- नि-ध प-म-, सांसां! नि-सा-नि ध-नि-ध प-म- ।

मम म-म-म प-म- गम-प-, मप ध-ध-ध नि-ध- पग-म- ।।

अंतरा-2

प्रतापाला तुम्हीं दोन नेते, शौर्य स्फूर्तीचे आगऽर होते ।

तूच अर्जुन, सखा पांडवांचा, त्याग बुद्धि अमर तूच केली ।।

अंतरा-3

तुझा अभ्यास शिवबाने केला, त्याने झेंडा पुढे तोच नेला ।

स्मृति राहो तुझी या जगाला, तुझी भूमिका चिरकाल झाली ।।

भारतीय सांस्कृतिक गीतमाला, मोती 531

दादरा ताल

बापा रावल (हिंदी)

स्थायी

तूने स्वातंत्र्य का बीज बोया, और चलाई प्रणाली अमर है ।

♫ धऩि सा-सा-सा रे- सा-ऩि सा-रे-, सा- रेग-ग- गम-ग रेऩिऩि सा- ।

अंतरा-1

तेरे पथ पर चला संग-राणा, उसने तुझको ही आदर्श माना ।

तूने सीनों में गौरव पिरोया, तेरे कर्मों का अद्‌भुत असर है ।।

♫ पप म- प- मग- म-ग रे-सा-, पप मप- म ग-म- रे-सा- ।

धऩि सा-सा- सा रे-सा- ऩिसा-रे-, सारे ग-ग- ग म-ग- रेऩिऩि सा- ।।

अंतरा-2

राणा परताप ने तुझको पूजा, तुमसे आदर्श ना कोई दूजा ।

तू ही अर्जुन यथा पांडवों का, तेरी कीर्ति धरा पर अजर है ।।

अंतरा-3

फिर शिवाजी ने तीनों को माना, तुमको वीरों का भी वीर जाना ।

तुमको भूलें कभी ना जमाना, एहसानों की जिसको कदर है ।।

भारतीय सांस्कृतिक गीतमाला, मोती 532

११६. महाराजा चाच
राग मिश्र, तीन ताल 16 मात्रा

बाप्पा रावळ

(मराठी)

स्थायी

गाऊं या! बाप्पा, रावळ चे गुण गाऊं ।

♪ गम प– म–ग–, ध–पम ग– पप ग–म– ।

अंतरा–1

वीर प्रतापी खरा, राजपूत हा । ऋण तयाचे ध्याऊं ।।

♪ म–ध निसांसां सांसां–, नि–सांरें–सां नि– । पध निध–प– ग–म– ।।

अंतरा–2

मातृभूमि चा, राजदूत हा, शरण तयाला जाऊं ।।

अंतरा–3

घोर विपद जरी, तरी मजबूत हा । लोह तयाची बाहु ।।

अंतरा–4

विस्मृत होऊ नये, नृप अभिभूत हा । चरित तयाचे पाहूं ।।

११६. महाराजा चाच

भारतीय सांस्कृतिक गीतमाला, मोती 533

हिंदुभूमि संरक्षक महाराजा चाच

स्थायी

जय! जय! हिंदुभूमि की गाएँ,
जन्मभूमि की, मातृभूमि की,
सब मिल जय जय गाएँ । जय जय ...

♪ सा ग! मप! ध–मप–म गसा ग–म–,
ध–धध–ध नि–, ध–धप–ध मप,
धध मन पम गसा ग–म– । सा ग! मप! ...

११७. महाराजा दाहीर

अंतरा-1

शूर वीर सुत भारत माँ के, रण भूमि पर योद्धा बाँके ।
गाथा उनकी आज सुनाएँ ।।

♪ सां-सां सां-सां निसां धनिसांसां सां- गं-, निनि निनि धम नि-नि- नि-नि-।
ध-धम पमपग, सागम धप-म- ।।

अंतरा-2

मर्द बहादुर पुत्र सिंध के, रक्षण कर्ता परम हिंद के ।
सद्गुण उनके, आओ गाएँ ।।

अंतरा-3

हिंदुभूमि पर हमले आए, रणधीरों ने वे लौटाए ।
उनके माथे, तिलक लगाएँ ।।

११७. महाराजा दाहीर

भारतीय सांस्कृतिक गीतमाला, मोती 534

महाराजा दाहीर

(मराठी)

स्थायी

गाथा अभंग ज्यांची, कीर्ति अखंड ज्यांची ।
ख्याति अनंत ज्यांची, गाऊं स्तुति तयांची ।।

♪ रे-रे- मप-म ग-रे-, मपध- पम-म ग-म- ।
नि-ध- पमगरे म-म-, ध-प- मग- मरे-ग- ।।

अंतरा-1

भारत अखंडतेचे, रक्षक स्वतंत्रतेचे ।
उज्ज्वळ परंपरेचे, गाऊं स्तुति तयांची ।।

♪ नि-धध पम-पध-प-, सां-निनि धप-धप-म- ।
रे-रेरे- गप-मग-म-, ध-प- मग- मरे-ग- ।।

अंतरा-2

जे आर्य सद्‌गुणांचे, प्रतिमा ज्वलंत ज्यांची ।
प्रतिभा प्रचंड ज्यांची, गाऊं सुति तयांची ।।

अंतरा-3

दाहीर हिंदु राजा, जो शेर-वीर राणा ।
वाघीण त्याची राणी, गाऊं सुति तयांची ।।

११८. महाराणा संग

भारतीय सांस्कृतिक गीतमाला, मोती 535

राग रत्नाकर, कहरवा ताल 8 मात्रा

राणा संग

(मराठी)

स्थायी

राणा संग नांव, देही अंशी घाव ।
टाकिले अंग, मायभूमि साठी ।।

♫ नि़-रे गमं प-प, ध-प मं-ग मं-मं- ।
नि-धप ध-ध-, प-मंग-मं ग-ग- ।।

अंतरा-1

चित्तोड त्याची, राजधानी छान, मेवाड त्याचे, जीव की प्राण ।
राणावरी त्याने, तन मन सर्व, केले बलिदान, मायभूमि साठी ।।

♫ प-मं-ग प-प-, ध-पमं-ग ध-ध-, सां-नि-ध प-प-, ध-पमं ग-ग- ।
नि़रेगमं प-प-, धप मंग मं-मं-, निध पपध-ध-, प-मंग-मं ग-ग- ।।

अंतरा-2

संग्राम सिंग, पोलादी अंग, ध्वग त्याचा भगवा, केशरी रंग ।
हातीं तलवार, गाजली फार, केले त्यानी युद्ध, मायभूमि साठी ।।

अंतरा-3

त्याचा राजस्थान, जगामधीं मान । अति शौर्यवान, पुत्र जयाचे ।
ज्यांचे गुणगान, गाती कवि संत, झटले ते वीर, मायभूमि साठी ।।

भारतीय सांस्कृतिक गीतमाला, मोती 536

राग : यमन कल्याण

छंद : भुजंगप्रयात

राणा संग

स्थायी

महावीर मेरा, महा संग राणा ।

♫ ऩिरे–ग–मं प–प–, धप– मं–ग रे–सा– ।

अंतरा–1

किसी शस्त्र से ना, गिरा सूरमा ये,

किसी दुक्ख से ना, दुखा आतमा ये ।

खुशी से इसी के, स्तुति गीत गाना ।।

♫ ऩिमं– ग–मं ग– मं–, पमं– ग–रेग– मं–,

पमं– ग–रे ग– मं–, ग–रेसा– सा– ।

सारे– ग– मंग– मं–, धप– मं–ग रे–सा– ।।

अंतरा–2

इसे देह पर घाव अस्सी हुए थे ।

अगर पाँव, कर, आँख आहत भए थे ।

तभी जंग में जीतता ये शहाणा ।।

अंतरा–3

इसे धर्मवीरों का है वीर माना ।

इसे कर्मवीरों का भी वीर माना ।

महा शूर योद्धा यही एक जाना ।।

११९. महाराणा प्रताप सिंह

भारतीय सांस्कृतिक गीतमाला, मोती 537

राग बिलावल, तीन ताल 16 मात्रा

एकलिंग जी!

स्थायी

गौरी शंकर नटवर भोले! डम डम डम डम डमरू बोले ।

♫ सां-धप मगमरे गमपग मरेसा-, साग मरे गप निनि सांसांरेंसां निधप- ।

अंतरा-1

गंगा बहती काली जटा से, नाग गले में तुमरे डोले ।

♫ प-प- धधनि- सां-सां सांरेंसां-, सांगंमं गंरेंसांधप गमपग मरेसा- ।

अंतरा-2

तांडव नाचत प्रलय कराने, नैन तीसरे तुमने खोले ।

अंतरा-3

त्रिशूलधारी! की मरजी से, कभी शोले कभी पड़ते ओले ।

अंतरा-4

प्रताप राणा, राजस्थानी, जय जय एकलिंगजी बोले ।

१२०. वीर मराठा लोग

भारतीय सांस्कृतिक गीतमाला, मोती 538

वीर मावळे

(मराठी)

स्थायी

तू धीट वीर अमुचा, तू नीट वीर अमुचा ।

तुजला प्रणाम अमुचा, रे मावळ्या! रे मावळ्या! ।।

♫ सा- म-प म-ग रेगम-, रे- प-ध प-म पमग- ।

रेरेग- पम-ग मगरे-, सा- रे-गम-! प- मगरेसा- ।।

अतरा-1

शत्रु दुरूनी आला, त्याने विनाश केला ।

गौरव व देश अमुचा, सन्मान धर्म अमुचा ।।

तू तो खलास केला, त्यागून प्राण अपुला ।

तुजला सलाम अमुचा, रे मावळ्या! रे मावळ्या! ।।

♫ सा-प- धप-म प-ध-, पसां- नि-सां- निध-प ध-नि- ।

सां-निनि ध नि-ध पधप-, ध-नि-ध नि-प धपम- ।
सा- म- पम-ग रेगम-, रे-प-ध प-म पमग- ।
रेरेग- पम-ग मगरे-, सा- रे-गम-! प- मगरेसा- ।।

अतरा-2

रक्षक महान अमुचा, आदर्श छान अमुचा ।
तू देश हा मराठा, आहेस धन्य केला ।
आजादी चा धनी तू, नित आमुच्या मनीं तू!
तुजलाच मान अमुचा, रे मावळ्या! रे मावळ्या! ।।

भारतीय सांस्कृतिक गीतमाला, मोती 539

वीर मावळे लोक

(मराठी)

स्थायी

शूर शिवाजी चे सखे - - -, वीर मराठे - - -, मावळे ।
♪ प-म गरे-म- प- गरे-, प-म गरेम - - -, ग-रेसा- ।

अंतरा-1

भोसले मालुसरे, धीट हीं लेकरें ।
प्राणहि देतीं - - हसमुखें, शौर्य तयांना - - -, आवडे ।।
♪ सा-रेग- म-ग-रेसा-, नि़-सा रे- म-गरे- ।
रे-गम ग-म- - - - पपमग, ध-प मग-प- - - -, म-गरे- ।।

अंतरा-2

कंक निंबाळकर, काकडे पालकर ।
कष्ट सोसतीं ते सुखे, हार तयांना नावडे ।।

अंतरा-3

मोहिते घोरपडे, झुंझावयाला खडे ।
शिव-भवानी चें कृपें, राज्य तयांना फावले ।।

भारतीय सांस्कृतिक गीतमाला, मोती 540

वीर मराठे

(मराठी)

स्थायी

ह्या वीरांची अमर ही गाथा, इथे गाइली रत्नाकर ने ।

♫ पध म-ग-रेसा सासाग ग पम-म-, गमप- प-धसां निधपममध पमग ।

अंतरा-1

ह्या शूरांनी, दीप जाळिला, अखंड अविरत, कीर्ती ने ।

♫ गमध निसां-सां-, नि-सां रेंनिसांनिध,

निनि-नि सांसांसांसां, पनिसांरें निसां-नि-धप ।

अंतरा-2

तान्हा, बाजी, अमर शिवाजी, ह्याच्या मंगल मूर्ती ने ।

अंतरा-3

वाचुनी त्यांचे, चरित्र अमुचे, जीवन सार्थक, स्फूर्ती ने ।

भारतीय सांस्कृतिक गीतमाला, मोती 541

शिवाजी चे मराठे

स्थायी

वीर ये भी है, वीर वो भी हैं, वीर से मिलता सो वीर है ।

♫ रे-रे रेग रे सा-, रेगरे गम ग रे-, सा-सा सा रेरेग- प म-ग रे- ।

अंतरा-1

वीर शिवाजी, वीर मराठे, दोनों मिल कर स्वराज्य है ।

♫ सां-नि ध-निध-, सां-नि ध-पम-, ध-ध- पपमम धप-म ग- ।

अंतरा-2

वीर है राणा, वीर शिवाजी, सेना हिंदवी का राज है ।

अंतरा-3

वीरों ने जो, तजे प्राण हैं, अमर वे मर कर भी आज हैं ।

अंतरा-4

जीते हारे, ढेर होगये, हमें सभी पर ही नाज़ है ।

१२१. छत्रपति श्री शिवाजी महाराज

अंतरा-5.

जो न वीर थे, धर्म तज गये, हमको उन पर ही लाज है ।

भारतीय सांस्कृतिक गीतमाला, मोती 542

मावळे वंदना

(मराठी)

स्थायी

वंदना रे तुला, वरि मावळ्या! वंदना ।

अंतरा-1

तूच आमुचा स्फूतीदाता, तूच आमुची स्पंदना । वंदना ...

अंतरा-2

धन्य केली तू भारतमाता, हिंदुभूमिच्यानंदना! । वंदना ...

अंतरा-3

बाळकडू पय पाजते तुला, जिजामातुवीरांगना! । वंदना ...

अंतरा-4

सद्धर्माचे शस्त्र धारुनी, पारतंत्र्यदुखभंजना! । वंदना ...

अंतरा-5

सुगंध शुभमंगल दरवळला, कीर्तिसौरभचंदना! । वंदना ...

१२१. छत्रपति श्री शिवाजी महाराज

भारतीय सांस्कृतिक गीतमाला, मोती 543

दादरा ताल

शिवलीलामृत

(संस्कृत-मराठी)

स्थायी

१२१. छत्रपति श्री शिवाजी महाराज

शिवलीलाऽमृतं हृद्यपुण्यं, इतिहासे इदं अग्रगण्यम् ।

सुन्दरं मंगलं वीरकाव्यं, साकारं करोति विधाता ।।

अद्‌भुतं मोददं चित्तरम्यं, स्फूर्तिदं प्रेरकं, ज्ञानगम्यम् ।

सभ्यतादं शुभं भक्तिकाव्यं, एषा सन्मानदा ज्ञानगीता ।।

♫ मगम-म-मप- म-गम-प-, मपध-ध- निसां- नि-धप-म- ।

म-गम- म-मप- म-गम-प-, म-पध- ध-धनि- ध-पग-म- ।।

म-गम- म-मप- म-गमप-, म-पध- ध-निसां-, नि-धप-म- ।

म-पध-ध- नि-ध- प-मम-प-, म-प ध-ध-निसां- नि-धप-म- ।।

अंतरा-1

तुकारामांची अभंग उक्ति, रामदासांच्या श्लोकांची सूक्ति ।

जिजाबाईंची स्वातंत्र्य वृत्ति, वर दिधला जो भवानी माता ।।

♫ सांसांनि-रेंसां ध-नि-ध प-म-, सां-सांनि-सां-नि नि-ध-नि प-म- ।

मग-म-म-म प-म-ग म-प-, मप धधध- ध- धनि-ध- प-म- ।।

अंतरा-2

मर्द शूरांची सुंदर कहाणी, धर्मधीरांच्या कीर्तींची गाणीं ।

कर्मवीरांची ओजस्वी वाणी, भक्तिभावांत गाऊंया आता ।।

अंतरा-3

दान विद्येचे द्या गणनाथा! लिहूं शिवबाची मी दिव्य गाथा ।

ऐसी झाली न होणार गीता, राग-छंदांची सरगम सरिता ।।

<u>भारतीय सांस्कृतिक गीतमाला, मोती 544</u>

गीत : कहरवा ताल 8 मात्रा

शिवलीलामृत

(मराठी)

स्थायी

ऐका सुंदर संगीत सागर, शिवलीलांच्या कथांचा आगर ।

♫ पधनि सांनिपमं मं- -मंध निध म-गग, -गमधपरेरे सा- साध- धनिधपपप ।

अंतरा-1

देवी भवानीने वर दिधला, परम-सुताचा जिजाबाईला ।
जन्म शिवाचा शिवनेरीवर, नर-रूपें अवतरला शंकर ।।
♫ -गंगंगरें गं-गं-, -गं-गंमं गरेंरें-, -निसांनिध निरेंरें- -निरेंगरें निरेंसां- ।
-प-सांनि पमंमंमं -मंमंधनिध म-गग, -गमधपरेरे सा - साध-ध निधपपप ।।

अंतरा-2

मातेने पढवुनि पुत्राला, स्वातंत्र्याचा पाया रचला ।
कर्म शिवाजीं चे अजरामर, इतिहासें जे पहिला नंबर ।।

अंतरा-3

विजय-तोरणा प्रमाण पहिले, गड सर केले, अनेक रचले ।
रोमांचक जय सिंहगडावर, हर्षित झाले भवानी-शंकर ।।

अंतरा-4

नामांकित अरि सर्व नमविले, दिल्लीपतिला छान चकविले ।
सुलातानांना केले जर्जर, गनिमी-काव्यांचे ते संगर ।।

अंतरा-5

पर-नारी माते सम आदर, भूप शिवाजी सद्‌गुण आगर ।
ऐकुनि दिव्य कथांचा सागर, गदगद झाले धरती अंबर ।।

भारतीय सांस्कृतिक गीतमाला, मोती 545

गीत : कहरवा ताल 8 मात्रा

शिवलीलामृत

स्थायी

सुना रहा हूँ गायन सुंदर, शिवलीला का कथा समुंदर ।
♫ पधनि सांनिपमं मं- -मंध निध म-गग, -गमधपरेरे सा- साध- धनिधपपप ।

अंतरा-1

जन्म शिवा का शिव अवतारा, मातु-जिजा का सु-मंत्र न्यारा ।
स्वतंत्रता का अद्‌भुत नारा, महाराष्ट्र में पहिला नंबर ।।
♫ -गंगंगरें गं-गं-, -गं-गंमं गरेंरें-, -निसांनिध निरेंरें- -निरेंगरें निरेंसां- ।
-प-सांनि पमंमंमं -मंमंधनिध म-गग, -गमधपरेरे सा - साध-ध निधपपप ।।

अंतरा-2

श्रीगणेश है विजय-तोरणा, जीते और रचे गढ़ नाना ।
अमर-कहानी जय-कोंढाणा, हर्ष से खिले धरती-अंबर ।।

अंतरा-3

ढेर किये अरि जाने-माने, दिल्लीपति को चकमे दीन्हे ।
सुलतानों के मुश्किल जीने, कूटनीति से कीन्हे संगर ।।

अंतरा-4

पर-नारी को माँ का आदर, भूप शिवाजी सद्‌गुण आगर ।
सुन कर अमर काथा का सागर, आनंदित हैं भवानी-शंकर ।।

भारतीय सांस्कृतिक गीतमाला, मोती 546

भुजंगप्रयात छंद

। ऽ ऽ, । ऽ ऽ, । ऽ ऽ, । ऽ ऽ

♫ सारे-ग-म प- म-ग रे-म-गरे-सा-

शिवाजी चाळीसा

(मराठी)

गणाधीश जो पुत्र दुर्गा-शिवाचा, करी दान जो ज्ञान विद्या सुवाचा ।
करूं मान सत्कार मा-शारदा चा, शिवाजी च औतार श्रीशंकराचा ।। 1

गणेशा! तुला मागणे हेचि नाथा! लिहूं मी शिवाची यथासांग गाथा ।
उमा-पार्वती-अम्बिके पूज्य माता! शिवा-शंकरा! द्या मला ज्ञान आता ।। 2

समर्था! तुझे फार आभार, देवा! तुझे श्लोक माझा महाज्ञान ठेवा ।
शिवा! तो शिवाजी-स्वरूपें नमूं मी, रचोनी शिवा-श्लोक मोदें रमूं मी ।। 3

यदा ही अधर्मास येतो उकाळा, उभारावयाला फिरोनी सु-काळा ।
जगी ईश घेतो पुन्हा जन्म नक्की, करायास आस्था सदिच्छेत पक्की ।। 4

शिवाजी जसा जाणता थोर राजा, सदाचार आदर्श ज्याचा समाजा ।
न भूतो न भूयो भवेद्वा पुनर्वै, न झाला, न होईल, ऐसा पुन्हा ही ।। 5

भवानी प्रसन्ना सदा ती जयाला, दिली दिव्य संगीन श्रीने तयाला ।
असा सद्गुणी आवडे जो जगाला, जगी धन्य राजा शिवाजी जहाला ।। 6

जगी निंद्य ते सर्व सोडून राही, जनीं वंद्य ते जो करी सर्व काहीं ।
असा कोण राजा जगीं या जहाला, नमस्कार माझा शिवाजी नृपाला ।। 7

मनी वासना दुष्ट नाही जयाच्या, मनी बुद्धि पापिष्ट नाही जयाच्या ।
कधीही न जो नीति सोडून जातो, महाभाग राजा शहाणा शिवा तो ।। 8

मनी पाप-संकल्पना ज्यास नाही, मनी सत्य-संकल्पना ज्यास राही ।
मनी वासना ज्यास ना त्रास देतीं, जनीं त्या, "शिवाजी" असे नांव देती ।। 9

जयाचे मनी ना कधी क्रोध भारी, जयाचे मनी खेद नाही विकारी ।
जयाचे मनी मत्सरा वाव नाही, जगी त्या शिवाला सदा मान राही ।। 10

"मनी श्रेष्ठ धारिष्ट हे लक्ष्य ज्याचे, जनीं हीण-शब्दांस दुर्लक्ष त्याचे ।
स्वयें सर्वदा नम्र वाचा वदे जो, जनीं तो शिवा सर्वदा मोद देतो ।। 11

"जया स्वार्थ नाही, परार्थी खरा जो, न वांच्छा करी दूसऱ्यांचे जरा जो ।
रुजे ना जयाला कधी कर्म खोटे, रुते ते शिवाच्या मनीं दुःख मोठे ।। 12

"सदा सर्वदा प्रीत ज्याला शिवाची, नसे त्यास पर्वा कधीही जिवाची ।
सुखें सर्व दुःखें सदा तुल्य ज्याला, समाबुद्धियोगे खरे मुल्य त्याला ।। 13

"सुखें सर्व ज्याला असोनी हि प्राप्त, मनीं जोचि स्वातंत्र्य उत्साह व्याप्त ।
तया पुण्य ते पूर्वजन्मींच प्राप्त," शिवा तो करी सर्व चिंता समाप्त ।। 14

मनी मानसी-यातना जो न जाणी, कधी शोक-चिंता मनी तो न आणी ।
तितीक्षा तया विग्रहे पूर्ण पृक्त, असा तो शिवाजी "तदाकार" उक्त ।। 15

प्रजेची सुरक्षा न केली कदाही, तयाची अरीनेच केली तबाही ।
कळे सत्य ऐसे जया सर्वकाही, शिवाजीस त्या काळ देतो गवाही ।। 16

"विना वासना जो करी कर्म सारे, उरे कर्मयोगी मरोनी तथा, रे! ।
जसा जन्मतां मृत्यु नक्कीच येतो, तसा तो मरोनी पुन्हा जन्म घेतो ।। 17

"जगी जन्म घेतीं मरोनीच सारे, तरी, मृत्यु नाही जया कीर्ति तारे ।
जगी कीर्ति पावोनि जो "नित्य" झाला," "शिवाजी" असे नांव मृत्युंजयाला ।। 18

महावीर कित्येक आले नि गेले, उरें तेचि जे कीर्तिरूपी न मेले ।
जसे कृष्ण-रामादि जे मर्त्य नाही, तसा तो शिवाजी सदा स्तुत्य राही ।। 19

"जया शास्त्रवाणीवरी भक्ति राहे, तया आत्मविश्वास ही शक्ति आहे ।
मनी ज्यास देवावरी भाव पक्का, जनीं त्यास कोणीहि मारे न धक्का ।। 20

"जयाला सदा "सत्य" हे देव आहे, तयाला न मिथ्याचिये भेव राहे ।
"शिवं सुंदरं" हे जया तत्त्व आहे," "शिवा" हीच संज्ञा तया विश्व वाहे ।। 21

जगी जन्म-जन्मीं सदा कीर्ति ज्याची, मनीं सर्वकाळीं वसे स्फूर्ति त्याची ।
झिजोनी शिवा चंदनाचे परी तो, जनीं पावना धी सुगंधे करी तो ।। 22

जिजाऊ जया लाभली पूज्य आई, तयाचे मुखी यातना शब्द नाही ।
सदा मायभूमीवरी गर्व ज्याला, इथेची मिळाला खरा स्वर्ग त्याला ।। 23

"जपे सर्वदा नाम जो वेळ सारा, तया सर्व वेळीं प्रभूचा सहारा ।
मनीं पार्वती-शंकराचा पहारा, मिळे मोक्ष त्याला, चुके येरझारा ।। 24

"जयाचे मनीं ईश्वरी भाव राहे, कृपेने तया श्रीशिवा नित्य पाहे ।
मृतात्म्यास त्या कोणता मार्ग राहे, जया द्वार नक्की खुले स्वर्ग आहे ।। 25

"शिवाचे कृपेने असे साध्य सर्व, तरी कां धरावा मनी व्यर्थ गर्व ।
सदा सर्वदा नाम त्याचे म्हणावे, भजावे रटावे व वाचे वदावे ।। 26

"कधी वीट वाटू नये गायनाचा, विना नाम-उच्चार वाचाळ वाचा ।
सुखाने घडी लोटते नाम घेता, सदा नाम आहे मुखी तोच जेता ।। 27

"करे नाम रक्षा, टळे विघ्न सारे, विना नाम त्याला व्यथा तिग्म मारे ।
करोनी सदा अर्चना शंकराची, टळे आपदा सर्व ही त्या नराची ।। 28

"भये जो न भ्याला," असा तो शिवाजी, भवानी सदा छत्र त्याच्या जिवाची ।
शिवा सारखा राखणारा जयाला, बळें कोण मारील दैवी शिवाला ।। 29

"दिनानाथ ज्याचा महादेव आहे, तया काळ ही सर्वदा दूर राहे ।
जया काळभैरो स्वयं राखणारा, तया काय चिंता करे कोंडमारा ।। 30

"सदा सर्वदा देव सर्वत्र आहे, तुझ्या आंतल्या गुप्त आत्म्यास पाहे ।
बघोनी तयाला कृपादृष्टि-भावे, तुझी पूर्ण चिंता सदा त्यास राहे ।। 31

"यथा सांगतीं सर्व शास्त्रें पुराणें, यथासांग अंगी समाधान बाणे ।
तरी तू चलावे तयांचे प्रमाणे, सदा सांगती हे, मनीषी शहाणे ।। 32

१२१. छत्रपति श्री शिवाजी महाराज

"करी भ्रष्ट अंधार आदित्य जैसा, करी नष्ट विघ्नें तुझी शंभु तैसा ।
तरी तू शिवाला सश्रद्धा भजावे, सदा नाम त्याचे मनी गात जावे ।। 33

"कुठे चांगले काय तो बोध घ्यावा, स्वयं आपला लाभ नीत्या करावा ।
करावे सदा कृत्य नांवें शिवाचे, वदावे सदा सर्वदा गोड वाचे ।। 34

"असे अंतरी भाव भक्तास जैसा, वसे अंतरी तो महादेव तैसा ।
तरी नित्य सांभाळुनी बा मनाला, करी कार्य," हे तो शिवाजी म्हणाला ।। 35

शिवाने जसे कार्य संपन्न केले, जसे मातृभूमीस ह्या धन्य केले ।
तयाचे असो नित्य ध्यानी प्रमाण, करोनी तया गान देवासमान ।। 36

गडांच्या शिरीं उच्च बांधोनि किल्ले, महाराष्ट्र-स्वातंत्र्य आपन्न केले ।
अकस्मात मारोनि छापे झणाणें, चिरंजीव केली प्रथा ती शिवाने ।। 37

हनूमान औतार श्री शंकराचा, करी नष्ट तो दंभ लंकेश्वराचा ।
शिवाजी तसा दूसरा तो शिवाचा, करी नाश पापाचरी दानवांचा ।। 38

महेशाचिया सेवका वक्र पाहे, असा ह्या जगी वीर बा कोण आहे ।
यथासांग लीला तया ह्याच ग्रंथी, बघोनी असो तुष्ट तो एकदंती ।। 39

मरोनी उरे कीर्ति ज्याची जगात, सरोनी उरे प्रीति त्याची जनांत ।
जगी जन्म ज्याने दिला ह्या शिवाला, नमस्कार माझा सदा त्या शिवाला ।। 40

भारतीय सांस्कृतिक गीतमाला, मोती 547

राग भैरवी, कहरवा ताल

श्री शिवाजी वंदना

(मराठी)

स्थायी

शिवबा अमुचा त्राता, रे! माता पिता अन् भ्राता, रे! ।
तूच गुरु अन् तूच सखा, स्वातंत्र्याचा दाता, रे ! ।।

♫ साममम- मपमग गमपम प- - -, प-प धपमम मम रे-गप म - - -! ।
साममम ममप मग गमप मप- - -, प-पधपमम- रे-ग-, म - - -! ।।

अंतरा-1

१२१. छत्रपति श्री शिवाजी महाराज

गिरि-शिखरांवर तू चढला, आक्रमकांशीं तू लढला ।
ध्वज किल्यांवर फडफडला, धन्य जिजाऊ माता, रे! ।।

♪ सांसांसांरेंसां-निध ध- निरेंसां- - -, सां-सांरेंसां-निध ध- निरेंसां - - - ।
धध धममधनिसां धपमगप - - -, प-प पपधपम रे-ग-, म - - -! ।।

अंतरा-2

मित्र तुझे बाजी ताना, शत्रु हरविले तू नाना ।
वाटे, बघुनि तुझ्या लीला, गोकुळचा तू कान्हा, रे! ।।

अंतरा-3

अवतार शंकराचा न्यारा, सुत भारतमातेचा प्यारा ।
गातो स्तुति तव, जग सारा, अमुचा तूच विधाता, रे! ।।

भारतीय सांस्कृतिक गीतमाला, मोती 548

शिवाजी जन्म

(मराठी)

स्थायी

शुभ मंगल जेव्हां क्षण आला, पुत्र जिजामातेला झाला ।

अंतरा-1

नाकी-डोळीं सुघड देखणा, लाऊं तीट ग! त्याला ।

अंतरा-2

गुरुवर म्हणतीं, भाग्यवान हा, करील ह्या देशाला ।

अंतरा-3

देवी भवानीच्या मायेने, शिव-अवतार ग! आला ।

भारतीय सांस्कृतिक गीतमाला, मोती 449

शिवाजी जन्म

(मराठी)

श्लोक

१२१. छत्रपति श्री शिवाजी महाराज

यदा यदा हि धर्मस्य हानिर्भवति सज्जनाः ।
अभ्युत्थानमधर्मस्य पृथिव्यां जायते शिवः ।।

♫ मम- मम- म ग-प-म- प-म-ग-रेग म-पम- ।
प-प-ध-निधप-म-म-, ध-प-म- प-मग- रेसा- ।।

स्थायी

गडे! आला जन्मी राज कुमार, भासे जैसा शिव-अवतार ।
मुख-मंडल त्याचे दमदार, काम सुमंगल तो करणार ।।

♫ सानि! सा-गरे ग-रे- म-गरेग-, प-म- ग-रे- गगरेरेसा- ।
सासारे-गग रे-म- गरेग-, प-म गरे-गग म- गरेसा- ।।

अंतरा-1

सुंदर त्याचा रंग सांवळा, जैसा शिव-शंकर तो नीळा ।
लोचन त्याचे मोहक फार, त्याचे अंगीं गुण बेशुमार ।।

♫ म-मम प-प- नि-ध नि-धप-, सां-नि- धधप-मम प- गरेग- ।
सोरेग रे-ग- म-गरे ग-, प-म- ग-रे- मम गरेसा- ।।

अंतरा-2

होईल मोठा वीर मराठा, वर ऐसा दे, पंढरीनाथा! ।
स्वप्न करोनी तो साकार, राज्य हिंदवी हे करणार ।।

अंतरा-3

हस्तीं त्याच्या रेखा मंगल, भाग्य ललाटीं त्याचे उज्ज्वल ।
योजुनि शूर गुणीं सरदार, होइल त्याचे शुभ सरकार ।।

अंतरा-4

सद्गुण हा ची त्याचा ठेवा, वर ऐसा तू दे गा, देवा! ।
अश्व सवारी तो करणार, रण जिंके त्याची तलवार ।।

भारतीय सांस्कृतिक गीतमाला, मोती 550

अंगाई गीत

(मराठी)

स्थायी

१२१. छत्रपति श्री शिवाजी महाराज

बा, शिवबा रे! नीज गडे शिवराया!

तुजवरी भवानी छाया ।

अंतरा-1

पातक मोंगल करिती, अपुल्या भूमीवर फिरती ।

विषभरी तयांची काया, तुजवरी शिवाची माया ।।

अंतरा-2.

हा देश स्वतंत्र असावा, जुलमींचा पाश नसावा ।

दणदणीत व्हावे योद्धा, शत्रूंना नष्ट कराया ।

अंतरा-3.

होउनी जाणता राजा, तू करशिल मुक्त समाजा ।

बघ, सगळे जग आतुर हे, तव अद्‌भुत शौर्य पहाया ।।

भारतीय सांस्कृतिक गीतमाला, मोती 551

शिवाजी

(मराठी)

स्थायी

शिवाजी मराठा, महावीर राजा, धीरोदात्त नेता, सदा युद्ध जेता ।

सुकर्मी महात्मा, अशी कीर्ति ज्याची, स्फूर्ति शक्ति ज्योति, जिजाबाई त्याची ।।

♫ सानि़-सा- रेग-ग-, रेग-म-प म-ग-, मप-म-ग रे-म-, रेग- म-ग रे-सा- ।

रेग-म- पध-ध-, पध- नि-सां नि-ध-, नि-ध प-म ग-म-, पम-म-ग रे-सा- ।।

अंतरा-1

महाराष्ट्र भूमि, तया मातृभूमि, कर्मभूमि त्याची, तथा धर्मभूमि ।

पुण्यभूमि तीच, तपोभूमि तीच, यशोभूमि तीच, स्वर्गभूमि त्याची ।।

♫ सानि़-सा-रे ग-ग-, रेग- प-मग-रे-, ग-रेप-म ग-म-, पम- ग-रेसा-सा- ।

रे-ग-म पध-, पध-नि-सां नि-ध-, निध-प-म ग-म-, पम-म-ग रे-सा- ।।

भारतीय सांस्कृतिक गीतमाला, मोती 552

तोरणा विजय

१२१. छत्रपति श्री शिवाजी महाराज

(मराठी)

स्थायी

ध्येय सफल झाले, यश आले,
निश दिन शिशु-गण-दळ श्रय फळले ।

अंतरा-1

आज तोरणा हातीं आला, शत्रूला अमुचे बळ कळले ।

अंतरा-2

शुभारंभ हा, भाग्य शिवाचे,
आता विजय-दिशेला वळले ।

अंतरा-3

बाल-मराठ्यांचे बळ बघुनी,
सुलतानांचे मन हळहळले ।।

भारतीय सांस्कृतिक गीतमाला, मोती 553

राग दुर्गा, दादरा ताल

राजगड

(मराठी)

स्थायी

नाम जपा, काम करा, राम म्हणा, नाम रे! ।
♫ ध-ध पम-, प-प मरे-, सा-सा धध-, प-म म- - ।

अंतरा-1

वीट रचा, नीट रचा, एक एक छान, रे! ।
कोट उभा तुंग करूं, त्वरें करा काम, रे! ।।
♫ म-म पसां-, सां-सां सांसां-, ध-सां रें-सां ध-ध प- - ।
ध-ध पम- प -प मरे-, सासा- धध- प-म म- - ।।

अंतरा-2

शत्रु घातकी महा, मातृभूमि संकटे ।
देश रक्षणाय करा, दुर्ग हा महान, रे! ।।

अंतरा-3

छत्रपतीने दिले, काम मुल्यवान, रे! ।
भूल मुळी नसो कुठे, असो सदा ध्यान, रे! ।।

अंतरा-4

राष्ट्रहितें त्याग करी, वीर अर्पण प्राण, रे!
पुण्यवान क्षात्र तोच, स्वर्ग त्यास धाम, रे! ।।

भारतीय सांस्कृतिक गीतमाला, मोती 554

वीर शिवाजी, रायगड

स्थायी

एक से दूजा दीप जलाओ, स्वतंत्रता की ज्योत जगाओ ।

अंतरा-1

घन अँधियारा पारतंत्र्य का, सब मिलजुल कर, दूर हटाओ ।

अंतरा-3

मन में डर का शत्रु छिपा है, दास्य भाव को मार मिटाओ ।

अंतरा-4

आओ मिल कर फौज बनाएँ, स्वाभिमान का, शस्त्र उठाओ ।।

भारतीय सांस्कृतिक गीतमाला, मोती 555

लावणी

खानाची सून प्रकरण
(मराठी)

स्थायी

स्वभाव सुंदर, प्रभाव मंगल, तुझा शिवाजी, अनन्य ग! ।
असा जाणता, तथा शहाणा, महान राजा, न अन्य ग! ।।
♫ मसानि़-रे ग-गग, पम-ग रे-रेरे, धप- मग-म-, गम-ग, रे- ।

अंतरा-1

परस्त्री ज्याला, सुवंद्य माता, तुझा शिवाजी सुवंद्य ग! ।
परम धुरंधर तुझा पुत्र हा, जिजाऊ माते तू धन्य ग! ।।

अंरात-2

१२१. छत्रपति श्री शिवाजी महाराज

अगम्य लीला, अनेक ज्याच्या, चरित्र त्याचे, सुरम्य ग! ।
स्वदेश ज्याने स्वतंत्र केला, तया भवानी प्रसन्न ग! ।।

भारतीय सांस्कृतिक गीतमाला, मोती 556

सदाचारी शहाणा राजा
(मराठी)

असो नार तरणी, असो नार गोरी ।
असो वा नसो ती, कुणी नार कोरी ।। 1

असो ती कुणाची, सुशालीन पत्नी ।
आसो माय-बहीणीं, सुकुमार पोरी ।। 2

असो कोण राजा, सैनिक सुलतानी ।
जयने न केली, खुले आम चोरी ।। 3

आले नि गेले, अरब-अफगाणी ।
लंपट-लुटारू, गजनी व घोरी ।। 4

गळे कापती वा, बलात्कार करुनी ।
पळवून नेती, करुनी बरजोरी ।। 5

जगी एक झाला, असा भूप ज्ञानी ।
मातएवत् परदारा, सुस्वरूप छोरी ।। 6

नारी सुरक्षा, सर्वोच्च जाणी ।
स्वधर्मी असो वा, परधर्म नारी ।। 7

सदाचार ज्यांचे, रक्त खानदानी ।
राजा तयांचा, शिवा अवतारी ।। 8

भारतीय सांस्कृतिक गीतमाला, मोती 557

शिवाजी

१२१. छत्रपति श्री शिवाजी महाराज

(मराठी)

स्थायी

गावें गान खुशीने त्याचे, घ्यावें नाम शिवाचे ।

सुंदर मंगल लक्षण साचे, आवडत्या शिवबाचे ।।

♫ ग-मप रे-नि निसा-साग रे-सा-, ग-प- ध-ध धनिसांधप- - - - ।

सां-सांसां सां-सारें नि-धप धसांसां-, सां-सारेनिध मपग- -मरेसाग- ।।

अंतरा-1

स्वातंत्र्याचा जो सेनानी, जन सेवा सुख ज्याचे ।

तन मन अर्पण करुनी करतो, रक्षण जो देशाचे ।

नारी-आदर सद्‌गुण ज्याचा, अवगुण दूर जयाचे ।।

♫ निसांसां-रें- सांसांनिधप धनिसां सां-, निसां-सां नि-धध निसांसां- - - - - ।

नि-सां सांसां-सांसां निसांसां- निधप-, धनिध प-म पधनिसांसां- - - - - ।

निसांसां सांसां-सारें निधपध निसांसां-, धसांसांसांनिध मपग- -मरेसाग- ।।

अन्तरा- 2

वीरांचा रणवीर खरा जो, चरित्र रोचक ज्याचे ।

शूर बहादुर संगी ज्याचे, देशभक्त रक्ताचे ।

पूज्य नरोत्तम पावन ऐशा, आदरणीय शिवाचे ।।

<u>भारतीय सांस्कृतिक गीतमाला, मोती 558</u>

कहरवा ताल

शिवाजींची चौपाई

(मराठी)

श्लोक

हानिं कुर्वन्ति धर्मस्य पापाचारा यदा यदा ।

दुष्कृतानां विनाशाय हरः सृजति वै तदा ।।

दोहा

शिव अवतरले कलियुगे, पुत्र-जिजाऊ स्वरूप ।

नष्ट कराया भ्रष्टता, रूप मराठा भूप ।।

निनि निनिनिनि नि- सांसां निसां - - -, नि-निनिनि-रें सांसां - - सां ।

नि-नि निनिपप- ग-प रे - - -, ग-ग परे-रे- सा - - सा ।।

१२१. छत्रपति श्री शिवाजी महाराज

स्थायी

मंगल शुभ मुखमंडल ज्याचे, नाम सुमंगल शिवबा त्याचे ।
शिव ओम् जय ओम् जय जय शिव ओम् ।
जय ओम् शिव ओम्, जय जय जय ओम् ।। टे०

ग-परे सासा ऩिऩिध़-रेरे गरेसारे, ग-परे रेरे सासाऩि प़रेरे गरेसारे,
पगप पनिसांरें सां निपगप रे-सा- ।
गग परे रेसा सा-सा ऩिप़ रेरे गरे सा-सा ।
गग ग-प रेरे सा-सा, ऩिप रेरे गरे सा-सा ।।

अंतरा-1

सत् आचरणी, अद्‌भुत नृप जो, विश्रुत धर्मी तीन-जगीं तो ।
झाला जगती कुठे न ऐसा, भूप महात्मा, शिवबा जैसा ।।

पग प-सांसांसां-, निनिनिरें धध प-, ग-गग परेसा- ऩि-प रेगरे सा - ।
ग-गप रेरेसा- ऩिप़रे रे गरेसा-, ग-ग परे-सा- निप़रे- गरेसा- ।।

अंतरा-2

वीर बहादुर तो रणजेता, स्वातंत्र्याचा धीट प्रणेता ।
त्याने शत्रु अधम वध केले, बहुत अपेशी वापस गेले ।।

अंतरा-3

अचाट किल्ले रचले ज्याने, अनेक गड सर केले त्याने ।
किल्लो-किल्ली चंचल फिरतो, म्हणतीं, पहाडी जणूं उंदीर तो ।।

अंतरा-4

एक अनेकांशीं तो लढतो, गनिमी-कावे करुनी बढतो ।
अश्वारोह कुशल लढवय्या, रण मैदान तयाची शय्या ।।

अंतरा-5

जिरें-टोप तो मनांत ठसतो, रुतबा ज्याचा चित्तीं बसतो ।
स्थापन केले राज्य-हिंदवी, "दैवत" द्यावी तयास पदवी ।।

अंतरा-6

धन्य! धन्य! तू जिजामाता! अमर करो तो तुला विधाता ।
वाह! वाह! तू भारत माते! जिजा-शिवाचे केले नाते ।।

दोहा

शिवबा तू शाबास रे! दान तुझे अति खास ।
तुझ्या विना अपुरा, गडे! भारतीय इतिहास ।।

निनिनि- नि- नि-सांसां निसां - - -, नि-नि निनि- रेंसां सां - - सां ।

भारतीय सांस्कृतिक गीतमाला, मोती 559

नाम जप

(मराठी)

स्थायी

नाम जपन करूं या, शिवजीं चे ।

सुख-दुख जरी, हर! हर! मनीं भजु या ।।

♫ सां-ध पगरे सारे प-, गरे गप ध-, गग गरे गप धसां धसां धप गरे सा- ।

अंतरा-1

मनात भरूं या, पूजन करूं या, आंत शंभु चर स्मरण धरूं या ।

♫ गग ग- पप ध- सां-सांसां सांरे सां-, ध-धध सां-रें रें सांरेंगरें सांध प- ।

अंतरा-2

मनात ज्याच्या शिवा राहतो, जीवन त्याचे तोच वाहतो ।

अंतरा-3

मुखात ज्याचे नाम सदा ही, त्या भक्ताला शिवा चाहतो ।

अंतरा-4

जगात सगळ्या लोक लुटेरे, रक्षण अमुचे शिवा पाहतो ।

भारतीय सांस्कृतिक गीतमाला, मोती 560

राग यमन कल्याण, कहरवा ताल

शिवाजी वंदना

(मराठी)

स्थायी

भारतनंदन वीर शिवाजी, भारतनंदन वीर शिवाजी ।

अद्भुत राजा महा प्रतापी ।।

♫ नि़-रेरे ग-पप रे-ग रेनि़रेसा-, प-मंग प-पप मंधनि धप-मंग ।

नि़नि़रेरे गमंप- रेग- रेनि़रेसा- ।।

अंतरा-1

१२१. छत्रपति श्री शिवाजी महाराज

भारतमाते! पुत्र तुझा हा, शाश्वत जगती कीर्ति तयाची ।

♫ पगपपसां-सां-! निरेंग रेंनिरे सां-, सांनिधप पधमंप मंधनिध प-मंग ।

अंतरा-2

महाराष्ट्र हा देश तयाचा, स्वतंत्र करणें शपथ तयाची ।

अंतरा-3

प्रसन्न त्याला देवी भवानी, तिच्या कृपें तलवार तयाची ।

भारतीय सांस्कृतिक गीतमाला, मोती 561

अभंग[24]

शिवराया

(मराठी)

शिवाजींचे नांव, सुवर्णे लिहावे ।
भक्तिभावे गावे, आनंदाने ।। 1
महाराष्ट्र राजा, मराठ्यांचा देव ।
ज्याला नाही भेव, दानवांचे ।। 2
मावळ्यांची सेना, केली ज्याने जंगी ।
वीर त्याचे संगी, तान्हा जैसे ।। 3
रणधीर राजा, क्षात्रधर्म अंगी ।
नसे ज्याला तंगी, सद्भावांची ।। 4

भारतीय सांस्कृतिक गीतमाला, मोती 562

भावगीत

शिवराया

[24] ♫ **अभंग छंद :** इस भक्तिभाव के साढ़े तीन चरण के 22 अक्षर के छंद में 6-6-6 अक्षर प्रथम तीन चरणों में और 4 अक्षर चौथे चरणा में होते हैं.

(मराठी)

आवडीचा माझा, नृप शिवराया,
ज्याने सिद्ध केले, स्वातंत्र्य स्वप्न ।। 1
ज्याने जुळवीले, महावीर नाना ।
तोचि एक माझा, वीरश्री रत्न ।। 2
किल्ले ज्याचे हाती, तीनशे-साठ ।
नित्य केले त्याने, भीष्म प्रयत्न ।। 3
हरले अनेक, ज्यासी महा विघ्न ।
हरविले त्याने, नाना सपत्न ।। 4

भारतीय सांस्कृतिक गीतमाला, मोती 563

रायगड

(मराठी)

स्थायी

रायगडावर, उंच नभांतर,
शिव-विजयाच, ध्वज फडफडतो ।

अंतरा-1

सूर्य-उगवता, रंग जयाचा,
उज्ज्वळ पावन नभीं शोभतो ।

अंतरा-2

शिवरायाचा बालेकिल्ला,
शत्रूंच्या मनीं सतत बोचतो ।

भारतीय सांस्कृतिक गीतमाला, मोती 564

वीर शिवाजी, रायगड

(मराठी)

स्थायी

वीर शिवाजी आमुचा, महा झुंजारू, रे! ।
रायगडावर त्याचा झेंडा, उंच उभारू, रे! ।।

अंतरा–1

किल्ले त्याने विविध जिंकले, आणि रचले नाना ।
विस्मयकारक विश्व जाहले, बघुनी गड किल्यांना ।
अभिनंदन या! करूं तयाचे, पोवडे गाऊं, रे! ।
या! नाचूं गाऊं, रे! ।।

अंतरा–2

देवी भवानी प्रसन्न ज्याला, शुभ वर अर्पण त्याला ।
दिली तिने तलवार आपुली, आनंदाने त्याला ।
अपुला नेता करूं तयाला, शस्त्र उगारूं, रे! ।
जुलमींना मारूं, रे!

भारतीय सांस्कृतिक गीतमाला, मोती 565

चाल : बेथोवीन ची सिंफनी–9 प्रमाणे

शिवाजी की अर्चना

स्थायी

दरशन दिज्यो देवी! मोहे सपनन में ।
♫ गगगम मग गरे! ऩिऩि रेगरेरे ऩि– ।

अंतरा–1

निश दिन अरपण चरण कमल में ।
♫ गगगम मगगरे ऩिऩिरे गगरे रे– ।

अंतरा–2

शुभ वर दिज्यो देवी! मोहे गरदिश में ।

अंतरा–3

मोहे यश दीज्यो देवी! अब इस रण में ।

८६. अफजलखान वध

<u>भारतीय सांस्कृतिक गीतमाला, मोती 566</u>

राग : मालकंस, कहरवा ताल 8 मात्रा

अफजलखान वध

स्थायी

सुनो, अकल बड़ी या भैंस बड़ी ।

जब मुश्किल हो कोई आन पड़ी ।।

♫ मम–, गमग सानिसा धनि सामम मम– ।

मम गमगसा निसा धनि सा–म मम– ।

अंतरा–1

अफजल मोटा, ऊँचा तगड़ा, दिमाग मंदा, मन का खोटा ।

वीर शिवाजी, चंचल बंदा, उसके आगे कद में छोटा ।

बोलो, अकल बड़ी या भैंस बड़ी ।

जब मुश्किल हो कोई आन पड़ी ।।

♫ गगमम ध–नि–, सां–सां– गंनिसां–, निनि–नि नि–निध, धनि सांनि धमम– ।

धनिसां गंगं–गंसां, सांमंगंसां नि–सां–, सांमंमंगं गंसांनिध धनि सांनिधम ।

मम–, गमग सानिसा धनि सामम मम– ।

मम गमगसा निसा धनि सा–म मम– ।।

अंतरा–2

चला शिवाजी, शूर मराठा, मिलने निहत्था, जब अफजल से ।

शठ ने शिव को, जकड़ा भुज में, मारा पीठ में जब, चाकू रे! ।

सोचो, अकल बड़ी या भैंस बड़ी ।

जब मुश्किल हो कोई आन पड़ी ।।

अंतरा–3

सिद्ध शिवाजी था देने को, जवाब ईंट का पत्थर से ।

शिव ने झट से बाघनखों से, पेट उधेड़ा राक्षस का ।

कहो, अकल बड़ी या भैंस बड़ी ।

जब मुश्किल हो कोई आन पड़ी ।।
अंतरा-4
दगा! दगा! चिल्लाया पापी, गिरा धरा पर औंधा, रे! ।
निकल रहे थे प्राण अधम के, दे ना पाया धेखा, रे! ।
देखो, अकल बड़ी या भैस बड़ी ।
जब मुश्किल हो कोई आन पड़ी ।।

भारतीय सांस्कृतिक गीतमाला, मोती 567
अभंग

जाणता राजा
(मराठी)

जाणता जो राजा, रक्षितो समाजा ।
मालोजी ज्याचा आजा, शिवाजी तो ।। 1
पुत्र शहाजींचा, बाळ जिजाऊंचा ।
नृप मराठ्यांचा । शिवाजी तो ।। 2
जीव मावळ्यांचा, कोणी नाही ज्यांचा ।
प्रिय सखा त्यांचा, शिवाजी तो ।। 3
बघोनी अशांति, केली ज्याने क्रांति ।
दया क्षमा शांति, शिवाजी तो ।। 4
तान्हा बाजी ज्याचे, वीर संगी साचे ।
पुढे सिद्धि नाचे, शिवाजी तो ।। 5
सदाचार राशी, सदा ज्याचे पाशी ।
शिष्य रामदासी, शिवाजी तो ।। 6
तुकोबाने ज्याला, दिली रुद्रमाला ।
धन्य धन्य झाला, शिवाजी तो ।। 7

भारतीय सांस्कृतिक गीतमाला, मोती 568

शिव लीला

८६. अफजलखान वध

(मराठी)

स्थायी

शिवलीले ची अमर कहाणी, गाऊंया मधु वाणी, रे ! ।
शिवरायाची ऐकुनी गाणीं, झाली रयत शहाणी, रे ! ।।

♪ पधम–ग– रेसा सासाग गपम–म–, गमप–प– धसां निधपम मधपमग ।
गमध–ध–ध– धनिधनि पधप–, गमप– पपध सांनिधपम, मधपमग ।।

अंतरा–1

दिली शिवजीला माते ने, स्वातंत्र्या ची किल्ली, रे ! ।
वीर मराठ्यां ची मग सेना, शिवबा ने ती केली, रे ! ।।

♪ गमध निसां–सां– नि– सांरेंनिसां, निध । नि–नि–सां– सां– पनि सांरेंनिसां– नि–धप ।
ग–ग मध–ध– धनि धनि पधप–, गमप–प– धसां धप गममध, पमग ।।

अंतरा–2

लागोपाठ सर किल्ले केले, नवीन रचले भारी, रे !
जगात विश्रुत ते गड त्याचे, चढतां येई ग्लानि, रे ! ।।

अंतरा–3

अफजुल, सिद्दी, शाहिस्ते खाँ, हार मानले वैरी, रे !
शत्रुदलांवर गनिमी हल्ले, सूरत वर ही स्वारी, रे ! ।।

अंतरा–4

किल्लों–किल्लीं फिरतो चंचल, पकडूं शके न, कोणीं रे ! ।
अद्भुत सुटका आगऱ्या वरुनी, लीला अनुपम, दैवी रे ! ।।

अंतरा–5

सदाचार हा ज्याचा बाणा, परस्त्री माता मानी, रे ।
असा जाणता राजा जगती, कोण भला नृप दानी, रे ।।

अंतरा–6

कथा ऐकाता, नयनीं येई, आनंदाश्रु पाणी, रे !
भारत देशा ! लेकरें तुझीं, प्रताप झाशी–राणी, रे ! ।।

भारतीय सांस्कृतिक गीतमाला, मोती 569

महान राजा

(मराठी)

स्थायी

जसा शिवाजी महान राजा, तसा कुणीं या जगी न झाला ।
अनेक आले नि पार झाले, न कर्मयोगी असा मिळाला ।।

अंतरा-1

कुणीं क्रूर शठ अत्याचारी, नास्तिक दंभी कुणीं पुढारी ।
कुणीं लालची लंपट भारी, नारी पूजा न गंध ज्याला ।

अंतरा-2

मातृभूमिसी न प्रीति ज्याला, सत्ताधारण धोरण ज्याला ।
कुणीं कृपण, कुणीं लोभी झाला, मोह-वासना अनंत ज्याला ।।

अंतरा-3

कुणीं तोडतो मंदिर मूर्ति, "धर्म-अंधळा" कुणास कीर्ति ।
स्वार्थ्य-हिताची जयास स्फूर्ति, सर्व-हिताची न खंत त्याला ।।

१२३. शाहिस्तेखान पराभव

भारतीय सांस्कृतिक गीतमाला, मोती 570

छंद : चौपाई

शाहिस्तेखानचा पराभव

स्थायी

जान बच गई, लाखों पाए, कटी उँगलियाँ भागे आए ।

अंतरा-1

औरंगजेब के मामाजी, एक लाख थे जिनके फौजी ।

अंतरा-2

पुणे प्रांत पर धाक जमाया, किला एक भी जीत न पाया ।

अंतरा-3

मुल्क सभी था नष्ट कर दिया, जन जीवन भी क्लिष्ट था किया ।

अंतरा-4

फिर भी रैयत साथ शिवा के, वीर मावळे सैनिक बाँके ।

१२३. शाहिस्तेखान पराभव

अंतरा-5
आए इक दिन लाल महल में, साथ शिवाजी के थे सूरमे ।
अंतरा-6
देख शिवाजी को थर्राया, शाहिस्तेखाँ था बर्राया ।
अंतरा-7
दुम दबा कर बुजदिल भागा, प्रहार शिवबा का था लागा ।
अंतरा-8
चार उँगलियाँ कटी हाथ की, मगर पाँचवीं बची साथ की ।
अंतरा-9
शीश ना कटा, इंशा अल्ला! शुकर मनावे दुखिया मुल्ला ।

भारतीय सांस्कृतिक गीतमाला, मोती 571
छंद : चौपाई

सिंधुदुर्ग

स्थायी
स्वराज्य का जो है "जंजीरा," सिंधुदुर्ग यह श्रेष्ठ हमारा ।
अंतरा-1
सूरत से धन हमें मिला है, इसी काम में आवे न्यारा ।
अंतरा-2
लाओ शिल्पक, दर्शन-ज्ञाता, जल-दल गुर जो जानें सारा ।
अंतरा-3
आशिष देती सागर धारा, धन्य धन्य! माळवण किनारा ।
अंतरा-4
द्वीप-अश्म मजबूत बड़ा है, दुर्ग खड़ा जिस पर ध्रुव तारा ।
अंतरा-5
शत्रु पास ना आने पावे, नौसेना का रहे पहारा ।।

भारतीय सांस्कृतिक गीतमाला, मोती 572

भावगीत

शिवाची लीला

(मराठी)

जो बोले तैसा चाले, नांव शिवाजी त्याला ।
वंदावी ती पाउलें, वहावी फूलमाला ।। 1
तान्हाजी ज्याचा छावा, विजय त्याचा व्हावा ।
कोंढाणा हाती यावा, पण सिंह न आला ।। 2
बाजीप्रभु सारखा, लाभला ज्याला सखा ।
वियन परका, त्या शिवाजी नृपाला ।। 3
हिरोजी पाठराखा, त्याचा होईना वाखा ।
त्याच्या सुदृढ शाखा, हिरवा गार पाला ।। 4
हेर बहिर्जी जैसा, त्यास कमी न पैसा ।
तुटवडा कैसा, त्या श्रीमान राजाला ।। 5
कोणी शकेना धरूं, कैद शकेना करूं ।
भय शकेना धरू, त्या धीमान वीराला ।। 6

भारतीय सांस्कृतिक गीतमाला, मोती 573

आग्रा प्रयाण

(मराठी)

स्थायी

परम तुला रे आशिष, शिवबा!
आग्‌र्‍याहुनी सुखरूप ये, तू! ।

अंतरा-1

सुलतानाचा काय भरोसा, दुष्ट अधम तो जगीं नकोसा ।
तरी, कार्य हे हातीं घे, तू! ।।

अंतरा-2

स्वर्गासम हा देश आपुला, नरकासम हा आज बापुडा ।
भारतमातेला सुख दे, तू! ।।

अंतरा-3

देशावर हे संकट आले, लोक ज्यामुळें दास जाहले ।
त्यांची मुक्ति आपुला हेतु ।।

१२४. आग्र्याहून सुटका

भारतीय सांस्कृतिक गीतमाला, मोती 574

आगऱ्याहून सुटका
(मराठी)

स्थायी

आला ग बाई! राजा शिवाजी घरी आला ।
♪ रेग प- म-ग-! ध-प मग-प- मग- रेगरे- ।

अंतरा-1

सांगे जिजाऊ माता, शिवबा शहाणा ।
देऊ ग आशिष त्याला ।।
♪ सा-रे- गरे-ग म-ग-, पमग- रेग-म- ।
ध-प- म ग-म-ग रेगरे- ।।

अंतरा-2

लपून-छपून कसा, तिथून निघाला ।
देऊन त्रास जिवाला ।।

अंतरा-3

देऊन तुरी ग बाई! मुगलांच्या हातीं ।
बसून पेटारीं निघाला ।।

अंतरा-4

सुलतान त्याच्या मागे, शोधत आला ।
सुगाव न काहींच त्याला ।।

अंतरा-5

अंबा भवानीचा, वरदान त्याला ।
ओवाळूं ग आरती त्याला ।।

अंतरा-6

अवतार तो शुभ, शिव-शंकराचा ।
मानाचा मुजरा ग! त्याला ।।

भारतीय सांस्कृतिक गीतमाला, मोती 575

राग : यमन कल्याण

आग्र्याहून सुटका

(मराठी)

स्थायी

चंचल रे! हा शिवाजी, पकडूं शका ना ह्याला ।
धुंडोनी मुगल हे थकले, चार ही दिशांनी ह्याला ।।
♫ ग-रेरे सा-! नि़- रेग-ग-, गम॑प- पम॑- ग- रे-सा- ।
नि़-रे-ग- म॑म॑म॑ प- धपम॑-, प-म॑ ग- रेग-म॑- गरेसा- ।।

अंतरा-1

ह्याचा सखा तान्हाजी, ह्याचा गडी तो बाजी ।
ह्याचे मराठे संगी, देती कटीची लुंगी ।
सर्वस्व अर्पण त्यांचे, मिटवाया संकटाला ।।
♫ गम॑प- निध- प-म॑-प-, गम॑प- म॑ध- प- म॑-ग- ।
नि़रेग- म॑-प-ध- प-म॑, ध-प- निध-प- म॑-प- ।
सा-रे-रे- ग-म॑प- म॑-ग-, पपम॑-ग- म॑गरे-सा- ।।

अंतरा-2

ह्याची जिजाऊ आई, जी थोर मनाची बाई ।
जाणुनी वेळ काळाची, उमजुनी उचित ती घाई ।
नीतीचे गूढ जे नाना, दिधले तिने बाळाला ।

अंतरा-3

शिवबाची ठाम ती श्रद्धा, प्रतिकूल काळीं सुद्धा ।
घोडे तूफानी त्याचे, किल्ले पहाडी त्याचे ।
त्याचा गनीमी कावा, तुळणा असे ना ज्याला ।।

१२५. शिवाजी राज्याभिषेक

भारतीय सांस्कृतिक गीतमाला, मोती 576

आदर्श शिवाजी

स्थायी

वीर शिवाजी, मंगल पावन, नीति परायण, नृपवर हैं – – – ।
दीनन बंधु, करुणा सिंधु, सद्गुण इंदु, सुधाकर हैं – – – ।।

♪ सारेसा साप-प-, पधनिसां पनिधप, ग-रे निसारेगम, रेगसारे सा – – – ।
सारेनिसा प-प-, पधनिसां पनिधप, गगरेनि सारेग, मरेगसारे सा – – – ।।

अंतरा-1

संकट त्राता, हैं सुख दाता, चंचल चतुर, सुधी नर हैं – – – ।
शूर शिवाजी, तान्हा बाजी, विघ्न विनाशक, शुभंकर हैं – – – ।।

♪ ग-मप ध-नि-, सां- सांसां निरेंसां-, नि-निनि सांसांसां, सांसांरे निसां ध प प प ।
म-प पप-प-, पधनिसां पधपम, गरेनि निसारेग, मरेगसारे सा – – – ।।

अंतरा-2

भारत गौरव, कीर्ति सौरभ, अबला रक्षक, नृपवर हैं ।
कर्म अनेक महान किए हैं, चरित्र मंगल सुंदर है ।।

अंतरा-3

पुत्र बहादुर, भारत माँ का, धर्म ध्वजा का पूजक है ।
राज्य हिंदवी, स्वराज्य स्थापक, शुचि अवतारी शंकर है ।।

भारतीय सांस्कृतिक गीतमाला, मोती 577
राग : भैरव, कहरवा ताल, 8 मात्रा

आदर्श शासक शिवाजी

स्थायी

वीर शिवाजी, हैं सुख दाता, नीति परायण शासक हैं ।
दीनन बंधु, किरपा सिंधु, विपदा शत्रु विनाशक हैं ।।

♫ सारेसा साप-प-, पध निसां पनिधप, ग-रे निसारेगम रेगसारे सा - - - ।
सारेनिसा प-प पधनिसां पनिधप, गगरे- सारेग मरेगसारे सा - - - ।।

अंतरा-1

कर्म अनेक महान किये हैं, संकट विघ्न निवारक हैं ।
सत्य सहायक अनुपम सज्जन, योगी तापस साधक हैं ।।

♫ ग-म मध-नि निसां-सां निरें- सां-, नि-निनि सां-सां मांमांनिसां धपपप ।
ग-प पप-पप पधनिसां पधपम, गरेनि- सारेगम रेगसारे सा - - - ।।

अंतरा-2

पुत्र बहादुर भारत माँ का, धर्मध्वजा का पूजक है ।
राज्य हिंदवी स्वराज्य स्थापक, शिव अवतार शुभंकर है ।।

भारतीय सांस्कृतिक गीतमाला, मोती 578

लावणी

कोंढाणा

(मराठी)

स्थायी

जिरे टोप शुभ झळझळ झळके, कंगन कंठी व कुण्डलें ।
मंगल मुंदरी, मुकुन्द माला, काळीं घनदाट कुन्तलें ।।

अंतरा-1

घण घण करिती घंटा घुंगरू, सैनिक नाचात रंगले ।
कौढाण्यावर जय-शिवबाच्या, शाहिर गाण्यांत दंगले ।।

अंतरा-2

पुष्प उधळतीं सुंदर ललना, योद्धे युद्धात जिंकले ।
शिंपडतीं जल पावन ऋषि मुनि, घेउनी हातीं कमंडलें ।।

अंतरा-3

विजयी झाले वीर मावळे, मुगलांचे राज्य संपले ।
भारतमाते! तुझ्या मुलांनी, स्वप्न स्वराज्याचे गुंफले ।।

भारतीय सांस्कृतिक गीतमाला, मोती 579

राग यमन, कहरवा ताल

शिवाजी वंदना

(मराठी)

स्थायी

सुंदर मंगल स्मरण शिवाचे, आरती कीर्तन भजन तयाचे ।

♫ पमंगरे ग-गग पमंग रेग-ग-, नि़रेगग मंमंमंमं धनिध पमं-ग- ।

अंतरा-1

स्वातंत्र्याचा तो सेनानी, स्वातंत्र्याचा तो सेनानी,

शूर मराठे सैनिक त्याचे ।।

♫ पगप-सां-सां- सां- निधसांनिनि-, पगप-सांनिरेंसां सां- निधसांनिनि- ।

निगंरे सांसांनिधप मंधनिध प-मंग ।।

अंतरा-2

सदाचारमय वर्तन त्याचे, आनंदें करूं वर्णन त्याचे ।।

अंतरा-3

परम शिवाजीची ती लीला, अकथ महा उपकार जयाचे ।।

अंतरा-4

अद्‌भुत राजा वीर शिवाजी, प्राप्त जयाला कृपा शिवाची ।।

अंतरा-5

बंधु अमुचा, सखा शिवाजी, जिजाऊ माता, पिता शहाजी ।।

भारतीय सांस्कृतिक गीतमाला, मोती 580

शिवाजी राजा

(मराठी)

स्थायी

झनक झनक झन् मंगल वाजे, वीणेची झनकार ।

छम् छम् घुंगरूंचा रव ताल, ग! वाजे ..।।

अंतरा-1

आज शिवाजी राजा झाला, उत्सव हा रंगदार, ग बाई! ।

फूल मोगरा चाफा उधळूं, घालूं गुलाब हार ग! ।
गाऊं त्याचा जय जयकार, ग! ।। वाजे ...

अंतरा–2

गीत लावण्या अन् पोवाडे, वाजत डफ दमदार, ग बाई! ।
ललना गाती सुंदर गीतें, ताल जयां रसदार, ग! ।
कवि शाहिर गातीं दणकट, छत्रपति जयकार, ग! ।।

अंतरा–3

राजा सजला श्री शिवराया, इन्द्र जसा सुकुमार, ग बाई! ।
देश देशचे नृपवर आले, इंग्रज ही सरकार, ग! ।
बाधा मुळीं न घालूं शकले, सुलतानी सरदार, ग! ।।

अंतरा–4

विजय पताका किल्ले सजले, सजले पहरेदार, ग बाई! ।
आशिष देतीं गुरुजन सगळे, काशी–पंडित चार, ग! ।
कधी न झाला असा सोहळा, महाराष्ट्र खुश फार, ग! ।।

भारतीय सांस्कृतिक गीतमाला, मोती 581

शिवाजी राजे छत्रपति

(मराठी)

स्थायी

क्षण हा आनंदाचा, शिवबा आज छत्रपति ।
पहिला भूप मराठा, रे दादा! आज हर्ष अति ।।

♫ पप प– पनिधपम–म–, ममम पमग म–पपनिध– – ।
सांसांसां– सां–सां निधध– ध धध धध मधनि रेंसांध ।।

अंतरा–1

आज घरो–घरी गुढी उभारा, आज घरो–घरी गुढी उभारा,
"जय जय शिवबा!" करा पुकारा, ग गडे! आज हर्ष अति ।।

♫ मम धनिसांसांसां– धनिरें सांध–पम, मम धनिसांरेंगंरें सांधनि रेंसांधपम ।
रेंप पप पनिध पम–म । म मप! मग म–प पनिध– – ।।

अंतरा–2

विजयश्रीचे गा पोवाडे, विजयश्रीचे गा पोवाडे ।

उडवा दरूकाम फटाके, रे भाऊ! आज हर्ष अति ।।

अंतरा-3

ध्वजा-पताका तोरण लावा, ध्वजा-पताका तोरण लावा ।
वाटा पेढे लाडू मेवा, ग सखी! आज हर्ष अति ।।

भारतीय सांस्कृतिक गीतमाला, मोती 582

राग बिलावल, तीन ताल

शिवाजी राजा झाला

(मराठी)

स्थायी

आज शिवाजी राजा झाला, अभिनन्दन द्या मंगल त्याला ।

♫ धनिसांरेंसांनि धपमगमरे गपनि- सां-सां-, गगमरेगप नि- सां-गंरेंसां निधप- ।

अंतरा-1

देश स्वतंत्र जयाने केला, घालूं तयाला चंपक माला ।

♫ ग-प पप-नि धसां-सां- सांरेंसां-, सां-गं मंगंरेंसांनि धनिसांरें सांरेंसंनिधपमग ।

अंतरा-2

धर्म परायण शीलवान हा, राजा ऐसा कधी न झाला ।

अंतरा-3

गातीं स्तोत्रें त्याच्या स्तुति ची, नर नारी जन बालक बाला ।

भारतीय सांस्कृतिक गीतमाला, मोती 583

राग : बिलावल

शिवाजी राज्याभिषेक

(मराठी)

स्थायी

आज शिवाजी राजा झाला, हार्दिक अभिनंदन द्या त्याला ।

♫ सां-ध पमगमरे गपमग मरेसा-, सागमरे गपनि-सांसां रेंसां निधप- ।

अन्तरा-1

धन्य जिजाबाई मातोश्री, छत्रपति सुत ज्यांचा झाला ।

♫ प-प पसां-सां-सां- सां-सांरेंसां-, सांगंमंगंरेंसां धप गपमग मरेसा- ।

अंतरा-2

सुत प्रताप राणा संगाचा, ध्वज उज्ज्वळ भगव्या रंगाचा ।

अंतरा-3

कर तान्हाजी-बाजी ज्याचे, वंदन लाख करावे त्याला ।

हो! जी जी जी, जी जी, जी ।।

भारतीय सांस्कृतिक गीतमाला, मोती 584

राग बिलावल, तीन ताल

शिवाजी राज्याभिषेक

(मराठी)

स्थायी

आज शिवाजी राजा झाला, अभिनंदन द्या त्याला ।

♫ धनिसांरेंसांनि धपमगमरे गपनिनि सां-सां-, सागमरेगप नि- सां-रेंसां निधप- ।

अंतरा-1

धन्य जिजाबाई मातोश्री, छत्रपति सुत ज्यांचा झाला ।

♫ प-प पसां-सां सांसां-सां- सांरेंसां-, सां-गं रेंसांनिधप गमपग मरेसा- ।

अंतरा-2

सुत प्रताप राणा संगाचा, ध्वज उज्ज्वळ भगव्या रंगाचा ।

अंतरा-3

कर तान्हाजी-बाजी ज्याचे, वंदन लाख करावे त्याला ।

भारतीय सांस्कृतिक गीतमाला, मोती 585

छंद : भुजंगप्रयात

जाणता शिवाजी राजा

(मराठी)

स्थायी

सदा ओळखोनी उचित काळ-वेळ ।
शिवाजी गनीमी करी युद्ध खेळ ।।

अंतरा-1

धरी धैर्य ध्यानी-मनी ताळमेळ ।
अटळ धैर्य अंगी कधी ना अवेळ ।।

अंतरा-2

शिवाजी मराठा जरी वीर योद्धा ।
सदा सभ्य सुकृत जनीं तो कृपाळ ।।

अंतरा-3

जयाने घडविला शुभ पुन्हा सुकाळ ।
जिजा मातुचा श्री शिवा तोच बाळ ।।

अंतरा-4

शिवाजी नृपाने परम पेरले बी ।
तयाते उगविली सुखाची सकाळ ।।

भारतीय सांस्कृतिक गीतमाला, मोती 586

शिवाजी राजा

(मराठी)

स्थायी

पैंजण खण खण वाजत पायीं, कंगण रुण झुण करतीं हातीं ।
सुंदर ललना गातीं ।।

अंतरा-1

गंभीर रव हा रणशिंगांचा, गूंजत गूंजत पडतो कानीं ।

अंतरा-2

आनंदोत्सव मंगलकारी, भट वीरांची फुगली छाती ।

अंतरा-3

शंकर भोला, देवी भवानी, करती सदा दुष्टांची माती ।

भारतीय सांस्कृतिक गीतमाला, मोती 587

शिवाजी राजे

(मराठी)

स्थायी

सगळ्यांत श्रेष्ठ राजा, शिवबा महान माझा ।
कोणी तसा न ह्या जगात, रे! ।।

♫ नि़नि़ध़-नि़ सा-सा रे-ग-, रेरेग- गमंधप मं-ग- ।
ग-मं- पध- प, मं- गरे-सा नि़- ।।

अंतरा-1

सात्त्विक बुद्धि त्याची, श्रवणीय उक्ति ज्याची ।
राजा तसा न ह्या जगात, रे! ।।

♫ ग-मं- पध- प मं-ग-, मंप ध-नि सां- निध-प- ।
गगमं- पध- प, मं-ग रे-सा नि़- ।।

अंतरा-2

कान्हा समान लीला, चकवी सदा अरीला ।
शिवबाच एक, जगात, रे! ।।

अंतरा-3

अवतार शं.कराचा, अद्भुत प्रभाव ज्याचा ।
झाला झकास, ह्या जगात, रे! ।।

भारतीय सांस्कृतिक गीतमाला, मोती 588

शिवाजी राजे

(मराठी)

स्थायी

महावीर राजा, शिवाजी मराठा, जगी कोण दूजा, असा शूर झाला ।

♫ रेनि़-रे-ग रे-ग-, पमं-ग- रेग-मं-, मंप- मं-ग रे-ग-, मंग- रे-नि़ सा-सा- ।

अंतरा-1

महाराष्ट्र अमुचा, स्वतंत्र कराया, पारतंत्र्याची, गुलामी हराया ।

मावळा शिवाजी, पुत्र जिजाचा, शिवशंकराचा, अवतार झाला ।।

♫ रेसा-रे-रे गरेग-, धप-मं- गमं-प-, सां-निध-नि-सां-, निरें-गं- रेंनि-सां- ।

निनिधप मंध-प-, प-मं गरेग मं-, पमंगरे-ग-, मग-रेनि़ सा-सा- ।।

अंतरा-2

नवयुग-निर्माता, जाणता राजा, तीन जगीं ज्याचा, वाजतो बाजा ।

प्रभो! शंभु भोले! गिरजा भवानी! खूप छान द्यावे, वरदान त्याला ।।

भारतीय सांस्कृतिक गीतमाला, मोती 589

छंद : भुजंगप्रयात

। ऽ ऽ, । ऽ ऽ, । ऽ ऽ, । ऽ ऽ

राग : कलावती, ताल : खेमटा

जाणता शिवाजी

(मराठी)

स्थायी

जया दंभ नाही, तमो छंद नाही ।

असा एक जाणा, शिवाजीच राजा ।।

♫ मप- - सां-नि निपपम- -, मगम प--मग म-मग- ।

सासारे- - ग-रे सा-रे- -, साम- -ग-ग प-प- - ।।

अंतरा-1

मरोनी उरे जो, जगी धन्य राया ।

शिवाची जयाला, अलौकीक माया ।

सदा ही तयाचा, सखाभाव ताजा ।।

♫ पमपम-- ममप- प--, पपध नि-ध पधध-- ।

पपनिपम- पपसांसां--, निसांगरेंगरें सां-रें-सां--।

धध-- निसां- निधपप--, पसाम--ग-ग प-प-- ।।

अंतरा-2

सदा जो शहाणा, सदा जाणता जो ।

सदा जो सहारा, सदा आसरा जो ।

समाधान देतो, सदा तो समाजा ।।

भारतीय सांस्कृतिक गीतमाला, मोती 590

हुतात्मा महाप्रयाण

स्थायी

देना प्रभो! शांति इस आतमा को ।
तुमको हमारी, यह वंदना है ।।
♫ सारेग- पम- रेसानि गग रे-सासा-सा- ।
पपप- पपनिधपमरे रेम ध-पग- रे-सा- ।।

अंतरा-1

आत्मा मिले ये परमातमा से ।
लेना चरण में, यह प्रार्थना है ।।
♫ पधनि- रेंसां- निधसांनिधनिध प- ।
सारेग- पमम रेसानि-, निग, ग-रेसा- सा- ।।

अंतरा-2

सारे जगत के, आनंद दाता ।
गोविंद! देना, सुख आतमा को ।।

अंतरा-3

हे कृष्ण! दामोदर! चक्रपाणि! ।
इसे मोक्ष देना, यह अर्चना है ।।

अंतरा-5

इसे पुण्य की तू, घनी छाँव देना ।
तुझसे भवानी! यही माँगना है ।।

अंतरा-6

नीति सदाचार का ये पुजारी ।
आजन्म इसकी, हृद् स्पंदना है ।।

भारतीय सांस्कृतिक गीतमाला, मोती 591

मरुनी अमर झाले

(मराठी)

स्थायी

छत्रधारी श्री शिवाजी! तुझे सखे रे! तान्हा बाजी ।
मरुनी अमर जाहले, शिवबा! मरुनी अमर जाहले ।।

अंतरा-1

त्या वीरांच्या आठवणींनी, आज अश्रु आणले ।
राया! मरुनी अमर जाहले ।।

अंतरा-2

वीरश्रीच्या अनुपम गाथा, स्मरुनी मन दाटले ।
राया! मरुनी अमर जाहले ।।

अंतरा-3

अर्पण करुनी प्राण आपुले, चार चंद्र लावले ।
राया! मरुनी अमर जाहले ।।

अंतरा-4

स्वातं5याच्या इतिहासाला, स्वर्णपर्ण लागले ।
राया! मरुनी अमर जाहले ।।

१२६. वीर मुरारबाजी

भारतीय सांस्कृतिक गीतमाला, मोती 592

राग : यमन कल्याण, कहरवा ताल 8 मात्रा

मुरारबाजी देशपांडे

(मराठी)

स्थायी

वीर बहादुर मुरारबाजी, शत शत लाख प्रणाम तुला, रे! ।

♫ -पमंरेरे ग-गग पमंरेरेग-ग-, -नि॒नि॒ रेरे मं-मं मंमंधनि धप- मंग ।

अंतरा–1

ऐकुन कीतीचे पोवाडे, पुलकित भारत जनगण सारे ।

♫ –पगपप सां–सां–सां– सांनिध–सांनिप, निगंरेंसां सांनिधप मंधनिध प–मंग ।

अंतरा–2

दुर्ग पुरंदर तू लढवीला, अर्पण करुनी परण तुझा, रे! ।

अंतरा–3

धन्य! धन्य! तो वीर शिवाजी, ज्यास तुह्यासम निष्ट सखा, रे! ।।

१२७. वीर तानाजी

भारतीय सांस्कृतिक गीतमाला, मोती 593

वीर तान्हाजी

(मराठी)

स्थायी

सिंहगडाला जातो लढाया,
खरा कर्मयोगी, स्वामीनिष्ठ ताना ।

अंतरा–1

सेना घेउनी वीर निघाला, संग तयाच्या शेलार मामा ।

अंतरा–2

लगिन टाकुनी बघा मुलाचे, मातृभूमिच्या येतो कामा ।

अंतरा–3

गड आला पण सिंह न आला, गेला ताना श्रीहरि धामा ।

अंतरा–4

मरुनी वीर जगी तो उरला, आत्मा अमर महान हुतात्मा ।

भारतीय सांस्कृतिक गीतमाला, मोती 594

वीर तान्हाजी, सिंहगड

(मराठी)

१२८. वीर बाजी प्रभु

स्थायी

सिंहगडावर ध्वज शिवबाचा, गड आला पण सिंह न आला ।

अंतरा-1

अज हसूं की रडूं कळे ना, हर्ष मुखावर, आग जिवाला ।

अंतरा-2

तान्हाजीने लगिन सोडुनी, कर्तव्याचा विडा उचलला ।

अंतरा-3

हळद लावुनी अपुल्या माथी, प्राण अर्पुनी, बघा निघाला ।

१२८. वीर बाजी प्रभु

भारतीय सांस्कृतिक गीतमाला, मोती 595

बाजी प्रभू देशपांडे

(मराठी)

स्थायी

काज सफल झाले, सुख आले ।

विजयाचा ध्वनि कानीं आला ।।

अंतरा-1

भारत माते! तुझा पुत्र हा, मातृमूमि च्या कामीं आला ।

अंतरा-2

ऐकुनी धीर कथा वीरांच्या, अज्ञानी जन ज्ञानी झाला ।

अंतरा-3

बाजी प्रभुनी, प्राण अर्पुनी, स्वामीभक्त तो, नामी झाला ।।

भारतीय सांस्कृतिक गीतमाला, मोती 596

महावीर बाजी प्रभू देशपांडे

(मराठी)

स्थायी

काज सफल झाले, सुख आले ।
विजयाचा ध्वनि कानीं आला ।।

अंतरा-1

भारत माते! तुझा पुत्र हा, मातृमूमि च्या कामीं आला ।

अंतरा-2

ऐकुनी धीर कथा वीरांच्या, अज्ञानी जन ज्ञानी झाला ।

अंतरा-3

बाजी प्रभुनी, प्राण अर्पुनी, स्वामीभक्त तो, नामी झाला ।।

भारतीय सांस्कृतिक गीतमाला, मोती 597

वीर बाजी प्रभु देशपांडे

(मराठी)

स्थायी

ऐसा कुणी न झाला, होणार ही कधी वा ।
बाजी प्रभु हमारा, तारों में गुलसितारा ।।
♫ रे-रे- मप- म ग-रे-, म-प-ध प- पमग- म- ।
नि-ध- पम- गरे-म-, ध-प- म गगमरे-ग- ।।

अंतरा-1

है धन्य वो शिवाजी, जिसका सख है बाजी ।
आदर्श वो मराठा, साऱ्या जगात न्यारा ।।
♫ नि- निधप म- पध-प-, सांसांनि- धप- ध प-म- ।
रे-रे-ग प- मग-म-, ध-प- मग-म रे-ग- ।। ध-प-

अंतरा-2

दोन्हीं करांनी लढला, जिंकोनी शूर, पडला ।
न हजार से वो हारा, वीरों में एक हीरा ।।

अंतरा-3

आया जभी दुबारासिद्दी मसूद हारा ।
घायाळ बाजी लढला, सांडीत रक्त धारा ।।

अंतरा-4

लाखों प्रणाम त्यला, अर्पोनी पुष्प माला ।
वैकुंठ में पधारा, महाराष्ट्र का दुलारा ।।

१२९. वीर फिरंगोजी

भारतीय सांस्कृतिक गीतमाला, मोती 598

राग : यमन कल्याण

चाकण-भूपाळगडचा वीर, फिरंगोजी नरसाळा

(मराठी)

स्थायी

अमर फिरंगोजी नरसाळा, अर्पण तुजला चंपक माला ।

♫ निनिप परे-सा-ग- गमंनिधप-, गपगप पधमंप निधपप रेरेसा-।

अंतरा-1

चाकणचा तू भट लढवैया, भूपगडाचा तू रखवाला ।

♫ प-गगप- निध सांसां सांसांनिरेंसां-, निरेंगरेंसांनिधप गमं धपरे-सा- ।

अंतरा-2

तेजस्वी तू बेडर योद्धा, आशीष शिवाजींचा ज्याला ।

अंतरा-3

धन्य धन्य! ती भारतमाता, वीर जिचा सुत तू नरसाळा ।

भारतीय सांस्कृतिक गीतमाला, मोती 599

राग : मालकंस, कहरवा ताल 8 मात्रा

फिरंगोजी नरसाळा

(मराठी)

स्थायी

परम हे नांव गडे - - - - - -,
स्मरण हे छान गडे - - - ।

अंतरा–1

नरसाळा जे करणार, काम ते सफल घडे – – – – ।

अंतरा–2

हा शूर महा दमदार, कुणाशीं जो न अडे । – – – ।

अंतरा–3

शिवरायाचा सरदार, वीर हा चंड लढे – – – – ।

<u>भारतीय सांस्कृतिक गीतमाला, मोती 600</u>

बाजीप्रभु आणि फिरंगोजी

(हिंदी-मराठी)

स्थायी

बजा कर झांझ डफ घुंघरू, सुनाते गीत पोवाडे ।
बघा हे, संग गाणारे, खंजिरी तुणतुणी वाले ।।
♫ मगम रेरे धपम गग ममप–, सां<u>नि</u>–ध– सां–<u>नि</u> ध–प–ध– ।
सानि़सा रे–, प–म ग–रेगम–, पमगरे– पपमग– रे–सा– ।।

अंतरा–1

कभी ना वीर हैं ऐसे, कुणी ना धीर हे ऐसे ।
हुए हैं भुवन में तीनों, जसे बाजी–फिरंगोजी ।
सुनाते युद्ध की गाथा, करोनी हातवारे, हे ।।
♫ धप– मग रे–ग म– गमप–, मगरे रे– ग–म प– मगरे– ।
सानि़सा सा– ममग रे– ग–म–, <u>नि</u>ध– प–ग– गम–रे–सा– ।।

अंतरा–2

कहीं ना भूप इस जैसा, कुणी ना नाथ हा ऐसा ।
हुआ ना शूर दुनिया में, शिवाजी सारखा राजा ।
जिजाऊ सुन रही गाना, ग! डोळे भरुनि हे आले ।।

अंतरा–3

कहीं ना देश है ऐसा, कुठे ना वेश हा ऐसा ।
जहाँ पर नीति का बस है, अर्चना मातृभूमीची ।
जहाँ पर वीर हैं सीधे, मराठे मावळे भोळे ।।

१३०. सह्याद्री पर्वत

भारतीय सांस्कृतिक गीतमाला, मोती 601

दादरा ताल

सह्याद्रि पर्बत की कथा

स्थायी

गीत शारद ने मंजुल है गाया, साज नारद मुनि ने बजाया ।
रत्नाकर से है मंगल रचाया, रामायण को है सुंदर सजाया ।।

♫ म-ग म-म- म प-म- ग म-प-, रे-ग म-म- मध- प- मग-म- ।
रेगम-म म- म ध-प- गम-प-, रे-ग-म- म- म ध-प- मग-रे- ।।

अंतरा-1

मुख में राघव का नामऽ सिमरता, लक्ष्मण तापी के नीरऽ को तरता ।
पार नदिया को जब लाँघ आये, आगे सह्याद्रि पर्वत को पाया ।।

♫ सां- सां नि-रें- सां ध-नि- धपपम-, सांसां नि-रें- सां ध-नि- ध पपम- ।
म-ग ममम- म पप म-ग म-प-, रेग म-म-म ध-पप म ग-रे- ।।

अंतरा-2

सऽह्याद्रिऽ के वीरऽ मराठे, आके राघव की शरणन में बैठे ।
श्री राघव ने उनको बुलाया, अपनी शरणन में उनको मिलाया ।।

अंतरा-3

राह उनको मराठे दिखाते, छापे मारी के दाँवऽ सिखाते ।
उनका सद्‌गुण लछिमन को भाया, उनको सबने गले से लगाया ।।

१३१. विंध्य पर्वत

भारतीय सांस्कृतिक गीतमाला, मोती 602

दादरा ताल

विंध्याद्रि पर्वत की कथा

स्थायी

गीत शारद ने मंजुल है गाया, साज नारद मुनि ने बजाया ।
रत्नाकर से है मंगल रचाया, रामायण को है सुंदर सजाया ।।
♫ म-ग म-म- म प-म- ग म-प-, रे-ग म-म- मध- प- मग-म- ।
रेगम-म म- म ध-प- गम-प-, रे-ग-म- म- म ध-प- मग-रे- ।।

अंतरा-1

पर्वतों में महा विंध्य जाना, ऐतिहासिक गिरि है महाना ।
आज राघव तेरे वन में आया, साथ सीता और लक्ष्मण को लाया ।।
♫ सांसांनि-रें- सांध- नि-ध प-म-, सांसांनि-रेंरें सांध- नि- धप-म- ।
म-ग म-मम मप- पम ग म-प-, रे-ग म-म- म- ध-पम म ग-रे- ।।

अंतरा-2

ये गिरि है हिमाचल का भाई, इसकी कीर्ति है वेदों ने गाई ।
इसकी जानी है मुनियों ने माया, देख सीता का मन हरषाया ।।

अंतरा-3

इसके ऊँचे घनेरे शिखर हैं, गुफा कंदर सियारों के घर हैं ।
महावृक्षों की शीतल है छया, इसकी भूमि पर तृण है बिछाया ।।

१३२. सातपुड़ा पर्वत

भारतीय सांस्कृतिक गीतमाला, मोती 603

दादरा ताल

सातपुड़ा पर्बत

स्थायी

गीत शारद ने मंजुल है गाया, साज नारद मुनि ने बजाया ।
रत्नाकर से है मंगल रचाया, रामायण को है सुंदर सजाया ।।
♫ म-ग म-म- म प-म- ग म-प-, रे-ग म-म- मध- प- मग-म- ।

रेगम-म म- म ध-प- गम-प-, रे-ग-म- म- म ध-प- मग-रे- ।।

अंतरा-1

पूज्य मानी गयी सर्वदा जो, पार करके नदी नर्मदा वो ।
राघव ने नया जोश पाया, सातपुऽड़ा पहाड़ऽ पे आया ।।

♫ सांसां नि-रें- सांध- नि-धप- म-, सांसां निनिरें- सांध- नि-धप- म- ।
मगमम म- मप- म-ग म-प-, रे-गम-म- मध-प- म ग-रे- ।।

अंतरा-2

सात पर्वत यहाँ भाई भाई, विंध्य परबत से जिनकी सगाई ।
नर्मदा है नदी उनकी माता, उनको राघव ने पावन बनाया ।।

अंतरा-3

आदिवासी जनों ने सराहा, रामजी को गले से लगाया ।
ज्ञान संगर का लछमन को दीन्हा, अभियांत्रिऽक गुणवान किऽया ।।

१३३. सिंधु नदी

भारतीय सांस्कृतिक गीतमाला, मोती 604

गीत, दादरा ताल

सिंधु देवी

स्थायी

सात नदियों में रानी है सिंधु, सात नदियों में दीदी है सिंधु ।
सात नदियों में वायव्य सिंधु । सारी नदियों की सिंधु है इंदु ।।

♫ म-ग ममम- म प-म- ग म-प-, रे-ग ममम- म ध-प- म ग-म- ।
रेगम ममम- म ध-प-ग म-प-, रे-ग- ममम- म ध-प- म ग-रे- ।।

अंतरा-1

निकली कैलाश पर्बत शिखा से, शिव शंकर के चरणों को छू के ।
होके पावन तू आयी धरा पे, तू ही आर्यों का है मान बिंदु ।।

♫ सांसां निसांनि धधनि धप-म-, सांसां निसांसां नि धधनि ध प-म- ।
रे-ग म-मम म प-मग रेग-म-, सा- रे ग-म- प म- ग-म गरेसा- ।।

अंतरा-2

तुझको आकर वो सतलज मिली है, तुझको बियास रानी मिली है ।
तुझको चीनाब, झेलम मिलीं हैं, पाँच नदियों का तू नीरसिंधु ।।

अंतरा–3
तेरे तीरथ की मंगल है माया, तेरे जल में जो देही समाया ।
उसने साक्षात है स्वर्ग पाया, तू है भारत के माथे का सिंदूर ।।

अंतरा–4
तेरे तट पर सिकंदर खड़ा था, उससे पोरस घमासाँ लड़ा था ।
हार कर शत्रु लौट पड़ा था, तेरी किरपा से जीते थे हिंदू ।।

अंतरा–5
तेरे जल की सुमंगल वो धारा, आज हमरा करेगी उद्धारा ।
आज शिवबा है राजा दुलारा, प्रिय भारत का जो भारतेंदु ।।

१३४. गंगा मैया

भारतीय सांस्कृतिक गीतमाला, मोती 605

भजन : दादरा ताल, 6 मात्रा

गंगा मैया

श्लोक

जाह्नवी गोमती गंगा गायत्री गिरिजा च यः ।
भागिरथी नु यो ब्रूयात्–पापात्स मुच्यते नरः ।। 1936

♪ सा–सासा– सा–सासा– ग-रे–, रे-रे-रे– मपम– ग– रे– ।
रे–म–पध– नि ध– प–म–, ध–प–म– प–मग– रेसा– ।।

स्थायी
गंगा मैया! तू मंगल है माता, तेरा अँचल है कितना सुहाना ।
तेरी लहरों में है गुनगुनाता, मैया! संगीत सरगम सुहाना ।।

♪ –मग म-ध– ध– पध पम म– – ग– म– –प – – – –,
–गग गसाग– – ग– म-प– ध–प– – म– – म – – ।
–मग ममध– ध– पध प म–ग–म– –प – – – –,
–गग गसाग–ग– म–प– ध–प– म – – – ।।

१३५. यमुना रानी

अंतरा-1

निकली शंकर की काली जटा से, तुझको भगिरथ ने लाया धरा पे ।
तुझको जन्हू की कन्या है माना,   तेरा इतिहास पावन पुराना ।।

♪ -सां-सां नि-रेंरें सां- निध नि- ध-प- - म - - - - -,
  -सां-सां निनिरेंरें सां- निधनि- ध-प- - म - - - - - ।
  -म-ग म-ध- ध- पधपम-ग- म- - प- - - - -,
  -गग गसाग-ग- म-पप ध-प- -म- - म - - ।।

अंतरा-2

तेरे जल में हिमालय की माया, तुझमें जमुना का पानी समाया ।
सरयु को भी गले से लगाया, तूने उनको भी दीन्ही गरिमा ।।

अंतरा-3

तेरा तीरथ है लीला जगाता, सारे पापों से मुक्ति दिलाता ।
है सनातन तेरा मेरा नाता, बड़ी पावन नदी तू मेरी माँ ।।[25]

अंतरा-4

राम-सीता हैं आँचल में तेरे, आज लछिमन भी गोदी में तेरे ।
सारी नदियों में तू भागवाना, इसी कारण तू सबकी बड़ी माँ ।।

१३५. यमुना रानी

भारतीय सांस्कृतिक गीतमाला, मोती 606

दादरा ताल

जमुना नदी

स्थायी

गीत शारद ने मंजुल है गाया, साज नारद मुनि ने बजाया ।

---

[25] **सनातन नाता :** हे मैया! सनातन समय से ही हर जनम के अंत में मैं रक्षा के रूप में तेरी गोदी में विलीन होकर, पुन: मैं नया जन्म लेकर धरती पर वापस आ रहा हूँ ।

१३६. नर्मदा देवी

रत्नाकर से है मंगल रचाया, रामायण को है सुंदर सजाया ।।

♫ म-ग म-म- म प-म- ग म-प-, रे-ग म-म- मध- प- मग-म- ।

रेगम-म म- म ध-प- गम-प-, रे-ग-म- म- म ध-प- मग-रे- ।।

अंतरा-1

जै जै कालिंदी जै जमना रानी, आज अमृरित भया तोरा पानी ।

भागवाना बड़ी तू सरिऽता, तोरी धारा में हैं राम सीता ।।

♫ सां सां नि-रें-सां ध- नि-ध प-म-, सां-सां निनिरें- सांध- नि-ध प-म- ।

म-गम-म- मप- म- गम-प-, रेग म-म- म ध- प-म ग-रे- ।।

अंतरा-2

तोरा जल कीन्हा कालिऽया काला, जाको कीन्हा पवित्तर गोपाला ।

सारे ब्रज की तुझी पर है माया, नीर गंगा में तेरा समाया ।।

अंतरा-3

कृष्ण राधा की तू है विलासा, सजा तेरे किनारे पे रासा ।

देवी! जो भी तेरे तट पे आया, तूने उसको गले से लगाया ।।

१३६. नर्मदा देवी

भारतीय सांस्कृतिक गीतमाला, मोती 607

बालानंद-2 छन्द[26]

8 + 6, 8 + 6, 8 + 6, 8 + 6, 8 + 6, 8 + 6, 8 + 8, 8 + 8, 8 + 6, 8 + 6

नर्मदा देवी

---

[26] ♫ **बालानंद-2 छन्द :** बालानंद-1 छन्द में दो चरण 8-8 मात्रा के मिला कर बालानंद-2 छंद होता है । यह छन्द गाने के लिए बहुत मधुर है । **बालानंद-1 छन्द** में 14 मात्राएँ होती हैं । यति 8-6 पर विकल्प से आता है । गाने के लिए यह एक बहुत मधुर छन्द है । उसका सूत्र । । । । ऽ । ।, । । ऽ ऽ – ऽ ऽ ऽ । ।, ऽ ऽ ऽ – ऽ ऽ ऽ । ।, ऽ ऽ ऽ – । । ऽ, ऽ ऽ ऽ, ऽ ऽ ऽ है ।

▶ लक्षण गीत : ✍ **दोहा॰ पहले बालानंद में, मिलाय दो पद अंत ।**
आठ आठ के चरण से, "दूजा-बालानंद" ।।

१३६. नर्मदा देवी

अमृत कहता जग सारा, नदी नर्मदा की धारा ।
विंध्या गिरिवर से निकली, सातपुड़ा से फिर उछली ।
नाम राम का तू कहती, पश्चिम दिश को है बहती ।
राम चरण से, नाम स्मरण से ।
पवित्र जल का फव्वारा, महान नदिया की धारा ।। 1

तीरथ तेरा है न्यारा, देव देवता का प्यारा ।
निर्मल ये नीला पानी, जिसका ना कोई सानी ।
तू नदिया शुभ है गहरी, स्वर्गगंग सी तू नहरी ।
राम चरण से, नाम स्मरण से ।
पावन कहता जग सारा, मंगल सरिता की धारा ।। 2

भारतीय सांस्कृतिक गीतमाला, मोती 6082

दादरा ताल

नर्मदा देवी की कथा

स्थायी

गीत शारद ने मंजुल है गाया, साज नारद मुनि ने बजाया ।
रत्नाकर से है मंगल रचाया, रामायण को है सुंदर सजाया ।।
♫ म-ग म-म- म प-म- ग म-प-, रे-ग म-म- मध- प- मग-म- ।
रेगम-म म- म ध-प- गम-प-, रे-ग-म- म- म ध-प- मग-रे- ।।

अंतरा-1

राऽघव ने नदी नर्मदा से, हाथ जोड़े कहा वन्दना से ।
संग लछमन और है मेरी जाया, हमें गोदावरी ने बुलाया ।।
♫ सां-निनि रें- सांध- नि-धप- म-, सांसां नि-रें- सांध- नि-धप- म- ।
मग! मममम म- प- मग- म-प-, रे-ग म-म-मध- प- मग-रे- ।।

अंतरा-2

माते! तेरी कृपा है अपारा, जानता है जिसे विश्व सारा ।
देवी! हम पर रहे तेरी माया, शीश लछमन, सिया ने झुकाया ।।

अंतरा-3

नीर तेरा है पावन पुराना, तेरा तीरथ है पीयूष जाना ।

१३७. तापी देवी

जोभी तेरे किनारे पर आया, जीवन का समाधान पाया ।।

अंतरा-4

राम तेरे किनारे खड़े हैं, धर्म रक्षा के रण में पड़े हैं ।
नीर माता ने धीमा कराया, और राघव का बेड़ा तराया ।।

१३७. तापी देवी

भारतीय सांस्कृतिक गीतमाला, मोती 609

तापी मैया

स्थायी

जल का मंद करो, ता थैया! नाव में बैठे राम रमैया ।

♪ सारे ग- म-ग रेसा-, रे- ग-म-! ग-रे ग म-म- प-म गरे-ग- ।

अंतरा-1

बोला लछमन, तापी मैया! सुनियो अरज, पड़ूँ मैं पैंया ।

♪ म-प धधधध, प-म- ग-म-! गगग- ममम, पम- ग- रे-ग- ।

अंतरा-2

लहरें बंद करो री, माता! राम संग है सीता मैया ।

अंतरा-3

कंज तरंग करो री, माता! बोला सादर, लक्ष्मण भैया ।

अंतरा-4

मन आनंद धरो री, माता! भव की राम चलावत नैया ।

भारतीय सांस्कृतिक गीतमाला, मोती 610
खयाल : राग बागेश्री, तीन ताल 16 मात्रा

चंदा चकोरी

स्थायी

चंदा चकोरी, चंदा चकोरी, रात चाँदनी,
आसमान में टिम-टिम तारे । चंदा चकोरी, रात चाँदनी ।।

♫ रेसानिध निसा-म- म-प धमगरेसा, रेसानिध निसा-म-, म-प धमगरेसा,
गमधधनिसांसां सां- गग गम गरेसा, रेसानिध निसा-म-, म-प धमगरेसारे ।।

अंतरा-1

नील गगन से मोतियन बिखरे, धरती पर बैकुंठ उतारे ।

♫ गमध निसां सां सां- धनिसांगं रेंसांनिध, धनिसांमं गंरें सां-ग-ग मगरेसा ।

अंतरा-2

सुंदर सृष्टि, भुवन सुखारे, कण-कण तन-मन मंगल सारे ।

भारतीय सांस्कृतिक गीतमाला, मोती 611

दादरा ताल

ताप्ति देवी की कथा

स्थायी

गीत शारद ने मंजुल है गाया, साज नारद मुनि ने बजाया ।
रत्नाकर से है मंगल रचाया, रामायण को है सुंदर सजाया ।।

♫ म-ग म-म- म प-म- ग म-प-, रे-ग म-म- मध- प- मग-म- ।
रेगम-म म- म ध-प- गम-प-, रे-ग-म- म- म ध-प- मग-रे- ।।

अंतरा-1

"सूर्यकन्या" कही "धर्मदाती," तापी अनुजा नदी नर्मदा की ।
आज का दिन उसे भाग्य लाया, तीर पर आज श्री राम आया ।।

♫ सांसांनि-रें- सांध- नि-धप-म-, सांसां निनिरें- सांध- नि-धप- म- ।
म-ग म- मम मप- म-ग म-प-, रे-ग मम म-म ध-प-म ग-रे- ।।

अंतरा-2

देख निर्मल वो नदिया की धारा, हर्ष सीता के मन में अपारा ।
तापी नदिया ने बेड़ा तराया, राम-सीता को पार कराया ।।

अंतरा-3

राऽघव का चरण स्पर्श पाके, नीर अमृत भए ताप्ति माँ के ।
नभ से नारद जी फूल बरसाया, नाद जै जै से जिया लऽहराया ।।

१३८. गोदावरी देवी

भारतीय सांस्कृतिक गीतमाला, मोती 612

दादरा ताल

देवी गोदावरी की कथा

स्थायी

गीत शारद ने मंजुल है गाया, साज नारद मुनि ने बजाया ।
रत्नाकर से है मंगल रचाया, रामायण को है सुंदर सजाया ।।

♪ म-ग म-म- म प-म- ग म-प-, रे-ग म-म- मध- प- मग-म- ।
रेगम-म म- म ध-प- गम-प-, रे-ग-म- म- म ध-प- मग-रे- ।।

अंतरा-1

नौ नदियों में मानी पुरानी, नद गोदावरी सबकी रानी ।
नीर इसका है तीरथ कहाया, मठ तट पर मुनि ने बनाया ।।

♪ सां- निनिरें- सां ध-नि- धप-म-, सांसां नि-रें-सांध- नि-ध प-म- ।
म-ग म-म- म प-मम गम-प-, रेग मम म- मध- प- मग-रे- ।।

अंतरा-2

विंध्या वन से मुनि जब था धाया, तट गोदावरी पर था आया ।
पाँच वट की जहाँ पर थी छाया, पंचवटी का वो तीरथ बसाया ।।

अंतरा-3

नीर इसका है अमृत की धारा, जिसका दैवी महा गुण है भारा ।
इसका तीरथ, चलाय कर माया, पूज्य "दक्षिण की गंगा" कहाया ।।

१३९. कावेरी देवी

भारतीय सांस्कृतिक गीतमाला, मोती 613

कावेरी देवी

(मराठी)

१४०. रामभूमि अयोध्या

स्थायी

कावेरी नदी, पावन ग! जल धारा ।

♪ गमध- प-म-, प-पप नि‍ध पमग- ।

अंतरा–1

कवेर मुनींची कन्या, कृष्णेची ताई ।
दोघींना पूर्व उतार ।।

♪ मधनि- सांसां-सां- नि-सां-, सां-धसां नि-ध- ।

नि-नि-नि सांनि‍ध पमग- ।।

अंतरा–2

सासरी जाण्या तिला, आहे ग! घाई ।
खळखळ जळ तिचे फार ।।

अंतरा–3

अभिषेक शिवाजींचा, आज ग! बाई ।
सात नद्यांचे शुचि नीर ।।

१४०. रामभूमि अयोध्या

भारतीय सांस्कृतिक गीतमाला, मोती 614
भजन : राग रत्नाकर, कहरवा ताल 8 मात्रा

दशरथ जी की अयोध्या

स्थायी

लाल पीले फूल खिले, पंछी सुंदर चहक रहे ।
नन्हे मुन्ने सुन कर उनको, भागे-भागे आते हैं ।।

♪ ग-ग प-म- ग-रे गम-, ग-प- ध-पम गगरे गम- ।
रे-रे- ग-ग- मम मम गगम-, प-ध- प-म- ग-मग रे- ।।

अंतरा–1

रंग बसंती छाया है, बाग में ईश्वर आया है ।
हरा हरा सा बिछा गलीचा, उसका स्वागत करता है ।।

♪ प-म गरे-ग- प-मप ध-, नि‍ध प म-मम प-मप ध- ।

१४०. रामभूमि अयोध्या

रेग- मग- रे- गप- मग-रे-, गगग- प-पप मगमग रे- ।।

अंतरा-2
मंगल मौसम फूलों का, मंजुल झूला झूलों का ।
जरा जरा सा ठंढा मौसम, तन में सिहरन भरता है ।।

अंतरा-3
मोर पपीहा नाचे रे, कोयल कूहू बोले है ।
हरा हरा सा शावक तोता, मिट्ठू मीया कहता है ।।

भारतीय सांस्कृतिक गीतमाला, मोती 615

भजन : राग रत्नाकर, कहरवा ताल 8 मात्रा

अवध पुरी

स्थायी
अवध पुरी जग से न्यारी, नर सुर ईश्वर की प्यारी ।
♪ रेरेरे रेग- रेसा रेग रेगम-, पप पप ध-पम गप मगरे- ।

अंतरा-1
सरयू नद के तट पर नगरी, अमृत जल की है गगरी ।
♪ रेगम- पप प- धध धनि धपप-, प-पप धप म- गप मगरे- ।

अंतरा-2
मातु प्रेम सम मंगलकारी, जनपद की प्राण पियारी ।

अंतरा-3
राम-राज्य की नींव सुनहरी, राम जनम की अधिकारी ।

अंतरा-4
भारत माँ की प्यारी दुलारी, हम तेरे हैं बलिहारी ।

भारतीय सांस्कृतिक गीतमाला, मोती 616

दादरा ताल

अयोध्या वर्णन की कथा

स्थायी

गीत शारद ने मंजुल है गाया, साज नारद मुनि ने बजाया ।
रत्नाकर से है मंगल रचाया, रामायण को है सुंदर सजाया ।।

♫ म-ग म-म- म प-म- ग म-प-, रे-ग म-म- मध- प- मग-म- ।
रेगम-म म- म ध-प- गम-प-, रे-ग-म- म- म ध-प- मग-रे- ।।

अंतरा-1

सरयु सरिता किनारे है न्यारी, सजी सुंदर महासुख की क्यारी ।
घर आँगन में हँसमुख है नारी, कन्या भगिनी स्वसा मातु जाया ।।

♫ सां-सां निनिरें- सांध-नि- ध प-म-, सांसां नि-रें- सांध-निनि ध प-म- ।
मग म-म- म- पपमम ग म-प-, रे-ग- ममम- धप- म-ग म-रे- ।।

अंतरा-2

फूल गेंदा सेवंती चमेली, कुन्द कैरव जपा पुष्प बेली ।
त्रिभुवन में जो जानी अकेली, स्वर्ग भूमिऽ कहाती अयोध्या ।।

अंतरा-3

नींव रघुकुल की जग में वो जानी, सारी दुनिया के नगरों की रानी ।
इक्ष्वाकुऽ जहाँ था विराजा, राम सीता ने गौरव बढ़ाया ।।

१४१. तीर्थक्षेत्र चित्रकूट

भारतीय सांस्कृतिक गीतमाला, मोती 617

चित्रकूट

स्थायी

ये चित्रकूट परम रम्य है, भूमि यहाँ की अति धन्य है ।
राम! राम! रव कण-कण में है, श्री राम-नाम उमँग है ।।

♫ रे- प-पम-ग मगरे सा-ग रे-, ग-प- मग- म- गग रे-नि़ सा- ।
सा-सा! रे-रे! रेरे गग गग म- ग-, म- ग-रे सा-रे सानि़-ध़ सा- ।।

अंतरा-1

चित्रकूट के वन के अंदर, आश्रम हैं मुनियन के सुंदर ।
राम-नाम का सुख सुर सागर, सप्त स्वरों के तरंग हैं ।।

♫ सा-नि़ध़-नि़ सा- रेरे नि़- सा-सासा, म-गरे सासारेरे ग- म- ग-रेरे ।

१४२. पवित्र धाम पंचवटी

सा–रे ग–म ग– मम पप म–गरे, ध–प मग– रे– सानि–ध सा– ।।

अंतरा–2

चित्रकूट में स्वयं तराशा, विश्वकर्मा स्वर्ग का नक्शा ।
पुष्प पर्ण फल तरु पर पंछी, जिनके विविध विध रंग हैं ।।

अंतरा–3

सघन विपिन में शीतल सुंदर, जल सरिता से धौत सुमंगल ।
राम राम रव का रस उज्ज्वल, ये स्वर्ग का एक अंग है ।।

अंतरा–4

प्रति दिन ऋषि–मुनि जन सुर आते, कवि कोकिल से शुभ वर पाते ।
राम–नाम रस पी कर जाते, ये रामायण प्रारंभ है ।।

१४२. पवित्र धाम पंचवटी

भारतीय सांस्कृतिक गीतमाला, मोती 618

भजन : राग बागेश्री, कहरवा ताल

पंचवटी

स्थायी

निश–दिन संग में, नाथ हमारे! पीछे पीछे साथ तिहारे ।
पग पग चलूँ मैं, पंथ निहारे ।।

♫ साग मध पधसांनिध म– ग–रे रेम–म–! –मगरेसा म–म– –सागम धप–म– ।
–मध धध धध निध सां–नि धमगरेसा ।।

अंतरा–1

राहों में काँटे हैं बिखरे, पशु बेशुमार डोरे डारे ।
धोखा पल छिन असुर जनों से, डगमग हैं अब भाग्य हमारे ।।

♫ –मगम ध– निधसां– सां– रेंनिसां–, –निनि सांगंरेंसांसां– नि–सां– नि–ध– ।
–ध–ध निनि धध मगग मरेरे सा–, –निसा मम ध– निध सां–नि धमगरेसा ।।

अंतरा–2

चल कर जोजन साँझ सकारे, अवध नगर को पीछे छोरे ।
आए पंचवटी के द्वारे, मनहर स्थान जो चित्त को हारे ।।

१४२. पवित्र धाम पंचवटी

अंतरा-3

इस थल को आवास बनाएँ, वन तापोभूमि जाना जाए ।
रामायण की नींव सजाएँ, जन हित का इतिहास रचाएँ ।।

भारतीय सांस्कृतिक गीतमाला, मोती 619

सुंदर पंचवटी

स्थायी

पंचवटी अति सुंदर है, जल धारा गिरि कंदर हैं ।
रंग भरे खग बंदर हैं, मोद विपिन के अंदर है ।।

♪ सा-रेरेग– रेसा रे-गग म-, पप म-ग– रेरे सा-रेरे सा– ।
सा-सा सारे– रेरे ग-गग म-, प-प पमम म- ग-रेरे सा- ।।

अंतरा-1

पुष्प लताएँ तरु पर हैं, कमल दलों पर मधुकर हैं ।
चटक चहकते मधु रव हैं, सौरभ अनुपम मनहर है ।
मंगल रंग समुंदर है ।।

♪ प-प पप-प धध धध प-, गगग गग- गग ममपम ग- ।
सासासा सारेरेरे- गग मम प-, म-पप मममम गगरेरे सा- ।।

अंतरा-2

गिरि मंडल पर हरियाली, पवन शीत प्रभाशाली ।
स्वर्ग भूमि भूतल वाली, स्वयं इन्द्र जिसका माली ।
सींचत धरती अंबर है ।।

अंतरा-3

वीणा लेकर नारद जी, कुबेर गणपति शारद जी ।
किन्नर सुर कोविद सारे, आते पंचवटी के द्वारे ।
ब्रह्मा विष्णु शंकर हैं ।।

भारतीय सांस्कृतिक गीतमाला, मोती 620
खयाल : राग मालकंस, कहरवा ताल 8 मात्रा

पंचवटी

१४२. पवित्र धाम पंचवटी

स्थायी

रिम झिम बरसत बादल गरजत, सावन आयो, रंग लायो रे ।

♫ गग मम धधनिनि सां-धम गमगसा, सां-सांसां नि-नि- ध-निसां सांनिधमगसा ग-।

अंतरा-1

पंचवटी के हर प्रांगण में, फूल गुलाली, बिखरायो रे ।

♫ गगममध- नि- सांसां सां-गंनि सां-, निनिनि निनि-नि, निधनिसांनिधम ग-।

अंतरा-2

सिय की कुटी के दर आंगन में, गुत पर पानी, उछलायो रे ।

भारतीय सांस्कृतिक गीतमाला, मोती 621

दादरा ताल

पंचवटी में सीताराम आगमन

स्थायी

गीत शारद ने मंजुल है गाया, साज नारद मुनि ने बजाया ।
रत्नाकर से है मंगल रचाया, रामायण को है सुंदर सजाया ।।

♫ म-ग म-म- म प-म- ग म-प-, रे-ग म-म- मध- प- मग-म- ।
रेगम-म म- म ध-प- गम-प-, रे-ग-म- म- म ध-प- मग-रे- ।।

अंतरा-1

पाँच बरगद जहाँ पर खड़े थे, वन दंडक में विश्रुत बड़े थे ।
स्थान मंगल मुनिऽवर बताया, राम सीता ने पावन बनाया ।।

♫ सांसां निनिरेंरें सांध- नि- धप- म-, सांसां नि-रेंरें सां ध-निनि धप- म- ।
म-ग म-म- मप-मम गम-प-, रे-ग म-म- म ध-पप मग-रे- ।।

अंतरा-2

चाही सीता ने कुटिया थी जैसी, लछमन ने करी बस वैसी ।
चारों बाजू से बाड़ा लगाया, आगे सुंदर सा फाटक सजाया ।।

अंतरा-3

हरियाली में सारंग सुहाते, मृग सीता के नैन लुभाते ।
रंग फूलों ने स्वर्ग दरसाया, देख सीता का मन हऽर्साया ।।

१४३. व्रजभूमि

भारतीय सांस्कृतिक गीतमाला, मोती 622

गोकुल

स्थायी

गोकुल, ब्रज भूमि की रानी ।

♫ ग-रेसा, गम ध-प- म- ग-म- ।

अंतरा-1

किशन का गोकुल स्वर्ग समाना, कहीं न इसका सानी ।
गौवन का क्षीर, गोपी कान्हा, जमुना जी का पानी ।।

♫ नि़नि़सा रे ग-गग ग-म धप-म-, गम- प धधनि- ध-प- ।
सां-निध प- धध, नि-ध- प-म-, सारेग- प- म- ग-म- ।।

अंतरा-2

मोर पपीहे कोयल बोले, मंजुल रव की वाणी।
ग्वाल बाल मधुबन में खेले, गोपी कृष्ण दीवानी ।।

अंतरा-3

इन्द्र भूमि का यहाँ दर्श है, अमृत जैसा पानी ।
दैवी माया यहाँ स्पर्श है, अमर यहाँ हर प्राणी ।।

भारतीय सांस्कृतिक गीतमाला, मोती 6230

भजन : राग आसावरी, कहरवा ताल 8 मात्रा

नंद बलरामा

स्थायी

नंद बलरामा, संग सुदामा, देवकी नंदन हरि घनश्यामा ।
ग्वालिन राधा मैया यशोदा, गोप गोपिका गोकुल धामा ।।

♫ सारे ममप-प-, पमप सांध-प-, म-मम प-पप धध मपग-रेसा ।
सारेम-म प-प- पमप सांध-प-, म-म प-पप- ध-मप ग-रेसा ।।

अंतरा-1

मेरी जीवन सागर नैया, कृष्ण कन्हैया, कहत सुदामा ।

♫ म-प- ध-नीध सां-सांसां रेंनी-सा-, नी-नी नीसां-सां- नीसांरें सांध-प- ।

अंतरा-2

नंद के घर से माखन छुपके, लात दमोदर, खात सुदामा ।

अंतरा-3

मधुबन में हरि धेनु चरावत, संग गवन के जात सुदामा ।

अंतरा-4

जमुना तट पर फोरत मटकी, नंद लला के, साथ सुदामा ।

अंतरा-5

पनघट पर जब बांसुरी बाजे, सुध-बुध खो कर, गात सुदामा ।

अंतरा-6

जल क्रीडा से वस्त्र गोपि के, श्याम चुरावत, लजत सुदामा ।

अंतरा-7

कंस मिलन जब जात मुकुंदा, राधा यशोदा रोत सुदामा ।

अंतरा-8

द्वारिका नगरी राज महल में, कृष्ण से करता, बात सुदामा ।

१४४. मधुबन

भारतीय सांस्कृतिक गीतमाला, मोती 624

भजन : राग मुल्तानी कहरवा ताल 8 मात्रा

मधुबन

स्थायी

मधुबन माया आज नियारी, विपिन में आए विपिनविहारी ।

♫ सारेमम प-प- ध-प मप-ध-, सांधप ध म-प- धपमपमरेसा- ।

अंतरा-1

आज है वन की शोभा सुंदर, खिला विपिन में सुमन समुंदर ।

भूमि पर मृदु हरी हरियाली, भ्रमर तितलियाँ डारी-डारी ।।

♫ सा-रे रे मम प- सांधप- ध-पम, रेम- पपप प- धपम मप-मम ।

सां-रें- सांसां धप धध धसांध-प-, ममम पपपध- म-प- मगरे- ।।

अंतरा-2

रंग-रंग के फूल गुलाबी, लाल बैंगनी पीत गुलाली ।
महक गुलों की वन में बिखरी, स्वर्ग हूबहू शोभा निखरी ।।

अंतरा-3

आज विपिन में खग रव न्यारा, गुँजर हरि के नाम का प्यारा ।
साथ बजावे मधुर बांसुरी, मुरली मनोहर, हरि मुरारी ।।

भारतीय सांस्कृतिक गीतमाला, मोती 625

विपिन विहारी

स्थायी

बाजे विपिन में मुरली सुखारी, आयो खेलन कृष्ण मुरारी ।
♫ सारेम- पपप प पमप सांध-प-, म-म- प-पप ध-म पग-रेसा ।

अंतरा-1

गोप वृंद के साथ पधारे, मोहन प्यारे नाथ हमारे ।
लाए वन में हर्ष फूआरे, राधा के हरि कृष्ण मुरारी ।।
♫ म-प ध-नि ध- सां-सां सांगंनिसां-, नि-निनि सां-सां- निसांरें सांध-प- ।
सारेम- पप प- पमप सांध-प-, म-म- प- पप ध-म पग-रेसा- ।।

अंतरा-2

मोर पंख का मुकुट है धारे, फूल चमेली बालों में प्यारे ।
सुंदर मूरत मंगलकारी, मुरली मनोहर कृष्ण मुरारी ।।

अंतरा-3

बाल किशन कान्हा व्रज वासी, नंद का लाला विघ्न विनाशी ।
बंसी बजावे हिरदय हारी, कुंज बिहारी कृष्ण मुरारी ।।

भारतीय सांस्कृतिक गीतमाला, मोती 626

व्रज भूमि

स्थायी

व्रज भूमि में इन्द्र का धाम, मथुरा भद्र जनों का ग्राम ।

१४५. मथुरा नगरी

बसा है सबके मन में राम, निस दिन मुख में कृष्ण का नाम ।।

♪ साम म-मप मग गमप म प-प, पपपध पमम मरे- ग- म-म ।
साम- म मपमग गम पम प-प, पप पध पम म- रे-ग ग म-म ।।

अंतरा-1
ग्वाल बाल सह मिलकर गायो, दुख भरे दिन श्रीकृष्ण हटायो ।
नर अवतार में हरि का काम, बोलो, जय जै, कृष्ण का नाम ।।

♪ सां-सां रें-सां निध धधनिरें सां-सां-, धध धम मध निसांधपम गम-म- ।
साम मममपम ग गम पम प-प, प-पध, पम म-, रे-ग ग म-म ।।

अंतरा-2
गोप गोपी सब रास रचाये, कुंज गलिन में नाच नचाये ।
राधा का गा गाकर नाम, बोलो, जय जै, जै सिया राम ।।

अंतरा-3
देव-देवता सब हरषायो, शुभ आशीष बादल बरसायो ।
पूरण हैं सबके अरमान, बोलो, जय जै, जै भगवान ।।

१४५. मथुरा नगरी

भारतीय सांस्कृतिक गीतमाला, मोती 627

राजा अग्रसेन की मथुरा

स्थायी
मथुरा नगरी भव में प्यारी, स्नेह शाँति की फुलवारी ।
सुंदर मंगल जग में न्यारी, स्वर्ग सेती सुखकारी है ।।

♪ सारेग- गगग- मग रे- रे-रे-, म-म म-म म- पधप-म- ।
सां-निध नि-धप पप धप मगम-, प-म प-ध पमपमगरे सा- ।।

अंतरा-1
यहाँ न कोई चोरी लड़ाई, ना कुल द्रोही ना हरजाई ।
यहाँ सभी हैं भाई-भाई, सब मुख मीठी वाणी है ।

♪ गम- म ध-नि सां-नि धनि-सां-, सां- निधनि-सां- नि धपम-प- ।
मप- धनि- ध- प-म- प-म-, मम मम प-म- ग-रे- सा- ।।

अंतरा-2

सभी हैं दानी, सभी हैं ज्ञानी, सभी हैं स्नेही, सभी हैं प्रेमी ।
कोई न इनका कहीं है सानी, मथुरा जग की रानी है ।।

भारतीय सांस्कृतिक गीतमाला, मोती 628

राग खमाज, कहरवा ताल

सुनो रे कंस !

नारदजी उवाच

स्थायी

सुनो कहना सखे मेरा, जमाना सिर नवाएगा ।
हटाओ पाप को मन से, ये मौका फिर न आएगा ।।
♫ सारे- गगम- गरे- ग-म-, गम-प- नि- धप-ग-म- ।
सारे-सा- रे-ग म- पम ग-, ध प-म- ग- म ग-रेनि़सा- ।।

अंतरा-1

सुधारो भूल अपनी को, भुलादो बैर के कल को ।
बनाओ सफल जीवन को, ये सौदा फिर न आएगा ।।
♫ रेग-म- प-म गमग- रे-, गम-प- नि-ध प- गम प- ।
रेग-म- ममम प-मग म-, ध प-म- ग- म ग-रेनि़सा- ।।

अंतरा-2

बिसारो यार को ऐसे, जगत को जो सताता है ।
बिठालो प्यार को दिल में, ये लौटा फिर न आएगा ।।

अंतरा-3

मिला है आज ये मौका, दुबारा फिर न आएगा ।
संभालो आखरी दम तक, ये दौड़ा फिर न आएगा ।।

भारतीय सांस्कृतिक गीतमाला, मोती 629

दुष्ट कंस की मथुरा

१४५. मथुरा नगरी

स्थायी

ये पावन मथुरा नगरी, इसे कंस ने आग लगाई ।
उनको अब कौन बचाए, जिनका नृप कंस कसाई ।
आजा रे कृष्ण कनाई ।।

♫ रेसा रे–गग मंमंगरे गमंप–, गरे रेगमं ग सा–रे मंमंगग– ।
गमंप– मंग ध–प मंग–मं–, गमंप– धप मं–ग राग–मं– ।
गमंप– मंग सा–रे मंमंगग– ।।

अंतरा–1

खून खराबा, शोर शराबा, मौत यहाँ मँडराए ।
जन घबड़ाए, सब भरमाए, उपाय बूझ न पाए ।
तन तरसाए, मन मुरझाए, विपद यहाँ पर छाई ।।
आजा रे कृष्ण कनाई ।।

♫ रे–ग मंप–प–, ध–प मंग–मं–, नि–ध पमं– पधमं–प– ।
धध पमंग–मं–, पप मंगरे–ग–, निध–प मं–ध प मं–ग– ।
रेरे रेरेग–ग–, मंमं मंमंप–प–, धधधध पमं– गग मं–प– ।
गमंप– मंग सा–रे मंमंगग– ।।

अंतरा–2

राज्य असुर का, नाम न सुर का, कंस के निसदिन नारे ।
भय दुस्तारे, डर के मारे, जान के पड़ गए लारे ।
भाग्य हमारे बिगड़े सारे, बदी की पड़ी परछाई ।।
आजा रे कृष्ण कनाई ।।

अंतरा–3

कोई न तारक, संकट हारक, लालन पालन कारी ।
सज्जन सारे, कैद में डारे, बाल वृद्ध नर नारी ।
कोई न रक्षक, सभी हैं भक्षक, सरकार यहाँ हरजाई ।।
आजा रे कृष्ण कनाई ।।

भारतीय सांस्कृतिक गीतमाला, मोती 630

भजन : राग रत्नाकर, कहरवा ताल

आर्त विलाप

१४५. मथुरा नगरी

स्थायी

हे प्रभो! अब तो बता, दुख हरन कब आएगा- - - ।

♪ ग- रेसा-! रेग प- मग-, गम पधप मग- सा-रेग- - - ।

अंतरा-1

सामने विपदा खड़ी है, देह पर छाले पड़े ।
तेरी माया के बिना, मन चयन नहीं पाएगा ।।

♪ ग-मप- निधप- गम- प-, म-प ध- नि-सां- निध- ।
सां-नि ध-प- नि- धप-, मम- गगग पम- सा-रेग- ।।

अंतरा-2

आस तुझ पर ही लगी है, हाथ हतबल हैं पड़े ।
तेरे दरशन के बिना, अब सबर नहीं आएगा ।।

अंतरा-3

भाग्य सब रूठे पड़े हैं, ख्वाब सब टूटे पड़े ।
तेरी छाया के बिना, बोल क्या कर पाऊँगा ।।

अंतरा-4

प्राण की बाज़ी लगी है, जान के लाले पड़े ।
तेरी किरपा के बिना, सुख से मरण न आएगा ।।

भारतीय सांस्कृतिक गीतमाला, मोती 631

भजन : राग देस, कहरवा ताल

सुनो रे हरि

स्थायी

सुनो रे हरि! दुखी दीनन की पुकार ।

♪ गरे रे पम-! गग म-पप सां निध-ध ।

अंतरा-1

धर्म की युग-युग रक्षा करने, दुर्जन का संहार, सुनो रे हरि ।

♪ ग-ग म पप पप सां-नि- धधप-, ग-गम प- नि-ध-ध, गरे रे पम-! ।

अंतरा-2

अत्याचार है आम यहाँ पर, दिन में भी अंधकार, सुनो रे हरि ।

अंतरा–3

मुख में राम बग़ल में छुरी, मन में घन अविचार, सुनो रे हरि ।

अंतरा–4

तुम सुर तारक असुर संहारक, निरधन के आधार, सुनो रे हरि ।

अंतरा–5

राह तकत सब पल–छिन तुमरी, कब लोगे अवतार, सुनो रे हरि ।

भारतीय सांस्कृतिक गीतमाला, मोती 632

कहरवा ताल

दुष्ट कंस दमन

स्थायी

स्वरदा ने सुंदर गाया है, नारद ने साज बजाया है ।
रतनाकर गीत रचाया है ।।

♫ सानि़सा– गरे सा–नि़नि़ सा–रेम ग–, गममग पम ग–रे सासा–रेम ग– ।
गगरेसासासा रे–ग मगरेसानि़ सा– ।।

अंतरा–1

जब कंस बना नृप मथुरा का, अरु पितु को कारा में फेंका ।
वसुदेव देवकी फिर उसने, डाले कैद में सुत को हनने ।।
उसे नभ वाणी ने डराया है ।।

♫ पप मरेम मप– पम पनिधप प–, पप मग गसा सागमप गरे सानि़सा– ।
सानि़सा–ग रे–सानि़– सासा रेमग–, सानि़सा– गरेसा सा नि़नि़ सा– रेमग– ।
गग रेसा सा–रे– ग मगरेसानि़ सा– ।।

अंतरा–2

माऽरे कैद पे भारी ताले, निश–दिन रक्खे पहरे वाले ।
जब सात शिशु उसने मारे, पत्थर पर पटक पटक सारे ।
अब अष्टम की हि प्रतीक्षा है ।।

अंतरा–3

जिस को निश–दिन साँई तारे, उसको कैसे कोई मारे ।
जब अष्टम शिशु जग में आया, तब माया का बादल छाया ।

जिन लीला गजब चलाया है ।।

भारतीय सांस्कृतिक गीतमाला, मोती 633

कान्हा मत जा

स्थायी

कान्हा मत जा रे ।

वृंदावन में नंद जसोदा, द्वारावती दूर है, मोहे मत तज रे ।

♬ निसानिध निरे रेग सा- ।

♬ रे-रे-रेरे रेसा रेमम पग-रेसा, गपम-गग रेनिसा रे-, निसानिध निरे रेग सा- ।

अंतरा-1

तू मेरी है प्रीत कहाई, साथ मिलन के बनी जुदाई ।

दुनिया की रीत है, रा-धे! जाने दे ।।

♬ रे- ग-म- प- ध-प मगम-, सां-नि धपप म- गम- पम-ग- ।

मगम- ग- रे-ग म-, निसानिध! निरेरेग सा- ।।

अंतरा-2

दोस पुराना गोप सुदामा, गोप गोपियाँ, साथ सुहाना ।

राधा को छोड़के, श्यामा! मत जा रे ।।

अंतरा-3

कारज के अरु काम पड़े हैं, आगे संकट आन खड़े हैं ।

मेरा कर छोड़ दे, राधे! जाने दे ।।

भारतीय सांस्कृतिक गीतमाला, मोती 634

जाओ हरि!

स्थायी

कान्हा! कंस-दमन तुम जाओ, गिरिधर! कार्य सफल कर आओ ।

♬ सारेग- म-प धपप मम गरेसा-, सासारेरे! ग-ग ममम पम ग-रेसा ।

अंतरा-1

राह तकत है देवकी मैया, वसुदेव जी अग्रसेन जी ।

अब, जाके उन्हे छुड़वाओ ।।

♬ ग-म पधध प- ध-पप नि-ध-, पध-निसां नि- सां-निधनि ध- ।

मम, प-ध पम- गगरे-सा- ।।

अंतरा-2

माँ के आशीष साथ तिहारे, बलदाऊ भी संग तुम्हारे ।

मत, बैरी से घबराओ ।।

अंतरा-3

राधा गोपी गोप सुदामा, जन वृंदावन गोकुल धामा ।

तुम, सारा व्रज हरषाओ ।।

अंतरा-4

भारत नारी धर्मचारिणी, कहती तुमको मातु नंदिनी ।

हरि! कार्य करम दिखलाओ ।।

भारतीय सांस्कृतिक गीतमाला, मोती 635

बाल कृष्ण ने तारा

स्थायी

हमें बाल कृष्ण ने तारा, उस पापी कंस को मारा ।

♬ रेग म-म प-म ग- रे-ग-, मम नि-ध प-म ग- रे-सा- ।

अंतरा-1

वृंदावन में स्वर्ग बसायो, कुंज गलिन में राधा रमायो ।

नंद यशोदा धन्य करायो, गोविंद नंद का प्यारा ।।

♬ गरेग-मम प- ध-प मग-म-, नि-ध पमम प- सां-नि धप-ध- ।

ध-प मप-ध- प-म गम-प-, प-म-ग रे-ग म- ग-रेसा- ।।

अंतरा-2

कंस पापी के अनुचारी सारे, भेज दिए सब स्वर्ग दुआरे ।

मुक्त किए मुनि भगत पुजारी, आनंद कंद जग सारा ।।

अंतरा-3

माता-पिता को कैद छुड़ाया, व्रज जन का सब ताप हराया ।

अग्रसेन पर मुकुट चढ़ाया, मथुरा का राज उबारा ।।

भारतीय सांस्कृतिक गीतमाला, मोती 636

कंस वध की कथा

स्थायी

स्वरदा ने सुंदर गाया है, नारद ने साज बजाया है ।
रतनाकर गीत रचाया है ।।

♫ सानि़सा- गरे सा-नि़नि़ सा-रेम ग-, गममग पम ग-रे सासा-रेम ग- ।
गगरेसासासा रे-ग मगरेसानि़ सा- ।।

अंतरा-1

दिखला दे जोर पयस का तू, कहते हैं बना है अयस्[27] का तू ।
मैं अस्त्र शस्त्र सब लाया हूँ, सौ हाथी का बल पाया हूँ ।
ये अविनाशी मम काया है ।।

♫ पपमरे म- प-प मपनि धप प-, पपमग ग सासाग म पगरे सानि़ सा- ।
सानि़ सा-ग रेसासा नि़नि़ सा-रेम ग-, सानि़ सा-गरे सा- नि़नि़ सा-रेम ग- ।
ग- रेसासा-रे- गम गरेसानि़ सा- ।।

अंतरा-2

कब कौन किसे मारे, मामा! बस कर्म दिलावे यम धामा ।
तुम और न पाप करो, मामा! है दुराचार को भी सीमा ।
ये कर्मधर्म बतलाया है ।।

अंतरा-3

बहु अस्त्र चलाए मामा ने, हरि पर काम न कोई आए ।
ज्यों ही मामा हरि पर लपटा, हरि ने उठाय उसको पटका ।
नभ वाणी सत्य बनाया है ।।

भारतीय सांस्कृतिक गीतमाला, मोती 637

---

[27] अयस् = लोहा ।

मथुरा मुक्त हुई

स्थायी

मथुरा, फिर से मुक्त कियो, अब, कंस का त्रास गयो ।

♫ गगम–, पम ग– रे–सा– ऩिसा–, गग, प–म ग– रे–ग रेसा– ।

अंतरा–1

व्रज जन सारे, डर के मारे, प्राण हथेली पर थे धारे ।

सब मुक्तानंद भयो, अब, कंस का पाश गयो ।।

♫ गरे गम प–प–, धप मग प–ध–, सां–नि धप–ध– मम प– नि–ध– ।

मम प–म–ग–रे गम–, गग, प–म ग रे–ग रेसा– ।।

अंतरा–2

नभ वाणी को सत्य बनायो, सदाचार को नित्य करायो ।

हरि हेतु सफल भयो, जब, कंस का राज गयो ।।

अंतरा–3

इन्द्रपुरी सम राज है फिर से, मथुरा पावन जमुना नीर से ।

कटु कल्मष सकल गयो, सब, कंस का नाश भयो ।।

१४६. वृंदावन

भारतीय सांस्कृतिक गीतमाला, मोती 638

वृंदावन गमन

स्थायी

स्वरदा ने सुंदर गाया है, नारद ने साज बजाया है ।

रतनाकर गीत रचाया है ।।

♫ साऩिसा– गरे सा–ऩिऩि सा–रेम ग–, गममग पम ग–रे सासा–रेम ग– ।

गगरेसासासा रे–ग मगरेसाऩि सा– ।।

अंतरा–1

डर कर बोली जसमति मैया, अब गोकुल में डर है दैया! ।

जब कृष्ण को वो हनना चाहे, तब गोकुल में रहना काहे ।

श्रीकृष्ण हमारा जियारा है ।।

♫ पप मरे म-प- पमपनि धपप-, पप मगगसा साग मप गरे सानि़सा-! ।

सानि़ सा-ग रे सा- नि़नि़सा- रेमग-, सानि़ सा-गरे सा- नि़नि़सा- रेमग- ।

ग-रेसासा सारे-ग मगरेसानि़ सा- ।।

अंतरा-2

हम वृंदावन में जाएँगे, उत अपना वास बनाएँगे ।

बोऽले गोकुल वासी सारे, हम केसव के हैं बलिहारे ।

हमने भी साथ में जाना है ।।

अंतरा-3

भर भर केऽ गाड़िऽयाँ छकड़े, लेकर दाना बरतन कपड़े ।

व्रज नर नारी सब गोकुल के, जन गौअन लेकर मिल जुल के ।

हरि वृंदावन में आया है ।

भारतीय सांस्कृतिक गीतमाला, मोती 639

याद करो हरि

स्थायी

याद करो तुम, हरि! याद करो ।

राम तुम मेरे थे, श्याम तुम मेरे हो ।।

♫ नि़-रे गरे- सा-, रेरे! प-मं गरे- ।

गमं प- निध- प-, मं-ग मं- गरे- सा- ।।

अंतरा-1

सिया राम बन हम, अवध में मिले थे ।

काटों की राहें, संग चले थे ।

धर कर चले हम, बाहें, सुबाहो! ।

हरि तुम मेरे थे, हरि तुम मेरे हो ।।

♫ सारे- ग-ग मंमं प-, निधध प- मंपध प- ।

नि-ध- प मं-ग-, मंधप- मंग- रे- ।

मंमं प- पध- प-, सां-नि-, धप-ध-! ।

गमं प- निध- प-, मंग- मं- गरे- सा- ।।

१४६. वृंदावन

अंतरा-2
ज्योंहि हमारे, मिलन भए थे ।
पिता के वचन हम, वन में गए थे ।।
दंडक में सुंदर थी, कुटिया हमारी ।
तब भी तुम मेरे थे, अब भी तुम मेरे हो ।।

अंतरा-3
लंका में बैठी मैं रो रही थी ।
सीते! सीते! तुम भी रो रहे थे ।
बिरहा की आगुन में, दोनों जले थे ।
तब भी तुम 'हरि' थे, अब भी तुम 'हरि' हो ।।

अंतरा-4
बरसाने मैं थी, गोकुल में तुम थे ।
वृंदावन में नारद मिलाए ।।
दही मैं बिलोऊँ, तुम माखन खाओ ।
तब भी तुम वही थे, अब भी तुम वही हो ।।

भारतीय सांस्कृतिक गीतमाला, मोती 640

वृंदावन आयो नंदलाल

स्थायी
वृंदावन आयो नँदलाल, गोकुल का गोपाल ।
गोकुल का गोपाल, गोकुल का गोपाल ।।

♪ म-प-धध नि-सा- निधप-प, नि-निनि सां- निधप- ।
म-मम प- धनिध-, नि-धप म- रेगम- ।।

अंतरा-1
मैया कहत है उसको कान्हा, राधा मोहन नंदलाल ।
गोप गोपिका कृष्ण कन्हैया, नंद कहत मेरो लाल ।।

♪ म-म पधध नि- निधप- म-प, सां-नि धपप धपम-म ।
रे-ग म-पम- ध-प मग-म-, नि-ध पमम रे-ग म-म ।।

अंतरा-2

१४६. वृंदावन

भैया उसको श्यामल काला, नारद हरि सत्पाल ।
दुनिया बनमाली ब्रिजबाला, कंस कहत मेरो काल ।।

अंतरा-3

कहत सुदामा जीवन नैया, मोहन नवल किशोर ।
हिरदय मम बसियो किरपाला, प्यारे मेरे यदुलाल! ।।

भारतीय सांस्कृतिक गीतमाला, मोती 641

वृंदावन सुभागा

स्थायी

चरण हरि के छुए आज, वृंदावन ये सुभागा है ।
जनम-दिवस है राधे का, अजी! सोने में सुहागा है ।।

♪ सासासा रेग- म- पमगरे सा-, प-मगरेरे रे- मगरेसानि सा- ।
सासासा रेगग म- पमगरे सा-, रेरे! प-मग रे- मगरेसानि सा- - ।।

अंतरा-1

बरसाने की कली पचरंगी, गोकुलपति के हार में लगी ।
नजारा स्वर्ग समाना है ।।

♪ सारेग-म- म- धप मगम-प-, नि-धपमप म- प-म ग- रेसा- ।
पध-प- ग-प मगरेसानि सा- - ।।

अंतरा-2

आए नारद शारद शंकर, आशिष बरसाने को मंगल ।
व्रज में मोद अपारा है ।।

अंतरा-3

हरि दरशन को नहीं आवेगा, मथुरा में ही कंस रवेगा ।
पापी बहुत अभागा है ।।

अंतरा-4

वृंदावन में नई उमंगें, इन्द्र धनु का सप्त रंग हैं ।
दिन कितना ये सुहाना है ।।

१४७. होली

भारतीय सांस्कृतिक गीतमाला, मोती 642

वृंदावन में होली

स्थायी

आज होली है - - -, आज होली है - - ।
आज होली है, होली है, आज होली है - - ॥
सब, कान्हा की जय बोले हैं ॥

♪ सारे सारे रे - - -, ग॒रे सारे सा - - ।
ग॒म ग॒प म, ग॒प म, मम ग॒रे सा - - ॥
सारे, ग॒-म- प- ध॒प म-ग॒रे सा- ॥

अंतरा-1

लाल गुलाबी नीले पीले, रंग से भीनी राधा ।
गोपी के तन वसन रंगीले, धार चलाए कान्हा ॥
सब, कान्हा की जय बोले हैं ॥

♪ म-म मप-प- ध॒नि॒ ध॒-प-, सांनि॒ ध॒ नि॒-ध॒- प-म- ।
ग॒-म- प- ध॒ध॒ सांनि॒ध॒ नि॒ध॒-प-, ग॒-म पध॒पम- ग॒रेसा- ॥
सारे, ग॒-म- प- ध॒प म-ग॒रे सा- ॥

अंतरा-2

व्रज में ढोलक शोर मचाये, पायल घुँघरू बोले ।
गोपन के तन मन मतवाले, गिरिधर नाचत डोले ॥ सब०

अंतरा-3

गोप गोपिका झूलत झूले, राधा ले हिंडोले ।
आनंद में हैं सुध-बुध भूले, गोकुल के सब ग्वाले ॥ सब०

भारतीय सांस्कृतिक गीतमाला, मोती 643

खयाल : राग भीमपलासी, कहरवा ताल

होली

स्थायी

नंद का नंदन होली खेले, राधा के तन गीले रंगीले ।

♫ मपनि सां निधपमप ग-गम गरेसा-, पनिसाग रे- सासा प-ग मगरेसा- ।

अंतरा

पिचकारी के रंग फूहारे, गोप गोपिक झूलत झूले ।

♫ पपप-निमप गम पनिसां गंरें-सां-, नि-सां मंगंरेंसां- पनिसांसां निधप- ।

भारतीय सांस्कृतिक गीतमाला, मोती 644

भजन : राग काफी, कहरवा ताल 8 मात्रा

होली

स्थायी

सखी नंद होली का न्यारा, चले रंग-रंग की धारा ।
आनंद होली का प्यारा, करे अंग-अंग मतवारा ।।

♫ निनि नि-नि नि-नि धप ध- - -प-, मग मपप प-प मग म- - -म- ।
नि-नि-नि नि-नि धप ध- - -प-, मग मपप प-प मगम- - -म- ।।

अंतरा-1

हरि आज होली की बेला, लो पिचकारी ब्रजबाला ।
राधा के रंग में रंग-रंग लो, नंद नंद गोविंदा (ओ!) ।।

♫ मम निपप नि-नि नि- सां- - -सां-, निध निरेंरें-रें- गंरें सां- - -सां- ।
सां-रेंनि नि नि-नि नि- सांधध ध-ध पध, नि-ध प-प मगम- - -म (सां!) ।।

अंतरा-2

जिस रंग में राधा रंगी, कान्हा है जीवन संगी ।
होली के गीत हैं गात गोपिका, साथ बाँसुरी वाला (ओ!) ।।

अंतरा-3

सखी व्रज में मोद की वर्षा, और आज हर्ष की चर्चा ।
कान्हा के रंग में रंगी राधिका, कंज कंज व्रज सारा (ओ!) ।।

भारतीय सांस्कृतिक गीतमाला, मोती 645

राग होरी खमाज, ताल धमार

होली

स्थायी

होरी खेड़त मेरो कान्हा, ब्रज में । रंग धमार है आज, ब्रज में ।

होरी खेड़त मेरो कान्हा, ब्रज में ।।

♫ साग मपध निरेंसां निधप, गम ग- । मग सानिध़सा सा सागम, प ध मग ।

सागा मपध निरेंसां निधप, गम ग- ।।

अंतरा-1

ग्वालिन राधा नाच नचत है । लाल गाल में- लाज लजत है ।

पिचकारी की धार, ब्रज में ।।

♫ मनिधनि सांनिसां- निसां सांनिसां निध । गग मपध निरेंसां निध प गम ग- ।

मगसानिध़ सा- सागम पध मग ।।

अंतरा-2

बाल बाला झूला झुलत हैं । गोप नंद में गोल घुमत हैं ।

रंगन की बौछार, ब्रज में ।।

भारतीय सांस्कृतिक गीतमाला, मोती 646

होरी : दीपचंदी ताल, 14 मात्रा

होरी

स्थायी

सखी संग खेड़त होरी होरी,

सखी संग खेड़त होरी ।

देखो, किशन मुरारि, सखी संग खेड़त,

होरी - - - - - - - - - - ।।

♫ सासा- रे-रे - रेग-मपम- निप-प - - - मनिपग-रेसा,

सासा- रे-रे- रेग-मपम- नि प-प - - - - - - ।

ग-म-, पधपपधनि- धप- - ग-रेसा, सासा- रे-रे- रेग-मपम-,

निप-प- - - - - - - - - - - ।।

अंतरा-1

चलावे पिचकारी हो किशन कन्हाई,
देखे जसोदा माई ।
लाल गुलाली उड़े रंग की धारी,
लाल गुलाली उड़े रंग की धारी,
कहे राधा मैं तो, हारी हारी,
रंग की धारी ।।

♪ सांरें-रें- रेंरेंमंगंगं- गंरें सांरें-नि- प-निसां -रें- - -,
सांरें-नि- नि-ध- -म -प- नि- - - - धनिसां- - - - - - ।
सां - - नि - ध-ध - - ध- धध ध नि-सां- रें- नि - - ध-प-,
गम-ध- ध-ध ध-ध- ध ध धनि-सां- रें- नि - - ध-प-,
निनि- नि-नि- निसां-सां-सां-, नि - - सां-रें- निध-ग-म- ।
धप-पधनि ध- प - - ग-रेसा ।।

अंतरा-2

बजावे बाँसुरी हो किशन कन्हैया, सुनै है यशोदा मैया ।
बलदाऊ सुदामा बजावै ताड़ी,
संग गोप गोपी, बारी-बारी ।।

अंतरा-3

सजावे केश में हो प्रसून बैजंती, चुनरिया बसंती ।
अलबेली ललना व्रज की नारी,
मन भाए राधा, गोरी गोरी ।।

अंतरा-4

पनिया भरन चली लिए गगरिया, हो राधा ग्वालनिया ।
जमुना तट पर सुंदर प्यारी,
ये श्याम की श्यामा, प्यारी प्यारी ।।

भारतीय सांस्कृतिक गीतमाला, मोती 647
भजन : राग केदार, कहरवा ताल 8 मात्रा

१४७. होली

वृंदावन में होली उत्सव

स्थायी

छमक छमक छम पायल बोले, कान के चंचल झुमके डोले ।
श्यामसुंदर सह राधा नाचे ।।

♫ सारेसा रेपप म॑प ध-पप म॑पमम, म-प प सां-धप ममधप ममरेसा ।
सां-सांसांनिध सांरें सां-धप म॑पमम ।।

अंतरा-1

वृंदावन में आज खलबली, साज नाच अरु आंखमिचौली ।
मौज मोद से खेलत होली ।।

♫ प-सां-सांसां रेंसां निधसां रेंसांनिधप, म-प सां-सां धप म-धपम-रेसा ।
सां-सां सांनिध सांरे सां-धप म॑पम- ।।

अंतरा-2

व्रज में नाद है, होली है होली, संग गोपियों के वनमाली ।
गीत हैं गावत दे कर ताली ।।

अंतरा-3

इंद्रधनुष सी चली पिचकारी, रंग फुहारों की मतवाली ।
सात रंग संग लाल गुलाली ।।

अंतरा-4

रात जब जली व्रज में होली, कृष्ण की सबने जै जय बोली ।
राधा जिसमें पूजित हो ली ।।

<u>भारतीय सांस्कृतिक गीतमाला, मोती 648</u>

खयाल : बिलावल राग, कहरवा ताल 8 मात्रा

रंग बरसे

स्थायी

राधा पे रंग बरसाए हरि, राधा पे ।

♫ सांनिध- म ग - - सा ध़नि़साग मग-, सांनिध- म ।

अंतरा-1

१४७. होली

लाल गुलाबी चलत है कान्हा की,

पिचकारी रंग फुआर, राधा पे ।

♫ म-ध निसां-सां- निसांग सां निसांनि ध,

निसांनिधम धनिसां निध-म, सांनिध म ।

अंतरा-2

नीली पीली उछलत बाँवरी,

गोपियन की बेशुमार, राधा पे ।

भारतीय सांस्कृतिक गीतमाला, मोती 649

खयाल : राग वृंदावनी सारंग, तीन ताल 16 मात्रा

छम-छम घुँघरू

स्थायी

छम-छम घुँघरू पायल बाजे, छम-छम घुँघरू पायल बाजे ।

बंसी सुंदर संग में साजे ।।

♫ सांसां सांरेंसांनि पनिपमरेसा मरेपम प-रेमपनि,

सांसां सांरेंसांनि पनिपमरेसा मरेपम प-प- ।

मपसांरेंनिसां नि-पमप रेमनि पम रे-सा- ।।

अंतरा-1

नंद का नंदन रास रचावे,

राधा दीवानी ठुमक ठुमक कर, नाचे ।

♫ म-प प निपनिनि सां-सां सांनि-सां-, निसांरें रेंमं-रेंसां निसांरें सांनिसां निप,

मपनिसांरेंमंपंमंरेंसांनिसांनिपमप ।

अंतरा-2

वृंदावन की कुंज गलिन को,

चाँद चाँदनी चमचम चमकावे ।

भारतीय सांस्कृतिक गीतमाला, मोती 950

१४७. होली

राग शंकरा, एकताल

रखड़ी

स्थायी

लाल रखड़ी पीली, बाँधी बहना मौली ।

प्रेम की रीत निभाई, आशिष दीन्हो भाई ।।

♫ सांसांसां नि धनि प-धनिसांनि-, प-पग ग परेग रेनि़रेसा ।

साप़प़ सा- सा-प गप-प, पनिसांरें सां-निध निपगप ।।

अंतरा-1

आरती कर भाई की, न्यारी बहना प्यारी ।

नाता अमर बनायी, आई रखड़ी आई ।।

♫ पगपसां सांसां सां-सांनिरें सां, सां-गं- गं पंरेंगं रेंनिरेंसां ।

सां-सांप गगप- पनिसां-, पनिसांरें सांसांनिध निपगप ।।

अंतरा-2

गोप कहत गोपी को, न्यारी बहना प्यारी ।

गोपी मौली लायी, आई रखड़ी आई ।।

<u>भारतीय सांस्कृतिक गीतमाला, मोती 651</u>

वृंदावन में होली

स्थायी

स्वरदा ने सुंदर गाया है, नारद ने साज बजाया है ।

रतनाकर गीत रचाया है ।।

♫ सानि़सा- गरे सा-नि़नि़ सा-रेम ग-, गममग पम ग-रे सासा-रेम ग- ।

गगरेसासासा रे-ग मगरेसानि़ सा- ।।

अंतरा-1

आज, ब्रिंदाबन में होली है, "जय राधेकृष्ण" की बोली है ।

सब गोप गोपिका आए हैं, बैजन्ती माला लाए हैं ।

गोपाला रास रचाया है ।।

♫ पप, मरेम-पप पम पनिधप प-, "पप मगगसासागम" प गरेसानि़ सा- ।

१४८. कृष्ण की द्वारका

सानि॒ सा-ग॒ रे-सानि॒- सा-रेम ग॒-, सानि॒सा-ग॒रे सा-नि॒- सा-रेम ग॒- ।

ग॒-रेसासा- रे-ग॒ मग॒रेसानि॒ सा- ।।

अंतरा-2

हरि मुरली मधुर बजावे रे, गोपियन को धूम नचावे रे ।

आनंद सुदामा बाँटे रे, सब व्रज जन हँस कर लूटे रे ।

सह नंद जसोदा मैया हैं ।।

अंतरा-3

ये वृंदावन की होली है, ये नाना रंग रँगीली है ।

त्रिभुवन में डंका डाली है, ये अलबेली मतवाली है ।

ये होली का हंगामा है ।।

१४८. कृष्ण की द्वारका

<u>भारतीय सांस्कृतिक गीतमाला, मोती 652</u>

द्वारिका नगरी

स्थायी

हरि चरणन की अमृत गगरी ।

धाम द्वारिका पावन नगरी, मथुरा कांची अवध पुरी ।।

♫ नि॒रे गरेनि॒रे ग- रे-गमं पपध- ।

नि-ध प-धनि- ध-पमं गमंप-, पपमं- ग-मं- गरेग रेसा- ।।

अंतरा-1

राज महल माधव का सुनहरा, यादव का भगवा ध्वज फहरा ।

सागर तट पर लावण्य खड़ी, स्वागत करती जल की परी ।।

♫ नि॒-रे गमंमं ग-रेग रे गरेरेसा-, रे-गमं प- धधनि- धप गमंप- ।

ग-गग रेरे गग मं-ग-रे गमं-, प-मंग मंगरे- गरे ग रेसा- ।।

अंतरा-2

पँच धाम पावन जग जाने, हरि दरशन के जो हैं दीवाने ।

भगत जनन की भीड़ बड़ी, पावन नगरी जादू भरी ।।

अंतरा-3

१४८. कृष्ण की द्वारका

मथुरा से हरि गोकुल आयो, राधा मिलन वृंदावन लायो ।
मधुबन से द्वारिका नगरी, आयो सुदामा मिलन हरि ।।

भारतीय सांस्कृतिक गीतमाला, मोती 653

द्वारकाधीश

स्थायी

स्वर्गद्वार ये द्वरिका नगरी, पँच धाम में अमृत गगरी ।

♫ नि़-सारे-ग म- प-मग रेरेग-, रे-ग म-ग रे- सा-नि़ध़ नि़नि़सा- ।

अंतरा-1

वृंदावन का कृष्ण कन्हैया, इस नगरी का बना है राजा ।
राज महल जिसका सोने का, हरिहर है सबका हितकारी ।।

♫ नि़सारे-रेरे ग- म-ग रेनि़-सा-, रेरे गमग- रे- सानि़- ध़ नि़-सा- ।
सा-रे रेगग ममप- म-ग- रे-, ग-गग म- रेगरे- गरेनि़-सा- ।।

अंतरा-2

सिंधु तट पर बसी पुरानी, सोमनाथ शिव रची सुहानी ।
विप्र सुदाम की यहाँ कहानी, भगत हरि पर हैं बलिहारी ।।

अंतरा-3

एक दिन आया द्वारिका, गरीब सुदामा सखा हरि का ।
सिंहासन पर साथ बिठाया, प्रेम से उसे बोले बनवारी ।।

भारतीय सांस्कृतिक गीतमाला, मोती 654

द्वारकाधीश की कथा

स्थायी

स्वरदा ने सुंदर गाया है, नारद ने साज बजाया है ।
रतनाकर गीत रचाया है ।।

♫ सानि़सा- गरे सा-नि़नि़ सा-रेम ग-, गममग पम ग-रे सासा-रेम ग- ।
गगरेसासासा रे-ग मगरेसानि़ सा- ।।

अंतरा-1

हरि मातु पिता को मुक्त कियो, नृप अग्रसेन को राज्य दियो ।
बंदी गृह के ताले तोड़े, सब कैदी मोचित कर छोड़े ।
व्रज रामराज बनाया है ।।

♪ पप मरेम मप– पम पनिध पप–, पप मगग॒सा–ग॒ मप ग॒रेसा नि॒सा– ।
सानि॒सा– ग॒रे सा– नि॒–सा– रेमग॒–, सानि॒ सा–ग॒रे सा–नि॒नि॒ सासा रेमग॒– ।
ग॒ग॒ रेसासारे–ग॒ मग॒रेसानि॒ सा– ।।

अंतरा–2
व्रज से मंगल आशिष पा कर, पूज्य द्वारिका नगरी आकर ।
श्रीकृष्ण द्वारिकाधीश भया, हरि योगेश्वर जगदीश भया ।
नगरी को स्वर्ण सजाया है ।।

अंतरा–3
एक दिन मित्र सुदामा आया, लख सुवर्ण नगरी चकराया ।
हरि उसको गले लगाया है, सिंहासन पर बिठलाया है ।
नर नारायण में समाया है ।।

१४९. समृद्ध विजयनगर

भारतीय सांस्कृतिक गीतमाला, मोती 655

विजय नगर

स्थायी
विजयनगरचा यादवकुळचा, रामदेव नृपति ।
नंदनवन हे राज्य जयाचे, स्वर्ग धरेवरती ।।

अंतरा–1
यादव असुनी नसे यादवी, स्नेहभाव शांति ।
सदाचार सर्वत्र जनमनीं, अद्वितीय जगती ।
सगळे रामराज्य म्हणती ।।

अंतरा–2
कणी अयोध्या हिला इंद्रपुरी, अमरावती गणती ।

कुणी कैलासा वा वैकुंठा, ची उपमा देती ।
स्तुति चे राग-छंद गाती ।।

अंतरा-3

कांची मथुरा आळंदीचे, साधु-संत येती ।
बोपदेव-हेमाद्री पंडित, सभेत जे असती ।
त्यांना आशिष ते घेती ।।

अंतरा-4

दानव चमु ने, भीष हत्या, लूठ भ्रष्ट करुनी ।
सुवर्ण नगरी, यदुवंशाची, नरकप्राय होती ।
बघुनी ग्रंथकार रडती ।।

१५०. तीर्थक्षेत्र तिकोटा

भारतीय सांस्कृतिक गीतमाला, मोती 656

तिकोटा धाम

(मराठी)

स्थायी

काय पुंण्याच ग बाई! तिकोटा म्हणावे धाम ।

अंतरा

इथे ब्रह्म विश्णु शिव, इथे कृष्ण दत्त राम । 1
इथे भजन कीर्तन, इथे भक्तिभाव काम । 2
इथे नित्य आराधना, इथे हरि! हरि! नाम । 3
इथे मुनि साधु संत, करिती प्रणाम । 4
इथे जन गण मनीं, चिंतनाचा परिणाम । 5
इथे ध्यान मग्न ऋषि, यति योग्यांचा मुक्काम । 6
इथे मूर्त्या देवलयें, इथे पूजा अविराम । 7
इथे शिल्पकला छान, सौंदर्याला न विराम । 8
इथे यात्रेकरु भीड, वैभवाला न लगाम । 9
इथे शांति समाधान, सुखावतो आत्माराम । 10

तीर्थक्षेत्र काशी सम, पावन तिकोटा ग्राम । 11

१५१. सावन ऋतु

भारतीय सांस्कृतिक गीतमाला, मोती 657

खयाल : राग बहार, एक ताल 12 मात्रा

ऋतु बसंत

स्थायी

बिंदु बिंदु अंबु झरत, ऋतु बसंत आई ।
शीतल पवन पुरवाई, मन में उमँग है लाई ।।

♫ नि सां रेंसांनि सांनिधनिप पपप, मप निपग-म मनिधनि-सां ।
निधनिपप मपग गमरे-सा, साम म पगमनि धनि-सां- ।।

अंतरा-1

रंग-रंग मंजरियाँ, फूल फूल चंचरीक ।
पपैया की मधुर तान, मोरे मन भाई ।।

♫ मगम निधनि सां-सांनिसां-, नि- नि निसांसां निसांरेंसांनिधध ।
सांमंगंमंरेंगं रें निसांरेंसां निधध, धधसांरेंसांसांधनिसांसांनिप मपनिनिपम गमरेसानि़सा ।।

भारतीय सांस्कृतिक गीतमाला, मोती 658

कजरी[28] : कहरवा ताल 8 मात्रा

सावन की कजरी

स्थायी

कैसी ये सुहानी सावन की कजरिया,
शीतल रिमझिम झरियाँ ।
शीतल रिमझिम झरियाँ,

---

[28] **कजरी** : यह सावन ऋतु में गाया जाने वाला, बहुत पुराना लोकप्रिय गीत प्रकार है ।

१६१. सावन ऋतु

शीतल रिमझिम झरियाँ ।। शीतल॰ ।।

♫ म–म– मप पनिनि–निध पधध ध पम म–म–प–म–,

ग–सा–सा– ग–म–पधपध– म–गम– – – – – ।

सां–सां–सां– सां–सां–सांरेंसांरें– नि–धप– – – – –,

ग–गसासा– ग–म–पधपध– म–गम– – – ।।

अंतरा–1

गरजत बिजुरिया, बरसत बदरिया ।

गरजत बिजुरिया, बरसत बदरिया ।

कान्हा रे छलकत, मोरी गगरिया । शीतल॰ ।।

♫ म–म–मपप– नि–नि–सां–सां–, सां–सां–सां–सांनि निरेंसांरेंनि–ध– ।

म–म–मपप– नि–नि–सां–सां–, सां–सांरेंरेंमंमंगं गंरेंरेंसांसांनिध– ।

म–म– मप– – निनिनिनि ध– – – प– म–म–प–म–, ग–गसासा– ।।

अंतरा–2

दूर मोरी नगरिया, छोड़ मोरी डगरिया ।

कान्हा रे भीग गयी, मोरी चुनरिया ।। शीतल॰ ।।

अंतरा–3

आज तोरी साँवरिया, लूँगी मैं खबरिया ।

ना कर बरजोरी, मोरे कनाईया ।। शीतल॰ ।।

भारतीय सांस्कृतिक गीतमाला, मोती 659

ठुमरी : कहरवा ताल 8 मात्रा

सावन के बादर

स्थायी

घिर आए सावन के, बादर कारे ।

आजा री सजनीया, पपीहा पुकारे ।।

♫ गम पसांनिसां–नि पपग–म– ग–सा–नि– –, निसागरे गम– – – म– – – – – – ।

मपग– म पधपनि–धप– – –, पधपमग रे गमपप–प– ।।

अंतरा–1

मतवारी मोरनीया, नाच दिखावे ।

धुन टेर मोरवा की, मनवा रिझावे ।।

♬ – – –पपनि–नि सां–सां–सांसांसां– – – –, नि–सां– सांनिसांनिरेंसां–नि–प– – – ।

पसां सां–रें नि–नि–धप प– – – –, गमगरे गमप– –प– ।।

अंतरा–2

मेहा रे झरी तोरी, नेहा लगावे ।

शीतल रीम झीम, मोती पसारे ।।

भारतीय सांस्कृतिक गीतमाला, मोती 660

राग : गौड़ मल्हार, तीन ताल 16 मात्रा

सावन की बादरिया

स्थायी

कारी बादरिया भीनी चादरिया, चादरिया मोरी भीनी साँवरीया ।

♬ –गरे मगरेसा– गरेग मपगपमग, –गरेपपप– पप धनि सांध पगपमग ।

अंतरा–1

पल छिन तड़पत मोरा मनवा, गरजत बरसत कारो बदरवा ।

अधीर भई मैं बाँवरिया, अधीर भई मैं बाँवरिया ।।

♬ –पग पप निधनिनि सां–सां– निरेंसां–, –निनिनिनि निनिनिनि धनिसांनि सांध निधप ।

–मरेप पपध प– धनिसांधपगपमग, –मरेप पपध प– धनिसांरेंसांनिधप गपमग ।।

अंतरा–2

कड़कत चमकत बैरी बिजुरिया, आजा बलमवा मोरी डगरिया ।

हार गई मैं साँवरिया, हार गई मैं साँवरिया ।।

भारतीय सांस्कृतिक गीतमाला, मोती 661

गीत : राग भीमपलासी, कहरवा ताल 8 मात्रा

सावन आयो

स्थायी

गरजत बरसत सावन आयो, प्यासन दुखियन के मन भायो ।

♬ मपनिसां निधपमप ग–गम गरेसा–, पनिसाग रेरेसासा प– गम गरेसा– ।

१५१. सावन ऋतु

अंतरा-1

सब के मन में जोश जगायो, वन में पपीहा बहु हरषायो ।
मोर कोयलिया नाच नचायो ।।

♪ पप प- निमप गम पनिसां सांगंरेंसां-, निनि सांमं गंरेंसां- पनि सांसांनिधप- ।
प-गं गंरेंरेंसां- निनि निध-प- ।।

अंतरा-2

तरु बेली पर फूल खिलायो, हरी हरियाली अनूप बिछायो ।
दुखी नैनन की आस बुझायो ।।

भारतीय सांस्कृतिक गीतमाला, मोती 662

ऋतु सावन

स्थायी

ऋतु सावन की, मोद बढ़ावे, मन का मोर नचावे ।
हरा गलीचा तले बिछावे, तरु पर रंग रचावे ।।

♪ सारे म-पप प-, प-म सांध-प, मम प- ध-प मगरेसा- ।
मप- पप-प- धनि- धप-म-, धध धध प-म गरे-सा- ।।

अंतरा-1

सुंदर सौरभ फूल फूल पर, तितली भ्रमर भुलावे ।
मंजुल झोंका मंद पवन का, पादप बेली डुलावे ।।

♪ सा-रेरे म-मम प-ध निध पम, पपध- निनिसां रेंनि-सां- ।
रें-सांनि ध-प- निध पमम प-, म-पप ध-प मगरेसा- ।।

अंतरा-2

चह चह चिड़ियाँ पपीहे मैना, मनहर गान सुनावे ।
आम्र वृक्ष पर काली कोयल, कूहू कूहू गावे ।।

अंतरा-3

सात रंग ये इन्द्र धनुष के, क्षितिज को हार पिन्हावे ।
पल में वर्षा पल में सूरज, बादर खेल खिलावे ।।

अंतरा-4

मधुर फलों के गुच्छ पेड़ पर, सबका मन ललचावे ।
बाल बालिका वृंद वृंद में, सावन हर्ष मनावे ।।

अंतरा-5

चाँद सितारे नील गगन के, चाँदनी रात सुहावे ।

अनूप नजारा सावन का ये, इन्द्र भी देख लजावे ।।

भारतीय सांस्कृतिक गीतमाला, मोती 663

खयाल : राग भूपाली, तीन ताल 16 मात्रा

सावन ऋतु

स्थायी

सावन ऋतु आयो, सुख लायो, सावन ऋतु आयो, सुख लायो ।

बरखा झरी रिम झिम बरसायो ।

♫ सां-धप गरे सारेध़- सारे गरेग-, गपधसांधप गरे सारेध़- सारे गरेग- ।

गगगरे गप धसां धसां धपगरेग- ।।

अंतरा-1

धरती पहने सुंदर गहने, रंगीन वाले हरित सुहाने ।

♫ पपग- पपसांध सां-सांसां सांरेसां-, सां-गंरें ध-सां- सांसांध पगरेग- ।

अंतरा-2

बादल शीतल करत फुहारे, कोयल मंजुल कूहु पुकारे ।

भारतीय सांस्कृतिक गीतमाला, मोती 664

बसंत बरखा

स्थायी

रंग गुलों की शोभा न्यारी, गंध सुगंधित हिरदय हारी ।

♫ सां-नि धप- मंग मंधनिसां रेंनिसांमंध, सां-नि धप-मंग गमंधम गरेसा- ।

अंतरा-1

बसंत बरखा बरसत रिमझिम,

मंजुल रंगों की फुलवारी ।

♫ गमं-ध धनिसांसां- सांसांसांसां निरेंसांसां,

निरेंमंग रें-सां- निध सांसांनिरेंसांनिधपमंध ।

अंतरा–2

मोर पपीहा कोयल कारी,

कूजत कूहु कूहु बारी–बारी ।

भारतीय सांस्कृतिक गीतमाला, मोती 665

खयाल : राग बागेश्री, तीन ताल 16 मात्रा

सावन आयो

स्थायी

सावन आयो री आयो, साजन आयो, मीत मेरो ।

री सजनिया! मैं बलिहारी ।।

♫ गमध–ध निधमम –मगम रे–सा, गमध–ध नि–धम, –मग मरेसा ।

सा गमधमधनि! सां– – –गगमरेसा– ।।

अंतरा–1

सावन भादों अखियन मेरी, साजन प्यारे, प्रीत घनेरी ।

♫ गमधनिसां सां–सां नि सांरेंसां नि सांनिध, सां–निध धमपध, म–ग गरे–सा– ।

भारतीय सांस्कृतिक गीतमाला, मोती 666

भजन : राग आसावरी, कहरवा ताल

बादल गरजायो

स्थायी

बादल गरजायो, बरसायो, रोम–रोम हरसायो ।

♫ पसांनिसांप धमपधमपग– रेसारेमपम, प–प सां–सां सांरेंसांरेंगंरेंसां सांरेंसांनिधप– ।

अंतरा–1

उस माल्यवती नद के तट पे । चित्रकूट गिरि सावन ऋतु में ।

कुटी सीता के, ईर्द गीर्द में । रंग हरा मूँगा बिखरायो ।।

♫ मम प–पपध– निध सां– रेंनि सां–, प–धधसांसां सांगं सां–सांसां निसांनिध प– ।

सांसां सां–ध– मप ग–ग रे–रे सा–, रे–म मप– प–गं– रेंसांनिसांनिधप– ।।

अंतरा–2

१५१. सावन ऋतु

कुटिया के सब चारों दिश् में । सुंदर तृण बेलें बूटे ।

फल पुष्पों के ओतप्रोत से । आनंद में सृष्टि लहरायो ।।

अंतरा-3

शुभ सुचि कुटिया के प्रांगण में । मैना बक शुक मोर पपीहे ।

चहके कोयलिया कुहू कुहू । सुन सीता का मन बहलायो ।।

भारतीय सांस्कृतिक गीतमाला, मोती 667

राग : भिन्न षड्ज, तीन ताल 16 मात्रा

सावन की बिजुरीया

स्थायी

दमक दिखावे दामनिया, सरसर बादरिया जल बरसत ।

कड़ कड़ कड़कत बिजुरिया ।। दमक॰

♫ सांनिधग मग-सा- ऩिसाध़ऩिसागमधनिसां, निसांगंसांसां निधधधम- गमगगसासा ।

ऩिसा ध़ऩि सागमध गमधनिसागमधनिसांसां ।। सांनिधग॰[29]

अंतरा-1

मोरनिया नाचे, मोर पपिहा, ठुमकत थिरकत नाचत थैया ।

♫ मध-निसां- नि-सां-, निसां मंगंसां, गंमं गंसांसां निधधध म-गम गमधनिसां ।

अंतरा-2

ठंढी फुहार दे गुदगुदियाँ । मन मोरा प्रणय के गीत रचैया ।

---

[29] **स्थायी तान :** दमक दि 1गग साऩि ध़ऩि सऩि । ध़ऩि ध़म़ ध़ऩि साग । मग साऩि सासा 2साऩि ध़ऩि साग मग । साग मध मग साऩि । ध़ऩि सा- सा- 3सासा गम गग सासा । गम धध गम गग । साऩि ध़ऩि सा- । **अंतरा तान :** मोरनि 1सासा गम गग सासा । गम धनि धध मम । गम गग सासा 2गम धनि सांनि धनि । सांनि धम गम गग । साऩि ध़ऩि सा- ।

भारतीय सांस्कृतिक गीतमाला, मोती 668

राग : कलावती[30], खयाल –तीन ताल 16 मात्रा

चिंतन

स्थायी

चिंतन निशदिन कीजो, रे, मन में ।

पावन माता गुरु संतन के, मंगल आशिष लीजो ।।

♫ ग–पध सांनि–धध सां–सां–, सां, धनि धप ।

पग–सानि सा–सा– गग पधनिनि धप, सां–गसां नि–धप पध– – – – सांनि ।

अंतरा–1

प्रेम ज्योति का दीप जगा के, जग को आनँद दीजो ।।

♫ ग–प धनिनि ध– सां–सां सांनि– सां–, सांसां गंसां नि–धप नि–धप पध– – – – सांनि ।

---

[30] **राग कलावती :** ठाठ : खमाज, आरोह : सा ग, प, ध नि सां. अवरोह : सां नि ध प, ग, सा.

संगीतकार परिचय

प्रो. रत्नाकर नराले, संक्षिप्त परिचय

नाम : डॉ. रत्नाकर नराले
प्रो. हिन्दी, रायर्सन विश्वविद्यालय, टोरंटो कनाडा
50 वर्ष से कनाडा निवासी

शैक्षणिक : एम.एस्-सी. (पुणे विश्वविद्यालय),

पीएच.डी. (आई. आई. टी. खड़गपुर),

पीएच.डी. (कालीदास संस्कृत विश्वविद्यालय, नागपुर).

औद्योगिक : प्रो. हिन्दी, रायर्सन विश्वविद्यालय, टोरंटो कनाडा (2008 से)
पूर्ववर्ती प्रो. हिन्दी, यार्क विश्वविद्यालय, टोरंटो कनाडा
पूर्ववर्ती प्रो. हिन्दी, टोरंटो विश्वविद्यालय, टोरंटो कनाडा
अध्यापक हिन्दी, टोरंटो स्कूलबार्ड, टोरंटो कनाडा
अध्यापक संस्कृत, टोरंटो स्कूलबार्ड, टोरंटो कनाडा
अध्यक्ष, संस्कृत हिन्दी रिसर्च इन्स्टिट्यूट, टोरंटो, कनाडा
अध्यक्ष, पुस्तक भारती, टोरंटो, कनाडा
प्रधानानार्य, हिंदु इन्स्टिट्यूट, टोरंटो, कनाडा (1995 से)
प्रमुख संपादक, पुस्तक भारती रिसर्च जर्नल, त्रैमासिक, टोरंटो, कनाडा
मुख्य संपादक, साहित्य सौरभ त्रैमासिक, टोरंटो, कनाडा

मुख्य पुरस्कार:

"विश्व हिंदी सम्मान" भारतीय विदेश मंत्रालय (मारीशस 2018)

"सरस्वती सम्मान" हिंदी राइटर्स गिल्ड, टोरंटो. कनाडा, 2018

"कला वारिधि सम्मान" अखिल विश्व हिंदी समिति, टोरंटो. कनाडा, 2018

"हिन्दू रत्न" पुरस्कार, कनाडा के 150वी-जयंती महोत्सव पर, 2017

"Artist of the Year Award" Panwar Productions, टोरंटो, कनाडा, 2016

"संगीतोचार्य सम्मान" कनेडियन हिंदू मिशन सेंटर, स्कारबरो, कनाडा, 2020

"Author, Linguist and Accomplished Scholar Award" HIL, कनाडा, 2010

रुची : काव्य, प्रकाशन, संगीत, चित्रकला

भाषाएँ : हिन्दी, संस्कृत, मराठी, बंगाली, पंजाबी, तमिल, उर्दू, अंग्रेज़ी, फ्रेंच

रत्नाकर नराले लिखित कुछ मुख्य पुस्तकें : (40 books published on www. Amazon.com)

हिन्दी काव्य 1. बालकृष्ण दोहावली (ISBN 978-1-897416-94-5) (2019)

2. नंदकिशोर दोहावली (ISBN 978-1-897416-95-2) (2019)

3. गीता दोहावली (ISBN 9781897416860) (2017)

4. रामायण दोहावली (ISBN 978-1-897416-93-8) (2019)

5. संगीत श्रीकृष्णायन (ISBN 9781897416822) (2017)

6. संगीत श्रीरामायण (ISBN 9781897416815) (2017)

हिन्दी पुस्तकें : 1. गीता का शब्दकोश और अनुक्रमणी (ISBN 9781897416648) (2014)

2. गीता दर्शन (ISBN 9781897416693) (2014)

3. हिंदी शिक्षक (ISBN 9781897416754) (2015)

4. नयी संगीत रोशनी (ISBN 9781897416402) (2013)

5. संगीत श्रीकृष्णरामायण के गिने-चुने पुष्प (ISBN 978-1-897416-02-0) (2017)

6. संगीत श्री-सत्यनारायण व्रत कथा (ISBN 9781897416839) (2016)

7. Hindi Teacher for English Speaking People (ISBN 9781897416617) (2014)

8. Hindi Teacher for Hindu Children (ISBN 9781897416754) (2015)

संस्कृत पुस्तकें :

1. रत्नाकर-रचितं गीतोपनिषद् महाकाव्यम् (संस्कृत) (ISBN 9781897416723) (2015)

2. पातंजल-योगदर्शन-दीपिका (ISBN 9781897416532) (2014)

3. Sanskrit Teacher All-in-One (ISBN 9781897416679) (2014)

4. Sanskrit Grammar and Reference Book (ISBN 9781897416488) (2013)

5. Sanskrit Primer (ISBN 9781897416556) (2014)

6. Gita as She Is, in Krishna's Own Words, Vol. I (ISBN 9781897416563)

7. Gita as She Is, in Krishna's Own Words, Vol. II (ISBN 9781897416501)

8. Gita as She Is, in Krishna's Own Words, Vol. III (ISBN 9781897416501)

9. गीता ज्ञान कोश (ISBN 978-1897416150)

पाठ्य पुस्तकें : 1. Gurumukhi Teacher ਗੁਰਮੁਖੀ ਟੀਚਰ (ISBN 9781897416761) (2015)

2. Tamil Teacher தமிழ் ஆசிரியர் (ISBN 9781897416587) (2014)

3. Urdu Teacher اردو استاد (ISBN 9781897416662) (2014)

4. Flipped English Dictionary (ISBN 9781897416624) (2014)

Dr. Ratnakar Narale, *Prof. Hindi, Ryerson University, Toronto.*

180 Torresdale Ave. Toronto, Canada M2R 3E4

Local phone : +1 416 739 8004, WhatsApp : +1 416 666 6932

Email : rnarale@yahoo.ca * Web : www.pustak-bharati-canada.com

www.ingramcontent.com/pod-product-compliance
Lightning Source LLC
Chambersburg PA
CBHW081351070526
44583CB00020B/2524
* 9 7 8 1 9 8 9 4 1 6 0 3 7 *